Für Madeleine und Heloïse

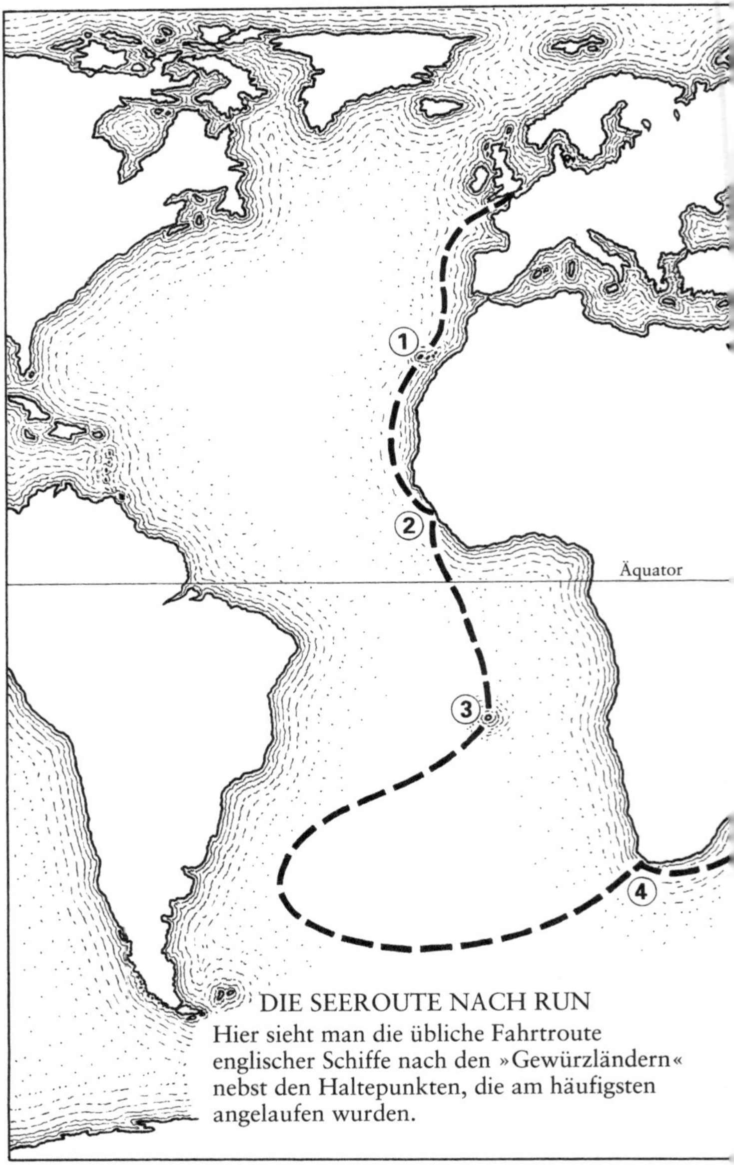

DIE SEEROUTE NACH RUN
Hier sieht man die übliche Fahrtroute englischer Schiffe nach den »Gewürzländern« nebst den Haltepunkten, die am häufigsten angelaufen wurden.

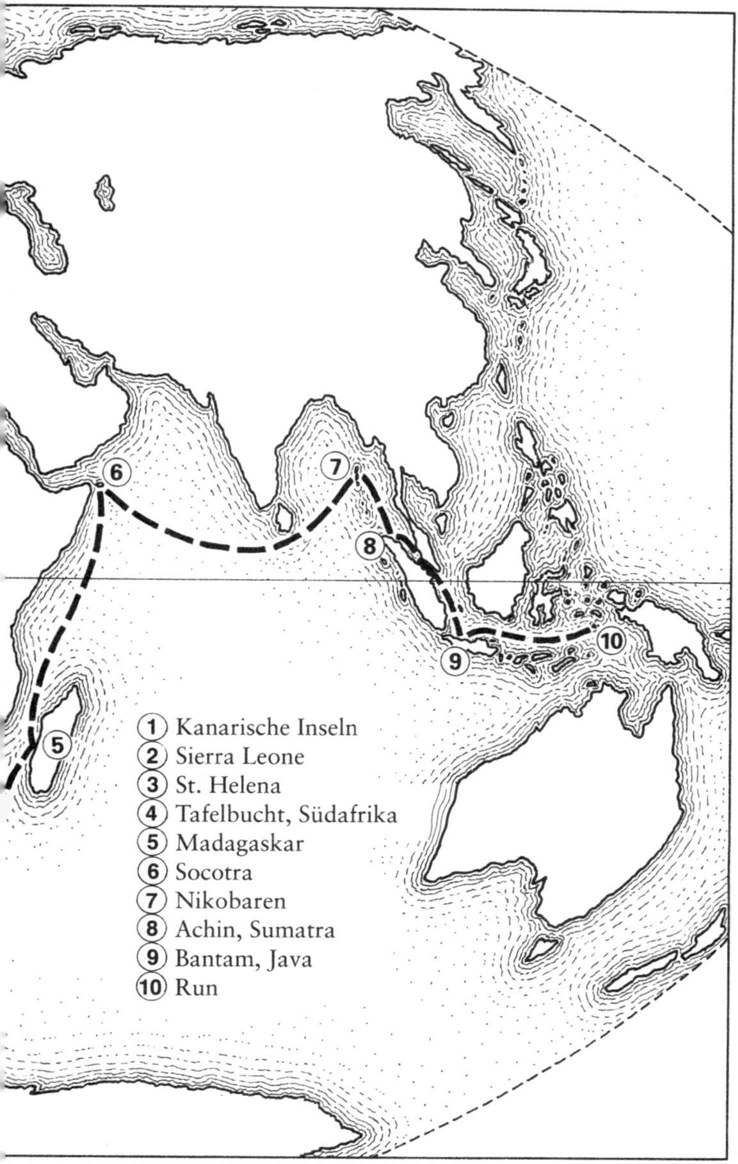

6
7
8
9
10
5
1 Kanarische Inseln
2 Sierra Leone
3 St. Helena
4 Tafelbucht, Südafrika
5 Madagaskar
6 Socotra
7 Nikobaren
8 Achin, Sumatra
9 Bantam, Java
10 Run

Inhalt

Prolog

Man kann die Insel riechen, ehe man sie sieht. Über fünfzehn Kilometer weit aufs Meer hinaus schwebt ein Duft über dem Wasser, und lange bevor der Berg, der wie ein Hut aussieht, ein Bowler, in Sicht kommt, weiß man, daß Land in der Nähe ist.

So war es auch am 23. Dezember 1616. Der Kapitän der *Swan*, Nathaniel Courthope, brauchte weder Kompaß noch Astrolabium, um zu wissen, daß sie angekommen waren. Er nahm das Logbuch zur Hand, notierte das Datum und kritzelte daneben die Position seines Schiffes. Er hatte endlich Run erreicht, eine der kleinsten und reichsten Inseln im Ostindischen Archipel.

Courthope versammelte seine Mannschaft an Deck, um sie zu instruieren. Über das Reiseziel hatte man die getreuen englischen Matrosen im dunkeln gelassen, weil die Mission strengster Geheimhaltung unterlag. Den Männern war nicht bewußt, daß König Jakob I. höchstpersönlich diese Unternehmung angeordnet hatte, die von so außerordentlicher Wichtigkeit war, daß ein Scheitern schlimme und nicht wiedergutzumachende Folgen hätte haben müssen. Und sie wußten auch nichts davon, wie gefährlich es war, auf Run, einem vulkanischen Atoll, dessen Hafen ein abgesunkenes Riff umschloß, an Land zu gehen. Manch ein Schiff war auf den messerscharfen Korallen zu Kleinholz zerschlagen worden; den Strand übersäten rostende Geschütze und zertrümmerte Spanten.

Courthope scherte sich nicht um solche Gefahren. Viel größere Sorge machte ihm, wie ihn die Inselbewohner empfangen würden, die als Kopfjäger und Kannibalen in ganz Ostindien gefürchtet und beargwöhnt wurden. »Wann Ihr nach Run kommet«, hatte man ihm gesagt, »müsset Ihr Euch artig und umgänglich zeigen, denn die Leut dort sind reizbar, verstockt, abweisend und heimtückisch und imstand, sich beim geringsten Anlasse übelgesinnt zu erweisen.«

Während seine Männer dem Land entgegenruderten, stieg Courthope in seine Kabine hinab, um sein bestes Wams anzulegen; von der Folgenschwere des Augenblicks hatte er wohl kaum eine Vorstellung. Seine – mittels Zeichensprache und gebrochenem Englisch geführten – Verhandlungen mit den Häuptlingen auf Run sollten auf der anderen Seite des Globus Veränderungen von historischer Tragweite bewirken.

Die vergessene Insel Run befindet sich in den hintersten Regionen des Ostindischen Archipels; sie ist ein abgelegener, zerklüfteter Felsknubbel, den von der nächstgelegenen Festlandsmasse, Australien, eine über 900 Kilometer breite Ozeanfläche trennt. Heute ist sie ein so unbedeutender Ort, daß sie nicht einmal auf der Landkarte erscheint: Der *Times-Weltatlas* verzeichnet ihre Existenz gar nicht erst, und den Kartographen des *Atlas of South East Asia* von Macmillan ist sie gerade mal eine Fußnote wert. Versänke Run in den tropischen Gewässern Ostindiens, niemand würde der Insel eine Träne nachweinen.

Das war nicht immer so. Durchblättern wir die Kupferstichkarten des 17. Jahrhunderts, finden wir den Namen der Insel in so großen Buchstaben verzeichnet, daß er jeden geographischen Maßstab sprengt. Damals war die Insel Run in aller Munde, sie galt als ein Ort von solch sagenhaftem Reichtum, daß im Vergleich damit die Goldschätze Eldorados läppisch erschienen. Der Schatz Runs bestand allerdings nicht aus Gold – die Natur hatte dem Felseneiland ein weit wertvolleres Gut beschert. Den Bergstock der Insel säumte ein Wald von hohen, gertenschlanken Bäumen, von denen ein köstlicher Duft ausströmte und deren Laub an Lorbeer erinnerte. Sie waren mit glockenförmigen Blüten geschmückt und trugen fleischige zitronengelbe Früchte. Der Botaniker bezeichnet sie mit dem lateinischen Namen *Myristica fragrans*. Der umgangssprachliche Name, unter dem die Kaufleute sie kannten, lautete Muskatnußbaum.

Muskatnüsse, die Samen des Baumes, stellten im Europa des 17. Jahrhunderts die begehrteste Kostbarkeit dar, ein Gewürz, dem so außerordentliche medizinische Eigenschaften zugeschrieben wurden, daß Menschen ihr Leben riskierten, um in seinen Besitz zu gelangen. Teuer war es schon immer, aber sein Preis schnellte noch einmal steil in die Höhe, als die Ärzte im London des Elisabethanischen Zeitalters anfingen, die Behauptung zu verbreiten, ihre Muskatnußkugeln seien das einzige zuverlässige Mittel gegen die Pest, jene »pestilenzische Seuche«; die mit Niesen begann und mit dem Tod endete. Plötzlich war die verhutzelte kleine Nuß – bis dahin als Heilmittel gegen Blähungen und Schnupfen bekannt – so begehrt wie Gold.

Bei der jähen dringlichen Nachfrage gab es nur einen Haken: Niemand wußte genau, woher die Nuß eigentlich kam. Die Londoner Kaufleute besorgten sich ihre Gewürze herkömmlicherweise in Venedig, die venezianischen Kaufleute wiederum bezogen sie aus Konstantinopel. Beheimatet war die Muskatnuß allerdings viel weiter im Osten, im sagenumwobenen Ostindien, das weit jenseits des engbegrenzten europäischen Horizonts lag. Keine Schiffe hatten bislang die tropischen Gewässer des Indischen Ozeans befahren, und Karten von der anderen Seite des Globus wußten nichts über das Gebiet zu vermelden. Der Osten, soweit es die Gewürzhändler betraf, hätte genausogut auf dem Mond liegen können.

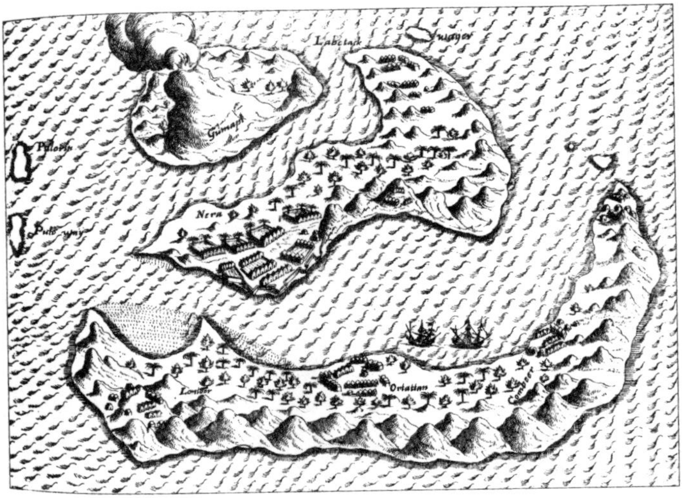

Um die Wende zum 16. Jahrhundert, im Elisabethanischen Zeitalter, waren die Bandainseln Ziel jedes englischen Abenteurers. »Da ist kein Baum als nur die Muskatennuß«, schrieb ein früher englischer Besucher, »weswegen die gantze Flur das Ansehen eines kunstreichen Haines hat.« Die Insel Run, als Pulorin bezeichnet, befindet sich am äußersten linken Bildrand.

Hätten sie im voraus gewußt, wie schwierig es war, zum Herkunftsort der Muskatnuß zu gelangen, sie wären vielleicht gar nicht in See gestochen. Selbst in Ostindien, wo Gewürze wie Unkraut wuchsen, stellte die Muskatnuß eine Rarität dar; der Baum, der sie trug, war hinsichtlich Klima und Boden derart anspruchsvoll, daß er nur auf einer winzigen Inselgruppe gedieh, dem Kepulauan Banda, einem so entlegenen Archipel, daß man sich in Europa gar nicht sicher sein konnte, ob es überhaupt existierte. Die Gewürzhändler von Konstantinopel hatten nur spärliche Informationen über diese Inseln, und was sie wußten, klang wenig ermutigend. Man munkelte von einem Ungeheuer, das sich auf vorbeifahrende Schiffe stürze, einer »Teuffelsbrut«, die in versteckten Riffen auf der Lauer liege. Es kursierten auch Geschichten über Kannibalen und Kopfjäger – blutrünstige Wilde, die in Palmhütten lebten und deren Schmuck aus verwesenden Menschenköpfen bestand. In den Flüssen lauerten Krokodile, verborgene Sandbänke warteten auf nichtsahnende Schiffskapitäne, und es gab »solch großmächtige Stürm und Böen«, daß selbst die robustesten Schiffe in die schwerste Not gerieten.

Keine dieser Gefahren konnte die profitgierigen europäischen Kaufleute abschrecken, die in ihrem verzweifelten Bemühen, als erste den Herkunftsort der Muskatnuß zu erreichen, kein Risiko scheuten. Bald schon hallten die Werften Portugals, Spaniens und Englands wider vom Lärm fieberhafter Schiffsbauaktivitäten; es bahnte sich an, was als Wettlauf zu den Gewürzinseln in die Geschichte eingehen sollte, ein verbissener und anhaltender Kampf um die Herrschaft über eine der kleinsten Inselgruppen der Welt.

Im Jahre 1511 setzten die Portugiesen als erste Europäer den Fuß auf die Bandainseln, eine Gruppe von sechs Felsklumpen, die über einen fruchtbaren vulkanischen Boden und ein eigentümliches Mikroklima verfügten. Durch Auseinandersetzungen abgelenkt, in die sie sich andernorts in Ostindien verwickelt fanden, kehrten sie erst 1529 zurück, als ein portugiesischer Kapitän und Kauffahrer namens Garcia mit Truppen auf den Bandainseln landete. Er war überrascht, als er feststellte, daß die Inseln, die in Europa für solche Aufregung gesorgt hatten, ihrer Gesamtfläche nach kaum größer waren als Lissabon. Fünf der Inseln lagen in Schußweite voneinander; Garcia begriff sogleich, daß es genügte, auf der Hauptinsel Bandanaira eine Burg zu bauen, um praktisch den gesamten Archipel zu beherrschen.

Eine der Inseln allerdings, Run, unterschied sich von den anderen. Sie lag über fünfzehn Kilometer westlich von Bandanaira und war umgeben von gefährlichen, unter Wasser verborgenen Riffen. Außerdem lag sie in der Richtung, aus der zweimal im Jahr die Monsunwinde bliesen, und war damit einen Großteil des Jahres für Garcias Karacken unerreichbar. Das war ein großes Ärgernis für die Portugiesen, denn Run bedeckte ein dichter Wald von Muskatnußbäumen, und die jährliche Ernte reichte aus, eine ganze Schiffsflotte zu beladen. Bald indes machte den Portugiesen, mehr noch als die Unzugänglichkeit der Insel Run, die Feindseligkeit der Eingeborenenbevölkerung des Archipels zu schaffen, deren kriegerische Eskapaden sich als ebenso kostspielig wie aufreibend erwiesen. Kaum hatten Garcias Matrosen mit dem Bau einer massiven Festung begonnen, da trieb sie auch schon ein Pfeilhagel und die Angst, Kopfjägern in die Hände zu fallen, aufs Schiff zurück. Fortan statteten die Portugiesen den Inseln nur noch selten einen Besuch ab und zogen es vor, ihre Muskatnüsse von den einheimischen Händlern zu beziehen, die häufig die portugiesische Festung in Malakka aufsuchten.

Daß es den Portugiesen so übel ergangen war, konnte die Kaufleute Englands nicht von der Teilnahme am Wettstreit um die Gewürze abhalten, und auch die zur Führung ihrer Expeditionen auserkorenen Kapitäne ließen sich dadurch nicht abschrecken. Diese Kapitäne waren kühne, furchtlose Männer, die ihre Schiffe durch solch »greuliche Wetter« steuerten, daß jedes dritte verlorenging. Das Wetter stellte nicht die einzige Bedrohung dar: Skorbut, Ruhr und »Blutfluß« brachten Hunderte von Männern um; zahllose Schiffe mußten im Stich gelassen werden, weil die Mannschaft für deren Bedienung fehlte. Hatten sich die Schiffe schließlich aus dem Osten nach Hause zurückgeschleppt, fanden die von der Mannschaft Übriggebliebenen die Kaianlagen in London dichtgedrängt voller Menschen, die einen Blick auf die kühnen Abenteurer erhaschen wollten. Beflügelt wurde die Phantasie der Menge durch Geschichten: die Matrosen kehrten mit unvorstellbaren Reichtümern zurück, sie trügen Seidenwämser, ihr Großsegel bestehe aus Damast, und ihre Marssegel seien mit Goldtuch besetzt. Den einfachen Matrosen war zwar streng verboten worden, »auf eigene Faust Handel zu treiben«; für viele aber erwies sich die Versuchung als zu groß. Schließlich erzielte Muskatnuß zu Courthopes Zeit fabelhafte Preise und brachte allen, die damit handelten, aufsehenerregende Gewinne ein. Auf den Bandainseln kosteten zehn Pfund Muskatnuß weniger als einen englischen Penny. Dasselbe Gewürz ließ sich in London für mehr als 2 Pfund und 10 Shilling verkaufen, eine Gewinnspanne von sage und schreibe 60 000 Prozent. Schon ein kleines Quantum genügte, und man hatte ausgesorgt, konnte sich ein Haus mit Giebeldach in Holborn leisten und besaß Geld genug für einen Bediensteten. Als ihre erste Flotte nach London zurückkehrte, machten sich die dortigen Kaufleute wegen des illegalen Handels mit Muskatnuß solche Sorgen, daß sie die Dockarbeiter anwiesen, »Segeltuchwämser ohne Taschen« zu tragen. Die hartgesottenen Seeleute ließen sich dadurch nicht einschüchtern und stibitzten weiterhin die Gewürze ihrer Arbeitgeber; obwohl im Laufe der Jahrzehnte die Strafen zunehmend drakonisch wurden, gelang es nach wie vor vielen, private Vermögen anzuhäufen. Noch im Jahre 1665 verzeichnet Samuel Pepys in seinem Tagebuch ein heimliches Treffen mit einigen Matrosen »in einer düsteren Spelunke am entfernten Ende der Stadt«, wo er gegen einen Beutel Gold eine kleine Menge Muskatnuß und Gewürznelken eintauschte.

Die Männer, die von den Expeditionen zu den Gewürzinseln unversehrt zurückkehrten, verzauberten die Zuhörer mit ihren abenteuerlichen Erzählungen, wahren Wundergeschichten. David Middleton war mit knapper Not den Kannibalen auf der Insel Ceram entronnen; der kunstbegeisterte William Keeling führte in den Mangrovensümpfen Westafrikas Shakespeare auf, während William Hawkins dem indischen Großmogul einen Besuch abstattete und die folgenden zwei Jahre damit verbrachte, bei Gladiatorenschlachten von solchen Ausmaßen und solcher Grausamkeit zuzuschauen, wie es sie seit den Tagen des Römischen Reiches nicht mehr gegeben hatte. Dann war da Sir Henry Middleton, Davids Bruder, der vor der Küste von Arabien vor Anker ging und als erster Engländer ins Landesinnere vordrang, wenn auch als Gefangener mit »einem gewaltig Paar Fußeisen, in die meine Bein geschlossen«. Und da war James Lancaster, Befehlshaber der bahnbrechenden ersten Expedition, die von der Ostindischen Kompanie organisiert wurde; er brachte einen vergnüglichen Abend damit zu, einem spärlich bekleideten Gamelanorchester zu lauschen, das dem wollüstigen Sultan von Achin gehörte.

Nach all den Katastrophen und Fehlstarts wirkte es durchaus passend, daß die Engländer bei ihrem ersten Kontakt mit den Gewürzinseln ausgerechnet auf Run landeten, der kleinsten und unzugänglichsten Insel.

Es war auch passend, daß sie so würdelos ankamen – als Schiffbrüchige nach einem wilden tropischen Sturm im Jahr 1603 ans Land gespült. Aber noch bemerkenswerter war, daß diese englischen Seeleute – anders als die Portugiesen – eine sofortige und dauerhafte Freundschaft mit den eingeborenen Häuptlingen anknüpften. Noch ehe das Meersalz in ihren Haaren getrocknet war, brachten sie bereits mit dem dortigen Eisbrecher aus gegorenem Palmnußsaft Trinksprüche aufeinander aus.

Kaum hatte England den Wettlauf um Gewürze aufgenommen, mußte es erfahren, daß es sich mit einer neuen Macht auseinanderzusetzen hatte. 1595 schickten die Niederlande ihre erste Flotte nach Osten – mit einer Mannschaft, die bedrohlicher und kriegerischer war als alle anderen, denen man bisher in den Tropen begegnet war. Angesichts der Konkurrenz aus England und Portugal änderten sie ihr Ziel – vom Handel gingen sie zum Eroberungsfeldzug über, Eroberung der Bandainseln. Und dieses Ziel verfolgten sie mit einer Brutalität, die sogar die eigenen Landsleute schockierte. Aber auf der Insel Run sollten sie ihren Meister finden. Was sich auf diesem abgelegenen Atoll von dreieinhalb Kilometern Länge und einem Kilometer Breite abspielte, sollte Folgen haben, die sich niemand hätte vorstellen können.

Die außerordentliche Geschichte von Nathaniels Muskatnuß ist seit mehr als drei Jahrhunderten zum größten Teil in Vergessenheit geraten. Es ist keine erfreuliche Saga; denn die Kapitäne und Expeditionsführer bezeichneten sich selbst zwar als »Männer von Qualität«, aber das hielt sie nicht davon ab, Folter, Brutalität und grundlose Gemetzel einzusetzen. So waren die trostlosen Realitäten im Osten: eine rauhe und blutige Existenz, die ein gelegentlicher Blitz der Menschlichkeit und des Muts erhellte – echte Heldentaten, wie sie die Tapferkeit von Nathaniel Courthope widerspiegelt.

Der Expedition, die Courthope mit der *Swan* unternahm, war allerdings bereits eine mehr als hundertjährige Episode von Entdeckungsfahrten und fehlgeschlagenen Unternehmungen vorausgegangen. Seine Geschichte beginnt nicht im schwülen Klima der Muskatnußinseln, sondern in einem Land voller Eisberge und Schnee.

KAPITEL EINS

Arktische Wirbelwinde

Der Mann im Ausguck sah sie als erster. Zwei ausrangierte Schiffe lagen, verlassen und vor sich hin modernd, nahe der Küste vor Anker. Das Holz ihrer Rümpfe war zersplittert und verzogen, ihre Segel hingen in Fetzen, und die Mannschaft war offenbar schon lange tot. Aber kein tropisches Riff hatte die Schiffe zu Wracks werden lassen, und nicht die Malaria hatte der Mannschaft den Garaus gemacht. Die erste englische Erkundungsfahrt zu den Gewürzinseln war vielmehr in den eisigen Gewässern der Arktis fehlgeschlagen.

Die historische Fahrt von 1553 war das Geistesprodukt der sogenannten *Merchant Adventurers*, einer neugegründeten Handelskompanie mit Namen *Das Geheimnis. Vereinigung und Bruderschaft von wagemutigen Kaufleuten zur Entdeckung unbekannter Länder*. Diese Kaufleute hatten es so eilig, in das Wettrennen um die Gewürze einzusteigen – und waren gleichzeitig so wenig auf die damit verbundenen Risiken und Gefahren vorbereitet –, daß ihre Begeisterung sie alle praktischen Rücksichten vergessen ließ; lange ehe die Schiffe aus dem Hafen ausliefen, drohte bereits eine ganze Latte von Fehlentscheidungen die Mission zum Scheitern zu verurteilen. Die Wahl des Anführers der Entdeckungsfahrt, »Generalsteuermann« genannt, hatte viel für sich. Richard Chancellor war »ein Mann von großem Ansehen«, der in seinen jungen Jahren einige Erfahrung als Seefahrer gesammelt hatte. Sein Adoptivvater, Henry Sidney, lobte seinen jungen Schützling über den grünen Klee, als er ihn den Gesellschaftern vorstellte, so daß diese wähnten, einen neuen Magellan in ihrer Mitte zu haben. Sidney erklärte, es sei Chancellors »ansehnlicher Verstand«, der ihn so unersetzlich mache, und fügte, mit Selbstlob stets rasch bei der Hand, hinzu: »Ich schmeichle mir, diesen Verstand genähret und gepfleget zu haben.«

Als ein zweifelnder Kaufmann von Sidney wissen wollte, warum er so begierig darauf sei, sich von Chancellor zu trennen, hatte der sogleich eine Antwort parat: »Ich trenne mich itzt von Chancellor nicht etwan, weil ich den Mann geringschätze oder weil sein Unterhalt mir zur Last und gar zu kostspielig ist. Ihr kennet den Mann vom Hörensagen, ich aus Erfahrung; Euch ist er durch Worte, mir durch Taten bekannt; Ihr habt ihn in Gespräch und Gesellschaft erlebt, ich in des täglichen Lebens Prüfungen.«

Sidneys Eloquenz triumphierte, und Chancellor erhielt prompt den Befehl über die *Edward Bonaventure*, das größte der drei Expeditionsschiffe. Die Prinzipale wandten sich sodann der Aufgabe zu, einen Kapitän für das andere große Schiff der Expedition auszuwählen, die *Bona Esperanza*. Aus Gründen, die im dunkeln liegen, entschieden sie sich ohne große Umstände für Sir Hugh Willoughby, dem in den Berichten eine »stattlich Gestalt« bescheinigt wird, der aber keinerlei Ahnung von Navigation hatte. Solch ein Mann hätte schon bei dem Katzensprung über den Ärmelkanal ein Risiko dargestellt; ihn an das fernste Ende der Welt zu schicken hieß, das Schicksal herauszufordern.

Bei der Festlegung der Route zu den Gewürzinseln hatten die *Merchant Adventurers* ganz dezidierte Vorstellungen. Obwohl sie sahen, daß die Spanier und Portugiesen in westlicher wie auch in östlicher Richtung erfolgreich Ostindien ansteuerten, entschieden sie sich kurzerhand für eine weitaus exzentrischere Option. Ihre Schiffe, so wurde beschlossen, sollten gen Norden fahren und damit einen Weg einschlagen, der die lange Reise zu den Gewürzinseln um mehr als dreitausendfünfhundert Kilometer verkürzen würde. Ein weiterer Vorteil bestand darin, daß man einem Konflikt mit den Portugiesen aus dem Weg ging, die seit fast einem Jahrhundert die östliche Route befuhren und in jedem Hafen befestigte Stützpunkte errichtet hatten. Auch das Problem der Krankheiten und des Klimas verdiente Berücksichtigung. Die englischen Seeleute hatten portugiesische Schiffe heimkehren sehen, deren Besatzung durch Ruhr und Typhus dezimiert war, Krankheiten, die sie sich häufig in den tropischen Klimaten des Indischen Ozeans zuzogen. Mindestens jeder fünfte konnte damit rechnen, daß er auf der langen Reise nach Osten umkam; aber oft lag die Zahl viel höher, und nicht selten mußten ganze Schiffe im Stich gelassen werden, weil es an Mannschaft fehlte. Da die Portugiesen von Geburt an ein heißes Klima gewohnt waren, fragte man sich, wie englische Matrosen, in den frostigen Randzonen Nordeuropas aufgewachsen, hoffen konnten, gesund zurückzukehren.

Die ersten Schwierigkeiten tauchten schon auf, ehe die Expedition Segel gesetzt hatte. Während sich die Abfahrt verzögerte und die Schiffe in Harwich lagen, wurde entdeckt, daß ein großer Teil der Vorräte bereits verdorben war und die Weinfässer so schlecht verfugt waren, daß der Wein ungehindert durch die Ritzen im Holz leckte. Aber da der Wind günstig stand, entschieden die Kapitäne, es sei keine Zeit, die Schiffe neu zu verproviantieren; am 23. Juni 1553 stach die Expedition in See.

Solange die Fahrzeuge unter der sachkundigen Führung von Richard Chancellor zusammenblieben, waren sie vor Unheil einigermaßen geschützt. Aber als sie die felsigen Küsten Nordnorwegens umrundeten, »bliesen Windsbräut und Wirbelstürm so gar zuhauf«, daß Willoughbys Schiff

Die Katastrophe ereilt den holländischen Entdecker Willem Barentsz, der glaubte, es gebe einen kürzeren Weg zu den »Gewürzlanden« via Nordpol. Die vier Stiche (hier und auf den Seiten 32, 203, 205) zeigen, wie sein Schiff auf einem »gewaltigen Batzen Eis« zu Bruch ging und wie seine Männer den Winter überstanden.

im Sturm vom Kurs abkam. Diesen Fall hatte Chancellor vorausgesehen und verabredet, die Schiffe sollten sich bei Vardohuus, einer kleinen Insel in der Barentssee, wieder treffen. Er wartete dort sieben Tage lang, aber da er weder von der *Bona Esperanza* noch von der *Confidentia*, dem dritten Schiff der Flotte, etwas sah oder hörte, fuhr er durch das Weiße Meer weiter gen Osten.

Die anderen beiden Schiffe hatten den Sturm ebenfalls heil überstanden. Nachdem die See sich beruhigt hatte, stellte Sir Hugh den Kontakt zur *Confidentia* wieder her, und beide Fahrzeuge hielten auf die Küste zu. Hier wurde nun Willoughbys Unerfahrenheit offenkundig. Er lotete den Meeresgrund aus, brütete über den Seekarten und kratzte sich am Kopf, um schließlich zu dem Schluß zu gelangen, daß »das Land nicht dorten läg, wo es der Globus wollt haben«. Da er weder die Insel Vardohuus noch Chancellors Fahrzeug auszumachen vermochte, beschloß er, die Expedition ohne das Flaggschiff fortzusetzen.

Am 14. August 1553 sichteten sie Land, das offenbar unbewohnt war, konnten es aber nicht erreichen, da das Wasser voller Eisschollen war. Wenn Willoughbys Behauptung, daß sie sich am 72. Breitengrad befanden, zutrifft, muß das Schiff die kahlen Inseln von Novaya Zemlya erreicht haben, die abgelegen und isoliert in der Barentssee liegen. Von hier scheint er südöstlich, dann nordwestlich, dann südwestlich, dann nordöstlich gesegelt zu sein. Wie ahnungslos Willoughby und seine Männer waren, spottet jeder Beschreibung: Die fast fünfhundert Kilometer lange Route, die sie innerhalb des Polarkreises zurücklegten, muß sie in einem gigantischen Bogen durch ein gefährliches Meer voll schmelzenden Packeises geführt haben. Am 14. September sichteten sie erneut Land und segelten kurz darauf »in eine anmutig Bucht« irgendwo in der Nähe der heutigen Grenze zwischen Finnland und Rußland. Willoughbys Männer genossen den Anblick »gar vieler Seehundsfisch und vieler anderer Fisch; und auf der festen Erd sahen wir Bähren, groß Wild, Füchs mit allerlei anderm seltsam Getier«. Anfangs hatten sie nur vor, eine Woche an diesem Ort zu verbringen, aber »dieweil wir sahn, wie weit das Jaar schon verzehret und wie so grauslich das Wetter mit Frost, Schnee und Hagel«, entschieden sie sich dafür, in der Bucht zu überwintern.

Die Auftraggeber der Expedition in London müssen zu diesem Zeitpunkt der guten Hoffnung gewesen sein, daß ihre Schiffe die Nordostpassage bereits entdeckt und hinter sich gebracht hatten und auf dem Weg zu den Gewürzinseln waren. Statt balsamischer Abende und sanft im Wind sich wiegender Palmen hatten Willoughby und seine Männer aber nichts weiter angetroffen als frostigen Nebel und undurchdringliches Eis; sie hatten erkennen müssen, was für eine schreckliche Fehlentscheidung die Londoner Kaufleute getroffen hatten, als sie sich für die Route über den Nordpol entschieden. Ihren Beschluß hatten die Kaufleute wortreich verteidigt und die theoretischen Überlegungen, die ihm zugrunde lagen, mit Argumenten gestützt, die logisch zwingend schienen. Bereits 1527 hatte Robert Thorne, ein in Sevilla lebender englischer Kaufmann, an König Heinrich VIII. geschrieben, um ihm die aufregende (und hochgeheime) Neuigkeit mitzuteilen, daß sich die Gewürzinseln auf dem Weg über den Nordpol erreichen ließen: »Ich weiß, es ist meine Pflicht und Schuldigkeit, Euer Gnaden dies Geheimnis zu offenbaren«, schrieb er, »das bis dato, wie mich deucht, verborgen gewesen.« Der König wurde unmißverständlich darüber aufgeklärt, daß, »sofern wir gen Norden segeln und den Pol passieren, um zur Äquinoktiallinie hinabzufahren, wir auf diese Eilande [die Gewürzinseln] stoßen werden, und es ist das ein viel kürzerer Weg, als die Spanier oder etwan die Portingaler besitzen«.

Je mehr sich die Experten mit der nordöstlichen Route zu den Gewürzinseln beschäftigten, um so überzeugender stellte sie sich ihnen dar. In einem Zeitalter, in dem die Menschen noch bestrebt waren, in der Geographie vollkommen symmetrische Verhältnisse zu entdecken, schien das norwegische Kap das genaue topographische Gegenstück zum südafrikanischen Kap zu bilden. Einhellige Begeisterung erfüllte die Geographen: Mit Sicherheit war die frostige Landmasse im Norden ein zweites Kap der Guten Hoffnung. Auch die Schriften der Antike verliehen der Vorstellung, daß sich Ostindien auf einer nördlichen Route erreichen ließ, Glaubwürdigkeit. Plinius der Ältere hatte von einem kreisrunden Meer oben auf dem Erdball und von einem Land namens Tabis geschrieben, das sich weit in den

Norden hinauf erstrecke. Im Osten von Tabis gebe es dem Vernehmen nach eine Öffnung, die das Polarmeer mit den warmen Gewässern des Indischen Ozeans verbinde.

Für Willoughby und seine Männer, die in einer riesigen Eiswüste feststeckten, waren diese Überlegungen ein kalter Trost. Die Bucht, in der sie zu überwintern beschlossen hatten, verwandelte sich bald schon in eine hoffnungslose Einöde; Fischfang erwies sich wegen der Dicke des Eises als unmöglich, und das Wild war mit dem ersten Schnee verschwunden. Sogar die Vögel zogen sich angesichts des hereinbrechenden Winters in wärmere Klimazonen zurück. Bald schon hatten die Eisschollen die Schiffe eingeschlossen und zerquetscht; es gab kein Entrinnen mehr. Als seine Mannschaft von Tag zu Tag hungriger wurde, schickte Willoughby Erkundungstrupps aus, die nach Nahrung suchen, Menschen finden, Hilfe herbeischaffen sollten. »Wir sandten drei Männer nach Südsüdwest aus, auf daß sie nach Menschen suchten«, schrieb Sir Hugh, »[sie] fanden aber keine.« Als nächstes schickte er einen Trupp nach Westen, »der ebenfalls zurückkam, ohne einen einzigen Menschen gefunden zu haben«. Ein dritter und letzter Trupp bestätigte, was Willoughby befürchtet hatte – sie saßen in einer unbewohnten Wildnis fest.

Mehr als fünf Jahre sollten vergehen, bis ein Suchschiff aus England schließlich herausfand, was mit der *Bona Esperanza* und der *Confidentia* passiert war. Als sie in die Bucht einsegelten, in der Willoughby hatte überwintern wollen, stolperten die verhinderten Retter über die gespenstischen, verfallenden Wracks der beiden Schiffe, die ihre irdische Irrfahrt als Beinhäuser beschlossen hatten. Die letzten bitteren Monate der Mannschaft bleiben im dunkeln, weil der vom Hunger gemarterte Willoughby nicht länger seine täglichen Eintragungen ins Logbuch vornahm. Sicher ist nur, daß er und seine Leute noch einen großen Teil des

Winters überlebten, denn die Rettungsmannschaft fand testamentarische Verfügungen mit dem Januar 1554 als Datum; da waren volle vier Monate seit der Einfahrt der Schiffe in die Bucht vergangen.

Die letzte makabre Pointe der Geschichte überlieferte Giovanni Michiel, der venezianische Botschafter in Moskau. »Der Suchtrupp«, berichtete er, »ist heil zurückgekehrt und hat die zwei Schiffe von der ersten Reise mitgebracht; sie fanden sie an der moskowitischen Küste, und sämtliche Männer an Bord waren steifgefroren. Und sie [die Leute von der Rettungsmannschaft] erzählen seltsame Dinge über den Zustand, in dem sie erstarrt waren, mit der Feder noch in der Hand und dem Papier vor sich, andere mit dem Teller in der Hand und dem Löffel im Mund an Tischen sitzend, andere gerade eine Kiste öffnend, wieder andere die verschiedensten Stellungen einnehmend, wie Statuen, als hätte man sie zurechtgestellt und in diesen Haltungen erstarren lassen.«

Während Willoughby und seine Männer den Erfrierungstod erlitten, kam Richard Chancellor vergleichsweise glimpflich davon. Dank seines Verstandes, der ihn seinem Adoptivvater so lieb und teuer machte, war er sich rasch darüber im klaren, welche Gefahr das arktische Packeis darstellte. Er warf Anker im Weißen Meer, nahe dem heutigen Archangelsk, ließ das Schiff im Stich und erreichte nach einem mühsamen Marsch auf dem Landweg Moskau. Anfangs enttäuschte ihn, was er dort vorfand. Die Stadt, fand er, sei »sehr primitiv«, die Häuser »alle aus Holz«. Selbst der Zarenpalast war eine Enttäuschung – »ziemlich niedrig« und mit »kleinen Fenstern«, ähnelte er stark »den alten Gebäuden in England«. Aber angesichts der barbarischen Pracht des Hofes, den Iwan der Schreckliche hielt, wechselte Chancellor bald schon die Tonart. Iwan empfing ihn in »einem langen Gewand aus gehämmertem Gold, mit einer kaiserlichen Kron auf dem Haupte und einem Szepter aus Kristall und Gold in seiner Rechten«. Der Zar betrug sich ebenso majestätisch wie ehrfurchtgebietend: Bei einem Hofbankett sandte er »jedem einzelnen Mann eine große Scheibe Brot, und der Träger rief denjenigen, zu dem er also gesandt, laut bei Namen und sagte, Iwan Wassiljewitsch, Kaiser von Rußland und Großfürst von Moskowa, belohnet Euch mit Brot«. Sogar die Weinkelche stachen Chancellor ins Auge – er wog die goldenen Bechergefäße in der Hand und entschied, sie seien »gar schier« und besser als alles, was er in England gesehen habe.

Der Aufenthalt in Moskau war für Chancellors Mannschaft eine einzige große Lustbarkeit. Viele hatten damit gerechnet, daß ihre Reise in einer Katastrophe oder mit dem Tod enden werde; statt dessen führten sie nun im juwelengeschmückten Pavillon des russischen Zaren ein herrliches Leben. Chancellor war nicht weniger beeindruckt: »Ich habe die königliche Pracht in England und den Pavillon des Königs von Frankreich gesehen«, schrieb er, »keiner aber gleichet dem hiesigen.«

Nach lange dauernden Verhandlungen schickte Iwan den englischen Befehlshaber mit einem Brief zurück nach England, durch den einer Gruppe von Londoner Kaufleuten Handelsprivilegien eingeräumt wurden. Damit hatte Iwan, ohne es zu wissen, den Grundstein für die Moskowiter Kompanie gelegt, eine Vorläuferin der Ostindischen Kompanie.

Von den drei Schiffen, die in See gestochen waren, um die Gewürzinseln zu erreichen, war es nicht einem gelungen, die ungewisse Nordostpassage zu entdecken. Die Männer, die nach Norden segelten, weil sie den tropischen Krankheiten des Indischen Ozeans zu entrinnen hofften, ließen es sich nicht träumen, daß sie in den eiskalten Gewässern der Arktis zugrunde gehen würden. Es bedurfte weiterer vier-

Barentsz' Männer fanden sich ständig von Eisbären bedroht. »Alsogleich sprangen wir herfür, uns zu wehren, so gut wir's vermochten.«

hundert Jahre und eines atomgetriebenen U-Bootes, ehe es glückte, die Nordroute zum Pazifik zu erzwingen.

Während die Londoner Kaufleute besorgt auf Nachrichten von ihrer historischen ersten Expedition zu den Gewürzinseln warteten, fragten sich viele Menschen im Lande, wozu der ganze Aufwand eigentlich gut war. Schließlich machte Muskatnuß den Eindruck eines nicht sonderlich vielversprechenden Luxusartikels. Von dem dürren, verschrumpelten Samen, der nicht viel größer als eine Erbse war, ging schwerlich der gleiche Reiz aus wie von einem Golddukaten oder einem schön geschliffenen Saphir.

Die Zweifler sollten bald schon erfahren, daß Muskatnuß möglicherweise von weit größerem Wert war. Die führenden Ärzte Londons verstiegen sich zu immer extravaganteren Ansichten, was die angebliche Heilkraft der Muskatnuß betraf; ihrer Behauptung nach ließ sich mit ihr alles kurieren, von der Pest bis zum »Blutfluß«, zwei Erkrankungen, die regelmäßig die Hauptstadt heimsuchten und in den unhygienischen engen Gassen verheerend wüteten. Eine führende medizinische Kapazität verkündete sogar, sein süßer Duftkegel, der eine große Menge des Gewürzes enthielt, könne die gefürchtete »Schweyskräncke« abwenden, die in der »Tod und Verderben wirckenden pestilenzischen Zeit« auftrat. Da diese Krankheit – die Pest – angeblich binnen zwei Stunden zum Tod führte, mußte der Duftkegel mit größter Eile angefertigt werden. »Froh zu Mittag, tot am Abend«, war schließlich ein geläufiges Sprichwort.

Dabei galt die Muskatnuß nicht nur als Heilmittel gegen lebensbedrohende Krankheiten. Ein wachsendes Interesse am medizinischen Wert von Pflanzen hatte eine explosionsartige Zunahme von Büchern zur Folge, die sich mit Ernährungsfragen und mit Kräutern beschäftigten und die alle in der Behauptung übereinkamen, Muskatnuß und andere Gewürze seien bei der Bekämpfung einer Vielzahl kleinerer Gebrechen von Nutzen. Patienten mit tiefsitzendem Husten empfahlen die Ärzte Glühwein mit einer Prise Muskatnuß. Nelken heilten angeblich Ohrenschmerzen, Pfeffer beugte Erkältungen vor, während Menschen, die an Blähungen litten, ein ausgefallenes Potpourri aus fünfzehn Gewürzen, darunter Kardamom, Zimt und Muskatnuß, empfohlen wurde – eine Arznei, die sich nur die reichsten Furzer leisten konnten. Gewürzen traute man sogar zu, Leute wiederzubeleben, die schon der irdischen Hülle entwichen waren. Zehn Gramm Safran, eingenommen in Süßwein, reichten aus (so die Behauptung), Tote ins Leben zurückzurufen. Von Nebenwirkungen war nichts bekannt.

Zu den populärsten Büchern gehörte Andrew Bordes *Dyetary of Helth* (Gesundheitsdiät), ein Leitfaden zum gesunden Leben, der seinem Autor noch größeren Ruhm eintrug als sein bahnbrechendes Werk *Treatyse upon Beardes* (Traktat über Bärte). »Muskatnussen«, schrieb er in seinem *Dyetary*, »sein gut für all, die Kält in ihrem Haupt han, und schmeicheln gar sehr dem Oogenlicht und dem Hirn.« Sein nach eigenem Rezept hergestellter Muskatnußtrank galt als außerordentlich wirksam; er reinigte nicht nur »die Pforten des Maggens und die Milz«, er war auch »gut wider den Blutfluß«, eine virulente und gefährliche Spielart der Ruhr.

Bordes *Dyetary* ist eine merkwürdige Mischung aus Kräuterkunde und Volksüberlieferung. Männern, die sich ein langes Leben wünschen, rät er, einen roten Frauenunterrock zu tragen und sich vor »schneckigen Kammern« zu hüten, während er allen, die sich allmorgendlich »frohgemut erheben«, gute Gesundheit bescheinigt. Seine Überzeugung, daß Muskatnuß die sexuelle Begierde dämpfe, hatte bei ihm selbst wenig ausgerichtet, denn dieser der Enthaltsamkeit verpflichtete frühere Mönch starb in Schande. »Dieweil er sich das Ansehen jungfräulicher Keuschheit gab und ein hären Gewand trug, [beherbergte er] in seiner Kammer dreier Huren zugleich ..., nicht allein für das eigen Bedürfen, vielmehr auch, auf daß er den keuschen Priestern ringsum im Lande dienstbar wär.« Gerade Borde hätte die Muskatnuß dringend nötig gehabt, aber, wie er resigniert einräumte, »es hält gar schwer, dem Leib auszutreiben, was im Blute liegt«.

Andere Kapazitäten machten aus Bordes Not eine Tugend und stellten die Behauptung auf, Muskatnuß dämpfe nicht etwa den Geschlechtstrieb, sondern sei im Gegenteil ein kraftvolles Aphrodisiakum. Der zügellose Charles Sackville, sechster Earl of Dorset, witzelte, Julius Cäsars Liebeskraft sei so gering gewesen, daß Kleopatra ihren »römischen Galan« sogar mit »Muskatennuß, Muskatenblüten und Ingwer« hätte traktieren können; seine Lenden in Schwung zu bringen wäre ihr trotzdem nicht gelungen. Auf

Seine Lordschaft scheinen diese Zutaten ihre Wirkung nicht verfehlt zu haben, denn er hatte zu seinem Leidwesen erfahren, daß ein Löffel Muskatnuß vor dem Schlafengehen eine nicht enden wollende Reihe süßer, aber auch beschwerlicher Träume zur Folge hatte:

»Ich träumt von Mrs. Farley letzte Nacht,
Drum war in aller Herrgottsfrüh mein Schw- - - schon
  aufgewacht.
Ich Armer durft nicht länger liegen
Und mußt nackt in die Kälte, um ihn kleinzukriegen.
Ein schweres Los, fürwahr, eine Tortur,
Aber in solchem Fall hilft keine andre Kur.«

Sackvilles Vorliebe für Muskatnuß erwies sich als sein Verhängnis. Sein Nachbar, Samuel Pepys, hat uns überliefert, daß er wegen anstößiger Entblößung ins Gefängnis wanderte; er sei »die ganze Nacht hindurch fast nackend auf der Straße herumgelaufen«.

Ein Körnchen Wahrheit steckte hinter all der Quacksalberei, insbesondere was die Behauptung betraf, es handle sich bei der Muskatnuß um ein wirksames Konservierungsmittel. Verderbliche Lebensmittel hatte man herkömmlicherweise durch Einsalzen, Trocknen oder Räuchern konserviert, wodurch sich allerdings der faulige Geschmack halbverdorbenen Fleisches nicht unterdrücken ließ. Streute man ein bißchen Muskatnuß auf die Lebensmittel, überdeckte das nicht nur den Gestank, sondern trug auch zu einer außerordentlichen Verzögerung des natürlichen Verwesungsprozesses durch Verlangsamung des Oxidationstempos bei.

Die Verwendung von Gewürzen zum Konservieren und Abschmecken war durchaus nichts Neues. Die alten Ägypter hatten Kreuzkümmel, Zimt und Kassia zum Einbalsamieren der Leichen ihrer Pharaonen importiert, während die Arzneikundigen des Alten Testaments Gewürze zerstampften, um daraus Salböle für ihre Tempel zu bereiten. Die Römer waren im Gebrauch solcher Luxusartikel praktischer orientiert und verwendeten Musaktnuß und Anissamen, um Fleisch zu konservieren und Wein zu würzen, während sie ihrem Backwerk Kreuzkümmel zufügten und die berühmten römischen Essigsaucen mit Fenchel anreicherten.

In Chaucers Tagen stellten solche Gewürze einen seltenen Luxus dar. In den *Canterbury Tales* schwärmt der tapfere Sir Topaz sehnsüchtig von Pfefferkuchen, Lakritz und Bier, das mit »Maskatneuse« gewürzt ist. Zur Zeit, als Shakespeare seine Stücke schrieb, kaum zwanzig Jahre ehe Nathaniel Courthope Run erreichte, wurden solche Luxusartikel bereits eine fast alltägliche Erscheinung. Im *Wintermärchen* zählt der Narr eine lange Liste von Zutaten zu seinen »gewürzten Birnen« auf, die allesamt im damaligen London ohne weiteres zu bekommen waren: »Ich muß haben Safran, die Birnen zu färben; Muskatenblüte; Datteln, keine – die stehn nicht auf dem Zettel; Muskatennüsse, sieben; ein oder zwei Stangen Ingwer – aber die darf ich verlangen; vier Pfund getrocknete Pflaumen und ebensoviel Traubenrosinen.«

Im Mittelalter hatte Venedig den Gewürzhandel mit eiserner Faust beherrscht. Muskatnuß, Gewürznelken, Pfeffer und Zimt gelangten quer durch Asien zum großen Handelsplatz Konstantinopel, wo sie von venezianischen Kaufleuten abgefangen und zu Schiff über das Mittelmeer nach Westen gebracht wurden. Von hier aus wurden sie dann zu ungeheuer hochgetriebenen Preisen an Handelsleute aus dem nördlichen Europa verkauft. Als Marco Polo im Jahre 1271 seine Reise nach China unternahm, besaß Venedig ein vollständiges Monopol auf Gewürze, wobei aber niemand aus dem Westen je die Länder besucht hatte, aus denen diese Gewürze stammten. Marco Polo war der erste Europäer, der eine Vorstellung des Gewürznelkenbaums lieferte und ihn als »kleinen Baum mit lorbeerähnlichen Blättern« beschrieb; sein Anspruch, auf dem chinesischen Festland einen gesehen zu haben, dürfte allerdings eher der Phantasie entsprungen sein, als auf Realität zu beruhen, denn was die Venezianer damals noch nicht wußten, war, daß der Baum nur auf einer Handvoll Inseln im Indonesischen Archipel vorkam.

In den zwei Jahrhunderten nach Polos Chinareise gewannen Gewürze eine solche Beliebtheit, daß der Bedarf den Nachschub bald schon überflügelte. Die venezianischen Kaufleute waren in der Kunst des Geldverdienens hinlänglich bewandert, um zu wissen, daß ein knappes Angebot ihnen erlaubte, das Preisniveau hochzuhalten. Solange sie die Handelsrouten kontrollierten und ihr Monopol auf den Zugang zu den Basaren des Nahen Ostens behielten, blieb ihnen der Gewürzhandel auf Gedeih und Verderb ausgeliefert. Zu Ende des Jahres 1511 erreichte die venezianischen Handelsherren eine überraschende und höchst unliebsame Neuigkeit: Ein kleiner Verband portugiesischer Schiffe war soeben bei den Gewürzinseln eingetroffen und hatte eine volle Ladung Gewürze aufgenommen. Nach über vier Jahrhunderten war das venezianische Monopol zum erstenmal gebrochen.

Der Konkurrenzkampf um die Gewürze war eingeläutet.

Bei ihren Bemühungen um eine Seeroute in den Fernen Osten hatten die Portugiesen aufsehenerregende Fortschritte gemacht. Vierzig Jahre nachdem sie sich 1471 zum erstenmal über den Äquator hinausgewagt hatten, war es ihnen gelungen, bis zu den ostindischen Gewürzinseln zu segeln und mit Schiffen zurückzukehren, die bis zum Deck mit Pfeffer, Muskatnuß und Nelken vollgestopft waren. Diese

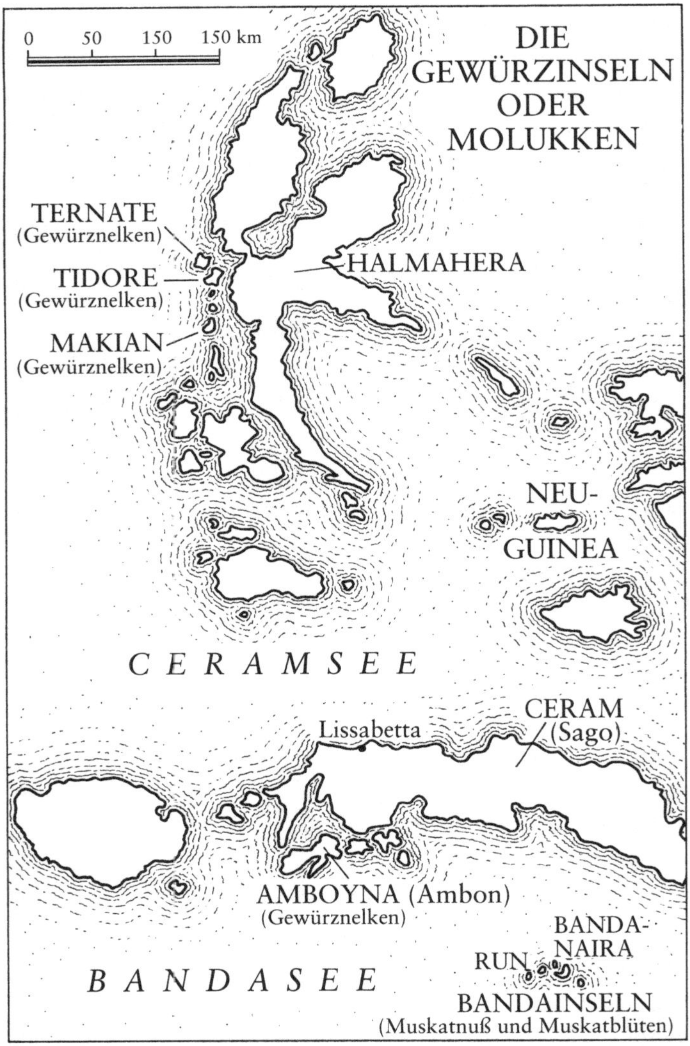
0 50 150 150 km
DIE GEWÜRZINSELN ODER MOLUKKEN
TERNATE
(Gewürznelken)
TIDORE
(Gewürznelken)
MAKIAN
(Gewürznelken)
HALMAHERA
NEU-GUINEA
CERAMSEE
CERAM
(Sago)
Lissabetta
AMBOYNA (Ambon)
(Gewürznelken)
BANDA-NAIRA
RUN
BANDASEE
BANDAINSELN
(Muskatnuß und Muskatblüten)

Inseln, die als »Gewürzinseln« oder Molukken bezeichnet wurden, lagen verstreut in einem Ozeangebiet, das mehr als halb so groß war wie Europa. Auch wenn sie heute zu einer einzigen Provinz Indonesiens zusammengefaßt sind, Maluku genannt, zerfallen die rund hundert Inseln eigentlich in drei Gruppen. Im Norden liegen die vulkanischen Inseln Tidore und Ternate, damals zwei mächtige Sultanate, die einen großen Teil des 16. Jahrhunderts damit verbrachten, einen erbitterten Kampf um ihre Unabhängigkeit zu führen. Ungefähr sechshundert Kilometer südlich befinden sich Ambon (Amboina) und Ceram, zerklüftete Felseninseln, deren süßduftende Gewürznelken ein ebenso schändliches wie schreckliches Massaker provozieren sollten. Die am weitesten südlich gelegenen Bandainseln waren die reichsten und am schwersten zugänglichen von allen; ein Schiff durch die trügerischen Gewässer des Archipels bis zu diesen Inseln zu steuern erforderte gleichermaßen Kühnheit und navigatorisches Geschick.

Die Portugiesen besuchten alle diese Inseln und machten sich bald schon daran, ihre Stellung mit Waffengewalt zu festigen. Malakka, ein wichtiger Umschlaghafen für Gewürze, geriet im Jahre 1511 unter ihre Herrschaft, und nur wenige Monate später suchte eine portugiesische Karacke erstmals die fernen Bandainseln auf. Als nächstes ergriffen sie Besitz von Häfen an der indischen Westküste, womit sie den muslimischen Zwischenhändlern die Kontrolle über den Gewürzhandel entrissen; anschließend kehrten sie zu den abgelegenen und weitverstreuten »Gewürzlanden« zurück. Hier errichteten sie eine Reihe von schwerbewaffneten Festungen und Stützpunkten, und binnen weniger Jahre hatten sie die Inseln Ternate und Tidore, Ambon und Ceram allesamt fest im Griff.

Die anderen europäischen Länder hatten im Wettrennen um die Gewürze einen schlechteren Start erwischt. Kolumbus war im Jahre 1492 nach Westen über den Atlantik gesegelt und glaubte, den Duft von Gewürzen schnuppern zu können. Obwohl er sich die größte Mühe gab, das spanische Königspaar davon zu überzeugen, daß er Ostindien gefunden habe, war, was er entdeckt hatte, natürlich Amerika. Auch John Cabot war der Ansicht, der kürzeste Weg nach Ostindien führe in westlicher Richtung; er besuchte bereits in frühen Jahren Arabien, um bei den dortigen Kaufleuten in Erfahrung zu bringen, »ob die Gewürze mit Karawanen aus fernen Ländern herbeigebracht werden«. Die Kaufleute hielten begreiflicherweise mit solch unschätzbaren Informationen hinterm Berg und beließen es bei der vagen Andeutung, die Gewürze kämen aus den östlichsten Regionen der Welt. Genau das hatte Cabot hören wollen; er kam zu dem Schluß, daß, »vorausgesetzt, die Erde ist rund« – damals noch keine Selbstverständlichkeit –, die Kaufleute die Gewürze »im Norden, der in westlicher Richtung liegt«, gekauft haben mußten.

Cabot war venezianischer Bürger. Weil es ihm aber in Venedig nicht gelang, finanzielle Unterstützung für eine Reise nach Westen über den Atlantik zu erhalten, ging er nach England und überredete König Heinrich VII., ihn mit der Suche nach den »Gewürzlanden« zu beauftragen. Im Jahre 1497 brach er zur Fahrt über den Atlantik auf, landete auf Cape Breton Island und erklärte ohne viele Umstände, das sei ein unbesiedelter Teil Chinas. Auch wenn sich Gewürze dort eindeutig rar machten, traf Cabot bei seiner Rückkehr auf ein England, das von seiner vermeintlichen Entdeckung fasziniert war. »Große Ehre wird ihm gezollt«, schrieb ein in London lebender venezianischer Kaufmann, »und er geht in Seide gekleidet; diese Engländer rennen ihm nach wie verrückt.« Das galt auch für den König selbst, der sogleich die Geldmittel für eine zweite Expedition zur Verfügung stellte.

Auf dieser neuen Reise beschloß Cabot, der Küste von »China« zu folgen, bis er Japan erreichte, »wo alle Gewürze der Welt ihren Ursprung haben«. Für ihn stand fest, daß er ganze Schiffsladungen Muskatnuß heimbringen werde; seine Zuversicht schwand erst, als das Quecksilber unter Null sank und die Eisberge immer bedrohlichere Ausmaße annahmen.

Obwohl er keine einzige Muskatnuß zurückbrachte, erregten Cabots Fahrten in den spanischen und portugiesischen Häfen beträchtliches Aufsehen. Besonders ein Mann war scharf darauf, mehr über seine Entdeckungen zu erfahren: Fernando de Magellan, ein »Edler von kühnem Geist«, war schon lange überzeugt davon, daß es eine weit schnellere Route zu den Gewürzinseln gab als die lange Strecke um das Kap der Guten Hoffnung herum; er war sicher, daß Cabot recht daran getan hatte, westwärts über den Atlantik zu segeln.

Magellan war bereits in seiner Jugend nach Ostindien gesegelt und wäre gewiß wieder dorthin gefahren, hätten die Umstände es zugelassen. Aber nachdem er an einem Kriegszug in Marokko teilgenommen hatte, wurde er des Verrats angeklagt und bekam vom portugiesischen König mitgeteilt, daß seine Dienste nicht mehr benötigt wurden. König Emmanuel beging mit der Entlassung Magellans einen schweren Fehler, denn dieser war ein fachkundiger Navigator und in den geographischen Theorien seiner Zeit bestens bewandert. Er vertrat die Ansicht, daß Kolumbus und Cabot die Gewürzinseln nur deshalb nicht erreicht hatten, weil es ihnen nicht gelungen war, eine Durchfahrt durch den amerikanischen Kontinent zu finden.

Magellan ging 1518 an den Hof Karls V. in Spanien und »tät dem Kayser kund, daß die Inseln Bandas und der Molukken die alleinige natürliche Vorratskammer für Muskatennüsse und Muskatenblüten [waren]«. Karl V. erkannte sogleich, daß ihm Magellan die allerbeste Gelegenheit bot, die scheinbar unbezwingliche Stellung der Portugiesen anzugreifen, und übertrug ihm den Befehl über eine Flotte, die südwärts zur Küste Brasiliens segeln, einen Durchlaß zum Pazifischen Ozean suchen und dann nach Westen fahren sollte, bis sie die »Inseln von Banda« erreichte. Ein Glück war, daß Magellan einen Gelehrten namens Antonio Pigafetta mit auf die Reise nahm, denn Pigafetta zeichnete getreulich alles auf, was während dieser historischen ersten spanischen Fahrt zu den Gewürzinseln geschah. Sein Tagebuch wiederum gelangte in die Hände des gelehrten englischen Pfarrers Samuel Purchas, dessen monumentale Anthologie über Forschungsfahrten, *Purchas His Pilgrimes*, den Londoner *Merchant Adventurers* Anregungen liefern sollte.

Magellans Reise fing gut an: Er konnte sich auf den Kanarischen Inseln frisch verproviantieren, überquerte den Äquator und erreichte drei Monate später die südamerikanische Küste. Hier entluden sich die unterschwelligen Ressentiments zwischen der spanischen Mannschaft und ihrem portugiesischen Kapitän in einer Meuterei, und Magellan war gezwungen, die Störenfriede an einem hastig zusammengezimmerten Galgen aufzuknüpfen. Daraufhin brach die Meuterei zusammen.

Die verbleibenden Meuterer fanden sich bald schon durch die merkwürdigen Verhaltensweisen der Eingeborenen abgelenkt, nicht zuletzt durch die riesigen Mannsleute von Patagonien, die, laut Pigafetta, »wenn sie kranck im Maggen, einen Pfeil bald einen halben Meter tief in die Gurgel stoßen, worauf sie grüne Galle und Blut speien«. Ihr Rezept gegen Kopfschmerzen war nicht weniger dramatisch: Sie brachten sich klaffende Schnittwunden am Kopf bei, um das Blut zu reinigen. Und sobald sie die ersten Anzeichen von winterlicher Kälte verspürten, »pflegen sie sich einzuschnüren, auf daß ihr mannlich Glied im Körper verstecket sei«.

Ein Jahr nachdem es von Teneriffa in See gestochen war, schob sich Magellans Schiff durch die Meerstraße, die jetzt seinen Namen trägt, und fuhr in die warmen Gewässer des Pazifiks ein. »Des war er so froh«, berichtet sein Chronist, »daß vor Freude Tränen seinen Augen entquollen.« Magellan hatte recht behalten: Nun brauchte man nur noch den gewürzgeschwängerten Brisen bis nach Ostindien zu folgen.

Leider war das nicht so einfach. Wie die meisten Entdecker seiner Zeit hatte Magellan keine Ahnung von den großen Entfernungen, um die es dabei ging, und als auch nach über drei Monaten auf hoher See immer noch kein Land in Sicht war, fanden sich die Männer vom Hungertod bedroht. »Dieweil sie all ihren Schiffszwiebäck und andern Proviant verzehret hätten, fielen sie in solch herbe Not, daß sie den Staub essen mußten, der davonnen übrig und itzt voller Maden war und wegen des Salzwassers wie Pisse stank. Auch ihr Frischwasser faulete und ward gelb.« Bald ging ihnen sogar der von Maden wimmelnde Zwiebackstaub aus, und sie waren gezwungen, »Stücke von Leder zu essen, so sie um etwelche dicke Taue der Schiffe gewunden; aber sintemalen selbige Bälge durch Sunnen, Reggen und Wynd sehr hart worden, hing man sie vier oder fünf Tag lang an einem Strick ins Meer, um sie zu sänftigen«. Für kranke Männer war das keine bekömmliche Nahrung, und bald schon forderte der Speiseplan seine Opfer: »Wegen dieser Hungersnot und unreinem Essen wucherte bei manchen das Zahnflysch so über die Zähne, daß sie elendiglich Hungers starben.«

Trotz der schrecklichen Not schleppten sich die Schiffe weiter, bis sie die Philippinen erreichten, wo die Männer erfuhren, daß sie sich ihrem Ziel näherten. Magellan allerdings sollte die Gewürzinseln nicht mehr schauen, weil er den Fehler beging, sich in einen Machtkampf vor Ort einzumischen, und während der Tätlichkeiten niedergeschlagen und getötet wurde. Für alle, die auf den Schiffen überlebt hatten, war dies ein verheerender Schlag, und der entsetzte Pigafetta bemühte sich, die Größe des Verlustes in Worte zu fassen: »Zugrunde ging unser Führer, unser Licht und unser Halt.«

Derart viele Männer waren tot, daß man beschloß, eines der Schiffe aufzugeben. Die verbleibenden Fahrzeuge segelten nun zur nördlichsten der Gewürzinseln und sichteten den von Gewürznelkenbäumen bedeckten Kegel der Vulkaninsel Tidore in der ersten Novemberwoche des Jahres 1521. Plötzlich wechselt Pigafettas Tagebuch den Ton, und die bis dahin üblichen Schauergeschichten weichen praktischeren Erwägungen. Magellans Männer hatten die halbe Welt umrundet, weil sie Geld machen wollten; die nächsten Tagebuchseiten sind voll von den verschiedensten auf der Insel üblichen Gewichtsangaben und Maßen.

Befrachtet mit sechsundzwanzig Tonnen Gewürznelken, einer Ladung Muskatnuß und Säcken voller Zimt und Muskatblüten fuhren schließlich die beiden verbliebenen Schiffe der Expedition im Winter 1521 von den Gewürzinseln ab. Die *Trinidad* machte noch im Hafen schlapp: Sie war derart verfault, undicht und hoffnungslos überladen, daß sie ohne gründliche Reparaturen die Heimreise nicht antreten konnte. Nach einem tränenreichen Lebewohl stach die *Victoria* allein in See. Den Männern stand eine entsetzliche Heimfahrt bevor; über die Hälfte von ihnen starb an der Ruhr. Unbeirrbar gewissenhaft, notierte Pigafetta jede Krankheit und jeden Todesfall und fand sogar Erwähnenswertes in der Art und Weise, wie die Leichen auf dem Wasser trieben. »Die Leichen der Christen schwammen mit dem Gesicht zum Himmel«, schrieb er, »dagegen die der Inder mit dem Gesicht nach unten.«

Neun Monate nachdem sie von den Gewürzinseln abgefahren war, erreichte die *Victoria* endlich Sevilla, ging an der Mole vor Anker und »feuerte vor Freude all ihre Geschütze ab«. Wenngleich die Hälfte der Mannschaft tot war und Magellan schon lange unter der Erde lag, zeigte sich Karl V. überglücklich; zu seinen ersten Handlungen zählte, daß er dem Kapitän, Sebastian del Cano, ein Wappen verlieh. Darauf waren unter anderem drei Muskatnüsse, zwei Zimtstangen und zwölf Gewürznelken zu sehen.

Die portugiesische Kaufmannschaft war fuchsteufelswild, weil sie fürchtete, ihr gerade erst errungenes Monopol gleich wieder zu verlieren; sie legte bei Karl V. nachdrücklich Protest ein. Die Gewürzinseln gehörten zu Portugal, nicht zu Spanien, erklärten die Kaufleute und führten zum Beweis den berüchtigten Vertrag von Tordesillas an. So eindeutig im Recht, wie sie behaupteten, waren sie indes nicht. Der Vertrag von Tordesillas, vor rund zwei Jahrzehnten abgeschlossen, ging auf einen päpstlichen Schiedsspruch zurück, durch den die Welt zweigeteilt worden war. Papst Alexander VI. hatte in der Mitte des Atlantiks eine Linie gezogen, die sich etwa hundert Seemeilen westlich der Kapverdischen Inseln »vom Arcktischen Pol bis zum Antarcktischen Pol« erstreckte. Jedes westlich dieser Linie entdeckte Land, erklärte der Papst, gehöre Spanien. Alles Land östlich der Linie gehöre Portugal. Zum Zeitpunkt der Vertragsunterzeichnung war es den Portugiesen gelungen, die Trennlinie mehrere hundert Meilen weiter nach Westen zu verschieben, so daß sie die Küstenlinie Brasiliens durchschnitt und die Portugiesen ihren Anspruch auf das Land für Rechtens erklären konnten.

Der Vertrag war leicht einzuhalten, solange es um Entdeckungen ging, die nahe der Heimat gemacht wurden, aber die Sache wurde in dem Maße schwieriger, in dem es um ferne und wenig bekannte Inseln ging. Wenn man die päpstliche Linie auf der anderen Seite der Erdkugel fortsetzte, wies sie unzweifelhaft die Gewürzinseln der portugiesischen Machtsphäre zu, aber die Karten des 16. Jahrhunderts waren außerordentlich ungenau, weshalb die Spanier behaupten konnten, die Inseln gehörten zu ihrer Erdhälfte und ihre Reichtümer seien Eigentum des Königs von Spanien.

Leider wußte niemand mit Sicherheit, wer recht hatte. Im Jahr 1524 stellten sich Vertreter beider Seiten einem Untersuchungsausschuß, aber obwohl man über zahllosen Land- und Seekarten brütete, ließ sich keine Einigung erreichen. Das Gezänk dauerte noch fünf Jahre an, ehe Karl V. von Spanien seine Ansprüche auf die Gewürzinseln für die stolze Summe von 350 000 Golddukaten verkaufte.

Dieser Handel hätte das Problem gelöst, wären die Spanier und die Portugiesen die einzigen gewesen, die sich für die Gewürzinseln interessierten. Aber andere Mächte fingen an, ihre Aufmerksamkeit dem Osten zuzuwenden: Vor allem England entwickelte ein Faible für den süßlichen Gewürzduft. Es war nur eine Frage der Zeit, daß sich erneut ein englischer Abenteurer auf die Reise machte.

Auch wenn das Scheitern der arktischen Expedition von Sir Hugh Willoughby die englische Suche nach einer Nordostpassage abrupt beendete, dämpfte sie doch kaum die Begeisterung, mit der die Engländer der Gedanke an eine Fahrt zu den Gewürzinseln erfüllte. Dennoch sollten noch mehr als zwei Jahrzehnte vergehen, ehe die Londoner Kaufleute die Finanzierung einer neuen Expedition ins Auge faßten, und erst 1577 – vierundzwanzig Jahre nach Willoughbys Fahrt – stach endlich ein kleiner Schiffsverband unter dem Kommando von Sir Francis Drake in See.

Drakes Expedition hatte die Unterstützung Königin Elisabeths I.; das offizielle Ziel des Unternehmens bestand darin, Verträge mit den Völkern im Südpazifik abzuschließen und einen unbekannten Kontinent zu erforschen, der dem Vernehmen nach auf der südlichen Halbkugel existierte. Aber die Königin gab Drake auch einen Freibrief, spanische Schiffe und Häfen zu plündern und so viele Schätze zu rauben, wie seine Schiffe nur immer fassen konnten. »Ich würd mit Freuden meine Rach am König von Spanien üben für verschiedenerlei Unrecht, so ich erlitten«, erklärte sie Drake. Da die Spanier auf keinen Fall etwas über die Expedition erfahren durften, wurde sie von Anfang an in den Mantel des tiefsten Geheimnisses gehüllt; die Mannschaft hatte keine Ahnung, wohin die Reise ging, und wurde darüber erst informiert, als die englische Küste hinter dem Horizont verschwunden war.

Die fünf Schiffe unter Drakes Kommando, von denen keines länger war als zwei Londoner Busse, orientierten sich an Magellans Route und liefen vielfach dieselben Buchten und Häfen an, um sich neu zu verproviantieren. Diese Aufenthalte verliefen nicht immer nach Plan: Als die Besatzungen vor Patagonien Anker warfen, waren sie eingestimmt auf das unterhaltsame Schauspiel von Riesenmenschen, die »grüne Galle« spien und ihre Genitalien einschnürten. Statt dessen marschierten sie stracks in einen Hinterhalt und wurden nur durch das rasche Eingreifen Drakes gerettet, der eine Muskete ergriff, sie auf einen Eingeborenen abfeuerte und »sein Maggen und Gekrös mit gewalticker Pein herausriß, wie sein Geschrey bewieß, das ein so abscheulich und grauslich Heulen war, als hätten zehn Bullen ihr Gebrüll vereinet«.

Ein paar Tage danach mußte Drake gegen einen Landsmann vorgehen. Einer von Drakes Untergebenen, ein »Edelman« mit Namen Thomas Doughty, drohte angeblich mit Meuterei. Als diese Gerüchte Drake zu Ohren kamen, hielt er dem Betreffenden die Anschuldigungen vor. Was dann geschah, ist schwer zu sagen, da Doughty viele Feinde hatte und jeder eine andere Geschichte erzählte. Im großen und ganzen aber scheint festzustehen, daß Doughty sich vor dem erstaunten Drake zu seiner Schuld bekannte und vor die Wahl gestellt wurde, sich hinrichten, an Land absetzen oder bei der Rückkehr nach England vor Gericht stellen zu lassen. Doughty zögerte keinen Moment lang: »Er erklärete, er entscheide sich von gantzem Herzen für das fürderste Anerbieten des Generalls ... und ohn sich zu zieren oder zu zaudern, trat er vor und kniete nieder, dieweil er den Nacken dem Beyl und sein Seel dem Himmel darbot.«

Nach dieser unschönen Episode setzten die Schiffe ihre Fahrt fort und wechselten durch die Wasserstraße von Kap Hoorn, die für ihre Stürme berüchtigt war, erfolgreich vom Atlantischen in den Pazifischen Ozean über. Die kleineren Fahrzeuge hatte Drake schon vorher zurückgelassen. Nun verlor er in einem aufkommenden Sturm auch noch das verbliebene andere Schiff aus den Augen (es hatte kehrtgemacht, um nach England zurückzufahren) und blieb allein mit dem Flaggschiff in gefährlicher Lage zurück. »Wie ein Ball beim Rakett« umhergeschleudert, raste das Schiff die südamerikanische Küste hinauf, die Drake nach Kräften plünderte, bis er nach Westen abbog, um in Richtung der Gewürzinseln die öde Fahrt über den Pazifik anzutreten, auf der »wir ganze achtundsechzig Tag lang nichts erspäheten als Lüft und Meer«. Endlich aber – mehr als eine Generation nachdem die Portugiesen zum erstenmal zu den Gewürzinseln gesegelt waren – sichtete das englische Fahrzeug die üppigen Küsten der Gewürzinseln.

Drake hatte vor der Vulkaninsel Tidore Anker werfen wollen, aber während er sein Schiff durch die trügerischen Untiefen manövrierte, kam ein Kanu mit dem Vizekönig der benachbarten Insel Ternate längsseits. Dieser gab zu bedenken, daß Tidore fast völlig in der Hand der verhaßten Portugiesen sei, und bat den englischen Kommandanten, seinen Kurs zu ändern. Drake willigte ein und übergab dem Gesandten einen schönen Samtmantel, den dieser dem König überbringen sollte, und dazu die Botschaft, daß sie kamen, um Gewürze zu kaufen. Nicht lange, so kehrte der Gesandte mit der Nachricht zurück, der König werde »die Güter und Wägen seiner ganzen Insel beischaffen [und] für den Handel mit unserer Nation reservieren«.

Als der König schließlich das Schiff besuchte, wurden Drake und seine Leute Zeugen einer märchenhaften Darbietung orientalischer Lebensart. Zuerst kamen die Gefolgsleute des Königs, allesamt in weißes Leinen gekleidet, und umkreisten wieder und wieder das Schiff; »dieweil sie an uns vorüberfuhren, entboten sie uns mit gar großer Solennität eine Huldigung, indem sie mit ehrforchtiger Mien und achtvoll Betragen den Leib bis zur Erde neigeten und die Fürnehmsten hierbei den Anfang macheten«. Dicht dahinter kam der König. »Da er mit sechs ehrsamen greisen Vätern in seinem Kanu nahte, entbeut auch er uns im Vereyn mit ihnen eine ehrforchtige Huldigung, mit weit untertänigerem Gebaren, denn zu erwarten.« Drake zufolge war er »von hohem Wuchs, gar stattlich und wohl komponiret, von über die Maßen fürstlichem und huldvollem Gebaren; von seinesgleichen ward er solchermaßen geachtet, daß sein Statthalter nicht und seiner Ratgeber keiner anders als auf den Knien mit ihm zu sprechen wageten«.

Die Engländer wußten zuerst nicht recht, wie sie auf das zeremoniöse Betragen des Ostens reagieren sollten, feierten aber schließlich das Ereignis auf altbewährte Weise. Sie luden ihre Geschütze und lauschten begeistert »dem Donnern unsres Saluts, in das wir gar reichlich Musketenfeuer mengeten, dieweil wir unsre Trumpeten und ander Musickinstrument erschallen ließen«. Der König war von dem Feuerwerk hingerissen und »so gar entzücket, daß er unsre Musicke bät, ins Boot zu steigen, mit seinem Kanu längsseits ging und zum wenigsten eine gantze Stund lang unter dem Bug unsres Schyffes mit dem Boot vertäuet blieb«.

Nach einem nochmaligen Geschützsalut empfahl sich der König, aber nicht, ohne zuvor den Engländern Erlaubnis erteilt zu haben, so viele Gewürze, wie sie brauchten, auf seiner Insel zu kaufen. Als Drake zur Abfahrt von Ternate rüstete, war sein Schiff derart voll beladen und lag so tief im Wasser, daß es »an einer elenden Seichte auflief und feststak«. Um es wieder flottzubekommen, wurden acht Kanonen ins Meer geworfen, gefolgt von jeder Menge Mehl und Hülsenfrüchten und schließlich von drei Tonnen der kostbaren Gewürznelken, die sie eingekauft hatten. Als die Flut kam, löste sich das Schiff nach und nach vom Grund und konnte seine lange Reise zurück nach England antreten.

Drake wurde zu Hause als Held empfangen. Sein Schiff, das in *Golden Hind* (Goldene Hindin) umgetauft wurde, war nicht nur beladen mit duftenden Gewürzen, es trug auch eine »über die Maßen reiche Fracht an Gold, Silber, Perlen und Edelsteinen«, die zum größten Teil von geplünderten spanischen und portugiesischen Schiffen stammten. Männer und Frauen strömten in Scharen nach Plymouth, und Königin Elisabeth höchstpersönlich kam in Deptford an Bord und schlug ihren tapferen Kommandanten zum Ritter. Nur wenige Tage nach seiner Rückkehr waren bereits Lieder, Sonette, Oden und Gedichte entstanden, die seine historische Fahrt verewigten.

Drakes seemännische Großtat beflügelte die Phantasie des Elisabethanischen England und nährte die Vorstellung vom Osten als von einer Region sagenhafter Herrscher. Drake hatte indes seine Fahrt als Freibeuter, nicht als Kaufmann unternommen, und auch wenn er auf Ternate große Mengen Gewürze eingekauft hatte, wurde doch deren Wert durch das Gold und Silber, das er auf spanischen Galeonen geraubt hatte, weit in den Schatten gestellt. Schlimmer noch war, daß er nur wenig brauchbare Informationen über die Märkte im Osten zurückbrachte. In den Aufzeichnungen von seiner Reise finden sich keine Angaben über Preise, keine Erwähnungen von Maßen und Gewichten, keine Hinweise darauf, welche Waren für einen eventuellen Tauschhandel am ehesten in Frage kamen. Seine triumphale Rückkehr versetzte dennoch die Kaufleute Londons in große Aufregung; sie begannen, sich nach einem geeigneten Kandidaten für die Eröffnung von Handelsbeziehungen nach Ostindien umzusehen. Drake selbst schien natürlich wie geschaffen für die Aufgabe, aber er spielte nun einmal gar zu gern den Seeräuber, und deshalb mußten sich die Kaufleute anderweitig nach einem Kommandanten umsehen. Mit dem gleichen einzigartigen Mangel an Voraussicht, den sie bereits bewiesen hatten, als sie Sir Hugh Willoughby für ihr Arktisabenteuer ausgewählt hatten, übertrugen sie nun das Kommando einem Grundbesitzer aus Nottinghamshire namens Edward Fenton, einem eigenwilligen Mann mit wenig Erfahrung in der Seemannskunst.

Fenton stammte aus einer wohlhabenden Familie und hätte sein Leben in schändlichem Müßiggang verbringen können, wenn ihm danach der Sinn gestanden hätte. Stattdessen floh er die Bequemlichkeiten des prächtigen Familiensitzes, verkaufte sein väterliches Erbe und stürzte sich in eine Karriere als verwegener Glücksritter; wo immer ein Abenteuer winkte, zog es ihn hin. Seine erste größere Fahrt unternahm er in Begleitung von Sir Martin Frobisher auf der Suche nach der sagenhaften Nordwestpassage; diese Expedition bescherte Fenton die Einsicht, daß Anweisungen, die man in London erhalten hatte, dazu da waren, in den Wind geschlagen zu werden, sobald man auf hoher See war. Als er auf Baffin Island landete und dort Goldlagerstätten entdeckte, die ergiebig schienen, hängte er seine Suche nach der Nordwestpassage an den Nagel und gründete in der Hoffnung auf raschen Reichtum kurzerhand ein Schürfunternehmen.

Um eine Expedition nach Ostindien zu führen, war Fenton nicht gerade der ideale Kandidat. Von unheilbarer Abenteuerlust erfüllt, hatte er kaum ein Gefühl für die Verantwortung, die mit dem Kommando verknüpft war. Noch ehe er die Fahrt angetreten hatte, rümpften schon viele in England die Nase über seine Eskapaden, und es gab beträchtlichen Widerstand gegen seine Ernennung; aber da ihn der Earl of Leicester favorisierte, erhielt er am Ende den Posten. Bei der Wahl von Fentons Stellvertreter entschieden sich die Kaufleute für einen grundsoliden Kapitän namens William Hawkins, einen Verwandten seines berühmteren Namensvetters, der an Drakes Fahrt in die Südsee teilgenommen hatte. Weil sie aber dem unberechenbaren Fenton immer noch nicht trauten, arbeiteten sie detaillierteste Anweisungen für die Reise aus, einschließlich der genauen Fahrtroute, der er folgen sollte. »Ihr werdet Euren Weg um das Kap der Guten Hoffnung nehmen«, schrieben sie, »und weder auf der Hinfahrt noch auf dem Rückweg die Magellanstraße passieren ... Ihr werdet auf keinen Fall weiter als bis zum vierzigsten Breitengrad in nordöstlicher Richtung fahren, sondern den direkten Weg zu den Inseln der Molukken einschlagen.«

Für Instruktionen dieser Art war Fenton taub. Kaum hatte er Segel gesetzt, verlor er auch schon alle Lust, die gefährliche und beschwerliche Fahrt nach Ostindien zu machen, die den Kaufleuten weit mehr Nutzen bringen würde als ihm. Während sein Schiff in südlicher Richtung den Atlanik durchpflügte, verbrachte der »fürnehme« Kommandant die langen Stunden am Steuer mit Träumereien von einer edleren und ruhmreicheren Bestimmung. Leider verstummen die Berichte von der Expedition just an diesem Punkt, an dem das Unternehmen zur Posse zu geraten begann. Nur eine einzige Schilderung von der Reise ist erhalten geblieben – William Hawkins' Tagebuch –, und auch das wurde im letzten Jahrhundert durch ein Feuer teilweise zerstört. Aber die zerfledderten Seiten sind noch soweit lesbar, daß sie uns erlauben, die stürmischen Vorgänge an Bord der *Bear* zu rekonstruieren. Fenton war offenbar schon länger zu der Einsicht gelangt, daß der schnellste Weg zum Reichtum darin bestand, die portugiesischen Karacken auszurauben, die entlang der afrikanischen Küste hinauf- und hinunterfuhren. Aber während sein Schiff mitten im Atlantik dahindümpelte, kam ihm eine noch weit phantastischere Idee. Am 25. September 1582 versammelte er die Offiziere in seiner Kajüte und teilte ihnen mit, er beabsichtige, von der Insel Sankt Helena Besitz zu ergreifen »und sich dorten zum König kyren zu lassen«.

Sie trauten kaum ihren Ohren. Sie wußten nur zu gut, wie sehr Fenton dazu neigte, sich über Instruktionen hinwegzusetzen, aber mit dieser Wendung hatten sie nicht im Traum gerechnet. Ihre Versuche, ihm diesen irrsinnigen Plan auszureden, bestärkten ihn nur noch darin. Als der praktisch denkende Hawkins sich allzu lautstark gegen den Plan engagierte, versprach ihm Fenton 10 000 Pfund Silber, falls er seine Meinung ändere, und stellte auch allen anderen »Wohlsinnigen« große Reichtümer in Aussicht. Als der Schiffsprediger von dem Plan erfuhr, war er entsetzt, »sank auf die Knie und bat [Hawkins] inständig, diesem Entschluß um Gottes Lieb nicht beizutreten«. Die Mannschaft reagierte ähnlich; sie hatte keine Lust, ihr Leben fortan auf einem abgelegenen Inselchen im Atlanik zu verbringen, das zwei Jahrhunderte später Napoleon zum unentrinnbaren

Kerker werden sollte. Etliche wiesen auf die Undurchführbarkeit des Fentonschen Planes hin und erklärten es für fast unmöglich, die Insel gegen fremde Schiffe zu verteidigen. Ohne Herrschaft über die See aber würde König Edward von Sankt Helena seinen Thron noch vor Jahresfrist wieder verloren haben.

Hawkins war ebenfalls dieser Ansicht; er beschloß, Fenton »kundzutun, wie ich darob dächt«, und stürmte zurück in dessen Kajüte. Leider sind die folgenden Zeilen in seinem Tagebuch unleserlich, aber er muß seinen Standpunkt mit Überzeugungskraft vertreten haben, denn Fenton ließ seinen verrückten Plan ebenso jäh fallen, wie er ihn ursprünglich gefaßt hatte. Vielleicht ging ihm auf, daß er ohne Hawkins' Hilfe die Insel nicht einmal würde finden können. Fenton sah seinen romantischen Traum wie eine Seifenblase zerplatzen; in finsterer Verzweiflung schloß er sich in seiner Kajüte ein. »Er sprach dann, er wölle wieder zurück zu den Inseln von Cape de Verde und Weyn beschaffen«, wobei es ihn, wie Hawkins vermerkt, »blos verlangete, zu stehlen und zu rauben«.

Auf der Rückfahrt nach England wurde Fenton klar, daß er wenig getan hatte, um sich bei der Londoner Kaufmannschaft lieb Kind zu machen. Er versuchte, Hawkins zum Stillschweigen zu verpflichten, indem er ihn in Eisen legte und drohte, ihn umzubringen, wenn er auch nur ein Sterbenswörtchen über die lächerlichen Episoden der Reise verlauten lasse. Hawkins überlebte, aber diese letzte Untat besiegelte Fentons Sturz; bei keiner weiteren Expedition in den Fernen Osten taucht sein Name noch einmal auf. All die detaillierten Planungen und Anweisungen der Geldgeber, um den Erfolg des Unternehmens sicherzustellen, hatten nichts gefruchtet; die 1582 ausgesandte Expedition zu den Gewürzinseln war nicht einmal über den Atlantik hinausgelangt.

Die Londoner Kaufleute sahen nun ein, daß es das beste war, wenn einer aus ihren eigenen Reihen – irgendein nüchterner, abgebrühter Geschäftsmann – in den Osten reiste und sich ein Bild von den Chancen machte, die sich dem Handel dort boten. Der Mann, den sie mit der Durchführung dieser Untersuchung betrauten, war Ralph Fitch, ein praktisch denkender Kaufmann aus der Levantinischen Kompanie; in Begleitung von vier Partnern machte er sich 1583 auf den Weg. Das Tagebuch, das er während der Reise füllte, strotzt von Fakten und Zahlen, Häfen und Städte Ostindiens betreffend; es stellt zwar nicht die alleraufregendste Lektüre dar, aber seine Bedeutung liegt darin, daß es den ernsthaften Einstieg Englands in das Wettrennen um die Gewürzinseln markiert.

Fitch berichtet, wie er sich mit vier Kaufmannskollegen – den Herren Newberry, Eldred, Leedes und Story – im Winter 1583 auf den Weg machte. Nachdem sie auf dem Schiffsweg die syrische Hafenstadt Tripolis erreicht hatte, schloß sich die kleine Reisegruppe einer Karawane an, die sie bis nach Aleppo brachte, und setzte dann auf Kamelen den Weg zum Euphrat fort. Hier legten die fünf ihr Geld zusammen, kauften ein Boot und fuhren den Fluß hinunter zum Persischen Golf. Newberry hatte diese Strecke schon einmal bereist und war mit Geschichten von großbrüstigen Damen zurückgekehrt, die »große Ringe in ihren Nasen und um Bein, Arm und Hals eiserne Reifen« trügen. Von Hitze und Gestank gequält, hatte er staunend beobachtet, wie sie, ohne zu erröten, »ihre Zitzen über die Schulter warfen«. Eine so phantastische Geschichte hätte nie und nimmer Eingang in Fitchs Tagebuch gefunden; während Newberry die dortigen Damen beäugte, notierte sein Kollege eifrig, wie das Boot gebaut war, wieviel die Reise genau kostete und welche Gewichte und Maße am Ort in Gebrauch waren.

Kaum war die englische Gruppe auf der Insel Hormos am Ende des Persischen Golfs eingetroffen, weckte sie auch schon den Argwohn der dortigen portugiesischen Behörden. Sie wurde festgenommen, eingekerkert und schließlich nach Goa zum portugiesischen Vizekönig geschafft. Hier war das Glück den Engländern hold. Einer der Jesuitenpatres in der Stadt, ein Mann namens Thomas Steven, stammte aus der Grafschaft Oxford; er war vier Jahre zuvor nach Goa gekommen und damit der erste Engländer, der jemals indischen Boden betreten hatte. Als er hörte, daß eine Gruppe von Landsleuten in dem »gar festen Kercker« der Stadt gefangensaß, bürgte Steven sogleich für sie, und sie wurden auf freien Fuß gesetzt.

Sobald sie wieder in Freiheit waren, trennten sich ihre Wege. Story schloß sich in einem Kloster ein, um seiner neugefundenen Berufung zu folgen und als Mönch zu leben. Newberry gefiel es in Goa, und er ließ sich dort nieder. Eldred erörterte mit den ortsansässigen Kaufleuten Handelsfragen, während Leedes beim Großmogul Akbar in Dienst trat; von ihm wurde nie mehr etwas gehört. Fitch allerdings ließ sich durch nichts von seinem ursprünglichen Vorhaben abbringen. Ohne es zu wollen, hatten die Portugiesen seinen Plänen Vorschub geleistet, indem sie ihn nach Goa brachten; er befand sich nun hinter den feindlichen Linien. Bevor sie dazu kamen, ihn erneut zu verhaften, trat er in Verkleidung die Flucht an und erreichte nach jahrelangem Herumirren schließlich Malakka. Daß er sein Ziel endlich erreicht hat, scheint ihn nicht nennenswert aus der Ruhe zu bringen; er berichtet über seine Ankunft mit der gleichen Nüchternheit und Distanz, die er auch sonst an den Tag legt; er ist ausschließlich mit der Anfertigung eines Dossiers beschäftigt, in dem er Informationen über Waren und Preise sammelt.

Nach sage und schreibe acht Jahren akribischer Nachforschungen in Sachen Gewürzhandel entschied Fitch, daß es an der Zeit sei, nach Hause zurückzukehren. Als er schließlich in London eintraf, stellte er zu seiner Überraschung fest, daß er zu einer Art Berühmtheit geworden war und daß die Liedersänger und Stückeschreiber Londons eifrig hinter seinem Tagebuch her waren. Besonders ein junger Autor namens William Shakespeare interessierte sich für seine Geschichte; er arbeitete den ersten Satz aus Fitchs Tagebuch in sein neues Stück *Macbeth* ein. Fitch hatte geschrieben: »Ich stieg in London in ein Schiff mit Namen The Tiger, worinnen wir nach Tripolis in Syrien fuhren, und von dort schlugen wir den Weg nach Aleppo ein.« In *Macbeth* findet dieser Satz seinen Nachhall in den Worten: »Ihr Mann ist nach Aleppo gefahren, führt den Tiger ...«

Während Fitch so den Grund zur ersten ernsthaften Handelsexpedition legte, war Sir Francis Drake mit praktischeren Maßnahmen beschäftigt, um den Erfolg einer solchen Expedition sicherzustellen. Während die gewaltige Armada des spanischen Königs Philipp II. in den Ärmelkanal einsegelte, griff Drake die Flotte an und stürzte die Möchtegerninvasoren in Schrecken und Verwirrung. Tag für Tag schnappte er sich Schiffe, die zu weit vom Verband abgekommen waren, bis dann Ende Juli 1588 »Gottes Stürme bliesen«. Angesichts der Zerstörungen, die er angerichtet hatte, erklärte Drake, keiner der spanischen Befehlshaber werde »über dieses Tages Dienst frohlocken«.

In seinen psychologischen Auswirkungen veränderte der Sieg England unwiderruflich. Jahrzehntelang hatten ausschließlich Spanien und Portugal die hohe See beherrscht, aber nun gab es eine neue Macht, mit der man rechnen mußte. Binnen weniger Monate waren die Könige und Fürsten Ostindiens, die von einem Land namens England noch nie etwas gehört hatten, über die englische Kampfkraft zur See informiert. In Java und Sumatra, wo kriegerische Stärke alles bedeutete, erwarteten die lokalen Potentaten voll Spannung das Auftauchen dieser siegreichen Macht; und als sich schließlich die ersten englischen Seeleute am Hof des Sultans Ala-uddin von Achin – des mächtigsten Herrschers in Sumatra – einfanden, stellten sie fest, daß der Sultan über den historischen Sieg in allen Einzelheiten unterrichtet war. Er war so erpicht darauf, bei dieser neuen Seemacht Eindruck zu schinden und mit ihr ein Handelsbündnis zu schließen, daß er ihnen zum Empfang einen Zug prächtig aufgezäumter, bändergeschmückter Elefanten entgegenschickte.

Der Glückwunschbrief, den er Königin Elisabeth schickte, troff von Ehrerbietung. Da er sie sich als siegreiche Herrscherin großer Teile Europas vorstellte, richtete er seinen Brief an die Sultanin von England, Frankreich, Irland, Holland und Friesland. Sogar die gute Bess dürfte angesichts solcher Elogen rot geworden sein.

KAPITEL ZWEI

Wundersam ungesunde Klimazonen

Zwei Monate nach dem aufsehenerregenden Sieg, den Sir Francis Drake über die Armada errungen hatte, verbreitete sich in der Londoner Kaufmannschaft die Nachricht, daß ein englisches Schiff, von einer abenteuerlichen Fahrt nach Ostindien zurückkommend, den Ärmelkanal herauffuhr. Der Kapitän des Schiffes war Thomas Cavendish, nach Drake der zweite englische Weltumsegler, der mit Reichtümern beladen von seiner Expedition zurückkehrte. Auf dem Heimweg hatte er die riesige spanische Galeone *Santa Ana* zusammen mit sage und schreibe neunzehn weiteren Schiffen gekapert; in England bereitete man ihm einen begeisterten Empfang, wobei die allgemeine Euphorie durch das Gerücht angeheizt wurde, seine Matrosen trügen Wämser aus Seide und seine Marssegel seien goldgesäumt.

Kaum hatte Cavendish den Fuß an Land gesetzt, drängte er seinen alten Freund Lord Chamberlain in einem Brief, sich umgehend für eine englische Expedition zu den Gewürzinseln einzusetzen. »Ich bin an den Eilanden der Molukken entlanggesegelt«, schrieb er, »allwo unsere Landsleut nicht minder dreist Handel treiben können als die Portugaler, sofern sie nur willens.«

Mittlerweile war eine erfolgreiche Handelsfahrt nach Ostindien zu einem dringenden Erfordernis geworden, denn seit König Philipp II. im Jahre 1580 auch den portugiesischen Thron geerbt hatte, waren die Märkte Lissabons für englische Schiffe geschlossen. Das hatte nicht nur zu einer dramatischen Verringerung der Menge an Gewürzen geführt, die in England eintrafen, sondern dem Land war auch ein wichtiger Exportmarkt für feines Tuch und Wollzeug verlorengegangen. Der alte Einwand gegen eine englische Expedition zu den Gewürzinseln – daß die Portugiesen ein Monopol auf die östlichen Seerouten hatten – war entfallen. Die päpstliche Bulle, die eine Aufteilung der Welt unter die beiden katholischen Mächte Spanien und Portugal verfügt hatte, wurde in England offen verhöhnt; Königin Elisabeth I. zog höchstpersönlich deren Rechtmäßigkeit in Zweifel, und zwar mit der berühmt gewordenen Feststellung, daß »meine Untertanen ein ebenso gutes Recht haben, [um das Kap] zu segeln, als wie die Spanier, da Meer und Luft allen Menschen gemein«. Die Fahrten von Drake und Cavendish hatten den Skeptikern bewiesen, daß englische Schiffe, mochten sie auch klein sein, jeden Ort ihrer Wahl erreichen konnten; als nun Cavendish im Ostatlantik die riesige spanische Karacke gekapert hatte, war ein für allemal klargestellt, daß keine der Karacken »also gewaltig, daß sie nicht aufzubringen«. Diese besondere Galeone stellte eine ungeheure Prise dar: Ihre Laderäume waren mit Schätzen im Wert von über 100 000 englischen Pfund gefüllt.

Nachdem Cavendish die Londoner Kaufleute jahrelang bearbeitet hatte, folgten sie 1591 endlich seinem Rat. Sie ersuchten Königin Elisabeth um eine Handelslizenz für Ostindien; nachdem sie die bekommen hatten, sahen sie sich nach einem geeigneten Befehlshaber um. Da sie aus den Fehlern der Vergangenheit gelernt hatten, entschieden sie sich diesmal für einen erfahrenen und seetüchtigen Kaufmann namens James Lancaster, der im Kampf gegen die spanische Armada seine Tapferkeit bewiesen hatte.

Über Lancasters frühes Leben ist wenig bekannt. Seinem Testament läßt sich entnehmen, daß er 1554 oder 1555 in

James Lancaster überstand zwei lange Reisen nach Ostindien, auf denen er dem Skorbut, den Stürmen und den portugiesischen Karacken trotzte. Einer seiner Briefe, den er während eines Wirbelsturms schrieb, ist in den Legendenschatz der Ostindischen Kompanie eingegangen. »Ich weiß nicht zu sagen, wo Ihr nach mir suchen sollet«, schrieb er, »denn ich bin den Winden und der See auf Gedeih und Verderb preisgegeben.«

Basingstoke zur Welt kam und in seinen späten Sechzigern starb. Er soll »von fürnehmem Geblüth« gewesen sein und wurde in jungen Jahren nach Portugal geschickt, um dort die portugiesische Sprache und das Handelsgewerbe zu erlernen. Lancaster selbst gibt über seine Jahre in Portugal nur in allergröbsten Umrissen Auskunft. »Ich bin unter diesen Leut aufgewachsen«, schrieb er später, »und habe als eine Person von Stand bei ihnen gelebet, habe bei ihnen als Soldat gedienet und war als Kaufmann bei ihnen zuwege.« Was er in Portugal sonst noch tat, bleibt ungewiß, aber einiges spricht dafür, daß er, wie viele andere Engländer, die dort lebten, im Kampf um die portugiesische Krone die Partei von Don Antonio ergriff und auf seiner Seite kämpfte. Nach dem Sieg Spaniens waren seine Tage in Portugal gezählt, und er kehrte praktisch als Flüchtling nach England zurück, unter Verlust seiner ganzen Habe und all seines Geldes. Seine Kenntnis Portugals kam ihm in England zustatten, denn 1587, ein Jahr vor dem Angriff der Armada, war er wieder als Kaufmann tätig, diesmal mit Sitz in London.

Ein Ölgemälde von James Lancaster ist uns erhalten geblieben und vermittelt einen Eindruck vom Erscheinungsbild des Mannes. Angetan mit prachtvollem Knöpfwams und auffallender Halskrause, präsentiert er sich als typischer Vertreter der Elisabethanischen Zeit und wirkt ebenso steif wie streng; eine Hand ruht auf dem Schwertknauf, die andere auf einem Globus. Seine Tagebücher und Schriften verleihen diesem Bild vom archetypischen Elisabethaner Tiefenschärfe und lassen deutlich werden, daß Lancaster eine Mischung aus mürrischem Seebären und strengem Moralisten war. Er achtete auf Disziplin, trat eifrig dafür ein, daß an Bord täglich gebetet wurde, und untersagte jede Art von Glücksspiel. Ganz besonders verabscheute er unflätige Ausdrücke und ahndete »den lästerlichen Gebrauch des Namens Gottes und jedwede müßige und zotige Red« mit schweren Strafen. Auf seine disziplinarische Strenge behielt Mitgefühl allerdings stets einen mäßigenden Einfluß. Als sein Schiff in Seenot geriet und zu sinken drohte, reagierte er zuerst wutentbrannt auf die Weigerung des Begleitschiffes, ihn und seine Mannschaft ihrem Schicksal zu überlassen. »Diese Männer achten keines Befehls«, grollte er finster; dennoch wurde niemand bestraft, als er später erfuhr, daß sie aus Liebe zu ihm bei seinem Schiff ausgeharrt hatten. Der Respekt, den er seiner Mannschaft bezeigte, war damals etwas ganz Neues: Lancaster tat alles, was in seiner Macht stand, um Kranke zu retten, und im Unterschied zu vielen anderen Kapitänen war er ehrlich entsetzt, wenn er zusehen mußte, wie Dutzende aus seiner Mannschaft Krankheiten zum Opfer fielen und starben.

Das Schiff, das Lancaster gegen die Armada befehligt hatte, die *Edward Bonaventure*, war kein Kriegsschiff; vielmehr handelte es sich um eines der zahlreichen Londoner Handelsfrachter, die in den Ärmelkanal eingefahren waren, um bei der Verteidigung des Königreiches mitzuhelfen. Es gehörte dann auch zu den drei Schiffen, die unter Lancasters fachmännischer Führung im Jahre 1591 die lange Fahrt zu den Ostindischen Inseln antraten.

Die Kaufleute, die diese Expedition finanzierten, sahen in ihr eher eine Erkundungsmission als eine Handelsunternehmung; so führten die Schiffe auch nur wenig Ladung mit. Statt dessen wurde aller verfügbare Raum an Bord für die Unterbringung der großen Zahl von Leuten genutzt, die für eine solche Fahrt ins Unbekannte angeheuert worden waren. Viele würden schon auf der Hinfahrt sterben, und die Überlebenden erwartete bei ihrer Ankunft im Fernen Osten eine Pandorabüchse tropischer Krankheiten.

Mit Girlanden geschmückt und reich beflaggt, stachen die *Edward Bonaventure*, die *Penelope* und die *Merchant*

Royal an einem warmen Frühlingstag des Jahres 1591 von Plymouth aus in See.

Eine große Menschenmenge war zusammengeströmt, um die Expedition zu verabschieden; während die Schiffe vom Kai ablegten, brachen viele Familien in Tränen aus. Lancaster stand am Steuer des Flaggschiffs und führte die Fahrzeuge hinaus in die kabbeligen Gewässer des Ärmelkanals. Sein unerschütterlicher Optimismus wurde von der Menge, die gekommen war, ihn zu verabschieden, nicht geteilt. Die Chance, daß die Zurückbleibenden ihre Lieben wiedersehen würden, war gering; viele zogen bereits die Klugheit der Entscheidung, so relativ spät im Jahr aufzubrechen, in Zweifel.

Anfangs lief alles nach Wunsch; die Schiffe erreichten wohlbehalten die Kanarischen Inseln und brachen von dort mit achterlichem Wind zu den Kapverdischen Inseln und zum Äquator auf. Hier hatten sie das Glück, eine portugiesische Karavelle aufzubringen, die mit sechzig Tonnen Wein, tausend Krügen Öl und zahlreichen Fässern Kapern beladen war. Trotz dieser unverhofften Verproviantierung ereigneten sich die ersten Todesfälle. Auf der *Edward Bonaventure* starben zwei Männer, noch bevor das Schiff den Äquator überquert hatte; bald folgten andere und »brüteten Kranckheyten in denen heißen Climata aus, denn sie seyn gar wundersam ungesund«. Schlimmer noch, das Wetter verschlechterte sich. Kaum waren die Schiffe in die südliche Hemisphäre eingefahren, »hätten wir nichts als Wirbelstürm mit solch Donnern, Blitzen und vielerlei Reggen, also daß wir unsre Männer nicht drey Stunden lang trocken zu halten vermuchten, was der Seuch unter ihnen Tyr und Tor auftat«. Da die Vorräte schwanden, ließen sich die Schiffe von den Passatwinden nach Brasilien treiben, ehe sie sich in Richtung auf das Kap der Guten Hoffnung wandten.

Die Mannschaft befand sich mittlerweile schon über drei Monate auf hoher See und hatte in dieser Zeit kein frisches Obst und Gemüse mehr gegessen. Die Männer steckten in Flauten fest, hatten nichts als »Geselchtes« und Schiffszwieback an Bord und wurden allmählich krank. Kraftlosigkeit und ständige Atemnot waren die ersten Anzeichen des körperlichen Verfalls; viele schafften es nicht mehr, in die Wanten zu steigen. Als nächstes wurde die Haut fahl, das Zahnfleisch verlor seine Festigkeit, und der Atem stank faulig. »Die Krankheyt, so unsere Männer hingeraffet, ist der Skorbut«, notierte Edmund Barker, einer der Chronisten an Bord. »Unsre Soldaten, die nicht an die See gewöhnet, haben sich am brävsten gehalten; unsre Matrosen aber sanken dahin, welchselbiges sich (wie ich dafürhalt) von ihrer lästerlichen Lebensweis daheym herschreibet.«

Die meisten von Lancasters Männern litten schon bald an diesen frühen Symptomen der Krankheit, und es dauerte nicht lange, da nahm der Skorbut bedrohlichere Formen an. Die Zähne fielen aus, und der ganze Körper bedeckte sich mit purpurroten Pusteln. Der Genuß von Pökelfleisch schien ihrem Zustand nicht abzuhelfen; er machte die Sache im Gegenteil nur noch schlimmer. Während die Muskeln anschwollen und die Gelenke steif wurden, begannen feine Blutrinnsale aus Augen und Nase zu tropfen. Während sich die Schiffe dem Kap der Guten Hoffnung entgegenschleppten, litten auch bereits viele Männer an akutem Durchfall sowie an Lungen- und Nierenbeschwerden.

Der übliche Anlaufhafen für Schiffe, die das Kap der Guten Hoffnung umfahren wollten, war die Tafelbucht, ein geschützter Ankerplatz, den im Jahre 1503 die Portugiesen entdeckt hatten. Hier gingen die englischen Schiffe vor Anker und schickten einen Erkundungstrupp an Land, dem »ein Schlag gar viehischer Wilder« begegnete, »so sich von dannen macheten«. Dieses erste Zusammentreffen zwischen Lancasters Seeleuten in elisabethanischen Hosen und Wämsern und den Eingeborenen Südafrikas muß ein Anblick für die Götter gewesen sein. Nie zuvor hatten die englischen Matrosen so primitive und barbarische Menschen gesehen, und sie beäugten die Wilden mit einer Mischung aus Schrecken und Abscheu. »Sie tragen blos einen kurzen Behang von Schaf- oder Seehundfell um den Leib, mit dem Fell nach innen, und eine Sort Ratzenfell, um ihre Scham zu verhüllen.« Dies schrieb Patrick Copland, der eine spätere Expedition als Priester begleitete und das kokette Betragen der dortigen Weiblichkeit gar nicht erhebend fand. »Sie pflegeten ihre Ratzenfelle zu lüpfen und ihre Scham zu weisen.« Die Eßgewohnheiten der Einheimischen erregten noch größeren Abscheu. Ein Engländer beobachtete voll Ekel, wie sich eine Gruppe Eingeborener gierig durch einen Haufen von Fischinnereien fraß, der bereits mehr als zwei Wochen lang in der tropischen Hitze geschmort hatte. Angesichts der »Wilden«, die schmatzten und sich die Finger leckten, gelangte er zu der Überzeugung, daß »auf der Welt kein heidnischeres und viehischeres Volk weilet«; ihre Mahlzeiten, fügte er hinzu, stänken so fürchterlich, »daß meilenweit kein Christenmensch verweylen möcht«. Der Schmuck, den die Frauen trugen, war nicht weniger abstoßend. »Ihre Häls waren gezieret mit schmalzichten Kaldaunen, die sie dann und wann abrissen und roh verspeiseten. Warfen wir die Gedärm ihres Viehs zur Seite, verschlangen sie selbige halbroh, dieweil ihnen das Blut eklicht aus dem Maule troff.«

Drei Wochen lang suchte Lancasters Mannschaft vergeblich nach frischen Lebensmitteln. Es gelang ihnen, mit ihren Musketen Gänse und Kraniche zu erlegen, und sie sammelten Muscheln am Strand; genug Nahrung zu beschaffen, um die ganze Gesellschaft zu verköstigen, fiel ihnen allerdings schwer. Schließlich aber war ihnen das Glück hold. Sie fingen einen Eingeborenen und erklärten ihm mittels Zeichensprache, daß sie Fleisch, frische Früchte und Grünzeug brauchten, und acht Tage später kam er mit vierzig Jungstieren und Ochsen und mehreren Dutzend Schafen zurück. Die Männer konnten gar nicht glauben, wie wohlfeil diese Tiere waren. Für ein Messer bekam man einen Jungstier, zwei reichten aus, um einen Ochsen zu erstehen, und um ein Schaf zu erwerben genügte eine abgebrochene Messerklinge. Während die Mannschaft am Strand Tauschhandel trieb, machte sich eine kleine Gruppe auf, um in einer kleinen Barkasse die Bucht zu umrunden, und kehrte mit einer großen Zahl erlegter Seehunde und Pinguine zurück. Lancaster gelang es sogar, eine Antilope zur Strecke zu bringen.

Trotz des Frischfleischs erholten sich viele der Männer nicht. Eine Kontrolle des Gesundheitszustands der Mannschaft ergab, daß weniger als zweihundert Männer »gesund und wohlbehalten« waren; fünfzig Männer waren zu krank, um arbeiten zu können. Man traf eine Entscheidung: Die *Penelope* und die *Edward Bonaventure* sollten die Fahrt nach Osten fortsetzen, während die *Merchant Royal* »mit allerlei Gebrechlichen nach England heimfuhr«. Die Expedition war auf zwei Schiffe zusammengeschrumpft, die beide bedenklich unterbemannt waren.

Nach wenigen Tagen schon ereilte die Expedition eine neue Katastrophe. Kaum hatten die beiden verbleibenden Schiffe das Kap der Guten Hoffnung umsegelt, da sank die *Penelope* in einem ungeheuren Sturm und riß die Mannschaft mit in die Tiefe:

»Wir trafen auf einen mächtigen Sturm und gewaltige Windsböen, worinnen wir den Kumpan unsres Obersten [die *Penelope*] einbüßten; von ihm oder von seinem Schiff ließ sich nichts mehr vernehmen, wiewohl wir uns redlich müheten, ihn aufzuspüren ... Vier Tag nach dieser peinsamen Trennung tät es am Morgen, da die Schiffsglock zehne schlug, einen forchtbaren Donnerschlag, der vier von unsern Männern auf dem Fleck erschlug und ihnen zumalen die Häls verrencket, eh daß sie nur ein einzig Wort gesprochen, und von 94 Mann blyb keiner unblessiret, dieweil etliche mit Blindheit geschlagen, andre an den Beinen und Armen versehret wurden und wieder andre wund in der Brust, also daß sie noch Blut spien nach zween Tagen; andre reckte es in die Läng, als kämen sie vom Streckbett. Sie all aber (dem Herrn sei Dank) genasen, nur nicht die viere, die auf der Stelle waren erschlagen worden. Derselbe Donnerschlag spaltete auch gar grauslich unseren Großmast vom Topp bis hernieder aufs Deck, und von den Bolzen, die zehn Zoll tief im Holz staken, schmolzen einige in der gewaltigen Hitze, die darob aufkam.«

Lancasters Schiff, die *Edward Bonaventure*, war nun allein auf sich gestellt – für ein Fahrzeug, das dabei war, in unbekanntes Gebiet vorzustoßen, eine gefährliche Situation. Sie wurde noch dadurch verschlimmert, daß der Kapitän des Schiffes, William Mace, von Eingeborenen erschlagen wurde, als er an der Küste Moçambiques die Wasservorräte erneuern wollte. Glücklicherweise war Hilfe nicht fern. Als ein portugiesisches Handelsschiff durch einen »Neger« in einem Kanu eine Botschaft an Lancaster schickte, »führeten wir den Schwartzen mit uns fort, weil uns kund ward, daß er in Ostindien gewesen und etliches über das Land daselbst wußt«. Bei den englischen Kapitänen wurde das zu einer festen Gewohnheit, da es der einzige sichere Weg war, um die weit entfernten und abgelegenen Gewürzinseln zu finden. Leider erwies sich dieser spezielle »Neger« als ein fataler Fehlgriff. Er ließ das Schiff hoffnungslos vom Kurs abkommen, so daß sie die Lakkadiven im Arabischen Meer, wo Lancaster neuen Proviant hatte aufnehmen wollen, verfehlten; statt dessen beschloß er, die Nikobaren anzusteuern. »Aber auf unserm Kurs wurden wir durch die Driften arg getäuschet«, und so verfehlte das Schiff auch diese Inseln; als es endlich Pinang vor der Küste von Malaysia erreichte, befand sich die Mannschaft erneut in einem trostlosen Zustand. Nur dreiunddreißig Männer waren noch am Leben, und elf von ihnen waren so krank, daß sie für die Bemannung des Schiffes nicht zu gebrauchen waren. Nachdem sie ein paar Tage vor der Küste gekreuzt hatten, erspähten sie ein großes portugiesisches Schiff, das von Goa kam. Das Schiff anzugreifen war ein großes Wagnis, aber Lancaster war bereit, das Risiko einzugehen. Die Männer erhielten Befehl, an die Geschütze zu gehen; dann »feuerte er mannigfach Schüsse auf sie ab, und als er endlich gar ihre Großrah durchschlug, legte sie bei und ergab sich«. Der portugiesische Kapitän und seine Mannschaft flohen in kleinen Ruderbooten und überließen ihr Schiff den Engländern zur Plünderung. Es war mit einem Sammelsurium von Gütern beladen, darunter sechzehn bronzene Geschütze, dreihundert Faß Wein von den Kanarischen Inseln und ein ordentlicher Vorrat an Rosinenwein, »so gar starck ist«, außerdem rote Mützen, Kammgarnstrümpfe und Zuckerkonfekt. Sobald all das auf die *Edward Bonaventure* verfrachtet war, setzte Lancaster Segel, um sich der Gefahr von Vergeltungsmaßnahmen zu entziehen.

Nach Nordwesten in Richtung Sri Lanka segelnd – verloren in den Weiten des Indischen Ozeans –, entschied nun die Mannschaft, daß sie vom Abenteuerleben die Nase voll hatte. Dem Kapitän, der matt in seiner Kajüte lag, »gar kranck, dem Tode näher als dem Leben«, verweigerte sie den Gehorsam und beschloß, nach England heimzukehren. Dem widerstrebenden Lancaster blieb nichts anderes übrig, als zuzustimmen.

Knapp an Lebensmitteln und von Kakerlaken gepeinigt, umrundeten sie das Kap der Guten Hoffnung und nahmen mit einem günstigen achterlichen Wind direkten Kurs auf die Insel Sankt Helena, wo eine Gruppe Männer an Land ruderte. Seit dem Scheitern von Edward Fentons verrücktem Plan, sich zum König der Insel ausrufen zu lassen, hatte es keinen neuen Besiedlungsversuch gegeben. Gelegentlich legten Schiffe bei der Insel an, um sich mit den »lekkeren guten grynen Feigen, Orangen und gar hellfärbigen Limonen« zu versorgen. Die Mannschaft eines der vorbeikommenden Schiffe hatte sich bemüßigt gesehen, auf der Insel eine Behelfskapelle zu errichten. Den Großteil des Jahres über war die Insel indes unbewohnt. Deshalb waren Lancasters Männer nicht wenig überrascht und schreckerfüllt, als aus der Kapelle ein gespenstischer Sang an ihr Ohr drang. Die Tür mit dem Fuß aufstoßend, »fanden wir einen Engelländer, einen Schneider, wo vierzehn Monat dort zugebracht«. Er hieß John Segar und war im Jahr zuvor vom Kapitän der *Merchant Royal* ausgesetzt worden, da er sich an der Schwelle des Todes befand und der Kapitän meinte, er habe an Land eine größere Überlebenschance als an Bord des Schiffes. Die Monate auf der Insel hatten ihn zwar körperlich wiederhergestellt, aber Einsamkeit, Ödnis und Hitze hatten ihm den Verstand zerrüttet. »Wir trafen ihn frisch und lebendig und, wie uns bedünckte, am Leib beschaffen, wie's nicht besser hätt sein mögen«, schrieb einer der Augenzeugen, »aber verwirret im Geiste und halb von Sinnen, wie wir später gewahreten; denn mocht die Angst zuviel für ihn sein, dieweil er nicht sogleich wußt, wer wir waren, ob Freund, ob Feind, oder die jähe Freude, da er inne ward, daß wir seine alten Kumpan und Landsleut wärn – er verlor den Verstand und legete sich eine geschlagne Woche lang weder des Nachts noch am Tag zur Ruh, also daß er zuletzt aus Mangel an Schlaf hinstarb.«

Die Heimfahrt war so gut wie bewältigt, da erwischte sie wieder einmal eine Flaute, und sie trieben sechs Wochen lang hilflos mitten im Atlantik. Endlich frischte der Wind auf, und Lancaster, der sich mittlerweile erholt hatte, schlug vor, sich von den Winden zu den Westindischen Inseln blasen zu lassen, wo sie dringend benötigten Proviant bekommen konnten. Eine zufällige Begegnung mit einem französischen Schiff ermöglichte ihnen, ihre Vorräte an Wein und Brot aufzufüllen; aber das sollte dann auch schon das letzte Quentchen Glück sein, das ihnen beschieden war. Ein plötzlicher Sturm brach los und entwickelte eine solche Heftigkeit, »daß er nicht nur unsere Leinwand fortriß, sondern auch unser Schiff mit Wasser fyllete, also daß es sechs Fuß hoch im Lastraum stand«. Das Schiff schleppte sich in Richtung der draußen im Meer gelegenen Insel Mona; erleichtert, endlich Land erreicht zu haben, ruderte bis auf fünf Leute die gesamte Mannschaft an Land. Die *Edward Bonaventure* hatten sie zum letzten Mal gesehen, denn um Mitternacht kappte der Schiffszimmermann die Ankertaue, segelte mit einer Rumpfmannschaft und einem gerüttelt Maß Selbstvertrauen in die Nacht hinaus und ließ Lancaster und seine Männer als Schiffbrüchige zurück.

Fast ein Monat verging, ehe sie am Horizont ein französisches Schiff sichteten. Die Mannschaft entzündete rasch ein Feuer, um auf sich aufmerksam zu machen, wurde an Bord genommen und konnte mit zurückfahren. Als Lancaster und die kümmerlichen Überreste seiner Besatzung nach England heimkehrten, hatten sie drei Jahre, sechs Wochen und zwei Tage in der Fremde verbracht.

Für die Beteiligten, und in finanzieller Hinsicht sowieso, hatte sich die Fahrt als Debakel erwiesen. Von den 198 Männern, die das Kap der Guten Hoffnung umsegelt hatten, kehrten nur fünfundzwanzig lebend zurück. Schlimmer noch: Zwei von den drei Schiffen waren verlorengegangen, und das eine, das mit Müh und Not den Heimathafen erreichte, brachte keine Gewürze mit, sondern nur den Skorbut. Lancaster hatte bewiesen – falls es dieses Nachweises überhaupt bedurfte –, daß der Gewürzhandel Risiken barg, die von der Londoner Kaufmannschaft nur schwer zu tragen waren. Erst als sie Kenntnis davon erlangten, daß die Holländer in den Wettstreit um die Gewürze eingestiegen waren, und zwar mit bemerkenswertem Erfolg, zogen die Kaufleute Londons eine neuerliche Expedition zu den Ostindischen Inseln in Betracht.

Die Holländer hatten ihre eigene Expedition unter strengster Geheimhaltung vorbereitet. Über drei Jahre lang hatten die Bewohner der Warmoestraat in Amsterdam, einer feinen Gegend in der Nähe des wichtigsten Platzes der Stadt, im Haus des Reynier Pauw ein ungewöhnlich lebhaftes Treiben beobachten können. Dieser Kaufmann, der gerade achtundzwanzig war, hatte bereits als Chef eines internationalen Holzhandelsunternehmens sein Glück gemacht. Jetzt hatte er offenbar ein neues und ehrgeizigeres Projekt ins Auge gefaßt, denn zwei der regelmäßigen Besucher in seinem Haus, Jan Carel und Hendrik Hudde, zählten zu den reichsten Kaufleuten der Stadt. An ihren Treffen nahm noch ein weiterer Mann teil – ein Buckliger mit Bart, dessen enganliegendes Käppchen die knollenförmige Wölbung seiner Stirn unterstrich. Er hieß Petrus Plancius und war ein ebenso starrsinniger wie begabter Theologe, der in England studiert hatte, ehe er nach Amsterdam kam, um hier seine fanatische Version des Kalvinismus zu verkündigen. Aber nicht die Theologie führte ihn in Pauws Haus: Plancius war gekommen, um seine Landkarten der west- und ostindischen Regionen vorzuführen – Landkarten, die als die genauesten galten, die es damals gab.

Männer Gottes geben im allgemeinen keine bedeutenden Männer der Wissenschaft ab. Plancius stellte in diesem Punkt eine Ausnahme dar; sogar auf der Kanzel wanderten seine Gedanken von Gott zu seinem Leib- und Magenthema, der Geographie. »Man hat mir erzählet«, schrieb ein Kritiker, »daß Ihr häufig in die Kanzel steiget, ohn Eure Predigt ordentlich präpariret zu haben. Ihr wechslet dann zu Dingen, so mit Religion nichts zu schaffen haben. Ihr redet als Geograph von den beiden Indien und der Neuen

Der Jakobsstab oder Kreuzstab diente dazu, die Mittagshöhe der Sonne zu messen und dadurch die Breite zu bestimmen.

Die Expeditionen zu den Gewürzinseln gingen mit primitiven Instrumenten auf Fahrt. Die meisten Navigationshilfen waren nur brauchbar, wenn die Sonne schien; gang und gäbe war es, einen ortskundigen »Piloten« anzuheuern (oder einzufangen). »Wir führeten einen Schwarzen mit uns fort«, schrieb James Lancaster, »weil uns kund ward, daß er in Ostindien gewesen.«

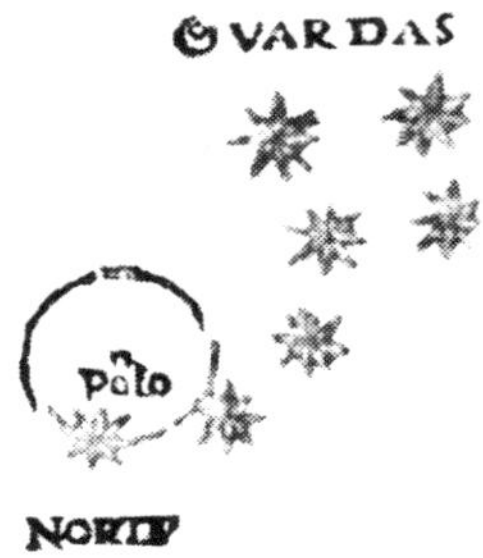

Jakobsstab beim Einsatz, 1563. Durch die grelle Sonne konnten die Augen des Benutzers Schaden leiden.

Welt oder beschäftiget Euch mit den Sternen.« Dieses Interesse an Geographie stahl sich zunehmend in sein religiöses Wirken ein. Als er den Auftrag erhielt, für eine neue Ausgabe der Heiligen Schrift eine Karte der biblischen Stätten zu zeichnen, fertigte Plancius kurz entschlossen eine Karte an, die nicht nur das Heilige Land, sondern die ganze Welt, einschließlich der Gewürzinseln, zeigte. Er verbrachte immer mehr Zeit damit, Karten zu zeichnen, und veröffentlichte schließlich im Jahre 1592 seine wichtige Weltkarte, der er den großartigen Titel gab: »Eine geographische und hydrographische Karte der gesamten Welt, die alle Länder, Städte und Meere auf ihren jeweiligen Längen- und Breiten-

Beim Sextanten mußte der Benutzer nicht direkt in die Sonne schauen.

Das Astrolabium, das ebenfalls benutzt wurde, um die Sonnenhöhe zu messen, war weniger genau als der Jakobsstab.

graden zeigt; Landspitzen, Vorgebirge, Landzungen, Häfen, Untiefen, Sandbänke und Klippen sind aufs genaueste wiedergegeben.«

Plancius stützte sich bei der Anfertigung seiner Karten auf die Arbeiten zweier holländischer Kartographen. Diese beiden Männer, Abraham Ortelius und Gerald Mercator, zehrten ihrerseits von der Arbeit des römischen Geographen Claudius Ptolemäus, der keine Mühe gescheut hatte, die genaue Lage aller damals bekannten Orte zu ermitteln. Ortelius' Begeisterung für die Wissenschaft der Geographie zeitigte ein grandioses *Theatrum Orbis Terrarum*, während sich Gerald Mercator in den sechziger Jahren des 16. Jahrhunderts unermüdlich mit der Aufgabe herumschlug, auf der Basis der Projektion, die heute seinen Namen trägt, eine bahnbrechend neue Weltkarte zu zeichnen. Das fertige Werk ähnelte dem Orteliusschen, unterschied sich aber von letzterem durch ebendiese neuartige Projektion: Zwar ließ er alle Längen- und Breitenkreise sich senkrecht schneiden, zog aber zu den Polen hin die Breitenkreise weiter auseinander. Das führte natürlich zu einer riesigen Verzerrung der Entfernungen, die so weit ging, daß Grönland so groß wie ganz Nordamerika erschien, aber es bedeutete auch, daß die Lage der Orte zueinander relativ korrekt blieb. Mercators Erfindung verschaffte den holländischen Kartographen für mehr als ein Jahrhundert sozusagen ein Monopol auf die Anfertigung von Navigationskarten und versetzte sie in die Lage, den Entdeckern praktische und auf dem neuesten Stand befindliche Informationen mit auf den Weg zu geben, wenn jene zu ihren Fahrten nach Ostindien aufbrachen.

Selbst die Tatsache, daß sie über solche Karten verfügten, konnte die holländischen Kaufleute bei der Planung ihrer ersten Expedition nicht zum Übermut verleiten. Sie waren sich im klaren darüber, daß es eine große Summe Geldes kosten würde, eine Flotte auszurüsten, die, wie die englischen Versuche gezeigt hatten, mit an Sicherheit grenzender Wahrscheinlichkeit auf der Fahrt in den Fernen Osten und wieder zurück beträchtliche Verluste würde in Kauf nehmen müssen. Im Winter des Jahres 1592 aber tauchte Plancius in Pauws Haus mit einer allen unbekannten Person auf, deren wettergegerbte Züge darauf hindeuteten, daß sie beträchtliche Zeit auf hoher See verbracht hatte. Dieser Fremde hieß Jan Huyghen van Linschoten; er hatte in der Tat eine lange Reise hinter sich – hatte neun Jahre in Ostindien verbracht – und war mit Unmengen von Informationen über die Gewürzhäfen des Ostens zurückgekehrt.

Linschoten war das genaue Gegenstück zu Fitch; wären sich die beiden Männer im Basar von Malakka begegnet, sie hätten sich wenig zu sagen gehabt. Die Geschichten des Holländers stellen ein farbiges Gemenge aus Tatsachen und Erfindungen dar; in seinem Buch wimmelt es von »üppigen, wollüstigen Frauen«, von rasenden Elefanten und riesigen Ratten, »so groß als Ferckel«. Am ausgefallensten ist seine Geschichte von den monströsen Fischen in Goa, die »an Größ einem mittelgroßen Hund gleich, mit einer Schnauz wie eine Sau und Schweinsäuglein; Ohren haben sie nit, doch zween Löcher dorten, wo die Ohren sollten seyn«. Während er versuchte, von diesem ausgefallenen Geschöpf eine Skizze anzufertigen, »rennete es durch den Ern über die Tenne und allenthalben, dieweilen es wie eine Sau schnaubte«.

Anders als Fitch reiste Linschoten nicht, um festzustellen, zu welchen Preisen und in welchen Mengen Gewürze vorhanden waren; er war vielmehr darauf aus, im Fernen Osten merkwürdige und phantastische Geschichten zu sammeln; jeden Kaufmann und Matrosen, den er traf, quetschte er aus und übertrug ihre Fabelgeschichten in sein immer dicker werdendes Tagebuch.

Erst als er nach Holland zurückgekehrt war und anfing, den Leuten von seinen Reisen zu erzählen, begriff man, welchen Wert seine Erfahrungen hatten. Ohne es zu wollen, hatte Linschoten einen gewaltigen Schatz an Informationen über die Inseln im Osten zusammengetragen. Er wußte genau, was die dortigen Kaufleute im Austausch gegen ihre Gewürze haben wollten, hatte festgestellt, daß der spanische Peso die bei den Händlern am meisten begehrte Münze waren, und hatte nebenbei herausgefunden, welches die geeignetsten Häfen waren, um sich auf der langen Reise nach Osten unterwegs zu verproviantieren. Das *Itinerario* betitelte Buch, in dem er niederschrieb, was er erlebt und erfahren hatte, umfaßte fünf gewichtige Bände, von denen der eine Schilderungen der Erzeugnisse jeder einzelnen der ostindischen Inseln enthielt sowie eine Liste der Sprachen, die für den ausländischen Kaufmann am nützlichsten waren. Muskatnuß- und Gewürznelkenbäume wurden ausführlich beschrieben; außerdem gab es einen Abschnitt über die Heil- und Kureigenschaften dieser Gewürze: »Muskatennüss stärcken das Hirn und schärfen das Gedächtnis«, schrieb er. »Sie erwärmen den Maggen und vertreiben Flatulenzen. Sie geben reinen Odem, treiben den Harn, stocken Durchfall und kuriren Leibschmerzen.«

Linschotens Bericht und das Kartenwerk von Plancius brachte die drei Kaufleute zu der Überzeugung, daß die Zeit für eine Expedition in den Osten gekommen war. Trotzdem zögerten sie noch und beschlossen, die Rückkehr eines Spions abzuwarten, den sie nach Lissabon geschickt hatten, eines eigenwilligen Menschen namens Cornelis Houtman, der mit seiner Unberechenbarkeit in Zukunft noch für viel Ärger sorgen sollte. Was genau Houtman in Lissabon herausfand, ist nicht bekannt; jedenfalls vermittelte er den drei Kaufleuten die Gewißheit, daß sie keine

Zeit mehr verlieren durften, wenn sie an dem Wettrennen um die Gewürze teilnehmen wollten; »nach vielem Hin und Her ward endlich beschlossen, daß in Gottes Namen mit der Seefahrt und den anderen Dingen begonnen sollt werden«. Sechs weitere Kaufleute wurden zur Finanzierung des Vorhabens herangezogen, vier Schiffe wurden gebaut, und bei verschiedenen Städten lieh man sich Geschütze aus. Peinlich genug: Es ließen sich nicht genug Feuerwaffen auftreiben, so daß man einen Agenten nach England schicken und von dort weitere Waffen heranholen mußte.

Im krassen Unterschied zu den englischen Expeditionen war die Fahrt der Holländer aufs sorgfältigste geplant. Die Schiffe hatte man mit Reservemasten, -ankern und -tauen ausgerüstet, und die Steuerleute mußten sich widerwillig dazu bequemen, bei Plancius Nachhilfeunterricht in Navigation zu nehmen: »Fünf Tag die Woch, von Montag bis Freitag, von neun Uhr in der Früh bis fünf Uhr des Abends.« Aber genauso wie die Engländer bei den Fahrten, die sie vor der Expedition von James Lancaster unternahmen (sieht man einmal von Francis Drakes Weltumseglung ab), begingen die holländischen Kaufleute einen entscheidenden Fehler: Sie betrauten Männer mit der Leitung, die für die Aufgabe ungeeignet und ihr nicht gewachsen waren.

Einer von ihnen war Cornelis Houtman, derselbe Mann, dessen geheime Tätigkeit in Lissabon dazu beigetragen hatte, das Projekt auf den Weg zu bringen. Als Spion war er in seinem Element; als Befehlshaber war er eine Katastrophe. Houtman erhielt den wichtigen Posten des Chefkaufmanns auf der *Mauritius*; hätte sich seine Zuständigkeit darauf beschränkt, er hätte nur begrenzt Unheil stiften können. Unseligerweise hatte er aber auch einen Sitz im Flottenrat inne und genoß dort den Vorzug, als erster zu jedem Problem Stellung nehmen zu dürfen.

Die vier Fahrzeuge der Expeditionsflotte stachen im

Frühjahr des Jahres 1595 in See; ihr erstes Ziel waren die Kapverdischen Inseln mitten im Atlantik; von dort fuhren sie weiter in Richtung Äquator. Sie kamen in die Kalmenzone und trieben fast einen Monat lang auf dem Ozean, ehe sie die Küste Brasiliens sichteten. Jetzt wechselten die Schiffe ihren Kurs und ließen sich von den Passatwinden zurück nach Osten an die südafrikanische Küste tragen.

Viele der Männer waren mittlerweile schwer krank, und als die Schiffe das Kap der Guten Hoffnung umrundeten, kam für die einundsiebzig Matrosen, die an Skorbut litten, jede Hoffnung bereits zu spät. Schlimmer noch war, daß die Disziplin völlig zusammenbrach, als die unterdrückte Unzufriedenheit offen ausbrach und sich in einem regelrechten Krieg entlud. Unter normalen Umständen wäre solche Aufsässigkeit mit der äußersten Strenge bestraft worden. Nach der holländischen Disziplinarordnung für die Seefahrt hatte jeder Kampf, bei dem Blut floß, zur Folge, daß dem Täter eine Hand auf dem Rücken festgebunden und die andere an den Mast genagelt wurde. Dort blieb er, bis es ihm gelang, sich loszureißen. Endete der Kampf mit einem Todesfall, so wurde der Täter an das Opfer gefesselt und zusammen mit ihm ins Meer gestoßen. Selbst wenn man nur im Scherz das Messer zog, galt das bereits als ernster Verstoß, der damit geahndet wurde, daß der Missetäter an die Rahnock gehängt und dreimal ausführlich untergetaucht wurde. Befehlsverweigerung gegenüber dem Kapitän zog die Todesstrafe nach sich, Desertion wurde mit Auspeitschen bestraft, und auf die ernsthaftesten Vergehen stand das Kielholen – eine schreckliche Strafe, bei der man den Delinquenten an einer Leine quer unter dem Kiel des fahrenden Schiffes durchzog. In der Mehrzahl der Fälle wurde dabei dem Opfer der Kopf abgerissen.

Nichts von alledem konnte die Mannschaft dieser wegweisenden Expedition davon abhalten, sich regelrechten Exzessen der Gewalttätigkeit und Brutalität hinzugeben. Die Schwierigkeiten begannen, als der Kapitän der *Amsterdam* an Skorbut starb und der Chefkaufmann des Schiffes, ein Hitzkopf namens Gerrit von Beuningen, die Leitung des Schiffes an sich riß. Der Flottenrat war außer sich vor Empörung und beschuldigte Beuningen einer ganzen Reihe von Verbrechen, unter anderem auch eines Anschlags auf das Leben von Cornelis Houtman; es wurde verlangt, Beuningen ohne viel Federlesens am Mast aufzuknüpfen. Andere unterstützten Beuningen und schworen, ihn mit Gewalt zu verteidigen. Schließlich siegte die Mäßigung, und der Kaufmann wurde statt dessen in Eisen gelegt. Ob Beuningen seine Tat bereute oder nicht, ist nicht überliefert; aber Zeit dazu hatte er genug, denn als die *Amsterdam* zwei Jahre später endlich wieder in Holland eintraf, lag Beuningen immer noch in Ketten.

Die Disziplin brach jetzt vollständig zusammen, und erst als die Schiffe Sumatra erreicht hatten, schlossen die Männer einen Waffenstillstand und legten ihre Streitigkeiten bei. Während sie durch die flachen Gewässer entlang der Küste segelten, paddelten Eingeborene in Einbäumen zu den Schiffen heraus und tauschten Reis, Wassermelonen und Zuckerrohr gegen Glasperlen und Flitterkram. Die frischen Lebensmittel und Wasservorräte halfen mit, die Risse zu kitten, aber es dauerte nicht lange, da begannen neue Auseinandersetzungen. Bei der Ankunft in dem reichen javanischen Hafen Bantam hoffte Houtman, Gewürze für einen Spottpreis zu bekommen, und war wütend, als er feststellen mußte, daß die Preise schwindelerregende Höhen erreichten. Und was die Sache noch verschlimmerte: In der Stadt war alle Ordnung zusammengebrochen, weil Händler miteinander rivalisierten und man sich am Hof um den Thron stritt.

Solch eine explosive Situation mußte zwangsläufig in einer Katastrophe enden. Durch die steigenden Preise gereizt, verlor Houtman die Geduld. »Und also«, trug einer aus der Mannschaft mit schrecklicher Sachlichkeit in sein Tagebuch ein, »ward beschlossen, der Stadt allen nur dencklich Schaden anzutun.« Was folgte, war eine Zerstörungsorgie, die sich als beispielhaft für das holländische Wirken in Ostindien erweisen sollte. Die Stadt wurde mit Kanonen beschossen, Gefangene wurden hingerichtet. Eine kurze Kampfpause nutzten die holländischen Befehlshaber, um die verschiedenen Methoden zu diskutieren, wie man sich Gefangener entledigen konnte (man erwog, sie abzustechen, sie mit Pfeilen zu erschießen oder sie vor Kanonen zu binden – leider hat niemand überliefert, für welche Methode man sich entschied), und als dieses haarige Problem gelöst war, ging das Bombardement weiter. Einmal traf man den Königspalast, ein anderes Mal wurde eine Gruppe Gefangener gefoltert, die den Holländern in die Hände gefallen waren. »Und da wir uns zum Behagen unsrer Offiziere gerächet hätten«, schrieb das bereits zitierte Besatzungsmitglied, »rüsteten wir zum Aufbruch.« Die Schiffe fuhren zum nahe gelegenen Hafen von Sidayu weiter, wo sie sich von einer Gruppe Javaner überraschen ließen, die an Bord der *Amsterdam* kamen und zwölf Mann, unter denen sich auch der Kapitän befand, erschlugen, ehe sie Gegenwehr fanden. Die Holländer »trieben alsdann die Eingeborenen in unsern eignen Booten zurück an den Strand und brachten die Javaner, so unsre Genossen getötet, ums Leben«. Kaum jemand kam in den Sinn, sich zu fragen, warum alle mit solcher Brutalität verfuhren. Die Stimme des Gewissens ist in den Aufzeichnungen von Seeleuten des 16. Jahrhunderts nie sehr vernehmlich; immerhin aber äußerte ein Mitglied der Mannschaft Verwunderung darüber, daß sich seine Kaufmannskollegen plötzlich in solche blutrünstigen Halsabschneider verwandelt hatten. »Nichts fehlete, und jegliches stund zum Besten«, schrieb er, »nur mit uns selbsten war's nicht recht.«

Wie der Fortgang zeigte, hatte das Morden gerade erst begonnen. Als die holländischen Schiffe an Madura, einer flachen Insel vor der Küste Javas, vorbeifuhren, beschloß der dortige Fürst (der über die Ereignisse in Bantam noch nicht im Bilde war), den Holländern einen freundschaftlichen Empfang zu bereiten und sie mit einer kleinen Flotte einheimischer Praus zu begrüßen. Die Ruderer ruderten langsam und feierlich auf die holländischen Schiffe zu; in ihrer Mitte befand sich ein prachtvolles Galaboot, ausgestattet mit einer Brücke, auf der, übers ganze Gesicht strahlend, der lokale Herrscher stand.

Je mehr Eingeborene zu den Schiffen gerudert kamen, um so unruhiger wurden die Holländer. Einige flüsterten, das sei ein Hinterhalt; andere waren überzeugt davon, daß ein Verrat geplant war, und plädierten für einen Präventivschlag. Houtman stimmte zu, und im Vertrauen auf die altersgraue Maxime, daß Angriff die beste Verteidigung sei, »eröffnete [sein Schiff] das Feuer und tötete jedermann auf dem großen Boot«. Damit war das Zeichen zu einem allgemeinen Massaker gegeben. Binnen weniger Minuten feuerten Dutzende von Geschützen auf die kleine Flotte, versenkten Boote und metzelten das Empfangskomitee nieder. Kaum war der schwimmende Festzug zersprengt, ließen die Holländer ihre Boote zu Wasser und beendeten von Hand ihr blutiges Tagesgeschäft. Als das Schlachten vorüber war, lebten gerade noch zwanzig Eingeborene; unter den Toten befand sich auch der Fürst, dessen Leichnam seines Geschmeides beraubt wurde, ehe man ihn dem Wassergrab übergab. »Ich gewahrete den Angriff nicht ohn Lust«, gesteht ein holländischer Matrose, »wiewohl mit Scham.«

Die Schiffe und ihre Besatzungen befanden sich mittlerweile in einem jämmerlichen Zustand. Rivalisierende Fraktionen gingen sich an die Gurgel, während die verschiedenen Kommandanten – unter denen Houtman mehr und mehr herausragte – einander kaum noch eines Wortes würdigten. Hunderte von Männern waren tot, und die Überlebenden litten an tropischen Krankheiten, die sie sich in Bantam zugezogen hatten. Noch schwerer wog, daß die Schiffe in derart ramponiertem Zustand waren. Algenbewachsen und bedeckt mit Entenmuscheln, wirkten sie, als wären sie vom Meeresboden emporgestiegen. An vielen Stellen waren sie durchbohrt von Schiffswürmern, die sich durch das holländische Eichenholz fraßen, so daß durch die Löcher Seewasser sickerte. An Deck hatte die tropische Sonne das Holz so ausgedörrt, daß die Ritzen zwischen den Planken mehr als einen Zentimeter breit waren.

Dann war da noch das Problem mit den Gewürzen. Obwohl sie bereits viele Monate auf See waren, hatte Houtman es bis jetzt nicht geschafft, Gewürze einzukaufen, abgesehen von der kleinen Menge, die sie erstanden hatten, als die Schiffe Sumatra erreichten. Nachdem sie den Handel mit den Kaufleuten von Bantam ausgeschlagen hatten, blieben den Holländern nicht mehr viele geeignete Märkte.

Eine Entscheidung über das weitere Vorgehen mußte getroffen werden. Houtman plädierte dafür, nach Osten zu den Bandainseln zu segeln, wo sie zuverlässig mit einer Ladung Muskatnuß zu einem vernünftigen Preis rechnen konnten. Der Kapitän der *Mauritius* allerdings, Jan Meulenaer, war damit nicht einverstanden. Er erklärte, die Schiffe seien praktisch nicht mehr seetüchtig, und eine solch lange Reise zu unternehmen, heiße fast mit Sicherheit den Tod herauszufordern. In der Folge ereilte der Tod Meulenaer sogar noch schneller, als er erwartet hatte. Nur Stunden nach einer besonders heftigen Auseinandersetzung mit Houtman brach er an Deck zusammen und tat seinen letzten Atemzug. Daß es bei Meulenaers Tod nicht mit rechten Dingen zugegangen war, stand außer Frage. Zwei der Schiffsbarbiere sagten vor dem Flottenrat aus, Meulenaer sei »am gantzen Leib blau und purpurrot gewesen; vergiftet Blut strömete ihm nicht blos vom Rachen, sondern desgleichen vom Genick; und gar das Haar fiel ihm aus, so man es anrührete. Jedes Kind«, so ihr Fazit, »mag wissen, daß er vergiftet.«

Ein Mord. Ein Motiv. Und eine Leiche. Es dauerte nicht lange, da war der Tatverdächtige gefunden. Die Mannschaft der *Mauritius* beschuldigte Houtman des Mordes und legte ihn prompt in Eisen. Der Flottenrat wurde dann ein zweites Mal zusammengerufen und aufgefordert, Houtman zum Tode zu verurteilen. Aber was diese letzte Forderung betraf, so wurde die Mannschaft der *Mauritius* enttäuscht, denn der Rat machte geltend, die Beweise reichten für eine Hinrichtung Houtmans nicht aus, und so setzte man ihn wieder auf freien Fuß.

Die Mannschaften der Schiffe beschlossen nun, ihre Suche nach Gewürzen abzubrechen und in Richtung Heimat zu segeln. Die *Amsterdam* war so verrottet, daß sie von Vorräten leergeräumt und in Brand gesteckt wurde. Anschließend machte man noch einmal in Bali halt, um die erotischen Reize der dortigen Mädchen nicht zu versäumen – zwei Männer, die diesen Reizen erlagen, mußte man zurücklassen –, und trat dann die Heimfahrt an.

Als die Schiffe schließlich Amsterdam erreichten, waren mehr als zwei Jahre vergangen; zwei Drittel der Besatzungen waren tot. Für die Kaufleute, die das Unternehmen finanziert hatten, stellte die geringe Ausbeute an Gewürzen einen schlimmeren Schlag dar als der Verlust an Menschen. Sie erwarteten, die in den Hafen einlaufenden Schiffe mit

Muskatnuß, Gewürznelken und Pfeffer gefüllt zu finden. Tatsächlich aber bestand die Ladung, die an jenem Augusttag gelöscht wurde, aus Silberreals – denselben Münzen, die sie zwei Jahre zuvor hatten verladen lassen. Verrückterweise waren die Preise für Gewürze während der Abwesenheit der Schiffe derart inflationär gestiegen, daß die winzige Menge, die Houtman nach Hause brachte, ausreichte, um dem Unternehmen einen Gewinn zu sichern. Hätte Houtman die Expedition mit mehr Verantwortungsbewußtsein geleitet, er hätte seinen Auftraggebern als Reingewinn ein Vermögen einbringen können.

Die Schwierigkeiten, mit denen diese erste holländische Reise nach Osten hatte kämpfen müssen, hielt die Amsterdamer Kaufleute nicht davon ab, noch mehr von ihrem Geld in das Wettrennen um die Gewürze zu investieren. Sie machten geltend, daß sie weit erfolgreicher als die Engländer gewesen waren, die bei ihrer ersten Expedition nicht nur zwei Schiffe eingebüßt hatten, mithin ein Schiff mehr als sie, sondern denen es bis jetzt auch noch nicht einmal gelungen war, den Gewürzhafen Bantam zu erreichen.

Weniger als sieben Monate nach Houtmans Rückkehr übertrugen sie diesem ungebärdigen Befehlshaber die Leitung einer weiteren Expedition nach Ostindien und machten damit deutlich, daß sie aus den Fehlern der vorangegangenen Fahrt nichts gelernt hatten. Aber wenn Houtman seiner Aufgabe nicht gewachsen war, so war dafür der verantwortliche Steuermann um so qualifizierter. Er hieß John Davis und war ein Engländer aus der Grafschaft Devon. Als hervorragender Navigator, den seine bahnbrechende Erforschung der Arktis bereits an die vereisten Küsten Grönlands geführt hatte, steuerte er die Schiffe nicht nur sicher nach Ostindien und wieder zurück, sondern er führte auch genauestens Buch über jede Küste, jeden Hafen und jede Ankerbucht. Bereits wenige Wochen nach Beendigung der langen Reise war er für eine zweite Fahrt angeheuert. Diesmal aber segelte er auf einem englischen Schiff unter dem Kommando des alten Kämpen James Lancaster. Und dieses Mal fuhren die zwei Männer in Diensten der neugegründeten Englisch-Ostindischen Kompanie.

KAPITEL DREI

Musik und Tanzmädchen

Am Abend des 24. September 1599 drang aus dem Fachwerkbau der Founders Hall in der Londoner Lothbury Street lautes Jubelgeschrei. Fast den ganzen Tag lang hatten die *Merchant Adventurers* der Stadt eifrig über die Entsendung einer neuen Flotte nach Ostindien diskutiert. Jetzt hatten sie sich endlich zu einer Entscheidung durchgerungen. Durch einmütiges Handheben und erregtes Geschrei hatte man die Entschlossenheit bekundet, Königin Elisabeth I. um ihre Zustimmung zu einem Projekt zu ersuchen, das »unserem Heimatland zum Ruhme ausschlagen und den Handel mit Gütern in diesem Königreich England befördern« solle.

Kein Gemälde ist auf uns gekommen, das die Szene hinter den Stabwerkfenstern der Founders Hall an diesem Septemberabend festhielte, aber dank dem Schreiber der Kompanie, der jedes kleinste Detail für die Nachwelt festgehalten hat, hält es nicht schwer, sich ein Bild von den historischen Ereignissen zu machen, die da im Gange waren. Rund achtzig Männer hatten sich versammelt, um das Drum und Dran der beabsichtigten Fahrt zu erörtern. Adlige und Grundbesitzer waren nicht anwesend, auch keine Mitglieder des Hofes; bei den meisten handelte es sich um Kaufleute und Bürger, um Männer, die ihr Geld damit verdienten, daß sie in Handelsgeschäfte investierten.

Einige der führenden Köpfe bei diesem neuen Unternehmen verfügten über beträchtliche Erfahrung im grenzüberschreitenden Handel. Richard Staper und Thomas Smythe zum Beispiel hatten bei der Gründung der Levantinischen Kompanie die Hauptrolle gespielt und am Aufbau eines erfolgreichen Handelsgeschäfts im östlichen Mittelmeer mitgewirkt. Andere, wie etwa Sir John Hart und Richard Cockayne, waren in der Londoner City wohlbekannt. Bei drei von den Männern handelte es sich um ehemalige Bürgermeister von London; der Vorsitzende der Versammlung, angetan mit Perücke und prachtvoller Robe, war Sir Stephen Soane, der zur Zeit amtierende Bürgermeister.

Die Gesellschaft bestand nicht ausschließlich aus Kaufleuten: Zwischen den Ältesten und Bürgern der Londoner Zünfte sah man auch Seeleute und Soldaten, bärtige, wettergegerbte Seebären, die goldene Ringe in den Ohren und Glücksbringer um den Hals trugen. James Lancaster und John Davis waren in der Menge zu sehen und auch Francis Pretty, ein enger Freund von Thomas Cavendish. Ein paar aus Drakes Mannschaft tauchten bei dem Treffen auf, wie auch etliche, die mit Fenton und Hawkins gesegelt waren. Der Erforscher der Arktis, William Baffin, ließ sich blicken, desgleichen die Gebrüder Middleton – John, Henry und David –, die auf der langen Fahrt zu den Gewürzinseln und wieder zurück allesamt den Tod finden sollten.

Das waren die Männer, die über den Erfolg oder Mißerfolg dieser ersten Unternehmung der Kompanie entscheiden würden. Sie waren vertraut mit dem Anblick portugiesischer Karacken, deren Laderäume von kostbaren Gewürzen überquollen, und sie kannten die besten Häfen, um sich mit Frischwasser und neuen Vorräten zu versorgen. Sie wußten auch, daß die Spanier und Portugiesen zwar lebhafte Handelsbeziehungen zum Osten pflegten, daß sie aber nur über rund ein Dutzend Häfen die direkte Kontrolle ausübten. Diese Häfen lagen in einem riesigen Gebiet verstreut, das von Madagaskar bis nach Japan reichte; selbst Goa, das Juwel in der Krone der portugiesischen Stützpunkte im Osten, beherbergte nur eine kleine Kolonie von Händlern und Kaufleuten. Seinen Namenszusatz *dorado* verdiente es kaum. Im Gebiet der »reichen und unzähligen Inseln der Mollucos und der Gewürzlande«, wo man Muskatnuß und Gewürznelken für ein Stück Messerschneide bekam, war der portugiesische Einfluß noch geringer. Die Portugiesen besaßen nur die beiden kleinen Festungen auf den Inseln Tidore und Ambon, während Dutzende von anderen Atollen und Felseninseln, abgelegene Orte wie die Muskatnüsse erntenden Bandainseln, darauf warteten, in Besitz genommen zu werden.

Da es zu einem Grundsatz im internationalen Recht geworden war, daß die europäischen Nationen nur dann Anspruch auf Orte erheben konnten, wenn sie dort eine Festung gebaut oder ein sichtbares Symbol der Besitzergreifung errichtet hatten, waren viele der Ansicht, es sei durchaus sinnvoll, diese einsamen und entlegenen Außenposten des Gewürzinselarchipels anzusteuern. Wenn es gelinge, die englische Flagge auf den Bandainseln zu hissen, dann werde England auf den reichsten aller ostindischen Inseln Fuß gefaßt haben.

Nachdem jedermann Gelegenheit bekommen hatte, sich zu Wort zu melden, rief Sir Stephen Soane die Versammlung zur Ordnung. Es gab wichtige Dinge zu regeln; nicht zuletzt mußte Sorge dafür getragen werden, daß die große Summe, die nur zwei Tage zuvor durch Zeichnung zusammengebracht worden war, ausschließlich in Form von Bareinlagen gezahlt wurde. Es wurde beschlossen, mit der Geschäftsleitung der Kompanie fünfzehn Direktoren zu betrauen, die sich um die Organisation der bevorstehenden Reise kümmern und die Durchführungsbestimmungen ausarbeiten sollten.

Als die Versammlung sich schließlich auflöste, war es bereits spät am Abend. Die Seeleute und Abenteurer trotteten zurück zu ihren Wohnstätten in Shoreditch und Wapping, die Kaufleute begaben sich in ihre Giebelhäuser in Charing Cross und Lincoln's Inn Fields. Alle müssen das Gefühl gehabt haben, daß es endlich soweit war und sie im Begriff standen, Teilhaber an einer erfolgreichen Handelsfahrt nach Ostindien zu werden.

Falls das Unternehmen erfolgreich verlief, warteten auf die Einleger riesige Gewinne. Im London der Elisabethanischen Zeit lebte eine reiche Aristokratie, die sich nach jedem Luxus drängte. Königin Elisabeth selbst ging mit gutem Beispiel voran: Ihre dreihundert Gewänder umfassende Garderobe war den Damen des Hofes Ansporn, sich ebenfalls in spitzengesäumte, zobelpelzbesetzte, reichbestickte Brokat- und Satinroben zu hüllen. Die Königin liebte den Pomp, das Zeremoniell und den Luxus, die ihre Stellung ihr gestatteten. In ihren Palästen in St. James, Greenwich, Windsor und Hampton Court wimmelte es von Nippes, Schmuck und kostbaren Kunstgegenständen; es gab auch eine großartige Bibliothek mit den Werken griechischer und lateinischer Dichter, aufwendig in Samt gebunden.

Einige ihrer durch und durch puritanischen Geistlichen begehrten gegen diese haltlose Verschwendungssucht des Hofes auf. Bei der Hochzeit eines Angehörigen des Hochadels empörte der Anblick von so viel Putz und Tand den Priester, der die Trauung vornahm, dermaßen, daß er nicht mehr zu schweigen vermochte. Er stieg auf die Kanzel und hielt eine Predigt, in der er gegen den Flitterkram der elisabethanischen Mode wetterte, wobei seine Metaphorik darauf hindeuten könnte, daß er unter dem Eindruck der bevorstehenden großen Expedition nach Osten stand. »Von allen Sonderheiten«, erklärte er, »stehet den Weibern eine nicht wohl zu Gesichte, als da ist zuviel Takelung. Wie wundersam, ein Schiff unter voller Leinwand zu sehen, mit seinem Tauwerk und seinen Masten, seinen Mars- und Bramsegeln, mit seinem Oberdeck und seinen Unterdecks, so gar gezieret mit seinen Girlanden, Flaggen und Wimpeln ...« Nach einer Pause, in der er die versammelten Damen musterte, fuhr er fort: »... wie wundersam, ein Weib zu sehen, das nach Gottes Ebenbild geschaffen und gar vielmals durch ihre französischen, ihre spanischen, ihre anderen Modetorheiten solchermaßen verunstaltet, daß Er ... dies Weib in seinem Federschmuck, seinen Pelzen und seinem seidenen Schleier, geblähet gleich einem Segel im Wynd, kaum zu erkennen vermöcht.«

Die Predigt stieß auf taube Ohren. Elisabeths Gefolge war nicht willens, die neuen Lustbarkeiten aufzugeben, denn dies war ein Zeitalter, das nach Maßlosigkeit gierte. Für die festlichen Aufzüge, die Maskeraden und Turniere, an denen die Hofleute teilnahmen, brauchten sie prachtvolle Kleider; ihre weltliche Unbekümmertheit spiegeln die Bänkellieder, Oden und Sonette der damaligen Zeit wider. Sie liebten Kuriositäten und Merkwürdigkeiten, Ausgefallenes und Exotisches; das Bestreben, diese modischen Bedürfnisse zu befriedigen, hatte die Londoner Kaufleute zu ihrem jüngsten Unternehmen veranlaßt.

Königin Elisabeth selbst trat eifrig dafür ein, daß die Expedition so bald wie möglich in See stach, zumal nachdem sie erfahren hatte, daß die Portugiesen und Holländer den Preis für Pfeffer plötzlich von drei auf acht Shilling angehoben hatten. Pfeffer war mittlerweile eine gängige Ware, und ein Preis, den nur mehr die Wohlhabendsten zahlen konnten, ließ es zwingend geboten erscheinen, eine gut vorbereitete Expedition loszuschicken, um das Gewürz an der Quelle aufzuspüren. Im Anschluß an die Fahrt von James Lancaster waren noch eine Handvoll Versuche unternommen worden, aber alle hatten ein katastrophales Ende gefunden. Die letzte Expeditionsflotte unter der Leitung von Kapitän Benjamin Wood war verschwunden, ohne eine Spur zu hinterlassen. Samuel Purchas sah darin »ein doppelt Unglück; erstlich ist die Flotte elendiglich verdorben und sodann die Historie und Relation der schröcklichen Begebenheyt verloren gangen«. Allmählich drangen Gerüchte nach London, nach denen Krankheiten die Mannschaft heimgesucht hatten und einer nach dem anderen elend zugrunde gegangen war. »Manch geborstene Planke gleich wie nach einem Schiffbruche ward vor den Westindischen Eilanden befunden, woraus wir etliche Kunde von diesem ostindischen Fehlschlage ziehen mögen.« Gerade einmal vier Überlebende schafften es, schwimmend eine kleine Insel zu erreichen, die sie am Horizont erspäht hatten; drei wurden flugs von einem spanischen Mordbuben kaltgemacht. Auch dem vierten war kein langes Leben beschieden: Er konnte auf einem vorbeifahrenden Schiff zwar die Insel verlassen, erlag aber kurz darauf einer Dosis Gift.

Am 16. Oktober 1599, weniger als einen Monat nach ihrer Zusammenkunft, erhielten die Londoner Kaufleute den Segen der Königin. Sie wies sie an, sich vom Kronrat eine Vollmacht zum Antritt der Reise sowie die Genehmigung ausstellen zu lassen, die fünftausend Pfund ungemünztes Edelmetall außer Landes zu bringen, die sie für ihre geplanten Handelsgeschäfte brauchten. Die Kaufleute waren überglücklich über die enthusiastische Zustimmung der Königin; der Kronrat allerdings gab sich zwar interessiert war aber insgeheim entschlossen, das Unternehmen bereits im Ansatz zu ersticken. Man hatte gerade heikle Verhandlungen mit Spanien begonnen, und wenn diese Expedition mit dem Segen der Königin – und gegen den Willen des Papstes – in See stach, dann hatte Philipp II. von Spanien den besten Vorwand, sich von den Verhandlungen zurückzuziehen. Den Kaufleuten wurde unmißverständlich bedeutet, jede solche Fahrt müsse im Einklang mit dem Staatsinteresse stehen. Damit war der Expedition plötzlich von höchster Stelle ein Riegel vorgeschoben.

Die Kaufleute sahen voll Ingrimm ihr Vorhaben durch eine Handvoll hochfahrender Lords am Hofe Elisabeths hintertrieben. Sie baten die Königin, sich einzuschalten, aber sie konnte, auch wenn sie voll und ganz mit den Kaufleuten sympathisierte, wenig für sie tun. Die Kaufleute aber bestärkte der Widerstand der Lords nur in ihrer Entschlossenheit. Unbekümmert setzten sie sich über das Veto hinweg und »trafen männiglich Vorbereitungen für eine Fahrt im nächstfolgenden Jahr«; sie studierten sämtliche Landkarten, Seekarten und Berichte von Reisen in die Region, die besucht werden sollte. All die neugewonnenen Erkenntnisse wurden sodann in einem Schriftstück zusammengefaßt, das den Titel trug: »Etliche Vernunftgründ, werhalben die Englischen Kaufleut Handel nach Ostindien hin treiben mögen, insonderheit mit denen vielmögenden Königreichen und Ländereien, so nicht untertänig dem Konyng von Hispanien und Portugal; nebst den wahrhafftigen Grenzen der Eroberungen und Gerechtsamen der Portugaler in denen östlichen Landstrichen.«

Ihr Plädoyer für die Durchführung der Expedition lief auf eine mit Entschiedenheit vertretene Ablehnung des Vertrags von Tordesillas hinaus. »Mögen doch die Spanier«, schrieben sie, »etwane billichte oder rechtmäsige Gründ dafür vorweisen ... werhalben sie Ihro Majestät und all die andern christlichen Fürsten und Staaten fernzuhalten sich getrauen vom Gebrauch der unbegränzten, freyen und ohn Ende offenen ozeanischen See und vom Zutritt zu den Territoria und Reichen so mannigfacher freier Fürsten und Herrscher des Ostens«. »Selbige Reiche«, so ihr Argument, »sollten allen Kaufleuten offenstan, dieweil [die Spanier] kein Jota mehr Obergewalt oder herrscherliche Macht haben als wyr oder welche Christenmenschen sonst etwan.«

Die Königin las das Schriftstück mit großem Interesse und übergab es dann dem gelehrten Fulke Greville, dem Schatzmeister der Flotte, der jedes einzelne Wort unterschrieb und zur Stützung des zentralen Arguments aus den Büchern seiner imposanten Privatbibliothek Passagen heraussuchte, die den Gewürzhandel betrafen, »zumalen von denen Seefahrten des John Huighen [Linschoten]«, des Mannes, der die erste Expedition der Holländer ermöglicht hatte. Greville stellte auch eine Liste der östlichen Könige zusammen, die bereits mit Spanien Handel trieben, und gab damit zwangsläufig zu verstehen, daß im Hinblick auf alle anderen für den Abschluß von Handelsverträgen noch verfügbaren Potentaten der Spruch »Wer zuerst kommt, mahlt zuerst« Geltung hatte.

Als die Londoner Kaufleute am 23. September 1600 zu einem weiteren Treffen zusammenkamen, war genau ein Jahr seit ihrer ersten Versammlung vergangen, ohne daß sie dem Start ihres ostindischen Unternehmens einen Schritt näher gekommen wären. Von wachsender Ungeduld erfaßt, beschlossen sie, »mit der Reyse vohran zu machen«, ob mit oder ohne Genehmigung der Lords. Nur zwei Tage nach dem Treffen kauften sie für die fürstliche Summe von 1600 Pfund ihr erstes Schiff, die *Susan*, und am folgenden Tag erstanden sie auch noch die Schiffe *Hector* und *Ascension*.

Die kleinmütigen Höflinge, die alles getan hatten, um den Kaufleuten Steine in den Weg zu legen, begriffen jetzt, daß sie sich ins Abseits manövriert hatten. Statt ihre Sabotagepolitik weiterzuverfolgen, beschlossen sie, den Kaufleuten die Kontrolle über die Expedition zu entreißen und einen Mann aus ihren Reihen mit der Leitung zu betrauen. Ein Anwärter für den Posten war schnell gefunden: Seit Monaten bereits hatte sich eine der führenden Figuren am Hof, der aristokratische Abenteurer Sir Edward Michelborne, um ein exklusives Handelspatent für Ostindien beworben. Nun also empfahl der Schatzkanzler Michelborne der Londoner Kaufmannschaft und wies sie in höflichen Worten an, ihm die Position des »Obersten Befehlshabers« zu übertragen.

Die Kaufleute, die sich noch gut an Edward Fentons katastrophale Expedition nach St. Helena erinnerten, lehnten es ab, sich Vorschriften machen zu lassen, und sei es auch von einer so hochmögenden Persönlichkeit wie dem Schatzkanzler. Sie weigerten sich, seiner Aufforderung nachzukommen, und erklärten mit spürbarer Süffisanz, sie hätten beschlossen, »keinen *Gentleman* auf eine leitende Stell zu setzen«; sie fügten hinzu, es sei ihnen lieber, »ihr Geschäft mit Männern der eignen Art zu treyben, auf daß nicht Mißtrauen wider die Bestellung von fürnehmen Herren das Publiko erfasse und eine Vielzahl von Adventurers vermöge, ihre Einlagen wieder zu kassiren«.

Michelborne war außer sich vor Zorn über die Zurückweisung und weigerte sich, den Beitrag zu zahlen, für den er gezeichnet hatte. Seine Name wurde daraufhin aus der Teilhaberliste der Kompanie gestrichen; fuchsteufelswild und tief gedemütigt, verschwand er von der Szene, um seine Wunden zu lecken. Es dauerte vier Jahre, ehe er seinen ersten eigenständigen Raubzug in die fernöstliche Handelssphäre unternahm; das Ergebnis war vernichtend.

Die Kaufleute machten sich nun daran, eine Expeditionsflotte auszurüsten, die im Frühjahr 1601 Segel setzen sollte; die Schiffe allerdings, die sie bis dahin gekauft hatten, waren selbst nach damaligen Maßstäben winzig. Sie sahen ein, daß sie ein größeres Flaggschiff brauchten, sollte die Flotte mit einiger Aussicht auf Erfolg kriegslüsterne portugiesische Karacken abweisen können; also begannen sie, nach einem eindrucksvolleren Gefährt Ausschau zu halten.

Der Graf von Cumberland hatte genau das Schiff, das sie suchten: es hieß *Malice Scourge*, hatte 600 Registertonnen und stand für den hohen Preis von 4000 Pfund zum Verkauf. Man wurde handelseins, das Schiff wechselte für 3700 Pfund den Besitzer und erhielt den neuen Namen *Red Dragon*. Es war ein solide gebautes und seetüchtiges Fahrzeug, und wenngleich es seiner Konstruktion nach eher für die kalten Gewässer des Nordens geeignet war als für die Tropen, bot es doch jedenfalls einen eindrucksvollen Anblick, wie es da mit seinem hohen Heck und dem gedrechselten Achterdeck, worin sich die großen, bequemen Quartiere des Kapitäns und seiner Offiziere befanden, auf der Themse lag. Der robuste Laderaum ließ das Schiff tief im Wasser liegen; den ragenden Bug verzierte eine kunstvolle Galionsfigur. Das Schiff erlebte in den ostindischen Gewässern glanzvolle Zeiten und wurde erst im Oktober 1619 nach »grausamem, blutigem Kampfe« versenkt.

Nach zahlreichen Auseinandersetzungen und Beratungen einigten sich die Kaufleute auf eine gemischte Ladung aus Blei, Eisen (sowohl in bearbeiteter als auch in roher Form), grobem Baumwolltuch aus Devonshire, feinem Wollstoff und norwegischem Wollzeug sowie mehreren Kisten mit Kinkerlitzchen und Spielzeugsachen, mit denen man die Potentaten beschenken konnte, bei denen man unterwegs vorsprechen würde. Dazu zählten Gürtel, eine Kassette mit Pistolen, Straußenfedern, Spiegel, Löffel, Glasfigürchen, Brillen und silberne Wasserkrüge.

Noch sorgfältiger wurden die Vorräte berechnet, die einzelnen Portionen bis zur letzten Erbse und Karotte überschlagen. Für den Aufenthalt in Häfen wurden keine Lebensmittel einkalkuliert; es blieb den Kapitänen überlassen, bei den Einheimischen genug Essen für die Mannschaft einzutauschen. Auch so aber ist die Art und Weise, wie die Verproviantierung der Schiffe bis ins letzte Detail geplant wurde, Beweis genug für die Entschlossenheit der Kaufleute, diese Reise zu einem Erfolg werden zu lassen.

Brot für 16 Monat bei 30 Tagen pro Monat

	c	lb				ll	s	d
zu 24lb pro Mann	1714	1	4	Tonnen	150	028	08	0

Mehl für 4 Monat zu 30 li pro Mann pro Monat

535	224	Tonnen	30	267	17	4

Bier für 4 Monat bei einer Buddel pro Mann pro Tag
ein gefüllt Faß enthilt 80 Gallonen

g 3000	Tonnen	170	510	00	00

Apfelmost für 8 Monat ein Quart pro Tag
zugemessen wie oben

g 15 000	Tonnen	80	680	00	00

Wein für 8 Monat zu einem Pint pro Tag bei obiger Zuteylung

g 15 000	Tonnen	80	960	00	00

Rindfleisch für 4 Monat zu 1 li pro Mann pro Tag

c	q	li					
538	2	14	Tonnen	30	428	10	00

Schweyn für 10 Monat zu 1/2 li pro Mann pro Tag

c	q	li					
669	2	16	Tonnen	40	669	12	6

Und so weiter auf der Liste. Als Beilage zum Schweinefleisch gab es Erbsen und Bohnen, hinzu kam ein für drei Monate berechneter Vorrat an gesalzenem Fisch, Hafermehl, Weizen, »altem Hollandkaas«, Butter, Öl, Essig, Honig, Zucker und Reis. Die Mannschaften erhielten sogar zwei

Pfund Muskatnuß, Gewürznelken und Pfeffer bewilligt, um mit Hilfe der Gewürze den Geruch ranzigen Fleischs zu überdecken, sowie vierzehn große Fässer mit Branntwein.

So beschäftigt die Kaufleute mit der Verproviantierung der Schiffe waren, die Ernennung der verschiedenen Kapitäne und Befehlshaber hatten sie dabei keineswegs aus dem Auge verloren. Nach der Wahl von Sir Thomas Smythe, einem Mann mit großer Erfahrung, zum ersten Gouverneur der Kompanie, wandten sie sich der Frage zu, wer das Expeditionsunternehmen selbst leiten sollte. Es war keine Überraschung, daß James Lancaster zum »General« oder Oberbefehlshaber der Flotte berufen wurde, und auch nicht, daß John Davis – der erst kurz zuvor von der holländischen Expedition zurückgekehrt war – den Posten des für die Navigation zuständigen Obersteuermanns erhielt. John Middleton, William Brund und John Heyward, die alle bereits auf verschiedenen Schiffen die Fahrt gemacht hatten, erhielten den Befehl über die anderen drei Schiffe.

Sodann mußten die begleitenden Kaufleute, Faktoren genannt, ausgesucht werden. Diese Männer waren berufsmäßige Händler, mit denen der finanzielle Erfolg der Reise stand und fiel. Mit beträchtlicher Sorgfalt wurden 36 ausgewählt; wenn alles gutging, würden sie sich in Ostindien niederlassen und die für künftige Fahrten nötigen Handelsstützpunkte gründen. Leute mit Fremdsprachenkenntnis wurden bevorzugt, vor allem wenn sie des Portugiesischen, Spanischen oder Arabischen mächtig waren, die in vielen größeren Häfen des Ostens als Handelssprachen dienten. Einschließlich Mannschaften belief sich die Gesamtbelegschaft der Schiffe auf 480 Mann, wobei es sich bei den meisten um erfahrene Seeleute handelte.

Bald hallten die Londoner Docks wider vom Lärm auf den Schiffen, die mit Seilen, Ankern, Wimpeln, Pulverfäßchen und Musketen ausgerüstet wurden. Die Ladung wurde verstaut, die Schiffsbäuche füllten sich, und schließlich zurrte man auf den Decks die schweren Fässer mit Bier und Apfelwein fest.

Ein letztes Geschäft mußte noch erledigt werden, ehe die Schiffe in See stechen konnten: Die Königin mußte ihre Unterschrift unter die Gründungsurkunde der Gesellschaft setzen, die mittlerweile unter dem Namen »Gouverneur und Kompanie der mit Ostindien Handel treibenden Kaufleute« firmierte. Diese Urkunde, von der Kaufmannschaft selbst entworfen, gewährte den Kaufleuten ein vollständiges Monopol auf »den Handels- und Güterverkehr zu den Ostindischen Inseln, in die Länder und Häfen Asiens und Afrikas und zu und von sämtlichen Inseln, Häfen, Städten und Orten Asiens, Afrikas und Amerikas oder allen übrigen, soweit sie jenseits des Kaps von Bona Esperanza [Kap der Guten Hoffnung] und der Magellanstraße liegen«.

Am 31. Dezember 1600 wurde die Urkunde schließlich von der Königin unterzeichnet. Für die Geltungsdauer von fünfzehn Jahren wurden durch sie einer kleinen Gruppe von Männern – insgesamt 218 an der Zahl – gewaltige Machtbefugnisse übertragen. Die *Merchant Adventurers* erhielten das ausschließliche Recht, ohne jede Einmischung von seiten der Krone Handel mit Ostindien zu treiben – wobei Ostindien ein vager geographischer Begriff war, der das gesamte südöstliche Asien einschloß. Die Kompanie konnte so viel ungemünztes Edelmetall ausführen, wie sie benötigte, konnte Handelsniederlassungen gründen, wo immer sie wollte, und nach Gutdünken Herrschaft ausüben. Als Gegenleistung für diese umfassenden Machtbefugnisse verpflichtete sie sich, eine Flotte von jährlich sechs Schiffen auszurüsten.

Die wenigen Vorschriften, die dieser Handelsexpedition gemacht wurden, stammten nicht von der Krone, sondern von der Kaufmannschaft. Lancaster wurde aufgefordert, darauf zu achten, daß keine Seeleute private Handelsgeschäfte trieben, und mußte zur Kenntnis nehmen, daß »sämtliche Schiff aufs gründlichste inspiziret werden, mit Erforschung jeglicher Kisten, Kästen, Packen, Bündel, Schriftsachen sowie auf andere Weis, auf daß Verstöße wider selbige Verfügung offenbar werden«. Leider zeigte sich, daß dieses Verbot unmöglich durchzusetzen war. Der einzelne Matrose erhielt für die lange und beschwerliche Reise eine verschwindend geringe Heuer, und viele stachen mit der festen Absicht in See, ein oder zwei Säcke Muskatnüsse mit nach Hause zu bringen.

Die Königin ließ neues Geld prägen, eigens für die Kompanie bestimmt. Der silberne Halfpenny, der im Tower von London gemünzt wurde und auf der einen Seite das königliche Wappen, auf der anderen ein Fallgitter (auf englisch *portcullis*) zeigte, war bald schon unter dem Namen Portcullis-Geld bekannt. Die Königin gestand den Kaufleuten auch eine eigene Flagge zu, die mit ihrem blauen Feld vor einem Hintergrund aus dreizehn roten und weißen Streifen fast genauso aussah wie die Fahne, die rund fünfundsiebzig Jahre später die dreizehn amerikanischen Kolonien wählten.

An einem kalten Februartag im Jahre 1601 glitten die fünf Schiffe Lancasters langsam die Themse hinab. Sie boten einen farbenfrohen Anblick, wie sie an den Kaianlagen von Woolwich vorbeifuhren. Sie waren mit Girlanden und Flaggen geschmückt, und an ihrem Großmast flatterte das blutrote Georgskreuz. Die Flußufer säumten Kaufleute, Verwandte und Einwohner, die der Flotte gute Fahrt wünschen wollten; zu einer so volkreichen Verabschiedung kam es erst wieder im Jahre 1610, als Nathaniel Courthope London auf dem größten Segelschiff verließ, das von der Ostindischen Kompanie je gebaut wurde.

Kaum hatten Lancasters Schiffe die Themsemündung erreicht, da legte sich der Wind, und fast zwei Monate lang hingen die Segel schlaff an den Rahen. Es war bereits Ostern, als die Schiffe endlich Dartmouth erreichten. Während sie bei Torbay erneut festlagen, schickte Lancaster Instruktionen an jedes der Schiffe, in denen die Häfen und Ankerplätze aufgeführt waren, wo man sich wieder treffen wollte, falls die Flotte auseinandergerissen würde. Dann, als der Wind erneut die Segel füllte, fuhren die Schiffe den Ärmelkanal hinab nach Süden und gelangten ohne weiteren Aufenthalt bis nach Gran Canaria.

Hier legte sich der Wind abermals, und über einen Monat lang trieben die Schiffe untätig auf See und näherten sich im Schneckentempo dem Äquator. Als sie nur noch zwei Grad von der Mittellinie entfernt waren, lachte ihnen das Glück. Am Horizont wurde ein portugiesisches Schiff gesichtet, das zu seinem Pech den Kontakt zu den Karacken seines Geleitzuges verloren hatte. Die fünf englischen Schiffe kreisten es ein und enterten es. Nachdem die Mannschaft entwaffnet war, wurde ein Trupp Männer in den Laderaum hinuntergeschickt. Das Schiff erwies sich als überaus reiche Prise: Es war mit 146 Fässern Wein und 176 Krügen Öl beladen; die erbeutete Fracht teilte man entsprechend der Größe der Besatzungen unter den Schiffen auf. Anschließend wurde die Fahrt unverzüglich fortgesetzt.

Wie bei Lancasters erster Reise traten auch jetzt wieder Krankheiten auf, kaum daß man auf die südliche Halbkugel übergewechselt war; es dauerte nicht lange, da war »die Mattigkeit der Männer so gar groß, daß auf etlichen Schiffen die Kaufleut mit am Steuer stunden und in die Wanten stiegen, um die Marssegel einzuholen«. Aber während die Männer auf den kleineren Schiffen zunehmend schwächer wurden, konnte der Chronist an Bord von Lancasters *Red Dragon* beobachten, daß die Mannschaft völlig immun gegen die Krankheit blieb. »Und der Grund, derhalben die Mannschaft des Generalls gesünder bliebe als wie die Männer auf andern Schiffen, war dieser: er [Lancaster] hätt gewisse Flaschen mit dem Saft von Limonen aufs Schiff gebracht, wovonnen er, solang es eben währete, jedermann allmorgendlich drei Löffel auf nüchternen Magen verabreicht; er ließ nicht zu, daß sie darnach etwas zu sich nahmen, ehe nicht Mittag vorüber ... Auf diese Weis heilete der Generall viele seiner Männer und bewahrete die übrigen vor Kranckheyt.« Wie Lancaster auf dieses Heilmittel gegen Skorbut gestoßen war, bleibt ein Geheimnis; mag sein, daß ihm aufgefallen war, wie rasch die Männer sich erholten, sobald zu ihrer gepökelten Nahrung Früchte und Grünzeug hinzukamen. Auf Lancasters erster Reise hatte der Bordchronist Henry May beobachtet, wie ein besonders krankes Besatzungsmitglied vollständig genas, als es Orangen und Limonen aß, die man auf St. Helena gepflückt hatte. Tragischerweise war Lancasters Heilmethode bald schon wieder vergessen, und es vergingen über 170 Jahre, ehe Kapitän Cook die segensreiche Wirkung von Zitrusfrüchten beim Kampf gegen den Skorbut abermals entdeckte.

Wenngleich der Skorbut und andere Krankheiten ohne Unterlaß Sorge bereitete, hatte das Leben an Bord auch seine fröhlichen Momente. In Aufzeichnungen und Tagebüchern wird häufig erwähnt, daß sich die Männer die Langeweile der Reise mit Schauspiel, Gesang und Clownerien vertrieben. Musik war außerordentlich beliebt; auf einem der Schiffe wurde »ein Virginal [englisches Spinett] mitgeführet, worauf zween zugleich spielen mochten«. Das fand großen Anklang, denn kaum daß die Musik einsetzte, »springen die Matrosen als wie von Sinnen«. Eine spätere Expedition konnte sich sogar eines Kornettspielers rühmen, der regelmäßig für seine Genossen zu spielen pflegte. Er verstand sich so gut auf das Instrument und verfügte über ein derart großes Repertoire, daß er nach der Ankunft in Indien sogar dem Großmogul aufspielen durfte.

Der Stimmung halfen die gewaltigen Mengen Alkohol auf, die von der Mannschaft konsumiert wurden. Zwar versuchte man, die Sauferei einzudämmen, aber niemand scherte sich darum, bis Männer an Leberleiden starben, die ihre Ursache im »unmäßigen Genuß eines Weines« hatten, »so man Toddy nennet und aus dem Saft des Palmbaums gewinnet«.

Nachdem sie unter derlei Belustigungen den Südatlantik durchquert hatte, glitt Lancasters Expeditionsteam endlich am 9. September 1601 in die südafrikanische Tafelbucht, wo es, wie der Kommandant wußte, frisches Fleisch und andere Vorräte eintauschen konnte. Wie schon bei der ersten Reise betrachtete auch diesmal die Mannschaft die Eingeborenen als barbarische Wilde, die man lachhaft leicht übers Ohr hauen konnte. Sich mit ihnen zu unterhalten war nicht möglich, denn »ihre Wort stoßen sie ganz und gar durch die Kehl und schnalzen solchermaßen mit der Zung, daß in den sieben Wochen, die wir hier an diesem Ort verweilet, selbst die Schläuesten unter uns nicht ein einzig Wort von ihrer Sprach konnten erlernen«.

Statt dessen verständigten sich die englischen Matrosen mit ihnen »in der Viehsprach«. Wollten sie Ochsen kaufen, sagten sie »Muh«. Wollten sie Schafe kaufen, sagten sie »Mäh«. Die Tiere kosteten so gut wie nichts: Die Eingeborenen verlangten kein Silber oder Gold, sondern schienen mit ein paar alten Eisenreifen zufrieden zu sein. Nach zwölf Tagen hatten die Schiffsmannschaften über tausend Schafe und mehrere Dutzend Ochsen eingekauft.

Als seine Schiffe wieder in See stachen, muß Lancaster froh gewesen sein, daß sein Aufenthalt in der Tafelbucht ohne Zwischenfall verlaufen war. Da er klar erkannte, wie wichtig für die Schiffe auf ihrer Fahrt nach Osten diese Bucht als Nachschubbasis war, tat er alles Erdenkliche, um sicherzustellen, daß die Verhandlungen mit den Eingebore-

Die Matrosen des Elisabethanischen Zeitalters waren fasziniert von den primitiven Eingeborenen Südafrikas. »Auf der Welt ist kein heidnischer und viehischer Volk«, schrieb einer der Engländer. »Ihre Häls waren gezieret mit schmalzichten Kaldaunen, die sie dann und wann abrissen und roh verspeiseten. Warfen wir die Gedärm ihres Viehs zur Seite, verschlangen sie selbige halbroh, dieweil ihnen das Blut eklicht aus dem Maule troff.«

nen reibungslos verliefen. Eine solche Politik stand in schroffem Gegensatz zu der von Cornelis Houtman, der die Eingeborenen Südafrikas brutal behandelt und dafür mit dem Verlust von dreizehn Besatzungsmitgliedern bezahlt hatte.

Obwohl jeder Flecken Laderaum auf den Schiffen mit frischem Proviant vollgestopft worden war, forderte das heiße südliche Klima immer noch seine Opfer, weshalb man beschloß, auf der Insel Cirne – heute unter dem Namen Mauritius bekannt – zu landen, wo es dem Vernehmen nach Limonen in Hülle und Fülle gab. Unglücklicherweise drehte der Wind überraschend, und die kleine Flotte wurde in Richtung Madagaskar getrieben. Als sie am Weihnachtstag die Bucht von Atongill erreichten, entdeckte ein Erkundungstrupp auf einem Felsen nahe dem Wasser Einritzungen. Es war schon lange Brauch, auf Felsen die Ankunft und Abfahrt von Schiffen festzuhalten, damit Nachzügler erfuhren, was aus der restlichen Flotte geworden war. Den Einritzungen mußte Lancaster zu seinem Entsetzen entnehmen, daß zwei Monate zuvor fünf holländische Schiffe hier vorbeigekommen waren. Während der Zeit, die sie vor Anker lagen, hatten sie zweihundert Mann durch die Ruhr verloren.

Bald schon drohte sich die Geschichte auf den englischen Schiffen zu wiederholen. Zuerst starben auf der *Red Dragon* der Obermaat, dann der Schiffsprediger, der Wundarzt und zehn Mitglieder der Mannschaft. Andere erlitten einen gewaltsameren Tod: Während der Obermaat in die Erde gesenkt wurde, kam der Kapitän der *Ascension* an Land gerudert, um am Begräbnis teilzunehmen. Dabei hatte er das Pech, in die Schußlinie der Musketensalve zu geraten, die bei solchen Gelegenheiten häufig abgefeuert wurde; sowohl er als auch der Bootsmannsmaat kamen zu Tode, »so daß die zween, die gekommen waren, eines anderen Begräbniß zu sehen«, schreibt der Schiffschronist, »selbsten in die Grube fuhren«.

Das war ein äußerst unglücklicher Verlust; Kapitän William Brund war unter den Seebären, die er befehligte, äußerst beliebt und wurde schmerzlich vermißt. Sein Tod verstärkte noch das wachsende Gefühl, daß Madagaskar kein guter Aufenthaltsort war; sobald deshalb die kleine Pinasse der *Red Dragon* zusammengebaut war (man hatte sie in zerlegter Form aus England mitgebracht), setzte die Flotte erneut Segel.

Der Indische Ozean stellte Lancaster vor weniger große Probleme als der Atlantische. Mit knapper Not entging man einer Katastrophe, als die Pinasse noch rechtzeitig die Riffe und Untiefen entdeckte, von denen der Chagos-Archipel umgeben war, und in der zweiten Maiwoche kamen die abgelegenen Nicobar-Inseln in Sicht, die Lancaster auf seiner ersten Fahrt verfehlt hatte; hier beschloß man, sich neu zu verproviantieren. Zu ihrer Verblüffung entdeckten die Engländer, daß die phantastischen Schilderungen der mittelalterlichen Reisenden, die von Menschen mit Hörnern und grünen Gesichtern berichtet hatten, offenbar der Wahrheit entsprachen. Dem Logbuch des Schiffes zufolge trug der Priester der Insel »auf seinem Haupte ein Paar Hörner, so nach hinten gekrümmet«, während andere »ihr Antlitz grün, schwarz und gelb bemalet und auch die Hörner mit der gleichen Farb bestrichen hätten; und hinter ihnen, an ihrem Gesäß, hing ein Schwanz, recht sehr der Weise gleich, wie wir in unserm Land auf manch bemaltem Tuch den Leibhafftigen malen«.

Es ist eine Ironie der Geschichte, daß just zu dem Zeitpunkt, da Skeptiker in England den Wahrheitsgehalt von Reiseschilderungen mittelalterlicher »Entdecker« à la Sir John Mandeville in Zweifel zu ziehen begannen, wirkliche Entdeckungsreisende von Phänomenen berichteten, die solche absonderlichen Geschichten zu bestätigen schienen. Zu jenen Skeptikern zählte Sir Walter Raleigh, der seine Ansichten über Mandeville änderte, als er die Berichte hörte, die aus den geheimnisvollen östlichen Regionen nach Westen drangen. »Mandevilles Berichte nahm man gar lange Zeit für Erdichtungen«, schrieb er, »nachmalen aber die Ostindischen Gebiet entdeckt worden, finden wir, daß er die Wahrheit erzählet von Dingen, die bis dato für unglaubhaft galten.«

Am 5. Juni 1602, mehr als sechzehn Monate nachdem sie von Woolwich aus in See gestochen war, erreichte Lancasters Flotte endlich die Hafenstadt Achin in Sumatra. Diese reiche, mächtige und weltoffene Stadt war durch ihre Seemacht in der Lage, eine Kontrolle über die westlichen Zugänge zum Ostindischen Archipel und zur Malaiischen Halbinsel auszuüben. Auch wenn sich erwies, daß ihre Schiffe der am anderen Ende der Seestraße von Malakka ankernden portugiesischen Flotte nicht Paroli bieten konnten, war Achin doch ein blühendes Handelszentrum. Als Lancaster eintraf, zählte er nicht weniger als sechzehn Schiffe, die dort vor Anker lagen und die unter anderem von Gujarat, Bengalen, Calicut und der Malaiischen Halbinsel kamen.

Lancasters Erster Steuermann, John Davis, hatte Achin auf seiner Fahrt mit Cornelis Houtman besucht und schilderte anschaulich seine Begegnung mit dem mächtigen Herrscher der Stadt, Ala-uddin Schah. Wie er hatte feststellen können, war der Sultan ein entschiedener Freund der Engländer und hatte sich gegenüber Houtman begeistert über Englands glorreiche Siege zur See unterhalten – wobei der Holländer diese Begeisterung nicht zu teilen vermochte. Als Ala-uddin erfuhr, daß Houtman einen echten Engländer an Bord hatte, wollte er ihn unverzüglich kennenlernen. »Er frägte vielerlei über Engeland«, schrieb Davis in sein Tagebuch, »über die Königin, ihre Paschas und wie sie Krieg führen könne gegen einen so großen König wie den Spanier (er wähnet nämlich, ganz Europa sei Spanisch). In Anbetracht dieses ward sein Verlangen befriediget, welches ihn, wie es schien, über die Maßen vergnüglich stimmte.«

Die Unterredung mit dem Sultan verschaffte Davis wichtige Einblicke in dessen Persönlichkeit und Vorlieben; als Davis nach England zurückkehrte, erwiesen sich die gesammelten Informationen als unschätzbar. Die Kompanie war

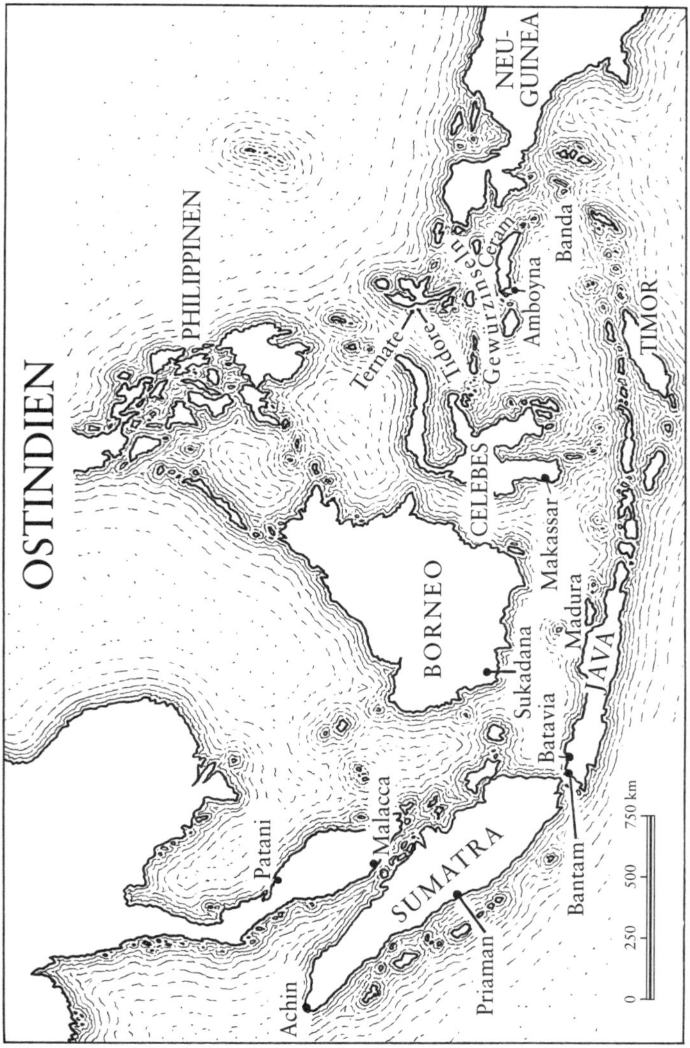
OSTINDIEN
PHILIPPINEN
NEU-
GUINEA
Ternate
Tidore
Gewürzinseln
Ceram
Amboyna
Banda
TIMOR
CELEBES
Makassar
BORNEO
Sukadana
Madura
JAVA
Batavia
Bantam
SUMATRA
Priaman
Achin
Malacca
Patani
0
250
500
750 km

nicht nur in der Lage, einen passenden Brief an den Sultan zu entwerfen, den die Königin dann eigenhändig niederschrieb, es ließen sich auch Geschenke für den Sultan kaufen, die dazu angetan waren, sein Gefallen zu finden. Er war ein Mensch von außerordentlicher Genußfähigkeit, »ein starcker Mann, doch gar feist und dick« – so Davis –, über hundert Jahre alt, »wie sie sagen«. Man erzählte sich, er sei als einfacher Fischer aufgezogen worden, habe es aber wegen seines Muts und seiner Kriegstüchtigkeit zum Befehlshaber des Heeres gebracht und eine Verwandte des regierenden Monarchen geheiratet. Ala-uddin brachte prompt den Monarchen zu Tode, riß die Königswürde an sich und regierte das Land mit eiserner Faust. Als geborener Kämpe hegte er für Königin Elisabeth die allerhöchste Achtung, seit die Nachricht vom Untergang der spanischen Armada über den Indischen Ozean zu ihm gedrungen war. Nun, da Lancasters Flotte in der Bucht ankerte, legte er größten Wert darauf, diesen Getreuen der Königin kennenzulernen.

John Middleton, der Kapitän der *Hector*, setzte als erster den Fuß an Land. Er teilte dem Sultan mit, Lancaster habe ihn beauftragt, Seine Majestät davon zu informieren, daß die Flotte einen Brief der Königin von England überbringe. Der Sultan war hoch geschmeichelt, überreichte Middleton einen golddurchwirkten Turban und lud Lancaster ein, an Land zu kommen, sobald er sich von den Anstrengungen der Reise erholt habe.

Als Lancaster am nächsten Tag erschien, machte er seine Sache hervorragend und begegnete dem Sultan mit dem nötigen Selbstbewußtsein. Kaum hatte Lancaster den Fuß an Land gesetzt, wurde er von Ala-uddins Boten erwartet, die augenblicklich den Brief der Königin in Empfang nehmen wollten, um ihn dem König zu bringen. Lancaster wies das Ansinnen zurück und erklärte, den Brief einer so mächtigen Monarchin könne er nur persönlich übergeben.

Der Sultan, bemüht, auf Lancaster Eindruck zu machen und ihn durch den Glanz seines Hofes zu blenden, bot alles auf, um die englische Gesandtschaft fürstlich zu empfangen:

»Er schickte alsogleich Elephanten, sechs an der Zahl, mit mannigfachen Trompeten, Paucken und Girlanden, mit vielem Volk, um den Generall [Lancaster] zu Hof zu geleiten, also daß ein grauslich Gedräng war. Der größte der Elephanten maß an die dreizehn oder vierzehn Fuß in der Höh; er trug eine kleine Feste gleich einem Kutschschrein auf seinem Rücken, bedeckt mit karminrotem Sammet. Drauf in der Mitten stand ein großer Goldhafen und ein Stück seidenes, reich gewircktes Tuch, ihn zu bedecken; darunter ward der Brief Ihrer Majestaet placiret. Der Generall saß auf einem andern Elephanten. Etliche seines Gefolges ritten; andere folgten zu Fuß. Da er aber zur Pforte des königlichen Hofes gelangte, hieß ihn dort ein Edelmann warten, bis er des Königs Wunsch und Willen erkundet ... Und da nun der Generall vor den König trat, huldigte er ihm nach des Landes Sitte und erklärete, er sey gesandt von der großmächtigen Kynigin von England, seiner hochmögenden Hohheit den Gruß zu entbieten und mit Ihr über Frieden und Freundschaft zu traktieren, so es Ihr denn gefalle, dergleichen zu pflegen.«

Als erstes wurden Ala-uddin die Geschenke überreicht: eine Schale aus gediegenem Silber mit einer Fontäne in der Mitte, ein großer Silberpokal, ein reichverzierter Spiegel, eine Kassette mit feingearbeiteten Pistolen, ein prächtiger Helm und ein mit Stickereien geschmückter, schön gewirkter Gürtel. Der Sultan nahm all dies huldvoll entgegen, war aber besonders entzückt von einem Fächer aus Federn. Er rief eine der anwesenden Mätressen herbei, und sie mußte ihm damit unaufhörlich zufächeln. So erzielte das einfachste der Geschenke den durchschlagendsten Erfolg und bereitete dem Sultan »das allergrößte Plaisir«.

Nun war es an der Zeit, den Brief der Königin zu überreichen, der, wie man hoffte, gehörigen Eindruck machen würde. Er war in Seide gehüllt, mit grandiosen kalligraphischen Schnörkeln verziert und wurde dem Sultan in einem goldenen Krug dargeboten, der an einem großen Elefantenbullen hing; so machte man allen nur erdenklichen Rummel um das Schriftstück.

Der Brief operierte abwechselnd mit Schmeicheleien, Ergebenheitsbeteuerungen, Ausfällen gegen die Portugiesen und Geschäftsofferten. Im Bemühen um günstige Handelsprivilegien schmeichelte er der Eitelkeit Ala-uddins und pries ihn als »unseren lieben Bruder«, dessen »hochmögender und wahrhaft königlicher Ruhm bis hierzulanden ertönet«. Auf das überschwengliche Lob des Sultans wegen seines »menschenfreundlichen und hochedlen Betragens gegen Fremde« folgten Angriffe gegen die Portugiesen und Spanier, die »sich Monarchen und unbeschränkte Gebieter all dieser Reiche und Landstriche düncken«. Nach mehr als zwei Seiten Vorrede kam der Brief schließlich auf den Kern der Sache zu sprechen. Königin Elisabeth I., so erfuhr man, war interessiert daran, regelmäßige Handelsbeziehungen zu Ala-uddin aufzunehmen, Kaufleute in seiner Hauptstadt Wohnsitz nehmen zu lassen und eine Niederlassung für die Lagerung von Vorräten einzurichten. »Der Handel«, wurde Seiner Hoheit in hochtrabenden Worten bedeutet, »gebieret nicht allein Handelsverkehr und Warenaustausch ... sondern mehret auch die Lieb und Freundschaft unter den Menschen.«

Nachdem Ala-uddin den Brief im stillen Kämmerlein gelesen hatte, zeigte er sich hingerissen von der Haltung der Königin, mit der er von ganzem Herzen übereinstimme. Er teilte Lancaster mit, die Lektüre habe ihm großen Genuß bereitet, und er gewähre alles, worum die Königin ersuche. Nach der Unterzeichnung des Abkommens fand ein Bankett statt, bei dem schwindelerregende Mengen Speisen und Alkohol in den Bankettsaal getragen wurden, gefolgt von einer Truppe Tanzmädchen und Musikanten. Das Essen wurde auf Tellern aus gehämmertem Gold serviert, während der Arrak, ein feuriger, hochprozentiger Reiswein, in reichlichen Mengen durch die Kehlen floß. Während des Banketts brachte der Sultan, auf einer Empore thronend, Trinksprüche auf seinen neuen Freund aus. Lancaster sah sich gezwungen, Ala-uddin um die Erlaubnis zu bitten, seinen Arrak mit Wasser zu verdünnen, »denn es brauchet nicht viel, und man sinket in Schlaf«. Der stets huldvolle Sultan gewährte die Bitte.

Dann folgten die Darbietungen. Sultan Ala-uddin »hieß seine Mamsells herbeikommen und tanzen und seine Weiber hierzu die Musicke machen; und diese Weiber waren angetan mit prächtigen Gewändern und geschmücket mit Armreifen und Juwelen«. Die Darbietung stellte eine besondere Ehrung dar, »denn dergleichen bekommet gemeinhin nur der zu sehen, den der König gar sehr zu hofiren begehret«. Aber damit war das Unterhaltungsprogramm noch nicht zu Ende; den Neuankömmlingen wurden noch zahllose andere Vergnügungen geboten, darunter auch ein Hahnenkampf, der Lieblingssport des Sultans. Auch wenn es die Bordtagebücher nicht bestätigen, ist doch ohne weiteres denkbar, daß sich Wagemutige aus der Mannschaft an der berühmten Spezialunterhaltung der Stadt Achin beteiligten, einem Unterwassertrinkgelage, bei dem die Gäste auf niedrigen Schemeln in einem Fluß hockten, während Diener des Hofes Becher kredenzten, die bis zum Rand mit Arrak gefüllt waren.

Lancaster war zwar von dem Empfang, den der Sultan

ihm bereitete, sehr angetan, fing aber an, sich Sorgen zu machen, weil er noch keine einzige Unze Gewürze hatte kaufen können. Und schlimmer noch, er erfuhr, daß Pfeffer – weit entfernt davon, nur vier Peso pro Zentner zu kosten – vielmehr für den Preis von fast zwanzig Peso verkauft wurde. Da er erkannte, daß es unrealistisch war, zu hoffen, die Schiffe in Achin voll beladen zu können, sprach er wieder beim Sultan vor und erbat sich von ihm mit diplomatischem Geschick die Erlaubnis, andere Häfen anzusteuern. Ala-uddin erklärte sich damit einverstanden, knüpfte aber seine Zustimmung an eine wichtige Bedingung: »Ihr müßt mir ein fein portugalisch Mägdelein bringen, wann Ihr wiederkehret; des bin ich alsdann froh.« Lancaster grinste, der Sultan lachte stillvergnügt in sich hinein, und die englischen Schiffe bereiteten sich zum Aufbruch vor.

Lancaster schickte die *Susan* zum Hafen von Priaman an der Südküste Sumatras, während er zusammen mit der restlichen Flotte in die Straße von Malakka einfuhr. Fast sogleich erspähten sie eine riesige portugiesischen Karacke, die nach Malakka unterwegs war; mit den großen Geschützen der *Red Dragon* eröffneten sie das Feuer. Sechs Kanonenkugeln genügten, sie außer Gefecht zu setzen; ihre Hauptrah zerbrach und stürzte mit ohrenbetäubendem Krach aufs Deck. Völlig manövrierunfähig, stellte die *Santo Antonio* den Kampf ein und ergab sich den Engländern. Als Lancaster sah, was er erbeutet hatte, wollte er seinen Augen nicht trauen: Das Schiff war beladen mit Kattun und bedrucktem Tuch aus Indien, mit Stoffen, die in England fast wertlos waren, während sie in den Häfen Südostasiens ein kleines Vermögen darstellten. Hier war endlich etwas, was man mühelos gegen Muskatnuß, Gewürznelken und Pfeffer tauschen konnte.

Sie brauchten volle sechs Tage, um die *Santo Antonio* zu entladen; als alle Waren auf den englischen Schiffen ver-

James Lancaster greift in der Straße von Malakka das portugiesische Schiff Santo Antonio *an. Als er sah, was er gekapert hatte, staunte er nicht schlecht: Das Schiff war reich beladen mit Kattun und bedrucktem Tuch; auf den Gewürzinseln war die Ladung ein Vermögen wert.*

staut waren, erkannte Lancaster, wie wichtig es war, ein Versorgungsdepot einzurichten, in dem sich das Tuch aufbewahren ließ, einen Stützpunkt für den künftigen Handel. Achin, so wußte er, war hierfür ungeeignet, denn wenngleich die Stadt einen wichtigen Handelsplatz darstellte, kamen doch die Gewürze, um die es ihm ging, von anderswo. Er beschloß, den Gewürzhafen von Bantam an der Nordwestküste Javas anzusteuern, hielt es aber für geboten, vorher zu Ala-uddin zurückzukehren und ihm Lebewohl zu sagen.

Der Sultan beglückwünschte Lancaster zu seinem Sieg über die Portugiesen »und erklärete im Scherz, er habe des wichtigsten Geschäftes vergessen, das er ihm anvertrauet, will sagen, der feinen portugalischen Maid, die er ihn geheißen, bei seiner Rückkehr mitzubringen. Worauf der Generall [Lancaster] repliciret, er habe keine gefunden, die würdig gewesen, also zum Präsent zu dienen. Dies vernehmend, lächelte der Sultan und sprach: Was auch immer hier in meinem Königreich Euer Gefallen findet, Ihr dürft's zum Dank für Eure gute Meinung von mir erbitten.«

Die Forderung nach Mädchen war bei östlichen Potentaten nichts Ungewöhnliches. Um ihren Harems einen Anstrich von Weltläufigkeit zu geben, beschafften sie sich gern junge Damen aus möglichst fernen Gegenden. Ala-uddins Nachfolger legte größtes Gewicht darauf, daß sein Harem gut sortiert war, und schickte ein Ersuchen nach England, in dem er um ein oder zwei englische Schöne bat. Das Ansinnen stürzte die puritanischen Kaufleute der Kompanie in arge Verlegenheit: Schickten sie zwei Mädchen, dann setzten sie sich dem Vorwurf aus, Bigamie zu tolerieren, und das war undenkbar. Außerdem stellte die Religion ein Problem dar. Achin war islamisch, und es gab theologische Bedenken dagegen, ein braves christliches Mädchen mit einem Mohammedaner zu verheiraten. Ironischerweise erwies sich die vermeintlich schwierigste Aufgabe für die Direktoren der Kompanie – nämlich die Aufgabe, eine geeignete Jungfrau zu finden – als leicht lösbar. Ein Londoner Edelmann »von ehrsamer Abkunft« bot kurzerhand seine Tochter an. Sie war, wie er erklärte, »fürnehmlich versiret in Musick, Nadelwerck und feinem Konversiren, auch sehr wohlgestalt und von angenehmer Natur«. Er verfaßte sogar einen längeren Traktat zur Rechtfertigung von Mischehen. Wie das betreffende Mädchen darüber dachte, ist leider nicht überliefert, aber sie dürfte vermutlich einen Seufzer der Erleichterung ausgestoßen haben, als König Jakob I. sich weigerte, der Übergabe eines solch ungewöhnlichen Geschenkes zuzustimmen.

Lancaster war schon im Aufbruch, als der zunehmend exzentrische Sultan mit einer noch ausgefalleneren Bitte an ihn herantrat. Er fragte, ob der englische Kapitän ein Buch mit den Psalmen Davids besitze, und als das Buch gebracht wurde, forderte er Lancaster auf, gemeinsam mit dem Hofstaat einen der Psalmen zu intonieren. Als das vollbracht war, wünschte Ala-uddin der englischen Mannschaft alles Gute für die weitere Fahrt. Abschließend überreichte er Lancaster einen an Königin Elisabeth I. adressierten Brief, der in kunstvoller arabischer Kalligraphie verfaßt war. Die Schrift war tatsächlich derart prachtvoll ornamentiert, daß der spätere Übersetzer des Briefes, Hochwürden Reverend William Bedwell von der Kirche St. Ethelburga in Bishopgate's Street, ihn kaum zu entziffern vermochte. Schließlich aber konnte er eine englische Fassung vorlegen. Der Brief war aberwitzig schwülstig und strotzte von maßlosen Übertreibungen; Königin Elisabeth wurde mit Ehrentiteln jeder Art überhäuft. Sie bekam den Brief gar nicht mehr zu lesen, denn als er in England eintraf, war sie schon tot.

Lancasters Flotte segelte im November 1602 von Achin los. Die *Ascension*, bereits voll beladen mit Pfeffer und anderen Gewürzen, trat die Rückfahrt nach England an, während die übrigen Schiffe Kurs auf Java nahmen. Unterwegs trafen sie mit der *Susan* zusammen, bei der alles nach Wunsch verlaufen war: Ihr Kapitän hatte im Hafen von Priaman eine große Menge Gewürze zu einem außerordentlich günstigen Preis erstanden. In Bantam waren, wie Lancaster feststellen sollte, die Preise sogar noch niedriger.

Der König von Bantam war ein Knabe von zehn oder elf Jahren. Nachdem Lancaster ihm die erforderlichen Honneurs erwiesen und die üblichen Geschenke überreicht hatte, wandte er sich an den Regenten, um mit diesem die näheren geschäftlichen Vereinbarungen zu treffen. Die englischen Kaufleute fanden freundliche Aufnahme, und die Preise für

Pfeffer und andere Gewürze wurden festgesetzt. Eine Faktorei, eine Lagerhalle, wurde eingerichtet, so daß die Engländer ihre Waren entladen konnten; dann begann ein lebhafter Handel. Diebereien drohten das kommerzielle Klima zu vergiften, aber nachdem Lancaster sechs Diebe niedergemacht hatte – die Erlaubnis dazu hatte er sich vom Regenten erteilen lassen –, hörten die Diebstähle schlagartig auf.

Fünf Wochen lang wurden Gewürze gebracht und eingehandelt, bis man die Schiffe mit zweihundertdreißig Sackladungen vollgestopft hatte und an Bord kein Fleckchen mehr frei war. Die Einheimischen wollten gar zu gern wissen, wozu die Engländer solch riesige Mengen Pfeffer brauchten, und zerbrachen sich die Köpfe, bis sie sich schließlich darauf einigten, die englischen Häuser seien so kalt, daß ihre Wände mit zerstoßenem Pfeffer verputzt würden, um die Räume zu wärmen.

Überschattet wurde der Aufenthalt in Bantam durch ein trauriges Ereignis. Die drückende Schwüle forderte Opfer unter den Landgängern, aber auch jene, die an Bord verweilten, blieben nicht verschont, unter ihnen Kapitän John Middleton, »den auf seinem Schiff, dieweil es auf der Reede lag, die Kranckheyt befiel«. Middletons Fieber stieg unaufhörlich an, bis Lancaster, der ebenfalls nicht wohlauf war, sich ernsthafte Sorgen machte. Er suchte seinen alten Freund auf und mußte sehen, wie dieser an Deck hin und her stapfte und mit jedem Schritt kraftloser wurde. In der folgenden Nacht verlor die *Hector* ihren Kapitän, der in Bantam bestattet wurde. Wiewohl an den Anblick des Todes mittlerweile gewöhnt, vergoß die Mannschaft an seinem Grab Tränen.

Es war an der Zeit, nach England aufzubrechen. Lancaster wußte, daß erfolgreiche Handelsbeziehungen zwischen England und Ostindien ohne eine ständige Niederlassung im Osten unmöglich waren. Kurz bevor er in See stach,

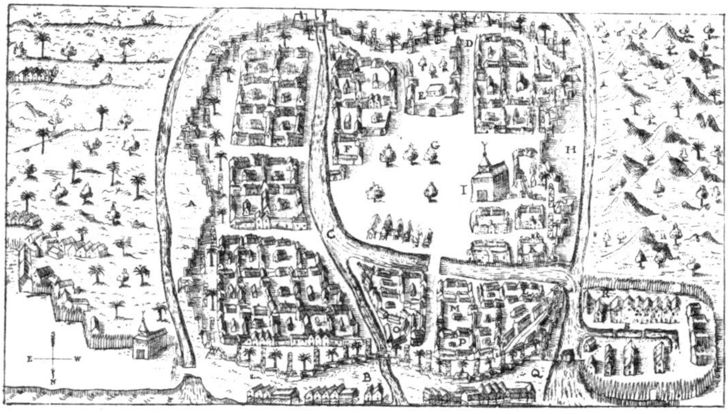

Der Hafen Bantam auf Java war das Hauptquartier der Engländer in Ostindien. In diesem »stinkend Kübel« sahen sich die Seeleute der ständigen Bedrohung durch Kopfjäger sowie durch die Malaria und die Ruhr ausgesetzt. »Bantam ist keine Stätt, allwo krancke Männer gesunden«, schrieb einer, »bringet vilmehren gesunde Männer, so hieher kommen, ums Leben.«

wählte er deshalb acht Männer und drei »Faktoren« oder Kaufleute aus, die in Bantam zurückbleiben mußten; in ihre Obhut gab er alle Waren, die er bis dahin noch nicht hatte losschlagen können.

Ihm war auch aufgefallen, daß der Preis für Gewürze stark fiel, je weiter man gen Osten segelte. Die Preise in Achin waren astronomisch hoch, die in Bantam hingegen viel niedriger. Er war sicher, daß sie noch weiter gesunken wären, hätte er seine Reise nach Osten fortsetzen und bis zu den Bandainseln, dem eigentlichen Herkunftsort der Muskatnuß, vordringen können. Ehe er aus Bantam abfuhr, wies er deshalb die zurückbleibenden Männer an, in der Vierzig-Tonnen-Pinasse, die er ihnen daließ, ostwärts zu segeln und so viel Muskatnüsse, Muskatblüten und Gewürznelken einzukaufen, wie sie nur konnten.

Im Februar des Jahres 1603 trat die Flotte die Heimreise nach England an; eine donnernde Geschützsalve gab das Zeichen zum Aufbruch. Die erste Hälfte der Heimreise erwies sich als bemerkenswert unaufregend, und erst als die Schiffe Madagaskar erreicht hatten, suchte sie ein Sturm heim und beutelte sie derart, »daß sie hienach die ganze Fahrt lang leck blieben«. Zwei Wochen danach packte sie ein »gar schlimmer Sturm, der die Nacht lang tobte, und die Seen brachen solchermaßen auf das Achterdeck nieder, daß all das Eisenwerk des Ruders erbebete«. Riesige Wogen tosten um die Schiffe, donnerten gegen ihre angeschlagenen Rümpfe und ließen Wasser in die Laderäume sickern. In der Frühe des vierten Tages brach das Ruder der *Red Dragon*, »schied vom Heck unsres Schiffes und sank unversehens in die See«. Steuerlos »trieb unser Schiff als wie ein Wrack im Meer, wo's der Wind eben hintrug«. Alle Versuche, ein neues Ruder anzubringen, schlugen fehl, und als auch noch aus dem Regen »Hagel, Schnee und eiseskalte Schloßen« wurden, verloren die Männer alle Hoffnung auf ein Überleben. »Groß Elend suchte uns heim«, schrieb einer, »und drückete uns gar sehr, also daß uns gar jämmerlich zumut und wir schier verzweifelten.« Sogar Lancaster sah das Ende nahen. Er stieg hinab in seine Kajüte und schrieb an die Kompanie in London einen Brief, der durch seine Unerschrockenheit legendären Ruhm unter den Seeleuten der Ostindischen Kompanie erlangen sollte. »Ich weiß nicht zu sagen, wo Ihr nach mir suchen sollet«, schrieb er, »denn ich bin den Winden und der See auf Gedeih und Verderb preisgegeben.« Danach schickte er den Brief zur *Hector* hinüber und wies sie an, Kurs auf England zu nehmen und die *Red Dragon* ihrem Schicksal zu überlassen. Der Kapitän der *Hector* weigerte sich und eskortierte Lancasters Schiff, bis der Sturm sich gelegt hatte. Und so segelten beide Schiffe gemeinsam zuerst nach Sankt Helena und schließlich in den Ärmelkanal.

Am 11. September 1603, rund zwei Jahre und sieben Monate nachdem sie von der Themse aus in See gestochen waren, warfen die Schiffe schließlich Anker vor den Downs, »wovor Gott der Allmächtige gedancket sei, all welcher uns auf dieser langen und mühseligen Schiffsreis vor mannigfachen Fährnissen und Gefahren bewahret«.

Verglichen mit früheren Expeditionen war die Fahrt ein durchschlagender Erfolg. Wo immer die Seeleute im Indischen Ozean mit Portugiesen zusammentrafen, erwiesen sich diese als wenig bedrohlich – tatsächlich legten die Engländer ein bemerkenswertes Geschick an den Tag, die schwerfälligen portugiesischen Karacken außer Gefecht zu setzen. Im Gewürzhafen von Bantam bereitete Lancaster der Kauf einer vollen Schiffsladung Gewürze nur geringe Schwierigkeiten; man gestattete ihm sogar, nahe dem Hafen ein kleines Lagerhaus zu errichten und dort eine Belegschaft zu stationieren. Noch mehr ins Gewicht aber fiel, daß all seine fünf Schiffe heil zurückgekehrt waren und mehr als eine Million Pfund Gewürze ins Königreich brachten. Ungetrübt war Lancasters Freude dennoch nicht. Er hatte fast die Hälfte seiner Männer verloren, unter ihnen seine Freunde John Middleton und William Brund; auch war es ihm nicht gelungen, die weit östlich von Ban-tam gelegenen Inseln zu erreichen. Während er vor dem König kniete und den Ritterschlag empfing, blieb Sir James nur die Hoffnung, daß die Männer, die er zurückgelassen hatte – jene acht Seeleute und drei Kaufleute –, den Mut aufbringen würden, in ihrer winzige Pinasse zu den Bandainseln zu segeln.

KAPITEL VIER

In den Pranken des Löwen

Die in Bantam zurückbleibenden englischen Handelsleute sahen Lancasters Flotte mit großem Unbehagen davonsegeln. Sie hatten nicht die geringste Ahnung, wann sie zum nächstenmal ein englisches Schiff zu Gesicht bekommen würden, aber fest stand, daß mindestens zwei Jahre vergehen würden. Währenddessen befanden sie sich in einem völlig unvertrauten Milieu, lebten mit Duldung des Regenten, der für seinen unmündigen König die Amtsgeschäfte führte, in dieser fliegenverseuchten Handelsstadt und mußten fürchten, bald schon von der gleichen Krankheit hingerafft zu werden, die so viele ihrer Landsleute das Leben gekostet hatte.

Wie gefährdet sie waren, hatte Lancaster ihnen noch einmal deutlich gemacht, als er schriftlich festlegte, in welcher Reihenfolge das Kommando weitergereicht werden sollte, falls und sobald jemand starb. William Starkey erhielt den Oberbefehl, während Thomas Morgan als sein Vertreter eingesetzt wurde; aber »falls es dem Herrn gefallet, seine Hand auf Euch zu legen und Euch aus dieser Welt zu führen«, sollte Edmund Scott die Leitung übernehmen. Wie sich erwies, waren diese Vorkehrungen nur zu angebracht. Starkey starb im Juni 1603 und hatte zu diesem Zeitpunkt Morgan bereits um zwei Monate überlebt. Einzig Edmund Scott erlebte die Ankunft der zweiten Flotte der Ostindischen Kompanie und durfte zu seiner unverkennbaren Erleichterung mit ihr nach England zurückkehren.

Mit ähnlicher Gewissenhaftigkeit kümmerte sich Lancaster um das moralische Wohlergehen seiner Männer. Bantam war im Osten für seine liederlichen Frauen und seine lockeren Sitten berüchtigt; die Stadt war eingehüllt in eine Atmosphäre der Zügellosigkeit, vergleichbar dem Typhuspesthauch, der die Einwohnerschaft häufig heimsuchte. Lancaster wies Starkey an: »Des Morgens und des Abends sollet Ihr Euch im Gebete versammeln. Gott, dem Ihr dienet, wird Euch deshalben in all Euren Geschäften Seinen Segen geben.« Er bat sie auch inständig, »in liebevollem Einklang zu verharren, wie verständige Männer, [und] Euch in Zucht zu halten, auf daß um keiner Sach willen Streit zwischen Euch entbrenne«.

Diese Männer, die so lange unter der strengen Routine an Bord des Schiffes gelitten hatten, genossen jetzt die Bequemlichkeit eines wohlgeordneten Lebens. Bei Morgengrauen begann der Tag damit, daß William Starkey ein Dankgebet sprach; dann folgte ein bekömmliches Frühstück. Die Hauptmahlzeit wurde mittags eingenommen, wobei sämtliche Faktoren an einer langen Tafel unter strikter Einhaltung der Rangordnung beisammensaßen. Das Essen, das aus Reis, Hammelfleisch und tropischen Früchten bestand und in den Basaren von Bantam eingekauft wurde, spülten sie mit Arrak hinunter, einem heimischen starken Schnaps, den diese trinkfesten Männer in beträchtlichen Mengen konsumierten. Ein Kapitän, der Bantam ein paar Jahre später besuchte, zeigte sich entsetzt über die Trunksucht der Faktoren. »Soferne jemand durch übermäßiges Trinken oder auf andere Weise unsrer Nation Schande machet«, erklärte er, »weise man ihn zuvörderst streng zurecht, und wenn dies keine Besserung wircket, sende man ihn mit dem ersten Schiff zurück und füge ein Schreiben bei, das die Gründe dafür nennet.«

Sobald die Engländer mit dem Leben in Bantam vertraut

Die Herrscher von Bantam fuhren in Wagen, die von weißen Büffeln gezogen wurden. Zügellos und streitsüchtig, wie sie waren, jagten sie durch ihr unberechenbares Verhalten den Engländern solche Angst ein, »daß die Mannen im Schlafe träumeten, sie wären hinter den Javanern her, und stürzeten jäh aus ihrem Gemach und griffen ihre Waffen«.

waren, trafen sie Vorbereitungen, um Lancasters Anweisungen in die Tat umzusetzen. Drei der Faktoren sollten in der Stadt bleiben und in Erwartung der zweiten Expedition Pfeffer einkaufen. Die übrigen Männer würden unter Führung von Schiffsmeister Keche zu den fernen Bandainseln segeln und so viele Gewürze erstehen, wie sie nur konnten. Lancaster hatte zumal bei der Muskatnuß genaue Vorstellungen, was die Qualität betraf: »Nehmet größte Acht, daß, was ihr erlanget, gut sei«, ließ er sie wissen, »dieweil die kleinsten und wurmichten Muskatennüss daheym nichts wert.« Die Warnung entsprang leidvoller Erfahrung. Schon lange pflegten gerissene Händler die Säcke mit alten, wurmstichigen Gewürzen zu füllen sowie mit Erde und Zweigen, um das Gewicht zu vergrößern und die Profite aufzublähen.

Die kleine Pinasse hißte die Segel, bald nachdem die englische Flotte aus Bantam abgefahren war, und stieß zaghaft nach Osten in unbekannte Gewässer vor. Aber kaum war sie in Sichtweite der »Gewürzlande«, da erhoben sich widrige Winde, und das Schiff kam vom Kurs ab. Was dann geschah, bleibt unklar, denn der Bericht, den die Männer verfaßten, ging verloren, und nur ein paar Briefe sind erhalten geblieben. Von »widerwärtichten Wynden« heimgesucht, verbrachte das Schiff zwei Monate damit, »die See auf und nieder zu kreutzen«, immer verzweifelt bemüht, die Bandainseln zu erreichen. Das erwies sich als hoffnungsloses Unterfangen, bis ein ungeheurer Sturm das Schiff ans ferne Ufer der Insel Run spülte. Die kühnen englischen Matrosen fanden freundliche Aufnahme bei den Inselbewohnern, die meinten, die Ankömmlinge seien in zu geringer Zahl, um eine Gefahr darzustellen. Bald schon trieben sie mit den sturmverwehten Seeleuten eifrig Handel, verkauften ihnen Muskatnuß und erlaubten ihnen sogar, an der Nordküste der Insel aus Bambus und Schilf ein notdürftiges kleines Lagerhaus zu errichten.

Lancasters Flotte kehrte in ein London zurück, das düsterster Stimmung war. In der Hauptstadt wütete die Pest, und die Straßen und Gassen rings um das Haus der Kompanie in der Philpot Lane tönten ausschließlich vom Rattern der Karren wider, auf denen die Leichen aus der Stadt geschafft wurden. Die Pest hatte auch die Direktoren der Kompanie nicht verschont: Zwei waren der Krankheit bereits erlegen, während andere London verlassen hatten, um auf dem Land Zuflucht zu suchen.

Die Nachricht, daß das erste Schiff der Lancasterschen Flotte in Plymouth eingetroffen war, ließ die Direktoren munter werden. Den Boten, der »sich der Müh unterfangen hätt, mit der frühsten Kunde von der Ankunft der Ascen-

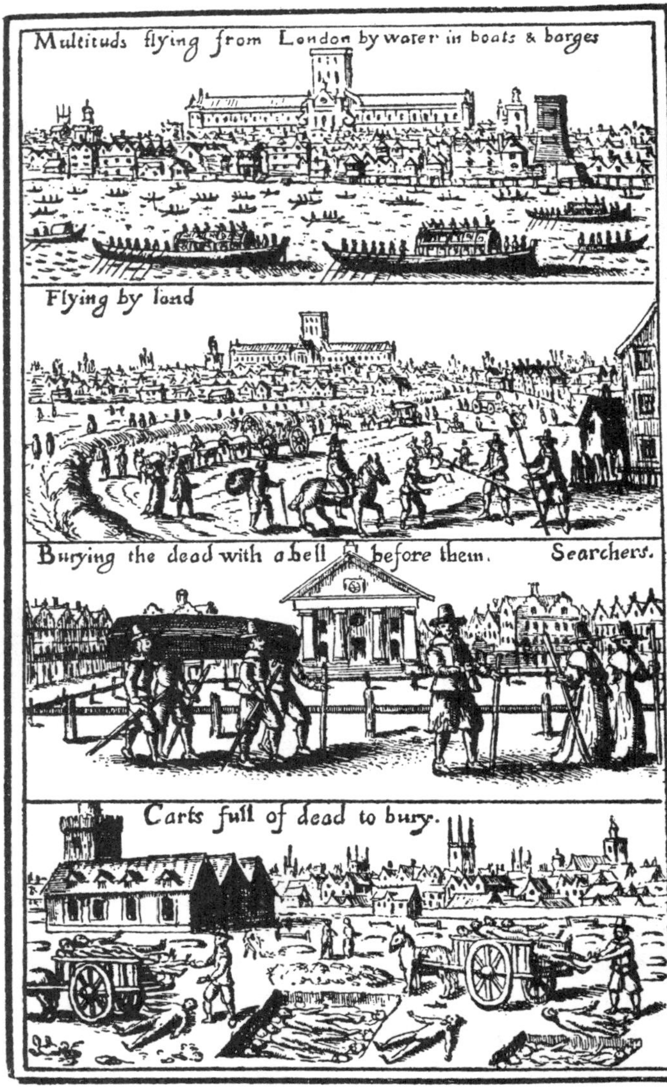
Multituds flying from London by water in boats & barges
Flying by land
Burying the dead with a bell before them.
Searchers.
Carts full of dead to bury.

sion zu Pferde hierorts zu eilen«, belohnten sie mit der fürstlichen Summe von fünf Pfund; dann schickten sie strengen Befehl nach Plymouth zurück, die Ladung nicht anzutasten, bevor das Schiff nicht sicher in der Themse vertäut lag. Auch danach kannte ihre Vorsicht keine Grenzen; die sechs Träger, die man mit dem Entladen des Schiffes beauftragte, wurden angewiesen, Kleidung ohne Taschen zu tragen, für den Fall, daß sie die Lust ankäme, ein paar Gewürze zu stibitzen.

Die *Ascension* hatte auf dem Heimweg nach England gute Fahrt gemacht und traf vor den übrigen Schiffen ein. Lancaster segelte im September 1603 zusammen mit der restlichen Flotte die Themse herauf; zu dieser Zeit waren schon an die 38 000 Einwohner von London der Pest zum Opfer gefallen. Von den jubelnden Massen, die zweieinhalb Jahre zuvor die Flotte verabschiedet hatten, war nichts zu sehen. Die Docks lagen verlassen, und die Werften waren geschlossen, weil sich die Londoner Einwohnerschaft aus Angst nicht vor die Türen wagte. Der Bühnendichter Thomas Dekker hat in bitterer Ironie in *The Wonderfull Yeare* die düstere Stimmung festgehalten, von der die Stadt befallen war:

»Nichts als Glockengeläut dringet zum Himmel,
Und jedes Geläut ist Totengebimmel,
Mit jedem Ton, den die Glocke singet,
Eine Seele in die Ewigkeit springet.«

(Links) James Lancaster kehrte in ein London zurück, in dem die Pest wütete. Die hartgesottenen Seeleute begegneten dem Tod mit einer Art von unbekümmerter Geringschätzung. »Walker starb lachenden Munds«, heißt es in einem Bericht. »Woodes und ich setzeten zween Peso auf seinen Leib, und nach langem Spiel war der Gewinn mein.«

Sogar die Ärzte hatten in wilder Flucht das Weite gesucht; nur eine Handvoll Mediziner war geblieben, um »Salben und allerlei Artzeneien« zu verkaufen und aus Muskatnußtränken ungeheure Profite zu ziehen: »Gewiß kostet's viel«, erklärte einer der Ärzte seinem siechen Patienten, »aber Artzenei, so wohlfeil ist, kostet den Tod.«

Für die Mannschaft, die durch die Reise abgehärtet war, hatte der Tod solche Alltäglichkeit gewonnen, daß man ihm mit einer Art von unbekümmerter Geringschätzung begegnete. »Walker starb lachenden Munds«, liest man in einem der Schiffstagebücher. »Woodes und ich setzeten zween Peso auf seinen Leib, und nach langem Spiel war der Gewinn mein.« *Ein* Todesfall allerdings trieb vielen Matrosen die Tränen in die Augen: Wenige Monate zuvor war Königin Elisabeth I., die letzte aus der Reihe der großen Tudors, in ihrem Palast in Richmond aus dem Leben geschieden. Jetzt saß ein neuer Herrscher auf dem Thron – Elisabeths hochmütiger schottischer Vetter König Jakob I. –, der für die Bedürfnisse der einfachen Bürger, die das Rückgrat der Ostindischen Kompanie bildeten, weit weniger Verständnis aufbrachte als seine Vorgängerin.

Ungeachtet der allgemein düsteren Stimmung bereitete man Lancaster bei seiner Rückkehr einen ehrwürdigen Empfang; wie es sich gehörte, wurde er vom König zum Ritter geschlagen. Das dringendste Problem allerdings, mit dem sich die Kaufleute konfrontiert sahen, war die Frage, wie man mitten in der schlimmsten Pestepidemie, von der sich London seit Menschengedenken heimgesucht sah, über eine Million Pfund Pfeffer losschlagen sollte. Um die heimgekehrten Seeleute zu entlohnen, brauchte man unbedingt Bargeld; auch die Einleger forderten lautstark ihren Gewinn; an Vorbereitungen für eine zweite Fahrt war nicht zu denken, solange der vorhandene Warenposten nicht verkauft war.

Die Kompanie befand sich in argen Nöten; ihr Schicksal hing am seidenen Faden. Es wirkte wie eine Ironie des Schicksals, daß sie just im Augenblick des erfolgreichen Abschlusses ihrer ersten Fahrt derart knapp an Mitteln war, daß ihre Existenz auf dem Spiel stand. Dann geschah etwas, was der Kompanie die Rettung brachte. Als Königin Elisabeth den Kaufleuten ihren Freibrief verliehen hatte, war dies unter der Bedingung geschehen, daß die Kompanie jedes Jahr eine Handelsfahrt zu den Gewürzinseln unternahm. Der Kronrat, der merkte, daß die Kaufleute in Schwierigkeiten steckten, drohte damit, die Handelsprivilegien der Kompanie einem anderen zu übertragen, falls nicht unverzüglich eine zweite Expedition in See stach. Namen wurden nicht genannt, aber es war klar, an wen der Kronrat dachte: Sir Edward Michelborne, dessen Name unter so schmählichen Umständen aus den Listen der Kompanie gestrichen worden war, hatte seinen Groll lange genug genährt und sann nun auf Rache.

Angesichts der drohenden Möglichkeit, ihr Handelspatent zu verlieren, war die Kompanie entsetzt und legte eine ungewohnte Tatkraft an den Tag. Sie schickte einen Büttel zu allen Kaufleuten in der Stadt, um Geldzeichnungen für eine zweite Reise zusammenzubringen. Die Kaufleute zögerten verständlicherweise, eine neue Expedition zu finanzieren, noch ehe die alte Gewinn gebracht hatte, und so wurden lediglich 11 000 Pfund gezeichnet. Also faßte man den Beschluß, daß jeder, der in die erste Fahrt 250 Pfund investiert hatte, verpflichtet war, weitere 200 Pfund für die zweite Reise zu zeichnen. Zwar machte sich die Kompanie mit diesem Beschluß keine Freunde, aber er brachte die Rettung aus der Not; binnen weniger Monate waren die Vorbereitungen für das zweite Unternehmen in vollem Gange.

Lancaster hatte nicht die Absicht, auch diese Expedition zu befehligen: Wohlhabend und vom König geadelt, verspürte er verständlicherweise keine Lust, durch eine dritte Reise nach Ostindien das Schicksal herauszufordern, und akzeptierte gnädig den Schreibtischposten eines Direktors der Kompanie, den man ihm anbot. Er wurde mit der Planung der neuen Expedition beauftragt, und allenthalben ist sein Einfluß zu spüren: Die Flotte sollte zwar in Bantam vor Anker gehen und mit den englischen Faktoren vor Ort Kontakt aufnehmen, ihr Auftrag aber lautete, weiter nach Osten zu den »Molloccos« oder Gewürzinseln zu segeln, die zu erreichen Lancaster selbst nicht geschafft hatte. Dort sollten die Schiffe die wertvollsten Gewürze, Muskatnüsse und Gewürznelken, einkaufen und in Erwartung der dritten Expedition der Kompanie Faktoren zurücklassen. Auch diesmal legte Lancaster in seinen Instruktionen besonderes Gewicht auf das spirituelle Wohlergehen der Mannschaft und ersuchte darum, extra fürsorglich mit den Zurückgelassenen umzugehen, vor allem mit Oberfaktor William Starkey: »... für ihn möge man füglich sorgen und ihn wohl unterbringen in selbigem Schiff, auf daß er als ein Mann fahre, den wir gar sehr in Ehren halten, und möge er solchermaßen Achtung genießen.« Er wußte nicht, daß Starkey schon längst tot war.

Beauftragt mit der Leitung dieser zweiten Expedition wurde Henry Middleton, der bei der vorangegangenen Fahrt unter Lancasters Kommando gesegelt war und sich als ebenso fähig wie vertrauenswürdig erwiesen hatte. Dieser energische und beherzte Mann wurde von seinen Untergebenen allzeit geachtet; seine Autorität stand nie in Frage, auch dann nicht, wenn er seine Flotte durch gefährliche, unbekannte Meere steuern mußte. Obwohl er zu Ungestüm und Hitzköpfigkeit neigte, bewies er doch im Umgang sowohl mit den Holländern und Portugiesen als auch mit den eingeborenen Oberhäuptern ein beträchtliches diplomatisches Geschick.

Da es nun nicht länger an Mitteln zur Finanzierung der Fahrt mangelte, beschloß man, vier Schiffe in den Fernen Osten zu schicken – die *Hector*, die *Ascension* und die *Susan*, denen sich erneut die *Red Dragon* als Flaggschiff voranstellte. Middleton, der Lancasters Anweisungen aufs Wort folgte, nahm direkten Kurs auf Bantam, wo er die verbliebenen Engländer in einer verzweifelten Lage vorfand, da ihnen von der örtlichen Kaufmannschaft übel mitgespielt wurde. Ein schöneres Weihnachtsgeschenk als die Ankunft der englischen Flotte am 22. Dezember 1604 hätten diese Männer sich gar nicht wünschen können. »Gegen Abend gewahreten wir, wie unsre Schiffe in die Reede einfuhren, zu unser aller unbeschreyblich gewaltiger Freude.« Das schrieb Edmund Scott, mittlerweile der älteste der noch in der Stadt lebenden Engländer. »Als wir indessen an Bord unseres Admirals kamen und sahen, wie siech sie warn, auch von dem Siechtum der andern drei Schiffe vernahmen, betrübeten wir uns baß.«

Middleton kam nach seiner Ankunft gleich zur Sache. Mit dem Knabenkönig, dem er ein Sammelsurium von Geschenken – unter anderem zwei vergoldete Becher, einen Löffel und sechs Musketen – überreichte, wurde er rasch handelseins, belud die *Hector* und die *Susan* mit Pfeffer und schickte sie geradewegs nach England zurück. Das letzte, was er vor der Verabschiedung der Schiffe tat, gewann ihm bei seiner Mannschaft viel Sympathie. Nachdem er sich endlose Klagen über das nervenzermürbende Betragen Magister Surfflicts, des Predigers auf der *Red Dragon*, hatte anhören müssen, beschloß Middleton, ihn mit nach England zurückzuschicken. Auf der Hinreise hatte er sich als völlig unbrauchbar erwiesen, und als er während der Rückreise tot umfiel, weinte ihm niemand eine Träne nach.

Weitere Todesfälle sollten bald folgen. Den Anweisungen gemäß setzte Middleton die Reise in Richtung der östlich gelegenen Gewürzinseln fort, aber kaum waren sie von Bantam ausgelaufen, wurde sein Schiff vom »Blutfluß«, der lebensbedrohlichen Amöbenruhr, heimgesucht. In dem Maße, in dem die Liste der Todesfälle täglich länger wurde, verwandelte sich das Bordbuch in ein Sterberegister: »Den siebzehnten Tag starben am Blutfluß William Lewed, John Jenkens und Samuel Porter ... den zwanzigsten verschyden Henry Stiles, unser Zimmermannsmeister, und James Varnam und John Iberson, allsamt am Blutfluß. Den zweiundzwanzigsten Tag verstarb am Blutfluß James Hope; den vierundzwanzigsten starben John Leay und Robert Whitters.« An Bord herrschte tiefste Trauerstimmung, und immer mehr Männer starben. Drei erlagen am folgenden Tag der Seuche, dann abermals zwei, und ehe die Schiffe Land sichteten, waren noch weitere fünf Männer dem »Blutfluß« erlegen. Als die Schiffe zu guter Letzt Ambon erreichten, eine von Gewürznelkenbäumen gesäumte Insel mitten in den »Gewürzlanden«, war die Erleichterung groß.

Middleton verließ das Schiff, um dem dortigen König seine Aufwartung zu machen und ihn um einen Handelsvertrag zu ersuchen, erhielt aber sogleich die Auskunft, jeglicher Handel sei nur mit vorheriger Genehmigung der portugiesischen Garnison gestattet, die auf der Insel stationiert war. Der englische Befehlshaber stellte nun sein diplomatisches Geschick unter Beweis. Da ihm klar war, daß die Portugiesen die Gewürznelken schwerlich freigeben würden, schon gar nicht, wenn der Empfänger der Erzfeind England war, schickte er einen Brief an den portugiesischen Befehlshaber, in dem er ihn informierte, zwischen den beiden Nationen sei endlich Frieden geschlossen, und seinem Wunsch Ausdruck verlieh, »Gleiches möge zwischen uns obwalten, dieweil unser Kummen die Bewandtnis hat, Handel mit ihnen zu treiben«. Middleton sprach nicht die Unwahrheit: König Jakob I. und König Philipp III. hatten tatsächlich einen

Friedensvertrag unterzeichnet; allerdings kann Middleton schwerlich Kenntnis davon gehabt haben, da er bereits fünf Monate vor dem Vertragsschluß aus England abgefahren war.

Die Information hatte den gewünschten Effekt, und der portugiesische Kommandeur, der sich in der soliden Festung, die den natürlichen Hafen von Ambon bewachte, sicher aufgehoben fühlte, ließ wissen, daß er dem Handel zustimme. Aber ehe die beiden Männer auch nur Gelegenheit hatten, einander die Hände zu schütteln, erhielten sie Nachricht, daß am Horizont Gefahr drohe. In der Abenddämmerung war weit draußen eine furchterregende Flotte von Schiffen zu sehen, die auf die Insel zuhielt. Zu Middletons Entsetzen handelte es sich weder um Portugiesen noch um Engländer: Am Mast des Flaggschiffs dieser regelrechten Armada flatterte die Fahne Hollands.

Am nächsten Tag bei Sonnenaufgang erblickte man nicht weniger als neun Schiffe, zu denen noch eine Hilfsflotte von Pinassen und Schaluppen hinzukam. Sie alle segelten langsam in den Hafen und »warfen einen Musketenschuß vom Fort entfernt Anker«. Der portugiesische Kommandant suchte sich sogleich bei seinem holländischen Kollegen lieb Kind zu machen, erkundigte sich, »von wannen er komme«, und erklärte, »falls sie in freundschaftlicher Absicht kämen, heiße man sie willkommen«. Die Holländer kamen ganz und gar nicht in freundschaftlicher Absicht, und ihr General »tät kund, er sey kommen, ihnen die Festung zu nehmen; und hieß sie, ihm die Schlüsselen geben, welchselbe, wenn sie ihm nicht den Willen täten, sie würden verteidigen müssen, denn er sei gesonnen, sie an sich zu bringen, ehe er wieder von hinnen scheide«.

Middleton befand sich damit in einer wenig beneidenswerten Situation. Es lag auf der Hand, daß seine Flotte der holländischen nicht gewachsen war; ging er indes an Land und vereinigte seine Streitkräfte mit den portugiesischen, hatten sie gemeinsam vielleicht eine Chance, die Insel mit Erfolg zu verteidigen. Für den Fall, daß dies gelang, winkte ein enormer Gewinn, da das gebirgige Innere Ambons dicht mit Gewürznelkenbäumen bewachsen war. Aber noch ehe er einen Entschluß hatte fassen können, erfuhr er, daß die Schlacht um Ambon vorüber war. Zwar hatten die Portugiesen geprahlt, sie würden »ihr Fort nimmermehr räumen, vielmehr bis zum letzten Mann kämpfen«, aber sie kapitulierten schon nach kurzem Beschuß, und der einzige Tote, den es gab, war der portugiesische Kommandant, der auf geheimnisvolle Weise verstarb. Später bekannte seine Witwe, die eine unglückliche Ehe mit ihm geführt hatte, daß sie an seinem Tod schuld war; sie erklärte, sie habe ihn vergiftet, um seine Ehre und seinen Ruf zu retten.

Da Ambon an die Holländer verloren war, stach Middleton in See, ohne eine einzige Gewürznelke an Bord nehmen zu können. Daß der Handel in den »Gewürzlanden« mit solchen Schwierigkeiten verknüpft war, bereitete Middleton zunehmend Sorge; er faßte den klugen Entschluß, die *Red Dragon* und die *Ascension* getrennte Wege segeln und Kurs auf unterschiedliche Inseln nehmen zu lassen. Während die *Ascension* in südlicher Richtung zu den Bandainseln steuerte, peilte sein eigenes Schiff die nördlichsten der Gewürzinseln, Ternate und Tidore, an, die seit einigen Jahrzehnten einer wenig gefestigten portugiesischen Herrschaft unterstanden.

Während sich die *Red Dragon* diesen Inseln näherte, hörte Middleton einen Musketenschuß und sah zwei große Ruderboote »so geschwind, wie es ging, auf uns zuhalten«. Im vordersten Fahrzeug saß der König von Ternate, verfolgt von Dutzenden von Piraten, die ihm dicht auf den Fersen waren; sie ruderten wild und feuerten ihre Gewehre ab. Da Middleton begriff, daß er einen Verbündeten von unschätzbarem Wert gewinnen würde, wenn es ihm gelänge, den König zu retten, befahl er unverzüglich, auf der *Red Dragon* die Segel zu streichen und Taue über Bord zu werfen. Im Nu war der König an Bord des Schiffes gezogen; seine Ruderer allerdings fielen den Piraten in die Hände und mußten »über die Klinge springen, drei Männer ausgenommen, so schwimmend entrannen«.

Endlich befand sich Middleton einmal in einer vorteilhaften Position. Nachdem er den König in seine Privatkabine hinuntergeführt hatte, reichte er ihm einen der von König Jakob ausgefertigten Handels- und Freundschaftsverträge und ersuchte ihn höflich um seine Unterschrift; er nahm sich nicht einmal die Zeit, den Namen seines Gastes über das Dokument zu setzen. Obwohl er vor Angst bebte, zögerte der König doch, der Aufforderung nachzukommen, denn er hatte erst kürzlich ein Geheimabkommen mit den Holländern unterzeichnet, worin er versprach, alle seine Gewürze holländischen Kaufleuten vorzubehalten. Er sah indes rasch ein, daß ihm kaum etwas anderes übrigblieb, und kritzelte seine Unterschrift auf Middletons Dokument; er machte sich sogar noch die Mühe, eine persönliche Botschaft an König Jakob anzufügen, worin er erklärte: »Uns ward berichtet, Engländer seien von übler Wesensart und kämen nicht als friedliche Kaufleut, sondern als Dieb und Räuber, uns unserer Länder zu entledigen. Nun, da der Kapitän Henry Middleton kommen, sind wir des Gegentheiles versichert und darob über die Maßen froh.«

Middletons Glückssträhne sollte nicht lange anhalten. Nur wenige Stunden nach seinem Triumph stürmte eine kleine holländische Flotte die Insel Tidore, entriß den Portugiesen deren feste Bastion und drohte, mit dem benachbarten Ternate ebenso zu verfahren. Die Holländer konnten sich glücklich schätzen, daß ihnen die Eroberung so leicht gelungen war, denn »die Portugaler verteidigten männiglich ihre Ehr wider die Angreifer, bis daß ein unselig Feuer (wie und von wannen, ist ungewiß) ihr Pulver entflämmte und ein Gutteil ihrer Festung versprengte, nebst sechzig oder siebenzig ihrer Leut«.

Middleton beobachtete diese Vorgänge mit wachsendem Unmut. »Überlässet man dieser großmäuligen Nation [den Holländern] den Handel Indiens«, schrieb er, »ist alsdann ihr hochfahrend und anmaßlich Gebaren nicht länger zu ertragen.« Durch ihren Sieg errangen die Holländer Macht über den nördlichen und den zentralen Teil der Gewürzinseln; die Bandainseln waren nunmehr die einzige Inselgruppe in den »Gewürzlanden«, die noch die Chance zu Handelsbeziehungen ohne lästige Konkurrenten bot.

Auf die Bandainseln hatte die *Ascension* unter Kapitän Colthurst Kurs genommen, nachdem Middleton sie mit dem Auftrag losgeschickt hatte, sich auf die Suche nach einer »Fracht Muskatennüss und Muskatenblüten« zu machen. Colthurst, der auf einen friedlichen Handel hoffte, sah ungläubig, wie im Kielwasser der *Ascension* eine kleine Flotte holländischer Schiffe folgte. Leider gibt es kaum Aufzeichnungen über Colthursts Aufenthalt in dem Gebiet – nur einen kurzen Bericht, der Angaben über Wassertiefe und Bodenrelief in verschiedenen Häfen des Archipels enthält. Wir müssen uns deshalb an spätere Schilderungen halten, wenn wir einen Eindruck von diesen vegetationsreichen, großartigen Inseln gewinnen wollen.

Überragt wurden sie allesamt von Gunung Api, einer klassisch geformten Vulkaninsel mit steilen Hängen und einem Krater. Zu Anfang des 17. Jahrhunderts begann er mit einer der aktiveren Phasen seiner Geschichte, »spie nichts als Asche, Feuerschein und Rauch« und brach immer wieder mit solcher Heftigkeit aus, »daß er Stein, drei oder vier Tunnen schwer, von einem Eiland in das andre fortschaffte«. Diese Felsbrocken regneten dann auf die benach-

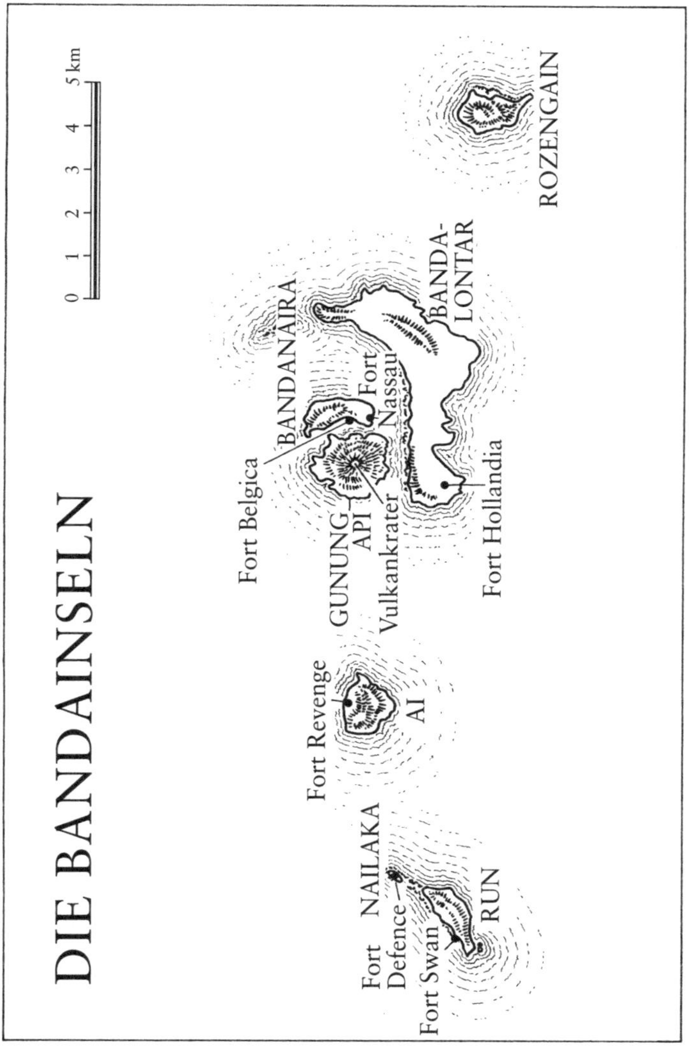
DIE BANDAINSELN
0 1 2 3 4 5 km
Fort Swan
Fort Defence
NAILAKA
RUN
Fort Revenge
AI
GUNUNG API
Vulkankrater
Fort Belgica
BANDANAIRA
Fort Nassau
BANDA-LONTAR
Fort Hollandia
ROZENGAIN

Der Vulkan der Bandainseln, Gunung Api, hatte die Angewohnheit, jedesmal auszubrechen, wenn eine holländische Flotte eintraf. »Der Berg spie solch gräßliche Flammen, solch gewaltige Menge Asche und solch riesige Glutströme, daß er all die dichten Gehölze und mächtigen Bäume zerstörete.«

barte Insel Bandanaira nieder, die, obwohl nicht die größte in der Gruppe, schon lange dem Muskatnußhandel als Zentrum diente. Nach Bandanaira hatte Kapitän Garcia im Jahre 1529 seine portugiesische Karacke gesteuert, um dort ohne Rücksprache mit den lokalen Häuptlingen ein Fort zu errichten. Garcia war daraufhin zwar von den Kriegern der Insel vertrieben worden; dennoch blieb Bandanaira bei Schiffsführern und Kaufleuten beliebt, und zwar wegen seines hervorragenden natürlichen Hafens – einem einstigen Vulkankessel –, der weit größeren Schiffen als der *Ascension* einen sicheren Ankerplatz bieten konnte.

Gut einen halben Kilometer von Bandanaira entfernt lag die Insel Bandalontar oder Großbanda, »starck und fast ungangbar, als [wäre es] eine Festung«. Bandalontars felsiger Rücken war von Wald bedeckt, der fast ausschließlich aus Muskatnußbäumen bestand; es gab »gar selten einen

Baum auf dem Eiland, so nicht mit Früchten behangen«. Von den Bewohnern, einem angriffslustigen, kriegerischen Volk, das die steile Küste der Insel mit einem umfangreichen System von Verteidigungsanlagen befestigt hatte, wurden diese Früchte eifersüchtig gehütet.

Die anderen beiden Inseln, Ai und Rozengain, lagen weniger als eine Stunde Segelfahrt von Bandalontar entfernt. Auf Rozengain gab es wenig Muskatnüsse, weshalb die Insel für Kapitän Colthurst uninteressant war; Ai war von außerordentlich tückischen Gewässern umgeben, in die sich nur die tollkühnsten Seeleute vorwagten. Dennoch war die Insel » das Paradeis unter all den übrigen, [denn] da ist kein Baum auf dem Eiland als nur die Muskatennuß, sowie andre köstliche Frücht im Übermaß; und allenthalben gar liebliche Pfade, weswegen die gantze Flur das Ansehen eines kunstreichen Haines hat, mit vielerlei Kurzweil darinnen«.

Die einzige andere erwähnenswerte Insel war Run, ein winziges, abgelegenes Atoll, dessen Steilhänge und Berge von Musaktnußbäumen derart überwuchert waren, daß jedes Jahr von dem Gewürz eine stattliche Ernte mit einem Gesamtgewicht von einer Drittelmillion Pfund zusammenkam. Run, das über zwei Stunden von Bandanaira entfernt lag, bildete allerdings die gefährlichste aller Bandainseln, weil den kleinen Hafen ein unter Wasser verborgenes Riff umgab, das schon vielen Schiffen zum Verderben geworden war, während sie versuchten, in den Hafen einzulaufen. Diese Gefahr scheint Colthurst von einer Landung auf der Insel abgeschreckt zu haben; er kehrte nach Bandanaira zurück, wo der holländische Kommandant die Freundlichkeit hatte, den englischen Kapitän zum Dinner einzuladen. Holländischen Quellen zufolge erschien Colthurst mit einer frisch gebackenen Huhnpastete, nicht, um sie als Geschenk darzubieten, sondern weil er holländisches Essen nicht mochte.

Er verließ die Bandainseln mit einer wertvollen Gewürzladung sowie mit einem freundlichen Schreiben eines lokalen Häuptlings an König Jakob, begleitet von einem großzügigen Geschenk in Form von Muskatnüssen. Der Häuptling mußte mehrere Jahre auf eine Antwort warten, aber als sie dann kam, war er überglücklich. Der stets auf höfische Contenance bedachte König bedankte sich artig für das Geschenk, das, wie er sich ausdrückte, »wir huldvoll in Empfang genommen haben«.

Middleton und Colthurst brachen gemeinsam nach England auf und segelten hinter der *Hector* und der *Susan*. Der *Susan* war es nicht beschieden, die Heimat wiederzusehen. In einem furchtbaren Sturm vor der Küste des südlichen Afrika sank sie mit Mann und Maus. Die *Hector* erlitt fast ein ähnliches Schicksal; von Krankheit heimgesucht, geriet das Schiff in »jämmerliche Not« und trieb hilflos in den Gewässern der Tafelbucht, wo die *Red Dragon* sie erspähte. Da nur noch vierzehn Mann am Leben waren, stand der Kapitän im Begriff, das Schiff zu versenken, als Middleton auf der Bildfläche erschien. Er leitete die Reparaturarbeiten auf der *Hector*, wartete, bis die verbliebene Mannschaft gesund gepflegt war, und geleitete das Schiff schließlich nach England zurück; dort trafen sie im Frühjahr 1606 ein.

Die Fröhlichkeit, mit der Middleton und seine dezimierte Mannschaft zu Hause empfangen wurden, sollte nicht lange anhalten. Denn kaum hatten die Schiffe ihre Ladung Muskatnüsse, Gewürznelken und Pfeffer gelöscht, da traf ein weiteres Schiff in London ein, das Nachricht von empörenden Vorgängen im Hafen von Bantam brachte: Schiffe waren geplündert, Schiffsladungen geraubt und Männer rücksichtslos hingemetzelt worden. Anfangs glaubten alle, nur die Holländer oder Portugiesen seien zu solchen Greueltaten imstande, schon bald aber mußte sich die Londoner Kaufmannschaft eines Besseren belehren lassen. Der Urheber dieser empörenden Schandtaten war niemand anderer als Sir Edward Michelborne, der Abenteurer aus gutem Hause.

Sir Edward hatte seine Drohung, sich zu rächen, wahr gemacht. Indem er König Jakob mit seinem aristokratischen Charme umgarnte und gleichzeitig die Ostindische Kompanie bei ihm anschwärzte, gelang es ihm, den König zu überreden, ihm einen Freibrief für eine Entdeckungsfahrt in den Fernen Osten auszustellen, wobei dieser Freibrief »jeglichem andersverlautetem Patent oder Privileg zum Trotze« Geltung haben sollte.

Die Kompanie war empört über diesen plötzlichen Verlust ihres Monopols, ohne allerdings sonderlich überrascht zu sein. Im Unterschied zu seiner Vorgängerin hatte König Jakob nicht begriffen, daß der Handel mit Ostindien nur erfolgreich sein konnte, wenn er als Monopol betrieben wurde und die volle Rückendeckung der Krone hatte. Er war auch blind gegen die Gefahren, die ein einzelnes Schiff lief, wenn es sich aufs Geratewohl in die östlichen Gewässer vorwagte, selbst wenn es von einem Draufgänger wie Sir Edward befehligt wurde. So geschah es also mit der Billigung und dem Segen des Königs, daß am 5. Dezember 1604 die *Tiger*, begleitet von der Pinasse *Tiger's Whelp*, von der Insel Wight in See stach.

Die *Tiger* war ein überaus kleines Schiff von gerade 240 Tonnen; mag sein, daß sich die Direktoren der Ostindischen Kompanie in der durchaus berechtigten Hoffnung wiegten, das Schiff werde beim ersten Sturm untergehen. Michelborne hatte indes einen Trumpf in der Hinterhand. Er überraschte sie mit der Nachricht, den überaus erfahrenen John Davis als Obersteuermann gewonnen zu haben, den Veteranen, der Lancasters letzte Expedition navigatorisch geleitet und an zwei schwierigen Ostindienfahrten teilgenommen hatte. Die Kompanie konnte sich das nicht erklären und fragte sich, wie es Michelborne gelungen war, Davis zur Teilnahme zu überreden. Tatsächlich aber hatte es bei dem unerschrockenen Steuermann keiner großen Überredungskunst bedurft, weil dieser immer noch wütend war, daß ihm die Lancastersche Expedition einen schlechten Leumund eingetragen hatte. Lancaster selbst hatte sich über Davis beschwert und den Direktoren mitgeteilt, es erfülle ihn mit »nicht geringer Bitternis«, daß sein Steuermann sowohl hinsichtlich der Möglichkeit, in Achin Pfeffer zu kaufen, als auch in Anbetracht des Preises geirrt habe. Davis war unfairerweise zum Sündenbock abgestempelt worden; als ihm nun Sir Edward Michelborne die Chance bot, sich zu rächen, heuerte er unverzüglich auf der *Tiger* an.

Kaum hatten sie Bantam erreicht, ging das Wüten los. Als er ein schwerbeladenes Fahrzeug am Horizont erspähte, beeilte sich Michelborne, »den Kampf wider es anzufahen«, und kaperte es. Es war eine armselige Beute, ein mit Reis beladener Lastkahn; tief enttäuscht vermerkte Michelborne in seinen Aufzeichnungen, das Schiff habe »nichts hergegeben, so auch nur einen Penny wert«. Weitere Schiffe wurden in den flachen Gewässern um Bantam geentert und durchsucht, bis sich Einheimische von einem der geenterten Schiffe aus Empörung über dieses unverschämte Piratenstück auf die Engländer stürzten und ihnen schreckliche Wunden beibrachten, ehe sie über Bord sprangen und »von dannen schwammen wie Wachtelhunde«.

Unbeeindruckt durch diese Erfahrung lauerte Sir Edward als nächstes einem indischen Schiff von achtzig Tonnen auf und plünderte es. Durch seinen Erfolg kühn gemacht, segelte er nun in den Hafen von Bantam ein, wo fünf riesige Schiffe, die allesamt aus Holland kamen, vor Anker lagen. Berauscht von seinem eigenen Wagemut, schickte er an jeden der fünf Kapitäne eine Nachricht, worin er ihnen mitteilte, »daß er kumben und dicht an ihnen vorüberzihen werde, und wollt wissen, wer von ihnen trutzig genung sei, ein Geschütz wider ihn zu kehren«. Gleichzeitig warnte er, wenn eines der Schiffe auch nur eine Muskete lade, werde er »sie versencken oder an ihrer Seit hinabfahren«.

Die Holländer fühlten sich als Adressaten solcher Drohungen höchst unwohl und beklagten sich beim König von Bantam, so seien alle Engländer, »Diebe und aufsässige Haluncken«. Sie weigerten sich indes beharrlich, Michelbornes Herausforderung anzunehmen, und verkrochen sich unter Deck, während Sir Edward im Hafen hin und her kreuzte; »wiewohl die Hollander sonsten großtaten und an Land viel Gewese machten, ehe wir dorten zugegen, wären sie itzt dermaßen stille, daß kaum einer von ihnen war zu erblicken«.

Sir Edward hatte bis jetzt das Glück auf seiner Seite gehabt; seinem Draufgängertum und prahlerischen Auftreten hatte niemand die Stirn zu bieten gewagt. Aber bald schon sollte er seinen Meister finden. Während das Schiff in ruhigen Gewässern vor der Malaiischen Halbinsel dahintrieb, ertönte vom Ausguck plötzlich Geschrei. Ein geheimnisvolles Schiff näherte sich, eine riesige Dschunke, deren Decks mit mehr als achtzig Mann besetzt waren. Die Kerle sahen merkwürdig aus: Sie waren klein, vierschrötig, und ihre Gesichter waren praktisch bar jeden Ausdrucks. Sir Edward schickte ein schwerbewaffnetes Boot los, um herauszufinden, ob die Fremden Freund oder Feind waren; nach einem kurzen Informationsaustausch, der die Engländer belehrte, daß es sich bei dem Fahrzeug um »eine Dschunken der Japoner« handelte, wurden sie aufgefordert, an Bord zu kommen und das Schiff zu besichtigen. Als sie sich erkundigten, was die Japaner so trieben, machten diese kein Geheimnis aus ihrer Tätigkeit. Wie die *Tiger*, war auch die Dschunke ein Seeräuberschiff; die Japaner waren stolz auf den verheerenden Raubzug, den sie quer durch die Gewässer Südostasiens unternahmen. Sie hatten an den Küsten Chinas und Kambodschas gebrandschatzt, ein halbes Dutzend Schiffe vor Borneo geplündert und befanden sich nun, schwerbeladen mit Beute, auf dem Heimweg nach Japan.

Nachdem der englische Sondierungstrupp heil auf die *Tiger* zurückgekehrt war, erwog Sir Edward, wie weiter zu verfahren sei. Im Vertrauen auf sein bisheriges Glück beschloß er, die Dschunke auszurauben, und schickte zu diesem Zweck erneut einen Trupp hinüber, der sie ausspionieren sollte. Obwohl den Japanern klar war, daß Michelbornes seeräubernde Matrosen gekommen waren, um sich ein Bild von den Stärken und Schwächen ihres Fahrzeugs zu machen, empfingen sie die Engländer mit offenen Armen und gewährten ihnen freien Zutritt zu den Laderäumen. Sie wiesen sogar eigens auf die besonderen Kostbarkeiten an Bord hin und setzten die Leute von der *Tiger* in Erstaunen, da sie noch nie einer so merkwürdigen Spezies von Menschen begegnet waren. »For Matrosen wären sie mehrenteils von gar zu galantem Wesen«, schrieb einer, »und solchermaßen gleichgeartet wär ihr Gebaren, daß es schien, als ob sie allsamt gleichen Ranges wärn.« Als sie ihrerseits baten, das englische Schiff sehen zu dürfen, hielt man es einhellig für unhöflich, ihnen das zu verweigern.

Hier machte sich Michelbornes Unerfahrenheit zum erstenmal bemerkbar. Er wußte nicht, daß die Japaner im ganzen Fernen Osten im Ruf von Leuten standen, »die also waghalsig und unerschrocken, daß man ihrer allerorten forchtet«. Ebensowenig war ihm bekannt, daß in allen Häfen des Ostens japanische Matrosen erst ihre Waffen ablegen mußten, ehe sie an Land kommen durften. Auch Davis ließ sich »durch das Ansehen von Demut, so sie sich gaben, irreleiten«. Er hielt es nicht nur für unnötig, sie zu entwaffnen, er bot ihnen sogar an, sich überall auf dem Schiff umzusehen, und ließ sie mit der Mannschaft nach Belieben fraternisieren. Während immer weitere Japaner an Bord kletterten, tranken die Mannschaften sich zu und scherzten und plauderten miteinander.

Schlagartig änderte sich die Situation: Unbemerkt von den Engländern hatten die Japaner, wie sich Michelborne ausdrückt, »bei sich beschlossen, meynes Schiffes Herr zu werden oder aber ihr Leben zu lassen«. Die freundlichen Mienen verschwanden, das Gelächter erstarb, und die Japaner verwandelten sich plötzlich in bösartige »Haudegen«, die auf ihre englischen Gegner einstachen und einschlugen. Der Mannschaft der *Tiger* war solch ein Feind noch nie begegnet; als sie endlich Gelegenheit fand, Widerstand zu leisten, wimmelte das Deck bereits von Japanern, die lange Schwerter schwangen und Leute in Stücke hackten. Bald erreichten sie die Pulverkammer, wo sie Davis antrafen, der in verzweifelter Hast Musketen lud. »Sie schleppeten [ihn] in die Kajüte, allwo sie ihn sechs oder sieben Male auf den Tod verwundeten, und stießen ihn alsdann aus der Kajüte fort.« Er taumelte an Deck, aber die Schwertwunden hatten eine Arterie durchschnitten, so daß er verblutete. Auch andere lagen in den letzten Zuckungen; der Verlust der *Tiger* schien absehbar.

Michelborne rettete die Lage. Während er seinen besten Kämpfern Piken in die Hand drückte, blies er zu einem letzten, verzweifelten Gegenangriff gegen die japanischen Soldaten »und bracht drei oder vier ihrer Anführer ums Leben«. Das raubte den Japanern den Mut, die allmählich ins Hintertreffen gerieten. Mit Dolchen und Schwertern bewaffnet, konnten sie Michelbornes pikentragenden Männern nicht standhalten und mußten über das Deck zurückweichen, bis sie dichtgedrängt am Eingang zur Kajüte standen. Im Bewußtsein ihrer verzweifelten Lage stießen sie ein gewaltiges Gebrüll aus und stürzten kopfüber in den Niedergang.

Die Engländer waren ratlos und wußten nicht, wie sie die Feinde aus dem Inneren des Schiffes vertreiben sollten. Niemand war freiwillig bereit, ihnen in die Kajüte zu folgen, weil das den sicheren Tod bedeutet hätte. Ebenso aussichtslos war es, eine größere Gruppe hinunterzuschicken, denn der Durchgang war so eng, daß die Männer sich nur gegenseitig behindern konnten, statt den Japanern zu Leibe zu rücken. Schließlich verfiel ein heller Kopf an Bord auf eine ebenso einfache wie verheerende Lösung. Zwei halbe Feldschlangen von zweiunddreißig Pfund Gewicht wurden mit »Kreutzstiften, Kugeln und Kartetschen« geladen und aus unmittelbarer Nähe in die am ehesten freiliegende Wand der Kajüte abgefeuert. Es gab einen ohrenbetäubenden Knall, als das Schrapnell die Holzwand durchschlug und »mit gar großer Gewalt Plancken und Spleißen in Stücke riß«. Dann folgte ein vielstimmiger, durchdringender Schrei, und danach war alles still. Als der Rauch sich verzogen und der Staub sich gelegt hatte, drang man in die Kajüte und stellte fest, daß nur ein einziger von den zweiundzwanzig Japanern überlebt hatte. »Ihre Arm, Bein und Leiber waren dergestalt zerrissen, daß es gar seltsam war anzuschauen, wie der Schuß sie massakriret.«

Nun war es an Michelborne, Rache zu nehmen. Er richtete sämtliche Geschütze auf die japanische Dschunke und feuerte Schuß um Schuß in ihre Flanken, bis die Männer an Bord um Gnade baten. Als ihnen die verweigert wurde, schworen sie, bis zum letzten Mann zu kämpfen, und die Schlacht tobte weiter, bis aller Widerstand erstickt war und sich auf der Dschunke nichts mehr regte. Nur einer der Japaner wollte sich ergeben. Er sprang ins Wasser, schwamm zur *Tiger* hinüber und wurde an Bord gehievt. Als Sir Edward ihn nach dem Grund für den Angriff befragte, »bekennete er, sie seien willens gewesen, unser Schiff zu nehmen und uns allen die Gurgel durchzuschneiden«. Geängstigt durch die feindseligen Blicke der Umstehenden, erklärte er hiernach Michelborne, er habe nur den einen Wunsch, »in Stücken gehauen« zu werden. Michelborne gab einer weniger blutigen Methode den Vorzug und befahl, den Mann an der Rahnock aufzuknüpfen. Das Urteil wurde sogleich vollstreckt, aber das Seil riß, und der Mann fiel ins Meer. Es schien nicht der Mühe wert, ihn wieder an Bord zu holen, und da die Küste nicht weit entfernt lag, nahm man an, daß er mit dem Leben davongekommen war.

Die englische Mannschaft hatte mittlerweile genug vom Piratenleben und entschied sich für die Heimfahrt; im Sommer 1606 segelten sie in den Hafen von Portsmouth ein. Michelborne hatte sich durch seine Aufführung um jedes Ansehen gebracht und war gezwungen, mit Schimpf und Schande von der Bildfläche zu verschwinden. Aber viel schlimmer als der Abbruch seiner Karriere war der Schaden, den er dem Ruf der englischen Seefahrt zugefügt hatte. Insbesondere die Holländer machten sich seine Seeräubereien zunutze, um bei den einheimischen Fürsten im Osten den englischen Namen anzuschwärzen. Die in Bantam lebenden englischen Händler sahen sich besonders gefährdet, weil der König von Bantam rasend war vor Zorn über das Vorgefallene. Tatsächlich richtete Michelbornes Fahrt einen derart großen Schaden an, daß die Kompanie ein Protestschreiben an die Lords im Kronrat schickte und sie aufforderte, alle Güter zu beschlagnahmen, die Sir Edward zusammengeraubt hatte; die Kompanie gab den Lords zu bedenken: »Sir Edward Michelborne hat dort etwane unserer Freunde angegriffen und ausgeplündert, wodurch nicht nur große Gefahr entstanden, daß jeglicher Handel gänzlich verderbet, vielmehr dazu auch unsere Männer und Waren starck bedrohet sind.«

Der Wettlauf um die Gewürzinseln war bereits seit mehr als zehn Jahren im Gange, lange genug, um zu beurteilen, wer an der Spitze lag und wer am Ende. Auch wenn die Londoner *Merchant Adventurers* nach Middletons Rückkehr überaus stolz auf ihren Erfolg waren, ließ sie doch der Verdacht nicht los, daß sie ständig an Boden verloren. Bis jetzt hatten sie drei Flotten mit einer Gesamtzahl von zwölf Schiffen in den Fernen Osten geschickt (wenn man Lancasters Jungfernfahrt dazuzählte). Von diesen zwölf Schiffen war jedes dritte entweder gesunken oder verschollen. Der Verlust an Männern bot sogar noch mehr Anlaß zur Sorge. Von den etwa zwölfhundert Mann, die an den Expeditionen teilgenommen hatten, waren rund achthundert an Skorbut, Typhus oder »Blutfluß« gestorben. Zwei Kapitäne kamen um – der eine wurde versehentlich von den eigenen Leuten erschossen –, und nur eines der Schiffe, die *Ascension*, hatte die fernen Bandainseln erreicht. Natürlich waren ungeheure Gewinne gemacht worden, selbst wenn man die Schwierigkeiten beim Verkauf von Lancasters Pfefferfracht berücksichtigte; außerdem waren die Lagerhäuser der Kompanie derzeit angefüllt mit duftenden Muskatnüssen und Gewürznelken. Was indes Middleton bei seiner Rückkehr zu berichten wußte, deutete auf die Möglichkeit hin, daß dies die letzte Fracht war, mit der sie rechnen konnten. Die Holländer nämlich, die so spät ins Rennen eingestiegen waren, erwiesen sich als furchtbare Rivalen. Schon wenige Jahre nach Houtmans Rückkehr hatten sie es geschafft, sage und schreibe vierzehn Flotten mit insgesamt fünfundsechzig Schiffen loszuschicken. Anders als die englischen Kapitäne, die »geruhlich Commerciren« bevorzugten, führten sich die Holländer mit Kanonendonner ein. Sie hatten einen bemerkenswerten Erfolg gegen die Portugiesen erzielt und diese praktisch von sämtlichen Gewürzinseln, an denen sie selbst interessiert waren, vertrieben. Nun wandten sie ihr Augenmerk den Bandainseln zu und schienen auf dem Sprung, auch sie an sich zu reißen.

Angesichts dieser bedrohlichen Situation gelangte die Kompanie zu dem Schluß, daß sie ihre Aktivitäten auf der Stelle intensivieren müsse. Sie hatte immer noch nur eine »Faktorei« im Osten, das Warenlager in dem auf Java gelegenen Bantam; diese Niederlassung war viel kleiner als entsprechende Einrichtungen der Holländer oder auch der Portugiesen. Wollte man sich erfolgreich gegen die Konkurrenten behaupten, so mußte diese Faktorei vergrößert und neue Faktoreien mußten flächendeckend in der Region gegründet werden.

Für die Expansion gab es ein gutes Motiv. Einer der wichtigsten Exportartikel Englands, Wollwaren, fand verständlicherweise in dem schwülen Klima der Gewürzinseln wenig Anklang. Die Eingeborenen wollten keine Wollmäntel und Decken, sondern Baumwolle und Kattun, und diese Stoffe wiederum ließen sich billig in den Häfen entlang der Westküste Indiens erstehen. Es gab bereits einen schwunghaften Handel mit Baumwollstoffen zwischen Gujarat und Bantam. Da Indien nach Ansicht der Londoner Kaufleute einen günstigeren Markt für englische Wollwaren (wie auch für Blei, Eisen und Zinn) darstellte, kamen sie auf die Idee, diese Waren gegen Baumwollstoffe zu tauschen, dann für die Baumwollstoffe Gewürze einzuhandeln und so einen Dreieckshandel ins Leben zu rufen, aus dem alle Nutzen ziehen konnten. Zu allem Überfluß ermöglichte ihnen das auch noch, die Ausfuhr von Gold aus England erheblich zu verringern.

Beim Handel mit Indien gab es allerdings ein Problem. Ein großer Teil des Subkontinents unterstand der Herrschaft des mächtigen Mogulfürsten Jehangir, der sich selbst als »Eroberer der Welt« betrachtete und der bereits umfassende und exklusive Handelsrechte den Portugiesen eingeräumt hatte, die über diese Rechte eifersüchtig wachten. Da ein militärischer Angriff auf ihre befestigten Faktoreien nicht in Frage kam, konnte die Lösung des Problems nur darin bestehen, einen Gesandten zu Jehangir zu schicken und ihn um die Erlaubnis zum Bau einer Faktorei an der Westküste Indiens zu bitten. Willigte der Mogul ein, konnten die Portugiesen nichts dagegen machen.

Der Vorstand der Kompanie fing an, nach einem passenden Kandidaten Ausschau zu halten, der dem Mogul ihr Anliegen vortragen konnte. Sie erkannten bald, daß sich nur wenige Männer für die Aufgabe eigneten; nachdem sie mehrere Wochen gesucht hatten, war auf ihrer Liste lediglich ein einziger Name nicht durchgestrichen, und zwar der von William Hawkins. Es war zwar unklar, um wen genau es sich bei diesem Seekapitän handelte, sein Name jedoch war mit einer der hervorragendsten Seefahrerfamilien des Elisabethanischen Zeitalters verknüpft. Mag sein, daß es sich um jenen Hawkins handelte, der mit Edward Fenton den Atlantik überquert hatte; es könnte auch der Hawkins sein, der auf der *Griffin* gegen die spanische Armada in den Kampf gezogen war. Aber es fuhren damals so viele von der Hawkins-Familie zur See – darunter vier mit dem Vornamen William –, daß es unmöglich war, ihre Taten zuzuordnen. Warum die Kompanie auf diesen bestimmten Hawkins verfiel, ist leichter in Erfahrung zu bringen. Da er mehrere Jahre lang in der Levante Handel getrieben hatte, sprach er Türkisch – in jedem östlichen Land ein unschätzbarer Vorteil. Er war auch mit den Sitten und Gebräuchen des Orients vertraut und konnte Eindruck auf den Mogulherrscher machen.

Hawkins stach im Jahre 1607 auf der *Hector* in See und erreichte ungefähr sechzehn Monate später Surat an der Nordwestküste Indiens. Die Reise verlief offenbar ereignislos, denn Hawkins erwähnt kaum Stürme, Hunger und

Krankheiten, jene Plagen also, die sonst unerbittlich die Fahrten der Kompanie heimsuchten. Nicht einmal der Anblick der üppig bewachsenen Küste von Gujarat, die gerade in den Genuß der Monsunregen gekommen war, konnte ihn seinem Lakonismus entreißen.

Die Stadt Surat lag rund 35 Kilometer den Fluß Tapti hinauf; man erreichte sie durch einen schlammigen Mündungsarm, der nur für kleinste Fahrzeuge schiffbar war. Die *Hector* warf deshalb jenseits der Sandbank, die der Mündung vorgelagert war, Anker, und Hawkins ruderte in Begleitung einiger Leute aus seiner Mannschaft flußaufwärts in Richtung Stadt; beobachtet wurde er dabei von einer Menschenmenge, die sich versammelt hatte, um diese unvertrauten Gestalten zu begaffen. Der Gouverneur der Stadt war zu betrunken, um mit Hawkins sprechen zu können; also zogen er und seine Begleiter weiter zum Zollhaus, wo ihre persönliche Habe »zu unserem sonderlichen Mißbehagen inspiziret und zuhauf geworfen« wurde.

Hawkins erklärte, er wolle eine Handelsniederlassung gründen, und sein Gefährte Will Finch zog aus, um die Gegend zu erforschen. Die Stadt war, wie er feststellte, ein angenehmer Ort und beherbergte eine Vielzahl von Kaufleuten. Während er nach einem passenden Wohnsitz suchte, registrierte Finch, daß die schönsten Häuser entlang dem Fluß und in der Nähe der Festung lagen, wo er zu seiner Überraschung auf »einen lieblichen Rasen« stieß, »in dessen Mitten ein Maibaum steht«.

Der Zollbeamte behandelte die Engländer freundlich, war aber auf der Hut. Er teilte ihnen mit, daß er Handelsrechte nicht verleihen könne – dieses Recht besitze nur der Beamte, dem der Mogul die Aufsicht über sämtliche Häfen in Gujarat übertragen habe –, versicherte Hawkins jedoch, er werde ihren Aufenthalt so angenehm machen wie möglich. Er wies ihnen Schlafstellen in der Pförtnerloge des

Zollhauses zu – Finch erschien der Raum als ein »armselig Logis« – und besorgte ihnen eine Einladung zum Abendessen im Haus eines der reicheren Kaufleute der Stadt.

Leider erwartete sie statt eines fröhlichen Mahls eine ziemlich peinliche Begegnung. Der Gastgeber war ausgerechnet Eigner eines der Schiffe, die Sir Edward Michelborne zwei Jahre zuvor gekapert hatte. Er war zwar so nett, ihre Verlegenheit zu bemerken und taktvoll darauf hinzuweisen, es gebe »Diebe in aller Herren Länder«; dennoch konnten sich Hawkins und Finch des Eindrucks nicht erwehren, ihre Mission habe keinen sonderlich glücklichen Anfang genommen.

Es sollte noch schlimmer kommen. Während die beiden Engländer auf die Rückkehr des Beamten warteten, dessen Erlaubnis sie brauchten, nahmen die Portugiesen die Sache selbst in die Hand. Sie waren äußerst empört, als sie von Hawkins' Absicht hörten, eine Geschäftsniederlassung in der Stadt zu gründen, brachten ein Beiboot der *Hector* auf, vollgepackt mit Mitgliedern der Besatzung, verhafteten die Männer und drohten, sie nach Goa zu schaffen und dort vom portugiesischen Vizekönig aburteilen zu lassen.

Hawkins ärgerte sich, vertraute indes lieber auf Taktgefühl und diplomatisches Vorgehen. Er schickte einen höflichen, aber entschiedenen Brief an den portugiesischen Kommandanten, in dem er diesen daran erinnerte, daß zwischen ihren beiden Ländern Frieden herrschte; er forderte ihn auf, »er möge meine Männer und Waren freigeben, dieweil wir Engländer seien«. Der Kommandant dachte nicht daran, nachzugeben, und schickte Hawkins einen Antwortbrief, in dem er »Seine Majestät [König Jakob I.] schändlich schmähete und ihn einen König über Fischer und ein Eiland ohn Bewandtnis hieß«. Schlimmer noch, er schrieb Hawkins, er gebe »keinen Furz auf seine Vollmacht«. Beim Lesen dieser letzten Beleidigung geriet Hawkins in Rage. Er forderte den »stolzen Halunken«, den er als »üblen Schurken und Verräter an seinem König« brandmarkte, unverzüglich zum Duell. Der Kommandant scherte sich nicht um die Herausforderung und schickte kurzerhand die englischen Gefangenen nach Goa.

Die *Hector* war unterdes nach Bantam aufgebrochen und hatte Hawkins und Finch in einer äußerst prekären Lage zurückgelassen, zumal Finch »über die Maßen krank am Blutfluß« darniederlag. »Nach der Abfahrt meines Schiffes«, schrieb Hawkins, »setzete man mir solchermaßen zu, daß ich es kaum zu ertragen vermocht. [Ich war] umringet von gar vielen Feinden, die Tag für Tag nichts täten, als darauf zu sinnen, wie sie mich abtun und mich meiner Waren ledig machen konnten.« Die Ankunft von Mukarrab Khan, dem Beamten des Moguls, half Hawkins auch nicht weiter. Mukarrab war ein stolzer, hochfahrender und habgieriger Mann, der ursprünglich als Hofarzt in die Dienste des Moguls getreten und in den Rang eines Gouverneurs erhoben worden war, nachdem er den Herrscher von einer besonders häßlichen Erkrankung geheilt hatte. Seine Befehlsgewalt über den einträglichen Hafen von Surat ermöglichte es ihm, jeden Handeltreibenden, der dort eintraf, zur Ader zu lassen. Auch Hawkins blieb nicht verschont: Mukarrab beschlagnahmte Waren der Kompanie, eignete sich von den an Land gebrachten Gütern die erlesensten Stücke an und lauschte aufmerksam den Lügen und falschen Anschuldigungen, die ihm von den Portugiesen aufgetischt wurden. »Nach auß tat er mir an die dreen Monat schön und schmeichelte mir«, schrieb Hawkins, »dieweil er mir gar feine Promessen und Artigkeiten ums Maul strich. Indessen kam er dreen Mal zu meinem Haus und entsetzte mich jeglichen Dinges, das wert war, bis er denn sah, daß mir nichts Guts mehr geblieben, und er mir mählich seine Huld entzog.«

Auf allen Seiten von Feinden umgeben, sahen sich die beiden Engländer nun in der ernsthaftesten Gefahr. »Ich vermocht nicht aus der Tür zu gehen aus Forcht wegen der Portugaler«, berichtet Hawkins, »deren Rotten in den Gassen lauerten, mich anzufallen und abzutun.« Nicht lange, so gingen die Portugiesen zum direkteren Angriff über. Als sie erfuhren, daß der englische Kapitän von einem ihm freundlich gesinnten Beamten des Moguls zum Abendessen eingeladen worden war, heckten sie einen Mordplan aus. Während ein Trupp portugiesischer Soldaten am Strand ausschwärmte, stürmten drei von ihnen, bis an die Zähne bewaffnet, ins Festzelt. Hawkins reagierte rasch, packte seine Muskete und hielt sie auf. Der Gastgeber rief daraufhin nach seinen Leuten, und die Portugiesen, plötzlich in der Minderheit, ergriffen die Flucht.

Es dauerte nicht lange, da versuchten sie es erneut. Aufgestachelt von portugiesischen Jesuiten, wollte eine Rotte von vierzig Männern gewaltsam in Hawkins' Haus eindringen. »Ich war aber allzeit auf der Hut und hatt ein Haus mit starcken Pforten.« Der Mann, der die Angriffe organisierte, war ein Jesuit namens Pater Peneiro. Erfüllt von fanatischem Haß gegen die Engländer und intim befreundet mit »dem Schuft Mocreb«, tat er während der ganzen Zeit ihres Aufenthalts in Indien alles, was in seiner Macht stand, um gegen Hawkins und Finch Haß zu schüren.

Als Hawkins eingesehen hatte, daß er nichts erreichen konnte, wenn er weiter in Surat blieb, brach er im Februar 1609 nach Agra auf, der Hauptstadt des Mogulreiches; Finch, der weitgehend genesen war, blieb in Surat zurück. Als Schutztruppe warb Hawkins für die zehnwöchige Reise fünfzig berittene Pathanen an, »ein in diesen Landstrichen gar gefürchtet Volk« – allerdings nicht gefürchtet genug, um zu verhindern, daß noch zwei Angriffe auf sein Leben unternommen wurden, ehe er die Hauptstadt erreichte. Die

Nachricht von seiner Ankunft war ihm vorausgeeilt und sorgte bei Hofe für einiges Aufsehen. Der Mogul Jehangir wollte diese Kuriosität möglichst rasch begutachten und »sandte Reiter und Lakaien in hellen Scharen, daß sie unverwandt nach mir Ausschau hielten, dieweil er den Obersten seiner Reiterei hieß, mich mit großem Pompe zu Hof zu führen, allwie es sich für den Gesandten eines Königs schicke«. Der Oberst war so erpicht darauf, Hawkins rasch zur Audienz mit dem Mogul zu bringen, daß er ihm kaum Zeit ließ, die Garderobe zu wechseln. In anderer Hinsicht war er schlecht auf den Empfang vorbereitet. Wie allgemein bekannt, erwartete Jehangir von jedem, dem er Audienz gewährte, einen Sack voller Geschenke. Gemälde, Spielzeug und Kinkerlitzchen schätzte er besonders; dabei hatte er aber ein scharfes Auge und reagierte ungnädig auf Geschenke von schlechter Qualität. Hawkins war mit Bergen von Geschenken in Indien eingetroffen; aber alle hatte ihm »der Schuft« in Surat abgenommen. Als er sein Gepäck nach einem Angebinde durchwühlte, konnte er nur noch einen kleinen Ballen Stoff finden, »ein erbärmlich Geschenk«, wie er später zugab, »und für wenig erachtet«.

Trotz all dieser Beeinträchtigungen fand sich Hawkins von Jehangir herzlich aufgenommen; er plauderte mit ihm zwei Stunden lang auf türkisch und erzählte ihm von all den Widrigkeiten, die ihm in Surat das Leben schwergemacht hatten. Trotz ihres Standesunterschiedes freundeten sich die beiden Männer sofort an; der Herrscher »achtete mich einer Zwiesprach für wert, wie sie freundlicher nicht konnt sein, [und] wies mir eine Miene, über die Maßen huldvoll und hold«. Jehangir liebte Kuriositäten, und ein Engländer an seinem Hof war etwas wahrhaft Exotisches. Hawkins erhielt ein Quartier und wurde angewiesen, allmorgendlich dem Herrscher seine Aufwartung zu machen.

Jeden Tag sprach Hawkins den Mogul wegen der Eröffnung einer englischen Faktorei in Surat an, und jeden Tag vertröstete ihn Jehangir und bat ihn, Geduld zu haben, bis er endlich, der ständigen Bitten überdrüssig, Hawkins erklärte, dieser könne England am besten dienen, wenn er einwillige, für längere Zeit am Mogulhof zu bleiben. Als Köder bot er ihm eine jährliche Pension von 3200 Pfund, vierhundert Pferde und den Titel Inglis Chan, »wie ihn ein Herzog führet«. Das war ein verlockendes Angebot, und der »Kapitän im Herzogsrang« wog das Für und Wider ab. Schließlich erklärte er sich bereit, »ein halb Dutzend Jahr« zu bleiben, und entschied, daß es töricht wäre, wenn er diese Gelegenheit, »mir ein behaglich Nest zu schaffen«, ausschlug.

Er zählte jetzt zum inneren Kreis des herrscherlichen Hofes. Er nahm nicht nur am Zeremoniell teil, das mit dem täglichen *durbar* (der Morgenaufwartung) einherging und saß in der kleinen, von einem Gitter umgebenen Umfriedung, zu der nur der höchste Adel Zutritt hatte, sondern er nahm auch regelmäßig an den nächtlichen *wassails* teil, bei denen die inneren Gemächer des Palastes von zügellosem Gelächter widerhallten. Es war während einer dieser Sauforgien, daß Jehangir einen großartigen Einfall hatte. »Er drang gar ernstlich in mich, ich solle ein weiß Mägdelein aus seinem Palast nehmen« – nicht zur Beischläferin, sondern zur Frau. Für einen ungebundenen Geist wie Hawkins war die Vorstellung, sich häuslich niederzulassen, alles andere als verlockend; aber er wußte, daß er diplomatisches Geschick beweisen mußte, wenn er das freundliche Anerbieten des Herrschers zurückwies. Geistesgegenwärtig wie stets, erklärte er Jehangir, er könne es nicht mit seinem Glauben vereinbaren, eine Muslimin zu heiraten, fügte aber im Scherz hinzu, wenn Seine Majestät ein gutes christliches Mädchen für ihn auftreibe, nun, dann werde er im Handumdrehen den Weg zum Altar antreten. »Da ich dies sprach«, berichtet Hawkins, »kam mir nicht in den Sinn, daß eine christlich Tochter sich würd finden lassen.« Und ihm war auch nicht klar, daß er Jehangirs Stolz herausgefordert hatte. Für den Herrscher wurde es zur Ehrensache, eine Frau für Hawkins zu finden; nach vielem Suchen erfuhr er von einer armenischen Christin, die kürzlich ihren Vater verloren hatte und ganz allein in der Welt stand. Hawkins sah sich außerstande, abzulehnen. »Derhalben nahm ich sie«, schreibt er, »und da kein Pfaff zugegen, vermählete ich mich mit ihr vor Christen, die Zeugnis gaben.« Später fand er heraus, daß eine solche Ehe ungültig war, »ob welcher Kund ich abermalen vermählet ward«. Überraschenderweise verliebte sich das Paar Hals über Kopf ineinander; »allzeit danach lebt ich zufrieden und ohn Furcht, dieweil sie willens zu gehen, wo ich hinging, und zu leben, wie ich lebte«.

Während seines Aufenthalts in Agra liefert Hawkins fast keine Schilderung des Ortes; er bemerkt nur, es sei »eine der größten Städt in der Welt«. Zwar war das Tadsch Mahal noch nicht erbaut, aber es gab in der Stadt viele exotische öffentliche Bauten, von denen keiner schöner war als Jehangirs Palast, der in den Mauern der Festung von Agra lag. Von hier trugen herrlich aufgezäumte Elefanten den Mogul und sein Gefolge zu zahlreichen Jagdexpeditionen in die Berge. Und hierher kam auch aus ganz Indien ein nicht abreißender Strom von Höflingen, Speichelleckern und Lobrednern, um dem Herrscher ihre Aufwartung zu machen. Und in dem Maße, wie sich die Kunde vom Einfluß des Engländers verbreitete und die Eifersucht anstachelte, verdichtete sich das Netz von Intrigen, das um Hawkins gesponnen wurde.

»Die Jesuiter und Portugaler ruheten nicht«, berichtete Hawkins genüßlich, »und sucheten auf jede Weis, mich niederzuwerfen; und der Wahrheit halber sei es bemercket, daß die moslemischen Großen, die den König umgaben, ob des Christen, der ihm so nahe, von gewaltigem Neid erfüllet warn.« Hawkins war durchtrieben genug, um sich gegen Leute wie Mukarrab Khan und die portugiesischen Jesuiten zu behaupten; die letzteren erhielten vom Herrscher die unmißverständliche Warnung, »es würd sie bitter gereuen«, wenn Hawkins »ein Unheil widerfahren und er wider die Natur zu Tode kommen sollt«.

Er hatte Glück, daß er an den zahlreichen täglichen Trinkgelagen am Hof teilnehmen durfte, denn sie brachten ihn dem Herrscher immer näher. Jehangir verlebte gern den größeren Teil des Tages im Vollrausch und machte aus seiner Neigung zum Alkohol kein Geheimnis; in seinen Erinnerungen erzählt er, daß er im Alter von achtzehn Jahren Wein zu trinken begann und seinen Konsum täglich steigerte, bis er sich am Wein gar nicht mehr zu berauschen vermochte. Er wechselte dann zu stärkeren Spirituosen; gegen Ende seines Lebens zitterte seine Hand so sehr, daß er den Becher nicht mehr zum Mund führen konnte.

Das Trinkgelage begann, sobald die Staatsgeschäfte beendet waren. Jehangir nahm seine Hauptmahlzeit zu sich und zog sich dann mit einigen seiner engsten Vertrauten in seine Privatgemächer zurück. Zu ihnen gehörte immer Hawkins, der beschreibt, wie sich der Herrscher stets sinnlos betrank. Um sein Wohlbefinden zu steigern, nahm er sodann noch ein ordentliches Quantum Opium zu sich; endlich »leget er sich zur Ruh, und jedermann nimmt seinen Abschied und kehret in seine Wohnstatt zurück«.

Hawkins war klar, daß er imstande sein mußte, dem Herrscher einen ständigen Strom an Neuheiten und Kinkerlitzchen zu präsentieren, wenn er die Handelsprivilegien erringen wollte, nach denen die Ostindische Kompanie so dringend verlangte und die so schwer zu bekommen waren. Er schrieb mehrere Briefe nach London, in denen er die

Kompanie drängte, Geschenke zu schicken, mit denen er sich sehen lassen konnte. Leider stießen seine Bitten oft auf taube Ohren. Mehrfach schickten die Direktoren Bilder von minderer Qualität, so daß Hawkins sie warnend auffordern mußte, »sorgsam in Acht zu nehmen, was sie schicketen«. Schließlich nahm Jehangir die Sache selbst in die Hand und fertigte eine Liste seiner Lieblingsgeschenke an; dazu zählten »jedwede Figuren von wilden Tieren, Vögeln oder anderen Bildnissen, so sie aus Glas oder Stuck oder Silber, Messing, Holz, Eisen, Stein oder Elfenbein gemachet«.

Die Erwartung weiterer Geschenke war es, die Jehangir schließlich dazu brachte, Hawkins die erbetene Faktorei in Surat zu gewähren. Als er hörte, daß die Ankunft der *Ascension* bevorstand, gab er seine Zustimmung zur Einrichtung einer englischen Handelsniederlassung und gestattete Hawkins, die gute Nachricht William Finch überbringen zu lassen. Finch war von Hawkins' Leistung tief beeindruckt; entsprechend ehrerbietig fiel die Antwort aus, in der er Hawkins nicht einfach als »Kapitän« ansprach, sondern ihn mit »mein hoher Herr« und mit »Ihro Gnaden« titulierte.

Die Beamten des Moguls und die Portugiesen bemühten sich nun mit allen Kräften, die Handelserlaubnis, die der Herrscher erteilt hatte, rückgängig zu machen. Ihr Bemühen war von Erfolg gekrönt, denn kaum hatte man Jehangirs Anordnung in Surat erhalten, wurde sie unerklärlicherweise auch schon widerrufen. Auf Hawkins und Finch warteten noch weitere Hiobsbotschaften. Die *Ascension* »verschlug es« vor Gujarat, vermutlich nachdem sie auf ein Riff gelaufen war; zwar wurden viele aus der Mannschaft gerettet, aber das »zügellos, aufsässig Gebaren etlicher« bereitete Finch unbeschreibliche Probleme, die darin gipfelten, daß ein gewisser Thomas Tucker in der Straße eine Kuh abschlachtete – »welch Metzelei man in Indien für schlimmer ansiehet als einen Mord«.

Währenddessen bemühte sich Hawkins, seine Position am Hof wieder zu festigen; seine Aufzeichnungen sind voll von Beobachtungen über die Unberechenbarkeit Jehangirs. Nachmittags begleitete er ihn meist zu Löwen- und Elefantenkämpfen, die sich an Aufwand und Grausamkeit mit denen der römischen Kaiserzeit messen konnten. Weil Jehangir es genoß, wenn viel Blut vergossen wurde, fand er immer größeren Gefallen an Gladiatorenkämpfen, bei denen Menschen und wilde Tiere gegeneinander antraten; eine besonders gräßliche Anekdote, die Hawkins erzählt, illustriert das.

Ein Pathanenkrieger aus dem Grenzgebiet trat an einen der Söhne des Herrschers heran und bat ihn um eine Anstellung. Nach seinen Gehaltsvorstellungen befragt, erklärte er, für weniger als tausend Rupien pro Tag nicht arbeiten zu wollen. Der verblüffte Prinz wollte wissen, wie er die Forderung nach einem solch hohen Gehalt rechtfertigen könne. »Prüfet mich mit aller Art Waffen«, sagte er, »und sofern meine Taten nicht meinen Worten gemäß, so schicket mich dafür in den Tod.«

Abends besuchte der Prinz seinen betrunkenen Vater und berichtete ihm von diesem amüsanten Erlebnis. Der Herrscher befahl sogleich, den Pathanen kommen zu lassen, und ließ auch den stärksten und wildesten Löwen in den Palast holen. Als der Herrscher den Pathanen fragte, warum er glaube, ein so hohes Gehalt wert zu sein, wiederholte dieser seine Aufforderung, ihn auf die Probe zu stellen. Mit glasigen Augen lallte Jehangir: »Das werd ich ... los, schlag dich und rauf mit diesem Löwen.«

Der Pathane protestierte und erklärte, gegen einen Löwen ohne Waffe zu kämpfen sei keine Probe der Kampfeskraft. Jehangir indes war nicht in der Stimmung, sich die Sache ausreden zu lassen. »Ohn seiner Red zu achten«, schreibt Hawkins, »hieß ihn der König, sich mit dem Leuen handgemein zu machen, wie er denn tat und ein gut Weilchen ... mit ihm rang und Schläg austeilet: bis endlich der Leu, von seinen Hütern losgegeben, wiewohl nicht ledig seiner Ketten, den armen Mensch mit seinen Prancken packte und seinen Leib in Stücke riss: und mit den Klauen riß er ihm das halb Gesicht herab, also daß der kühne Mann durch dies wilde Tier zu Tode kam.« Der Herrscher war von dem Schauspiel so begeistert, daß er zehn seiner Reiter rief, die ebenfalls mit dem Löwen ringen mußten und von denen drei ihr Leben einbüßten.

Im Umgang mit seinen Ministern war er nicht weniger unberechenbar. Einem von Hawkins' Freunden am Hof, dem Kämmerer des Herrschers, widerfuhr das Mißgeschick, eines von Jehangirs chinesischen Lieblingsgeschirren zu zerschlagen. Da er wußte, daß der Herrscher fuchsteufelswild sein würde, wenn er den Verlust entdeckte, schickte er einen Bediensteten aus, der in ganz China nach einem Ersatz suchen mußte. Der Mann suchte vergebens. Zwei Jahre nach dem Unglück – von dem Bediensteten war immer noch nichts zu sehen – fragte der Herrscher den Kämmerer nach dem Geschirr und erfuhr, daß es zerbrochen war. »Dieweil nun der König [dies] vernahm, ward er über die Maßen zornig, ließ ihn zu sich bringen und von zween Männern mit großen Peitschen, die aus Schnüren gefertiget, schlagen; und da er einhundertundzwanzig Hieb empfangen, befahl er seinen Türstehern, die er dafür bestimmete, ihn mit ihren kleinen Knüppeln zu schlagen, bis eine Vielzahl von ihnen zerbrochen. Wenigstens zwanzig Mann hielten nicht inne, ihn zu traktiren, bis der Arme für tot geglaubt; dann ward er an den Fersen hinausgeschleppt und in den Kercker geworfen.«

Am folgenden Morgen wollte der Herrscher wissen, ob der Mann noch am Leben sei; als er erfuhr, der Mann habe die Tortur überstanden, befahl er, ihn für den Rest seines

Lebens einzusperren. Hier legte sich nun Jehangirs Sohn ins Mittel und erwirkte, daß der Mann freigelassen und gesund gepflegt wurde. Der Herrscher war aber nach wie vor wütend. Er befahl den zitternden Mann erneut zu sich und hieß ihn, »ihm niemals wieder unter die Augen zu treten, ehe er ein Geschirr wie jenes gefunden, und daß er möge durch China ziehen und es suchen«. Der Mann reiste vierzehn Monate lang kreuz und quer durch das Land, konnte aber kein zweites Geschirr dieser Art finden. Schließlich fand er heraus, daß der König von Persien ein ähnliches Geschirr besaß, und der überließ es ihm aus Mitleid.

Hawkins war des ewigen Blutvergießens und der ständigen Ausschweifungen allmählich müde und fürchtete, der launische Mogulherrscher werde irgendwann auch ihn drangsalieren. Im einen Augenblick schenkte Jehangir ihm seine Gunst, im nächsten behandelte er ihn von oben herab: »Also ward ich«, schreibt Hawkins, »gebeutelt und gestoßen gleich einem reichen Kaufherren, der all sein Gut in einem Schiffsleib verstauet und der, weil ihm Stürm oder Piraten entgegen, alls mit einmal verloren.« Als man ihm mitteilte, daß seine Apanage gestrichen worden war, wußte Hawkins, daß es Zeit für ihn war, seine Sachen zu packen. Er machte sich mit seiner Frau auf den Weg zurück nach Surat, und dort hatte er Glück. Eine neue englische Flotte unter dem Oberbefehl des kürzlich geadelten Sir Henry Middleton war gerade aus Arabien angekommen und lag vor der Sandbank von Surat vor Anker.

Hawkins segelte als enttäuschter Mann gen England zurück. Er war in der zuversichtlichen Erwartung nach Indien gekommen, mit dem Mogulherrscher eine Vereinbarung treffen zu können, aber nach fast drei Jahren ständiger Bittstellerei mußte er mit leeren Händen vom Mogulhof abreisen. Auch für ihn persönlich erwies sich die Reise als Fehlschlag. Da sie Hawkins den Einfluß neideten, den er auf den Mogulherrscher ausgeübt hatte, taten seine Reisegefährten alles, um sein Ansehen zu untergraben. Angeblich empört über seine Trunksucht, berichteten sie den Direktoren der Ostindischen Kompanie, seine Ausschweifungen seien der Grund gewesen, daß er am Hof in Ungnade gefallen sei. Die Anschuldigung war wenig glaubhaft, aber sie tat ihre Wirkung. Wie dem auch sei, Hawkins war nicht mehr in der Lage, sich zu verteidigen, da er auf der langen Heimreise erkrankt und kurz vor der Ankunft in England gestorben war. Die treue Mrs. Hawkins war außer sich vor Kummer. Da sie allein nicht in England zu leben vermochte, machte sie einen äußerst wertvollen Diamanten zu Geld, heiratete einen Faktor namens Gabriel Towerson, einen im Ostindienhandel erfahrenen Mann, und reiste mit ihm zurück in den Osten.

KAPITEL FÜNF

»Admiral, wir sind verraten!«

Das Häufchen Zuschauer, das sich auf den Kreidefelsen von Dover versammelt hatte, dürfte selten etwas Eindrucksvolleres gesehen haben. Eine kleine Schiffsflotte stürmte den Ärmelkanal hinauf; der Wind füllte die Segel, und an den Masten flatterten die Wimpel. Aber das hier waren keine englischen Fahrzeuge, und an Bord waren auch keine englischen Seeleute. Befehligt wurde die Flotte von einem Holländer, Jacob van Neck, der im Begriff war, den Handelsherren in Amsterdam, in deren Diensten er fuhr, unvorstellbare Reichtümer zuzuführen.

Selten haben Expeditionen auf einen so reibungslosen Ablauf zurückblicken können wie die des Jacob van Neck, als seine Flotte im Sommer 1599 nach Holland zurückkehrte. Er war ohne alle widrigen Zwischenfälle gen Osten gesegelt, hatte in Bantam enorme Mengen von Gewürzen einkaufen können und hatte die Heimreise angetreten. Auf späteren Fahrten sollte er der Sodomie beschuldigt werden, in einem Kanonengefecht eine Hand verlieren und eine giftige Frucht essen, die ihm vorübergehend »den Sinn verwirrete« und ihm »Gesichte von Engeln, Teufeln, Schlangen und der Himmel weiß wovon« bescherte. Diesmal aber blieben ihm dergleichen Beeinträchtigungen erspart; seine Rückkehr war Anlaß für fröhliche Feste, denn »seit Holland Holland ist, sind niemalen Schiffe eingelaufen, die solch reiche Fracht bargen«. Reichbeladen waren sie in der Tat: Sie brachten fast eine Million Pfund Pfeffer und Gewürznelken mit, dazu noch eine halbe Schiffsladung Muskatnuß, Muskatblüten und Zimt. Der Oberbefehlshaber und seine Männer wurden wie Helden gefeiert: Angeführt von einer Gruppe Trompeter, zogen sie im Triumph durch die Straßen Amsterdams, während zur Feier des Tages alle Glocken der Stadt läuteten. Die Kaufherren überreichten van Neck einen schimmernden Goldbecher (die Entdeckung, daß er nur vergoldet war, rückte die großzügige Geste ein wenig ins Zwielicht), und die Mannschaft bekam so viel Wein, wie sie trinken konnte.

Der Erfolg der Reise verdankte sich van Necks Geschick im Umgang mit den Eingeborenen Bantams. Drei Jahre vorher hatte der aufbrausende Cornelis Houtman mit seiner enormen Feuerkraft die Stadt übel zugerichtet, Hunderte von Einheimischen hinschlachten lassen und sogar die Kühnheit besessen, seine stärkste Kanone auf den Palast des Königs zu richten. Van Neck war ein zu schlauer Fuchs, um nicht zu erkennen, daß es günstig aufgenommen werden mußte, wenn er eine Art Sühne für Houtmans Fehlverhalten leistete. Er erklärte sich nicht nur mit den Preisen des Königs einverstanden, sondern bot sogar von sich aus an, für die Waren mehr als das Übliche zu bezahlen, um auf diese Weise die wiederhergestellte Beziehung zu festigen. »Mancher mag dafürhalten«, schrieb er in sein Bordbuch, »wir gingen ein weniges zu freizügig mit dem Geld unserer Brotgeber um. Betrachten sie's aber nüchtern, werden sie einräumen müssen, daß an Orten, so unsre Nation zuvor als Feind verließ, ein gewiß Maß an guter Meinung wohl angebracht sei.« In seinen Bemühungen, Wunden zu heilen, wurde er von der Kaufmannschaft Bantams unterstützt, die kürzlich drei portugiesische Schiffe gekapert, vollständig ausgeraubt und dann in Brand gesteckt hatte. Da sie sicher sein konnten, daß die Portugiesen für dieses brutale Piratenstück Rache nehmen wollten, hielten die Bantamesen verzweifelt nach einem starken Verbündeten Ausschau.

Nach van Necks Ankunft gingen die Handelsgeschäfte flott vonstatten, so daß binnen vier Wochen die drei Schiffe unter seinem Kommando mit Gewürzen beladen waren. Sorge bereitete ihm nur, was aus dem zweiten Geschwader seiner Flotte geworden war, das er seit Madagaskar nicht mehr gesichtet hatte. Während aber van Neck damit beschäftigt war, das Silvesterfest für seine Leute vorzubereiten, tauchten am Horizont diese anderen Schiffe auf, die von einem Vizeadmiral mit dem klingenden Namen Wybrand van Warwyck und dem Arktisfahrer Jacob van Heemskerck befehligt wurden. »Sie wurden freudig empfangen«, liest man im Bordbuch, »und fanden gute Aufnahme.«

Keiner fühlte sich wohler als Jacob van Heemskerck, der nur zwei Jahre zuvor in der Arktis gestrandet war, als seine Suche nach der sagenhaften Nordostpassage im undurchdringlichen Eis endete. Die tropische Hitze von Bantam genoß Heemskerck in vollen Zügen; hier fühlte er sich sehr viel besser aufgehoben. Mit den wiedergefundenen alten Freunden stürzte er sich in die Festlichkeiten zum Jahreswechsel. Seine eigene Fahrt war besser verlaufen als viele andere; mitten im Indischen Ozean war er auf eine paradiesische Insel gestoßen, die er Mauritius taufte. Seine Männer stopften sich die Bäuche mit dem leicht erlegbaren Wild voll und vergnügten sich damit, am Strand zu liegen oder zu vier Mann hoch auf Riesenschildkröten zu reiten. Heemskerck, der erkannte, wie wertvoll Mauritius als Anlaufhafen für holländische Schiffe war, setzte einen Hahn und einige Hennen an Land aus und pflanzte Apfelsinen- und Zitronenkerne ein, wobei er »des allmächtigen Gottes Segen« herabflehte, »auf daß sie durch seine Macht wachsen und sich ausbreiten zum Wohle derer, die nach uns die Insel besuchen«.

Jacob van Necks wilde Aufkauftätigkeit hatte den Hafen von Bantam aller Gewürzvorräte beraubt. Ehe er die Heimreise antrat, schlug er dem zweiten Geschwader vor, weiter nach Osten zu den Gewürzinseln zu segeln, wo sich mit Sicherheit eine volle Ladung Muskatnüsse und Muskatblüten beschaffen ließ. So geschah es denn auch: Warwyck nahm Kurs auf die nördlichste Insel Ternate, wo er die Tatsache, heil angekommen zu sein, mit so vielen Geschützsalven feierte, daß die ganze Insel gebebt haben soll. Heemskerck hatte unterdes Kurs auf noch entferntere Seegebiete genommen. Furchtlos und wagemutig hatte er die – bis dahin weder von den Holländern noch von den Engländern besuchten – Bandainseln ins Auge gefaßt und segelte mit einer Entschlossenheit gen Osten, die nicht immer den Beifall der an Bord befindlichen Kaufleute fand. Als einer von ihnen Heemskerck ermahnte, mit seinen Schiffen behutsamer umzugehen, explodierte dieser: »Schlagen wir unser Leben in die Schanz«, sagte er, »ist's recht und billig, daß die Herren von der Kompanie ihre Schiffe aufs Spiel setzen.«

Gefahr drohte auch durch ein Ungeheuer, ein Geschöpf von »teufelischer Bosheit«, das angeblich bei den Bandainseln sein Unwesen trieb und vorüberfahrenden Schiffen auflauerte. Glücklicherweise wußte sein indischer Steuermann genau, wie man mit solchen Monstern umgehen mußte: »Mit greulicher Grimasse stieß [er] den Bootshaken voraus«, als wolle er den Dämon durchbohren. Das tat seine Wirkung, das Ungeheuer ließ sich nicht blicken, und Mitte März 1599 warf Heemskerck vor Bandalontar Anker und ersuchte den dortigen Häuptling um die Erlaubnis, Handel zu treiben.

Die Bandanesen waren alles andere als glücklich, als sie diese Horde von Holländern an ihrer Küste eintreffen sahen. Fast neunzig Jahre Kontakt mit den Portugiesen hatte sie gelehrt, allen Ausländern mit Mißtrauen zu begegnen; die Ankunft der Holländer verhieß in ihren Augen eine neue, gefährliche Bedrohung. Kaum hatte Heemskercks Schiff in dem großen Naturhafen von Bandanaira Anker geworfen, als Gunung Api, ein Vulkan, der jahrhundertelang untätig geblieben war, plötzlich zum Leben erwachte und ein spektakuläres Feuerwerk in den tropischen Himmel entlud. »Der Berg spie solch gräßliche Flammen, solch gewaltige Menge Asche und solch riesige Glutströme, daß er all die dichten Gehölze und mächtigen Bäume zerstörete, verbrennete und zerbarst und sie unter sich begrub, als wären sie sein eigen Auswurf, also daß nicht ein grün Blatt in dem ganzen Teil des Eilandes mehr zu sehen.« Die Einheimischen dachten an eine Weissagung, die sie fünf Jahre zuvor von einem muslimischen Heiligen empfangen hatten; ihr zufolge sollte in Kürze ein Heer von weißen Fremden auf den Inseln erscheinen und sie mit Gewalt in Besitz nehmen. Da die holländischen Schiffe schwer bewaffnet waren und Heemskerck sich allem Anschein nach sehr für die Machtverhältnisse vor Ort interessierte, stimmten die meisten darin überein, es müsse sich bei den Holländern um das prophezeite Heer handeln.

Nachdem Heemskerck mit Geschenken nur so um sich geworfen und mehrfach versichert hatte, ein geschworener Feind der Portugiesen zu sein, erhielten seine Leute die Erlaubnis, in Bandalontar an Land zu gehen und ihre Messer und Spiegel gegen Muskatnüsse und Muskatblüten zu tauschen. Die Holländer verbrachten fast einen Monat damit, Gewürze einzukaufen, und durften in Frieden und ungestört Handel treiben, auch wenn es nicht ohne Streitereien abging: »Man brauchet sieben Augen«, berichtete Heemskerck, »so man nicht betrogen will werden. Diese Menschen sind solchermaßen trügerisch und dreist, daß es fast nicht zu glauben.« Dennoch waren die Preise, die sie für Muskatnuß zahlten, lächerlich niedrig (zehn Pfund Muskatnuß kosteten weniger als einen englischen Penny); brächten sie ihre Ladung zurück nach Holland, läge deren Wert viele Tausend Prozent höher.

In Bandalontar wurde ein Haus gemietet, und bald schon begannen Boote von der benachbarten Insel Bandanaira einzutreffen. Der Handel kam vorübergehend zum Erliegen, als auf den Bandainseln Krieg ausbrach, weil rivalisierende Häuptlinge eine Reihe von großangelegten Kopfjagdexpeditionen veranstalteten. Die Männer von Bandanaira unternahmen zusammen mit ihren Verbündeten von der nahe gelegenen Insel Ai einen Raubzug, töteten etliche Feinde und schmückten ihre Boote mit deren Köpfen, die ihnen als blutige Schlachttrophäen galten. Entgegen dem Brauch schnitten sie sogar ein paar Frauen die Köpfe ab; immerhin hatten sie Anstand genug, »diese Köpfe in Baumwollstoff zu hüllen und zu begraben«. Bei ihrer Heimkehr »machten sie mit ihren Schwertern, die noch vom Blut besudelt, vier oder fünf Tag lang groß Aufhebens um ihren Sieg«.

Derartige lokal begrenzte Fehden kamen auf den Bandainseln immer wieder vor; die Holländer lernten bald, sie sich zunutze zu machen – mit verheerenden Folgen. Vorerst aber gab sich Heemskerck noch damit zufrieden, den unbeteiligten Beobachter zu spielen und sich im Interesse künftiger Expeditionen sachkundig zu machen. Als er schließlich Segel setzte und die Heimfahrt antrat, ließ er eine Gruppe von zweiundzwanzig Mann zurück, die er angewiesen hatte, für die nächste holländische Flotte einen Vorrat von Muskatnüssen anzulegen. Seine Abschiedsunterhaltung mit dem Oberhäuptling von Bandalontar nutzte dieser zu einer ungewöhnlichen Bitte: Er gestand Heemskerck im Vertrauen, daß ihn Uhrwerke faszinierten, und bat den holländischen Kapitän, ihm beim nächsten Besuch der Insel eine große Standuhr mitzubringen; er fügte auch gleich hinzu, eventuelle bildliche Darstellungen von Mensch oder

Tier müßten entfernt werden, damit die muslimischen Inselbewohner nicht vor den Kopf gestoßen würden. Heemskerck sagte zu, aber da sich keine weitere Erwähnung der Uhr mehr findet, dürfte man wohl den bequemsten Weg gegangen sein und die Bitte dem Vergessen überantwortet haben.

Der holländische Kapitän traf im Frühjahr 1600 wieder in Amsterdam ein und wurde ebenso begeistert empfangen wie zuvor schon van Neck. Als die Muskatnüsse schließlich entladen und in den Lagerhäusern der Stadt verstaut wurden, »ward die Luft im weiten Umkreis voll ihres köstlichen Duftes«.

»Noch ehe aber auch nur eins dieser Schiffe wiedergekehret, schicketen die Holländer im Jahre des Herrn 1599 eine andre Flotte aus.« Zum großen Leidwesen der Amsterdamer Kaufleute waren die Auftraggeber dieser neuen Expedition ihre kommerziellen Konkurrenten in Rotterdam und Seeland, die schon lange darauf aus waren, sich im Gewürzhandel zu engagieren. Amsterdam reagierte mit Gegendruck und wies seine Kommandanten an, mit den Konkurrenten nicht zimperlich zu verfahren. »Ihr wisset ebenso gut als wir, welch großen Verlust es uns eintragen möcht, kämen die Schiffe aus Seeland an, eh daß unsere gänzlich beladen. Derhalben kaufet! Kaufet, was ihr in die Händ könnt kriegen, und verladet es so schnell als nur möglich. Habt ihr selbst keinen Laderaum, kaufet weiter und nehmet es für spätere Lieferung in Verwahr.«

Die Anweisungen kamen zu spät. Angesichts einer immer größeren Zahl von Schiffen, die sich auf den Weg zu den Gewürzinseln machten, und angesichts von Preisen, die Monat für Monat stiegen, ersuchte die Kaufmannschaft von Amsterdam ihre Abgeordneten in den Generalstaaten, dem Gremium, in dem alle Provinzen der Vereinigten Nie-

Muskatnußhändler auf den Bandainseln, 1599. Die einheimischen Kaufleute pflegten die Gewürze mit Erde und Zweigen zu vermengen, um das Gewicht zu vergrößern und ihre Profite aufzublähen. »Nehmet größte Acht, daß, was ihr erlanget, gut sei«, ließ er sie wissen, »dieweil die kleinsten und wurmichten Muskatennüss daheym nichts wert.«

derlande vertreten waren, ihnen ein vollständiges und exklusives Monopol auf den Gewürzhandel zu verschaffen. »Aus vielerlei und verschiedentlichen Gründen«, schrieben sie, »ist es rätlich, die Durchführung dieses Handels einer einzigen Behörd zu übergeben.«

Das war ein empörendes Ansinnen, das unverzüglich zurückgewiesen wurde. Der Mann indes, der die Gegnerschaft gegen den Antrag anführte, Johan van Oldenbarnvelt, als Generalanwalt oder Ratspensionär von Holland der mächtigste Mann im Land, erkannte, daß irgendeine Form von Monopol nötig war, wenn der Gewürzhandel gedeihen sollte. Er lehnte den Vorschlag aus Amsterdam ab und verlangte statt dessen, Kleinanleger aus dem ganzen Land einzubeziehen, »auf daß diese Männer über die Wege und Mittel ratschlagen mögen, so denn geeignet sind, den besagten Schiffs- und Handelsverkehr auf viele Jahre hinaus sicherzustellen«. Damit gewann er sich keine Freunde bei der Amsterdamer Kaufmannschaft, stieß im Gegenteil auf erbitterten Widerstand, dennoch wurde schließlich eine Übereinkunft erzielt, und am Abend des 20. März 1602 erblickte die Holländisch-Ostindische Kompanie offiziell das Licht der Welt. Bekannt als VOC (Vereenigde Oost-Indische Compagnie), im Volksmund auch wegen ihres aus siebzehn Mitgliedern bestehenden Verwaltungsrats als »die Siebzehn« bezeichnet, erhielt die Gesellschaft für einen Zeitraum von einundzwanzig Jahren ein vollständiges Monopol auf den Gewürzhandel. Der englischen Ostindischen Kompanie sollte sie sich als machtvolle Konkurrentin erweisen.

Die Siebzehn verloren keine Zeit und schickten unverzüglich ihre erste Flotte nach Ostindien. Gerade einmal elf Tage nachdem sie ihre Unterschriften unter die Gründungsurkunde gesetzt hatten, entsandten sie drei Schiffe unter dem Kommando des kernigen Sebald de Weert, während der Rest der Flotte unter Wybrand van Warwyck zwei Monate später von Texel abfuhr. Die Männer hatten Anweisung, zu einer ganzen Reihe von Ländern und Fürstentümern Handelsbeziehungen zu knüpfen, unter anderem zu Java, Sumatra, Ceylon und den »Gewürzlanden«. Als ob das nicht reichte, erhielt van Warwyck auch noch den Befehl, nach China weiterzusegeln und entlang der chinesischen Küste Handelsstützpunkte zu errichten. Kriegerisches Vorgehen war ihnen nicht nur gestattet, sondern wurde von ihnen erwartet: »Greifet die Spanier und Portugiesen an, wo immer Ihr auf sie treffet«, las man in den Instruktionen; und es dauerte auch nicht lange, da fanden sich die holländischen Schiffe in Feindseligkeiten vor Ort verwickelt. Kaum war Sebald de Weert in Ceylon angekommen, da bekundete der Maharadscha »lauthals seinen Haß wider die Portugaler und wollt wissen, ob es möglich wär, einen vereinigten Angriff wider ihre Festungen zu führen«. De Weert verstand sich sogleich bestens mit diesem ebenso umgänglichen wie ehrlichen Herrscher, der, wie er erfuhr, von den Portugiesen aufgezogen worden war, sich zum Christentum bekehrt und den Namen Dom Joao angenommen hatte. Mittlerweile aber war sein freundschaftliches Verhältnis zu den Portugiesen erkaltet, und er hatte vor, Rache an ihnen zu nehmen; dem Plan zufolge, den er de Weert unterbreitete, sollten die holländischen Schiffe den Haupthafen der Insel blockieren, während er mit seinen Landstreitkräften das portugiesische Kastell angreifen würde. Diese Vorgehensweise sollte dann entlang der ganzen Küste wiederholt werden, bis die Portugiesen aufgaben. Als Gegenleistung versprach der Maharadscha, den Holländern die portugiesischen Befestigungsanlagen zu überlassen und »sein Handelsgut ihnen zuzuwenden«. Das war ein zu verlockendes Angebot, um es abzulehnen; deshalb erklärte sich de Weert aus vollem Herzen einverstanden.

Die gute Stimmung sollte nicht lange anhalten. De Weerts Mannschaft war von der langen Reise erschöpft, und es gab zwar auf der Insel reichlich frische Früchte, doch das feuchte Klima setzte den Leuten zu und machte sie nervös. »Fliegen und Mücken plagten sie, also daß sie nicht schlafen konnten.« Noch irritierender waren die Eingeborenen, »so all die Nacht lang Feuer und Rauch macheten«. Aber was die holländische Mannschaft wirklich aufbrachte, war die Tatsache, daß sie noch immer von dem fauligen gesalzenen Rindfleisch lebte, das in Holland an Bord genommen worden war. »Der König bewirtete sie gut«, berichtet ein Tagebuch, »aber dieweil ihre Religion ihnen verbeut, Fleisch von Rindern und Büffeln – deren es gar viele gibt – zu essen, wollten sie den Holländern keine verkaufen.« Angesichts der Scharen stämmiger Rinder und Büffel, von denen die umgebenden Felder, Wiesen und sogar Straßen allenthalben voll waren, kam den Leuten die Galle hoch. Den Singalesen galten diese Tiere als heilig, denn sie beherbergten die Seelen verstorbener Angehöriger. Die Holländer hingegen, die es satt hatten, stinkende Knorpel zu kauen, sahen in jeder Kuh, die vorbeikam, eine Fülle saftiger Steaks. De Weert lauschte höflich, als Dom Joao erklärte, warum er ihm keine Rinder verkaufen konnte; privat allerdings mokierte er sich über die Vorstellung heiliger Kühe und erlaubte seinen »ungebärdigen« Männern, Beutezüge zu unternehmen, Kühe abzuschlachten und das Fleisch über Lagerfeuern zu braten.

Die Eingeborenen waren entsetzt, als sie sahen, was geschah, und Dom Joao selbst war nicht weniger empört. »Die Portugaler haben uns niemalen solchen Schimpf angetan«, wetterte er. Auch de Weerts Entschuldigungen konnten seinen Zorn über »den lästerlichen Mord an Rindvieh« kaum besänftigen; nicht einmal das Angebot, für die geschlachteten Kühe zu zahlen, verfing. »Von da an«, schrieb der Holländer Jacob Rycx, »standen wir mit dem König und seinen Untertanen auf Kriegsfuß.«

Der Vorfall geriet vorübergehend in Vergessenheit, als die militärischen Aktionen gegen die Portugiesen wiederaufgenommen wurden, aber der Groll über die Holländer schwelte weiter, und als Dom Joao erfuhr, daß man seinen Sohn in Feindeshand hatte fallenlassen, war für ihn das Maß voll, und er schritt zur Tat. Äußerlich Freundschaft heuchelnd, lud er de Weert und seine Offiziere zu einem märchenhaften Bankett ein und nutzte die Gelegenheit, um Rache zu üben:

»Dieweil der Vizeadmiral und der König mancherlei redeten, ward gar fleißig gebechert. Mit einem Mal schalt der König den Vizeadmiral, daß er die Portugaler hätt entrinnen lassen. De Weert war um diese Stund schon gar trunken. Er wies die Anschuldigung heftig von sich und wollt um alls in der Welt, daß der König und seine Leut ihm erwiderten und ihn auf seinem Schiff besucheten, wobei er sprach: ›Die Holländer sind nicht gewohnet, das Knie zu beugen, ohn daß man ihnen wiederum Achtung bezeiget.‹ Damit schüttet er weiter Öl in die Flammen, und der König nahm's für gewiß, daß den Holländern nicht zu trauen und die Einladung aufs Schiff nichts bezwecke, als ihn gefangen zu setzen. Auf ein Zeichen zogen des Königs Leut ihre Schwerter und stießen den Vizeadmiral und alle, die mit ihm waren, nieder. In den Gehölzen am Strand lagen dreihundert Singalesen verstecket, und da sie vernahmen, was im Palaste geschah, griffen sie jene von uns an, welche an Land weileten. Samt und sonders verloren wir siebenundvierzig Mann und hätten sechs Verwundete ... Und also herrschte eitel Feindschaft, und wir wußten [nicht], wie es gekommen, dieweil wir gedacht, wir wären allesamt freund.«

Dom Joao bemühte sich bald schon wieder um eine Aussöhnung mit den Holländern, aber begreiflicherweise war auf seiten der Überlebenden die Bereitschaft dazu nicht allzugroß. »Wir segeln anderswohin, wo man uns nicht so verräterisch behandelt«, ließen sie den Maharadscha wissen.

Lange bevor die Nachricht von dem Massaker Holland erreichte, waren bereits weitere Schiffe gen Osten entsandt worden; sie standen unter dem Kommando von Steven van der Hagen. Ihr Ziel waren die Bandainseln, wo eine befestigte Faktorei errichtet werden sollte. Van der Hagen erwartete, von der Gruppe holländischer Handelsleute empfangen zu werden, die Heemskerck zurückgelassen hatte, aber als er an Land kam und an die Tore der Faktorei klopfte, wurde er zu seiner Überraschung von einer munteren englischen Stimme begrüßt. Sie gehörte Christopher Colthurst, dem Kapitän der *Ascension*, der van der Hagen fröhlich willkommen hieß. Der Holländer wollte von Colthurst wissen, was mit den holländischen Siedlern passiert war, und erfuhr, daß sie alle bei einem blutigen Streit mit den Eingeborenen umgekommen waren. Schuld an dem Streit war den Quellen zufolge »ein gar seltsames Eräugnis«. Zwei der Holländer hatten angeblich kurz nach ihrem Eintreffen auf den Bandainseln dem christlichen Bekenntnis abgeschworen und den islamischen Glauben der Eingeborenen angenommen. »Sie wurden von drei Holländern ermordet, die wiederum durch die Hand von Eingeborenen den Tod fanden.« Daraus entwickelte sich eine Blutrache, die erst ihr Ende fand, als alle Holländer tot waren.

Van der Hagen war außer sich vor Zorn, als er das hörte, und äußerte kaum verhohlene Drohungen gegen die Inselbewohner. »Alsbald erhub sich stürmisch Wetter«, schreibt Samuel Purchas in seiner farbigen Darstellung der Ereignisse, »worinnen all die wilden Tiere aus dem Walde herfürkrochen, die jungen Leuen brülleten nach ihrer Beute, schröckliche Gespenster schlichen im Dunckeln umher, und die Mächte der Finsternis ... führeten nach Gutdüncken ihr Regiment.« Der holländische Befehlshaber rief die Oberhäupter der Inseln zusammen und brachte sie durch betrügerische Vorspiegelungen dazu, ein Dokument zu unterzeichnen, das ihm ein vollständiges und zeitlich unbegrenztes Monopol auf ihre Muskatnußerträge einräumte. Für die einheimischen Häuptlinge hatte ein solches Abkommen kaum Verbindlichkeit und war das Papier nicht wert, auf dem es stand; die Holländer allerdings sahen in dem Dokument einen rechtskräftigen Vertrag und benutzten es später als Rechtfertigung für ihre Annexion der Bandainseln.

Als van der Hagen die Heimreise antrat, konnten sich die Holländer rühmen, drei Festungen auf den Gewürzinseln zu besitzen, die ihnen praktisch das Monopol auf die Gesamtproduktion an Gewürznelken sicherten, und außerdem ein schriftliches Abkommen mit den Bewohnern der Bandainseln geschlossen zu haben, durch das sich theoretisch auch Verfügung über die kostbare Muskatnuß gewinnen ließ. Nur beging van der Hagen den Fehler, Besatzungen zurückzulassen, die nicht stark genug waren, um den abgeschlossenen Vertrag zu garantieren. Er hatte kaum die Bandainseln verlassen, da segelte eine von der Englisch-Ostindischen Kompanie ausgerüstete Flotte in den Hafen ein; die Engländer stießen auf wenig Schwierigkeiten, als sie bei den Inselbewohnern Muskatnüsse einzukaufen begannen.

Die Nachrichten vom Erfolg der Holländer bereiteten den Direktoren der Englisch-Ostindischen Kompanie große Sorgen. Weniger als vier Jahre nachdem sie selbst in das Wettrennen um die Gewürze eingestiegen waren, mußten sie feststellen, daß sich bereits der größte Teil des »Gewürzlandes« in holländischer Hand befand. Die Direktoren der Kompanie gerieten angesichts dessen in helle Aufregung und beschlossen, die holländische Macht herauszufordern und Faktoreien auf den Gewürznelkeninseln Tidore und Ternate sowie auf den Muskatnußinseln der Bandagruppe einzurichten. Ihrer Argumentation zufolge war die ständige Präsenz von »Faktoren« oder Kaufleuten auf diesen Inseln unabdingbare Voraussetzung für den Gewürzhandel in der Region; die Faktoren konnten nicht nur zur Erntezeit, wenn die Preise günstig waren, Gewürze auf Vorrat kaufen, sie würden auch imstande sein, auf die Bewegungen der Holländer achtzugeben und neu eintreffende Flotten über die aktuelle Lage zu unterrichten.

Im Jahre 1607 entsandten sie ihre dritte Expedition in den Osten und statteten sie mit 17 600 englischen Pfund an Goldbarren aus (während der Wert der heimischen Waren nur 7000 Pfund betrug). Die Kapitäne ermahnte man inständig, im Wettlauf mit den Holländern einen Vorsprung zu erringen. »Nehmet den raschen Weg entlang der Küste von Malabar«, lauteten die Instruktionen, »auf daß Ihr vor den Holländern [in Bantam] ankömmet ... sie nämlich werden alles daransetzen, Euch in den Moluccas zuvorzukommen.« Die Direktoren nutzten auch die Gelegenheit, alle Besatzungsmitglieder daran zu erinnern, daß Glücksspiel und Fluchen strengstens untersagt waren. Diesmal kam noch eine Extraermahnung hinzu: Vielleicht im Bewußtsein, daß Reinlichkeit untrennbar mit Frömmigkeit verknüpft sei, ermahnte man die Männer, »gar eifrig darauf zu sehen, daß auf den untersten Decks und andernorts auf den Schiffen alles rein und wohlbestellet sei, da solches der Bewahrung der Gesundheit insonderheit förderlich«. Dieses plötzliche Interesse für die Hygiene an Bord verdankte sich weniger der Sorge um die Gesundheit der Mannschaft als dem Umstand, daß der Kompanie zur Kenntnis gelangt war, die Holländer überträfen die Engländer entschieden an Reinlichkeit, was »ihnen zu großer Ehre und unserem Volk zu großer Schande gereichet«.

Die Direktoren hatten noch ein weiteres Anliegen, eigentlich eine Bagatelle, auf deren Erledigung sie aber Wert legten. »Denket daran und sehet nach Kräften, daß Ihr dem Lord von Salisbury etwelche Papageien, Affen, Marmosetten und sonstiges seltsam Getier und Geflügel mitbringet, so Ihr für rar und ersprießlich erachtet.« Bei dem Lord von Salisbury handelte es sich um den hochangesehenen Robert Cecil, einen Minister, der seit Monaten der Kompanie in den Ohren lag, sie solle ihm exotische Tiere für seine Sammlung besorgen. Die Leiter dieser dritten Expedition überboten sich im Bemühen, dem Ersuchen des hohen Herrn nachzukommen, und als die *Hector* schließlich wieder an den Themsekais festmachte, erblickten die Zuschauer voll Staunen an Bord einen »schwarzen Wilden«, der wehmütig auf die Silhouette Londons starrte. Er hieß Coree und war ein Eingeborener von der Tafelbucht; er hatte die Unklugheit besessen, an Bord des Schiffes zu klettern, während dieses in Südafrika Proviant aufnahm. Der diensttuende Kapitän Gabriel Towerson, der voraussah, welches Aufsehen der Schwarze in London erregen würde, setzte ihn fest und brachte ihn mit zurück nach England. Er erwies sich als eine wenig ersprießliche Reisegesellschaft, denn »der arm Teuffel« wehklagte auf der ganzen langen Reise, nicht, weil es ihm an der Befriedigung seiner natürlichen Bedürfnisse gefehlt hätte, sondern – wie das Bordbuch meint – »aus schierem Trutz, dieweil er mit allem wohl versehen«.

Sir Thomas Smythe wanderte hinunter zur Themse, um Coree seine persönliche Aufwartung zu machen und ihm zu versichern, daß die Ostindische Kompanie alles tun werde, was in ihrer Macht stehe, um ihm den Aufenthalt so erfreulich und angenehm zu machen wie nur irgend möglich. Diese Versprechungen konnten nichts daran ändern, daß der heimwehkranke Coree den Londoner Kaufleuten viel Ungemach bereitete, weil er es ostentativ versäumte, ihnen den geringsten Dank zu zollen. »Er hätt gut zu essen, war gut bekleydt, hätt gut Obdach und erfreuete sich aller andern geziemenden Bequemlichkeiten, und doch konnt ihm all dies nicht genügen«, berichteten sie. Je länger er in London weilte, um so weniger schien ihm die Stadt zu behagen; vielmehr »lag er Tag für Tag auf dem Boden und rief gar oft in gebrochen Englisch klagend aus: ›Coree gehen heim, Saldania gehen, Hause gehen.‹«

Erst als er überraschend ein Kettenhemd nebst Messinghelm und Brustpanzer geschenkt bekam, änderte sich Corees Stimmung. Er war überglücklich über das Geschenk und legte allmorgendlich das »geliebte Metall« an, um rasselnd über die Märkte der Hauptstadt zu stolzieren und sich den staunenden Passanten in seiner Rüstung darzubieten. Als ihn schließlich ein Schiff wieder zurück nach Südafrika brachte und er so dem Schicksal entrann, als ausgestopftes Präparat in Lord Salisburys Sammlung von Jagdtrophäen zu enden, trug Coree nach wie vor seinen Kettenpanzer. Allerdings büßte das neuartige Gewand seinen Reiz bald schon ein, »denn eben erst hätt er den Fuß an sein heimatlich Ufer gesetzet, da worf er sogleich sein Kleider, sein Leinen und andre Bedeckung von sich und tät sich sein Schaffell auf den Rücken und Kaldaunen um seinen Nacken«.

Lange Zeit hatte man beabsichtigt, die dritte Expedition der Kompanie aus drei Schiffen bestehen zu lassen und sie unter dem Oberkommando von William Keeling auszusenden, aber dem Energiebündel David Middleton, Kapitän auf der winzigen *Consent*, gingen die Vorbereitungen auf der *Red Dragon* und der *Hector* zu langsam, und so beschloß er, ohne die beiden loszufahren. Das war eine kluge Entscheidung, denn als Kapitän Keeling endlich die Gewürzinseln erreichte, war Middleton schon wieder nach England zurückgekehrt und plante die nächste Fahrt nach Ostindien.

David Middleton war der jüngste aus dem unerschrockenen Middleton-Dreigespann und zugleich der Ungeduldigste und Zielstrebigste von allen. In fremden Häfen hielt er sich nie lange auf, sondern sah zu, daß er seine Geschäfte so schnell wie möglich abwickelte. Er segelte in halsbrecherischem Tempo durch den Atlantik und hatte, als er die Tafelbucht erreichte, gerade einmal einen einzigen Mann verloren: »Peter Lambert fiel vom Masttopp und käm darob um.« Er machte kurz halt, um frischen Proviant aufzunehmen, und war schon bald wieder unterwegs, nunmehr nach Madagaskar. Hier unterbrach Middleton die Fahrt, um die Insel in Augenschein zu nehmen, aber nach einem flüchtigen Blick entschied er, daß »auf ihr nichts wär«, und setzte seine Reise fort; weniger als acht Monate nachdem er von Tilbury ausgelaufen war, langte er in Bantam an.

Fast jede Expedition, die es bis Bantam schaffte, traf dort arg ramponiert ein. An Bord waren Männer krank und starben, während sich die in der Stadt lebenden Faktoren gewöhnlich in einem Zustand fortgeschrittener Auflösung befanden. Nicht so diesmal! Der tüchtige Middleton ließ sich sofort an Land bringen, um Gabriel Towerson aufzusuchen, den Faktor, den sein Bruder Henry 1604 dort zurückgelassen hatte, und »traf die Kaufherrn bei gar guter Gesundheit und alls aufs Best bestellet«. Towerson äußerte die Besorgnis, dem jungen Middleton fehle vielleicht an Erfahrung, was er an Begeisterung im Übermaß besitze; er warnte diesen, jeder Handel mit den Spaniern oder Portugiesen wecke bei den Holländern Argwohn und Feindseligkeit. Middleton brauchte aber keine Belehrung in geschäftlichen Dingen: Wenn er auch ein winziges Schiff befehligte und ohne Flotte segelte, war er doch voller Tatendrang und teilte Towerson mit, ihn »schierten ihre Drohungen und großmäuligen Reden gar wenig«. Towerson berichtete all dies in einem langen Brief seinen Vorgesetzten in London, und obwohl er sich bei seinen Ausführungen über diesen jüngsten Middleton gewissenhaft um eine unvoreingenommene Darstellung bemühte, hatte er doch wenig freundliche Worte für das Auftreten des Kapitäns. Towerson hatte eindeutig das Gefühl, Middletons Eigenwilligkeit sei seiner Jugend geschuldet. Middleton aber war kein Dummkopf und spielte ein raffiniertes Katz-und-Maus-Spiel, als er die gewürzreichen Molukken erreichte. Nachdem er im Eiltempo über den Indischen Ozean geflogen war, um herzukommen, hatte er nun plötzlich Zeit und verbrachte über zwei Monate damit, die Spanier und Portugiesen zu Gelagen einzuladen und großzügig zu bewirten, wobei er sich bei ihnen dafür entschuldigte, daß er an ihren Zügen gegen die Holländer nicht teilnahm, und erklärte, dergleichen stehe im Widerspruch zu seinen Befehlen. Daß die Spanier sich standhaft weigerten, ihm Gewürze zu verkaufen, machte ihm wenig aus, da seine Männer, wie Samuel Purchas zu berichten weiß, »bei Nacht geheimen Handel mit den Leuten trieben und des Tags mit den Spaniern poussireten und gar freundlich taten«.

Als er von Tidore in See stach, war seine nächste Anlaufstelle die Insel Celebes, wo ihn der König von Butung, dessen Namen die immer zu Scherzen aufgelegte Mannschaft zu »Button« (Knopf) verballhornte, fürstlich bewirtete. Die Insel war den Engländern praktisch unbekannt, aber Middleton genoß den Aufenthalt und amüsierte sich über den König, der geradezu versessen darauf schien, seine Gäste mit Banketten und Konfekt zu verwöhnen. Manchmal fanden die Mahlzeiten in ungewohnter Umgebung statt; so nahm der Zahlmeister des Schiffes einmal sein Mahl in einem Raum ein, dessen Innenausstattung einzig aus verwesenden Menschenköpfen bestand, die von der Decke baumelten.

Kaum hatten die Engländer dem König von Butung Lebewohl gesagt und waren in See gestochen, da landeten sie einen Glückstreffer. Der Kapitän einer begegnenden Dschunke ließ Middleton die Nachricht zukommen, er habe eine Ladung Gewürznelken an Bord, die er verkaufen wolle. Middleton ließ sich nicht lange bitten. Er kaufte die ganze Ladung, verzichtete darauf, zu den Bandainseln weiterzusegeln, um Muskatnüsse zu kaufen, und kehrte schnurstracks nach England zurück. Ein kleines Mißgeschick widerfuhr ihnen noch, ehe sie abfuhren: »Unser Kapitän hätt etwelche Sklaven vom König kauft«, wird im Bordbuch berichtet, »und dieweil wir in der Nacht geschäftig waren, schlich von ihnen einer durch die Tür der Kapitänskajüte und stürzt sich in die See, schwamm an Land und ward nicht mehr erblicket.« Die wenigen Kapitäne, die es später Middleton nachtaten und Sklaven kauften, hatten ähnliche Probleme. Die Sklaven entflohen entweder, während die Schiffe im Hafen lagen, oder sie starben unterwegs. Abgesehen von der Sache mit den Sklaven, verlief die Rückreise der *Consent* ohne Komplikationen. Middleton hatte gerade einmal 3000 Pfund für die Gewürznelken ausgegeben; auf dem Londoner Markt aber erzielten sie einen Verkaufspreis von über 36 000 Pfund.

Der Rest der Flotte arbeitete sich quälend langsam nach Ostindien vor. Seit ihrer Abreise aus England am 1. April 1607 waren die Schiffe vom Unglück verfolgt. Das »mannigfach Unheil« war so vielfältig, daß der Befehlshaber, William Keeling, die Lust verlor, die Vorkommnisse zu schildern, und sich mit einer Aufzählung begnügte: »Böen, Kalmen, Regen, Kranckheit und ander Ungemach zur See.« Keeling war das Gegenteil des nüchtern-zielstrebigen Middleton. Das Schiffstagebuch weist ihn als extravaganten Menschen aus, der den Direktoren der Kompanie viel Kopfzerbrechen bereitete. Auf einer späteren Reise schmuggelte er entgegen dem Reglement der Kompanie sein geliebtes Eheweib an Bord und hielt sie in seiner Kajüte versteckt. Sie wurde entdeckt, kurz nachdem das Schiff in See gestochen war, woraufhin ein Ruderboot ausgeschickt wurde, um sie zurück an Land zu bringen; Keeling ließ es sich allerdings nicht nehmen, an die verärgerten Direktoren in London Dutzende von Briefen zu schreiben, die sie darüber aufklärten, daß er seinem geliebten Weib von Herzen zugetan sei und die Verhaltensweise des Direktoriums schäbig finde.

Keelings andere große Leidenschaft waren die Bühnenstücke von William Shakespeare, und während sein Schiff mitten im Atlantik vor sich hin dümpelte, verbrachte er die Mußestunden damit, die Aufführung eines der Dramen vorzubereiten. Während man die Männer auf der *Hector* damit beschäftigte, Seile auszubessern und die Decks zu kalfatern, lernte die Besatzung des Keelingschen Schiffes Texte auswendig, nähte Kostüme und unterzog sich Anproben. Schließlich nahte der große Tag. Nachdem er vor der Küste von Sierra Leone Anker geworfen hatte, rief der dilettierende Keeling zu einer Generalprobe und gestand sich ein, daß weitere Fortschritte bei seinen Männern nicht mehr zu erwarten waren. Ein ausgewähltes Publikum wurde von der *Hector* herübergebeten und das Drama unter dem sternenfunkelnden Himmel Afrikas aufgeführt. »Wir gaben«, schrieb der stolze Kapitän, »das Trauerstyck des Hamlett.« Falls das stimmt, muß es sich um eine der ersten Laienaufführungen des Stückes gehandelt haben; und sie fand nicht im Globe Theatre, sondern vor den Mangrovendickichten der äquatorialafrikanischen Küste statt.

Was Keelings Mannschaft von diesem Amateurtheater hielt, ist nicht überliefert. Hingegen wissen wir zuverlässig, daß die Streifzüge und Abenteuer englischer Seefahrer Shakespeare einen unerschöpflichen Strom von Anregungen für seine Stücke lieferten; garantiert ist es ein die Kritik seiner Oberen nachäffender Matrose der Ostindischen Kompanie, der in *Was ihr wollt* aus dem Mund des Narren spricht: »Leute von solcher Beständigkeit sollte man auf die See schicken, damit sie alle Dinge treiben und nach allen Winden steuern müßten; denn wenn man nicht weiß, wo man hin will, so kommt man am weitesten.« In anderen Stücken wird auf die Verluste angespielt, die Investoren riskierten, wenn sie Geld in den Gewürzhandel steckten; viele Kaufleute müssen wie Antonio im *Kaufmann von Venedig* schlaflose Nächte verbracht haben im Gedanken an die vielen Gefahren, die ihrer Investition auf dem Meer drohten:

»Mein Hauch, der meine Suppe kühlte, würde
Mir Fieberschauer anwehn, dächt' ich dran,
Wie viel zur See ein starker Wind kann schaden.
Ich könnte nicht die Sanduhr rinnen sehn,
So dächt' ich gleich an Seichten und an Bänke,
Säh' meinen reichen Hans im Sande fest,
Das Haupt bis unter seine Rippen neigend,
Sein Grab zu küssen. Ging' ich in die Kirche,
Und säh' das heilige Gebäu' von Stein,
Sollt' ich nicht gleich an schlimme Felsen denken,
Die an das zarte Schiff nur rühren dürfen,
So streut es auf den Strom all sein Gewürz,
Und hüllt die wilde Flut in meine Seiden.
Und kurz, jetzt eben dies Vermögen noch,
Nun gar keins mehr?«

Theater war nicht der einzige Zeitvertreib, den Keeling zu bieten hatte. Da er wußte, wie wichtig es war, die Männer vom Müßiggang abzuhalten, schickte er seine Mannschaft zum Fischzug aus; von seiner Begeisterung angesteckt, fingen sie sechstausend Fische in einer einzigen Stunde. Von unersättlichem Tatendrang erfüllt, ruderte Keeling anschließend zu einem Einkaufsbummel an Land und kehrte mit dreitausend Limonen wieder. Er brachte auch einen massiven Elefantenstoßzahn zurück, mit dem er die Wand seiner Kajüte schmückte. Der Zahn hatte ihn acht Pfund Eisen und einige Ellen Tuch gekostet.

Dieser Kauf brachte ihn auf einen Gedanken: Wenn die Eingeborenen einen Elefanten mit ihren primitiven Speeren zur Strecke bringen konnten, dann mußte er, Keeling, imstande sein, ein Tier mit seiner Muskete zu erlegen. Und so »setzeten wir am Nachmittag des siebenten September allesamt an Land und sucheten einen Elephanten zu schießen«. Auf ihrer Pirsch durch den afrikanischen Busch erspähten sie einen riesigen Elefantenbullen und eröffneten mit ihren Musketen sogleich das Feuer auf ihn: »Wir schossen sieben oder acht Kugeln in ihn, so daß er gewaltig blutete, wie an seiner Fährte zu sehen, sintemalen aber die Nacht hereinbrach, waren wir genötiget, an Bord zu gehen, ohne bei ihm ans Ziel gelanget zu sein.«

Da seine Männer sich unterdes erholt hatten, war es Zeit, wieder Segel zu setzen. Kaum war die *Red Dragon* auf hoher See, da begann Keeling auch schon mit den Proben zu Shakespeares *König Richard II*. Ende September fand er die Truppe gut genug, um ein Boot hinüber zur *Hector* zu schicken und erneut Kapitän Hawkins zu einer Theateraufführung zu bitten. Keeling fühlte sich in seinem Element und ließ zur Feier des Ereignisses eine köstliche Fischmahlzeit zubereiten. Da er sich bewußt war, daß Unterhaltungen dieser Art von den Direktoren der Kompanie mißbilligt wurden, rechtfertigte er sein Tun mit dem Argument, das Laientheater bewahre »die Männer vor Müßiggang und gesetzlosem Glücksspiel oder Schlaf«.

Nach fast neun Monaten auf See näherten sich die *Red Dragon* und die *Hector* endlich dem Kap der Guten Hoffnung. Von Middleton hatten sie immer noch nichts gehört, aber als sie in die Tafelbucht einfuhren, um ihre Vorräte aufzufrischen, stieß Keeling auf einen Fels, in den die Worte »24. Juli 1607: David Middleton auf der Consent« eingeritzt waren. Seither war ein halbes Jahr vergangen, dennoch hatte es Keeling nicht eilig. Nachdem er seiner Mannschaft gestattet hatte, ein paar müßige Wochen an Land zu verbringen, stach er ohne großen Elan wieder in See, nur um erneut Anker zu werfen, kaum daß sie Madagaskar erreicht hatten. Diesmal machte Keeling halt, damit seine Männer Gelegenheit erhielten, ihre Kleidung zu waschen, ein Tribut an die Reinlichkeit, der einen der Männer teuer zu stehen kam. Am Strand wurde ein gewisser George Evans »arg versehret von einem Krockodil oder Alligator, welcher des Mannes Bein packet, [dieweil] er neben dem Boot einen Kittel wusch«. Der unselige Mensch fand sich in flaches Wasser geschleppt, wo es ihm gelang, das Krokodil so heftig zu treten, daß es einen Augenblick lang die Kinnbacken öffnete. Aber auch so war er »übel zugericht und gelangete wieder ins Boot und wußte nichts zu vermelden, als daß sein Fuß verloren sei, bis er denn sah, daß hinten am untersten Teil seines Beins Fleisch und Sehnen bis auf den Knochen durch und durch gebissen waren. Und hätt ihn der Alligator in tiefes Wasser gebracht, es wär gewißlich um ihn geschehen.«

Ein weiterer Aufenthalt, ein weiteres Shakespeare-Stück, und die Schiffe näherten sich gemächlich Socatra, einer ausgedörrten Insel am Horn von Afrika. Selbst Keeling in all seiner Gemütsruhe konnte hier schwerlich etwas finden, was den Aufenthalt gelohnt hätte; nachdem er einen großen Vorrat Aloe erstanden hatte, das als ein wirksames Mittel gegen Verstopfung galt, setzte er also wieder Segel und nahm endlich Kurs auf Bantam.

Bantam erwartete ihn mit guten und mit schlechten Neuigkeiten. Keeling war alles andere als erfreut, sechs holländische Schiffe im Hafen liegen zu sehen; überglücklich hingegen war er, als der König ihm erklärte, er wünsche sich nichts sehnlicher, als »Handel zu treiben mit einem so gewaltigen König wie der Majestät von England, mit der sich, wie er vernommen, der König von Holland nicht messen könne«. Getreu seinen Worten, gestattete er der *Red Dragon*, unverzüglich Ladung aufzunehmen; zwei Tage vor dem Weihnachtsfest des Jahres 1608 trat das Schiff die Rückreise nach England an. Keeling befand sich nicht an Bord: Wenige Tage zuvor hatte er all seine Habe auf die *Hector* bringen lassen, mit der er nunmehr zu den Bandainseln weitersegeln wollte.

Markt in Bantam, um 1600. Hier geschah es, daß ein Engländer namens William Clarke von einem Trupp holländischer Matrosen angegriffen wurde, die ihn nackt auszogen und »ihn grausam ins Fleisch schnitten«, worauf sie ihn »mit Salz und Essig wuschen«.

Die erste Insel der Gruppe, die in Sicht kam, war das winzige, abseits gelegene Run. Statt hier vor Anker zu gehen, segelte Keeling weitere fünfzehn Kilometer ostwärts, bis er die beiden größeren Inseln Bandalontar und Bandanaira erreichte, wo es »einen sehr schönen, geräumigen Hafen« gab und ein sicherer Ankerplatz winkte. Kaum war er in diesen riesigen Naturhafen eingefahren, kam auch schon eine Gruppe von Holländern zu seinem Schiff herübergerudert, die das unerwartete Eintreffen dieser Engländer neugierig gemacht hatte. Zuerst hießen sie die Neuankömmlinge herzlich willkommen; sie feuerten zu Keelings Ehren Salut und luden ihn sogar zu einem Bankett ein. Aber ihre Freundschaft erkaltete, als sie herausfanden, daß Keeling dem dortigen Häuptling einen Brief von König Jakob I. nebst einem vergoldeten Becher, einem verzierten Helm und einer hervorragenden Muskete überreicht hatte. Sie versuchten es mit einer List und schickten eine Botschaft hinüber zur *Hector*, worin sie Keeling zur Kenntnis brachten, es gebe Verschwörungen gegen sein Leben, und ihm rieten, schleunigst Segel zu setzen.

Der englische Kapitän ließ sich aber nicht bange machen, und nachdem er dem Häuptling von Bandalontar rund 400 Peso gezahlt hatte, fingen seine Männer an, bei den dortigen Erzeugern große Mengen Muskatnuß zu kaufen. Er ließ sich mit den Handelsgeschäften Zeit, denn er wußte, daß die Winde, die ihn zu den Bandainseln gebracht hatten, in Kürze die Richtung wechseln würden; angesichts des bevorstehenden Monsuns baute er fest darauf, daß keine weiteren holländischen Schiffe von Bantam aus nach Osten segeln könnten. Er war deshalb nicht wenig überrascht, als er am 16. März 1609 die Vorhänge seiner Kajüte zurückzog und am Horizont drei holländische Schiffe auftauchen sah.

Die Besatzung dieser neuen Schiffe kam zu Besuch auf die *Hector* und stellte sich freundlich, aber »ein Engländer [der auf einem der Schiffe diente] vermeldt, daß sie vor Monatsfrist uns zu überfallen gedencken«. Tatsächlich bemühten sie sich bereits, Keelings Geschäfte zu stören: Binnen weniger Tage nach ihrer Ankunft schoß der Muskatnußpreis steil in die Höhe. Daraufhin ließ der englische Kapitän vom Handel mit Bandalontar ab, »schloß eine heimelich Übereinkunft mit dem Häuptling der Insel Ai« und schickte sich an, einen Faktor dorthin zu senden. Es dauerte indes nicht einmal eine Woche, da gab es bereits weitere schlechte Nachrichten. Nicht nur hatten die Holländer Kenntnis von seinem Geheimabkommen erhalten und sich geschworen, es zu torpedieren, sie hatten außerdem Verstärkung in Gestalt von sechs weiteren Schiffen bekommen. Das war eine völlig unerwartete Entwicklung, die Keeling kaum eine Wahl ließ. »Zweiundsechzig Mann gegen eintausend oder mehr vermochten nicht viel auszurichten«, schrieb er. Ebensosehr in der Unterzahl wie waffentechnisch unterlegen, erkannte er, daß seine einzige Chance darin bestand, mit den Holländern auf freundschaftlichem Fuße zu bleiben; während sich die holländischen Schiffe näherten, befahl er deshalb seinen Männern zähneknirschend, die Ankömmlinge mit einer Begrüßungssalve zu empfangen. Keeling stellte außerdem fest, daß er eine sich rasch steigernde Allergie gegen Muskatnüsse entwickelte und daß sie ihn krank machten, statt ihm Heilung zu bringen. »Ich ging an Bord«, schrieb er verärgert, »um meiner Augen zu pflegen, diweil die Hitze der Nüsse sie gar wund gemacht.«

Er war mittlerweile gründlich deprimiert. Die Holländer behandelten ihn »über die Maßen unmanirlich und durchsucheten schimpflich seyn Boot ... und duldeten nicht, daß er noch irgend Handel hätt, nicht sogar eintriebe, was man ihm schuld war, sondern ward herrisch geheißen, sich von hinnen zu machen«. Keeling kam mit dem Herrscher von Bandanaira zu einem geheimen Treffen zusammen und schlug diesem versuchsweise vor, sein Hoheitsgebiet König Jakob I. zu unterstellen und dafür Handelsvorteile und Schutz zu genießen. Er freute sich zu hören, daß der Häuptling Interesse an dem Vorschlag bekundete, war aber »besorgt ob ihres Wanckelmuts«. Er bemühte sich weiter, die Holländer zu bluffen, indem er sie warnte, »Seine Majestät von England, unser Monarch, werde nicht zulassen, daß seine Untertanen durch ihr Betreiben etwan Schaden litten ohn sonderlich und gerüttelt Genugleistung«. Die Holländer schenkten dem keine Beachtung; es bereitete ihnen mittlerweile ein diabolisches Vergnügen, ihn zu provozieren. Als sie vor seinen Augen einige Säcke Reis stahlen, verlor er die Beherrschung. Er griff sich den Boten des holländischen Admirals und »hieß [ihn] seinem Admiral ausrichten ... daß er, sofern er ein Mann von Stand, nicht zulassen würd, daß seine Gemeinen schimpflich mit mir verfahren, dieweil ich unter ihnen meines Wegs ging«. Der Bote wieherte vor Lachen, als er das hörte, und antwortete, sein Admiral sei kein Mann von Stand, sondern ein Weber.

Keeling befand sich in einer hoffnungslosen Lage. Bar jeden Zugangs zu den Gewürzen und Tag und Nacht unter Beobachtung, hatte er guten Grund, die Anweisungen der Kompanie in den Wind zu schlagen und die Heimfahrt nach England anzutreten. Gerade aber, als er diese Möglichkeit in Betracht zog, änderte sich die gesamte Situation. Noch eine weitere holländische Flotte traf bei den Bandainseln ein und brachte höchst unwillkommene Instruktionen mit.

Der Befehlshaber dieser neuen Flotte, Peter Verhoef, war ein Kriegsheld vor dem Herrn, der sich erstmals zwei Jahre zuvor bei der Schlacht von Gibraltar ausgezeichnet hatte; daß die spanische Flotte dort vernichtet wurde, war wesentlich sein Verdienst. Jetzt hatte man ihn auf eine Mission entsandt, die zwar offiziell dem Kauf von Gewürzen diente, in Wahrheit aber ein eindeutig militärisches Ziel verfolgte. »Wir empfehlen Eurem sonderlichen Gewahrsam die Inseln, auf denen Gewürznelken und Muskatennüss wachsen«, war in den Instruktionen zu lesen, die ihm die Siebzehn mitgaben, »und wir heißen Euch sie für die Kompanie erringen, ob durch Vertrag oder durch Gewalt.«

In strikter Befolgung dieser Anweisungen segelte Verhoef mit seiner eindrucksvollen Flotte, auf der sich wenigstens tausend holländische Kriegsleute sowie ein Kontingent japanischer Söldner befanden, geradewegs zu den Bandainseln. Bei seiner Ankunft auf Bandalontar überreichte er dem Oberhäuptling feierlich sein Beglaubigungsschreiben und versammelte alle lokalen Häuptlinge zu einem Treffen »unter einem großmächtigen Baum«. Er verlas zuerst auf portugiesisch und dann in malaiischer Sprache einen vorbereiteten Text, in dem er sie tadelte, ihr Versprechen gebrochen zu haben, »nur mit ihnen Handel zu treiben, die allnun sechs Jahr lang dort gehandelt ... und die man oftens gar übel traktiret«. Er verkündete sodann seine Absicht, eine Festung auf Bandanaira zu errichten, »auf daß sie selbst und alles Land vor den Portugaler sicher sein möchten«. Diese Nachricht rief bei den Eingeborenen »gewaltig Lärmen« hervor, die »den Hollandern den Garaus gemachet, so sie nicht Forcht vor ihren Schyffen gehemmet«.

Verhoef stellte fest, daß es unmöglich war, mit den Häuptlingen zu verhandeln, da offenbar eine übergreifende Herrschaftsstruktur fehlte. Zwar ist in vielen Dokumenten von einem »König von Banda« die Rede, aber in Wahrheit gab es den nicht. Vielmehr hatte jede Insel und jedes Dorf eigene Häuptlinge, deren Macht sich höchstens auf einige hundert Leute erstreckte. Dadurch, daß er mehr als zweihundert Häuptlingen seine Absicht kundgetan hatte, war es Verhoef gelungen, sich auf einen Streich zum gemeinsamen Feind aller zu machen.

Ohne sich um ihre Drohungen zu kümmern, brachte er sogleich 750 Mann auf Bandanaira an Land und wies sie an, mit dem Bau der Fundamente für die Festung zu beginnen. Das Bauwerk, dessen massive Grundmauern unter dem dichten Bodenbewuchs bis heute sichtbar sind, wurde an der gleichen Stelle errichtet, an der fast ein Jahrhundert zuvor ein portugiesisches Fort aufgegeben worden war. Die Häuptlinge sahen besorgt, wie die Außenmauern der Festung in die Höhe wuchsen; am 22. Mai 1609 ersuchten sie um ein Treffen mit dem holländischen Befehlshaber. Verhoef war sofort einverstanden, weil er hoffte, sie würden seinen Plänen zu guter Letzt doch noch zustimmen.

Nach fast vierhundert Jahren hält es schwer, sich zusammenzureimen, was danach genau passierte. Den holländischen Quellen zufolge betätigte sich William Keeling als Anstifter zu dem folgenden Massaker; seine eigenen Aufzeichnungen allerdings widersprechen dieser Beschuldigung. Auch wenn er ohne Frage eine Reihe von geheimen Vereinbarungen mit den Eingeborenen traf, deutet doch nichts darauf hin, daß er sie aktiv zum gewaltsamen Vorgehen aufstachelte. Tatsächlich war er gerade damit beschäftigt, auf der Insel Ai, die eine Tagesfahrt von Bandanaira entfernt lag, Muskatnüsse zu kaufen, als sich Gerüchte von einem bevorstehenden Anschlag zu verbreiten begannen.

Den ersten Hinweis darauf, daß Schwierigkeiten ins Haus standen, erhielt Keeling vom Häuptling der Insel. Ihm wurde gesagt, er solle auf keinen Fall nach Bandanaira segeln, wenn er nicht fortan als Feind betrachtet werden wolle. Keeling war fasziniert und grübelte im Bett über diese geheimnisvolle Botschaft nach. In der folgenden Nacht wurde ihm die Sache klarer. »Dieweil ich zu Bette ging, empfingen wir Geheiß, uns nicht nach draußen zu trauen, sofern unser Leben uns lieb. Und bald schon vernahm ich, daß die Holländer vor dem Volk auf den Knien lagen.« Nachdem er sich Kleider übergeworfen hatte, »legte ich Waffen an und ging hinaus unter sie, wo ich die Holländer fand, die von Furcht übermannt«. Einen von ihnen hatte man ins Bein geschossen, während man die anderen mit dem Tode bedrohte.

War die Situation auf Ai noch unentschieden, so hatte sie

auf Bandanaira eine mörderische Wendung genommen. Verhoef war an die Ostküste der Insel gesegelt, um dort mit den Eingeborenenhäuptlingen zusammenzutreffen, aber als er an Land kam, konnte er die Häuptlinge nirgends entdecken. Das war seltsam. Er hatte sich garantiert nicht im Tag vertan, und er wußte mit Gewißheit, daß dies das Dorf war, das beide Parteien als Treffpunkt ausgemacht hatten. Während er überlegte, was als nächstes zu tun sei, tauchte ein einzelner Eingeborener aus dem Wald auf und »tät dem Admiral kund, daß die orang kayas und andere Häuptlinge der Inseln weniges entfernt im Wald weilten, aber sich solchermaßen vor den Soldaten fürchteten, die der Admiral bei sich hätt, daß sie sich nicht getraueten, zu ihm zu kommen«. Der einheimische Bote bat Verhoef und seine Berater, die Soldaten und Waffen am Strand zurückzulassen und zu dem Treffen in den Wald zu kommen. Erstaunlicherweise folgte Verhoef der Bitte und führte den holländischen Offiziersstab in die tödliche Falle. »Und da er mit ihnen hineingegangen, fand er den Wald voll mit Schwarzmohren, Bandanesen und orang kayas, von denen sie sogleich umzingelt, und ohn daß viel Worte zwischen ihnen wärn gewechselt worden, wurden sie von denen ungetreuen Schurken massakriret.«

Die letzten Worte, die Verhoef vernahm, kamen von seinem Untergebenen Jan de Bruin, der schreckerfüllt schrie: »Admiral, wir sind verraten!« Unbewaffnet, wie sie waren, fanden sich die Männer dem Feind hilflos ausgeliefert. Alle zweiundvierzig Holländer, die das Gehölz betreten hatten, wurden niedergemetzelt; ihnen wurden die Köpfe abgeschnitten. Die Bandanesen griffen anschließend die Soldaten am Strand an und entfachten einen allgemeinen Aufstand.

Die Holländer sahen sich jetzt in einer bedenklichen Lage. Ein Krisenrat wurde einberufen und wählte einen neuen Anführer, Simon Hoen, der zu der halbfertigen Festung zurückeilte und seine Männer antrieb, schneller zu arbeiten, damit der Bau vollendet wurde. Hoen zögerte nicht mit Vergeltungsaktionen; er ließ auf dem Flaggschiff die Kriegsflagge hissen, erklärte der Insel Bandanaira in aller Form den Krieg und fing an, »Rache zu üben und zu vollbringen, wo er nur konnt«. Dörfer wurden niedergebrannt, Boote zerstört und Eingeborene niedergemetzelt.

Am 10. August 1609 wurde endlich an Bord von Hoens Flaggschiff ein Friedensvertrag unterzeichnet. Dieser Vertrag, der auf seiten der Eingeborenen von einigen wenigen *orang-kayas* abgeschlossen wurde, legte fest, daß die Insel Bandanaira fortan holländischer Herrschaft unterstehen und »allzeit unser Besitz« sein sollte – die erste territoriale Erwerbung der Holländer in Ostindien. Die übrigen Inseln sollten ihrer Freiheit auf ähnliche Weise verlustig gehen. Darüber hinaus zwang man den Häuptling, »sich zu verschwören, daß sie fortan mit keiner andren Nation irgend Handel trieben, vielmehr all ihre Nüß und Muskatenblüten an die Holländer allein verkaufeten«. Hoen schickte einen Brief an Kapitän Keeling, in dem er ihn von diesem Vertrag in Kenntnis setzte und ihm befahl, binnen fünf Tagen die Bandainseln zu verlassen und niemals wiederzukehren. Fortan »bekrigeten Engländer und Hollander einander«.

Keeling, dem die Holländer so viel Schmach zugefügt hatten, meinte nun, in einer hinlänglich starken Position zu sein, um ihnen Trotz zu bieten. In seinem Antwortschreiben erklärte er, eine sofortige Abreise von den Bandainseln komme gar nicht in Frage, da es ihm gerade gelungen sei, einen großen Posten Gewürze zu erstehen, für deren Verladung er nicht weniger als fünfundzwanzig Tage brauche. Er teilte Hoen außerdem seine Absicht mit, auf der Insel Ai eine ständige englische Faktorei einzurichten.

Keeling kam mit seinem Bluff durch. Er wußte ganz genau, daß »oftmalen Männer voll Unbedacht mit dem Tod dräuen, welchselbiges auszuführen sie nicht ums Leben sich trauen«; und so war es diesmal auch. Er verlud in aller Ruhe seine Gewürze, und als er dann die Rückreise nach England antreten konnte, fiel ihm der Abschied von den Bandainseln nicht schwer. Nach entbehrungsreichen Monaten hatte er endlich wieder Zeit, ein bißchen Shakespeare einzustudieren.

KAPITEL SECHS

Ein Rebell zur See

Im Sommer 1558, fast fünf Jahre nach der unseligen Arktisexpedition von Sir Hugh Willoughby, drang eine beunruhigende Nachricht nach London. Es ging das Gerücht, ein findiger junger Entdecker aus Brüssel namens Oliver Brunel sei eine beträchtliche Strecke die Nordküste Rußlands entlanggesegelt und behaupte, die Nordostpassage so gut wie gefunden zu haben. Siegessicher habe er nun vor, an Bord eines russischen Schiffes weiter nach Osten zu segeln, bis zu den Gewürzinseln – eine Route, durch die sich die lange Reise in den Fernen Osten um dreitausend Kilometer oder ein Jahr Segelfahrt verkürze.

Diese Neuigkeit erregte bei der Londoner Kaufmannschaft große Besorgnis, da Brunel mit den Holländern sympathisierte und jede Entdeckung, die er machte, ihnen zugute kommen würde. Brunels Forschungsreise mußte deshalb unbedingt durchkreuzt werden; um das zu erreichen, schwärzten ihn die Kaufleute der gerade erst gegründeten Moskowiter Kompanie bei den Russen als Spion an, und der unglückliche Brunel verbrachte die folgenden zwölf Jahre im Gefängnis.

Ein kleinerer Geist hätte sich seine Lust, in die Ferne zu schweifen, durch diese Erfahrung vielleicht verschlagen lassen. Nicht so Brunel: Kaum war er aus dem Gefängnis heraus, brach er schon wieder gen Osten auf, diesmal in Diensten der Familie Strogonow. Bei seiner Erforschung der eiszerklüfteten arktischen Küste Rußlands fertigte er haufenweise Aufzeichnungen und Seekarten an; als er schließlich nach Holland zurückkehrte, wartete dort schon eine ganze Riege von Geographen auf ihn, unter ihnen der hochangesehene Gerard Mercator. Mercator war überglücklich, als er feststellte, daß Brunel genau die Nachricht mitbrachte, auf die er schon lange gewartet hatte; seit Jahren wurde in Amsterdam und London gemunkelt, es gebe tatsächlich eine schiffbare Nordostpassage, durch die man zu den Gewürzinseln gelangen könne. Viele dieser Gerüchte waren bereits Jahrzehnte alt, und noch mehr waren reine Erfindung, aber jede neue Information brachte die Geographen dazu, sich wieder in ihre Karten von der Arktis zu vertiefen, von der sich ein großer Teil nach wie vor als riesiger weißer Flecken, als Terra incognita darbot.

Besonders interessant an Brunels Funden war sein Anspruch, den sagenumwobenen Fluß Ob gefunden zu haben, der nach damaliger Überzeugung eine bequeme Wasserstraße in Richtung Ostindien bildete. »Allenthalben«, schrieb ein Händler, »höret man von den Russen, welche des Reisens überaus kundig, daß jenseits des Ob, gen Südosten, ein warm Meer liegt, wie denn in russischer Zunge die Worte bekunden ›Za Oby reca moria Templa‹, was da heißet ›jenseits des Stromes Ob ist ein warm Meer‹.«

Niemand wußte, ob das stimmte oder nicht; nicht einmal Brunel war es gelungen, den Fluß Ob hinunterzusegeln. Dennoch hielten sich ebenso hartnäckig wie zahlreich die Gerüchte, daß der Ob tatsächlich in die Tropen führe. Mit Sicherheit glaubten die vertrauenswürdigen Kaufleute der neugegründeten Moskowiter Kompanie die Geschichten und vermehrten das wachsende Beweismaterial häufig noch durch eigene Beiträge. Der leitende Kaufmann Francis Cherry berichtete seinen Vorgesetzten in London, er habe einen Stör aus dem Ob gegessen; andere spannten ihre Oberen in London noch mehr auf die Folter, weil sie zu erzählen wußten, sie hätten gesehen, wie »große Kahne, beladen mit vielerlei kostbaren Gütern, von schwarzen oder dunkelfärbigen Leuten den großen Fluß herabgeschifft wurden«.

Unter den Londoner Gewürzhändlern sorgte das für große Aufregung, die noch größer wurde, als sie erfuhren, daß die Menschen, die an den Ufern des Ob lebten, offenbar chinesischer Abstammung waren, denn »wann immer sie das Volk mit Namen Karrah Colmak (dieses Land ist Kathay) erwähnen, holen sie tief Odem und heben die Händ und schauen empor zum Himmel, womit sie gleichsam den ausnehmenden Ruhm und die Herrlichkeit jener Nation anzeigen und bekunden wollen«.

Trotz aller Beweise hatten es die Engländer nicht eilig damit, eine neue Expedition auszurüsten und auf die Suche nach der nördlichen Route zu den »Gewürzlanden« zu schicken. Eine Handvoll wagemutiger Abenteurer unternahm auch weiterhin Fahrten in die Arktis, und einer Expedition, die 1580 losgeschickt wurde, gelang es, ein gutes Stück der Karasee zu durchfahren, ehe sie sich durch Packeis den Weg verlegt sah. Die Mission war aber kein völliger Mißerfolg, da die Mannschaft mit einem merkwürdigen Horn zurückkehrte, das an die zwei Meter lang und schraubenförmig gedreht war. Da die englischen Seeleute von der Existenz des Narwals, jenes merkwürdigen Vertreters der Walfamilie, aus dessen Kopf ein einzelner Schneidezahn ragt, nichts wußten, erklärten sie wohlgemut, dieses eigentümliche Stück Treibgut habe einst zu einem Einhorn gehört – womit es zu einem hochbedeutsamen Fund wurde, denn »wissend, daß Einhörner in den Ländern Kathei, China und andren Orientalischen Landstrichen heimisch, erwogen [die Seeleute] und gedachten, daß selbiges Haupt von des Meeres Strom sei herbeigeführt worden und daß es derhalben notwendig einen Durchlaß aus selbigem Orientalischem Ozean in unsere septentrionalischen Meere müßt geben«.

Die Engländer wurden zu ihren arktischen Unternehmungen durch Samuel Purchas angetrieben, der alle unerschrockenen, abenteuerlustigen Leute aufrief, Segel zu setzen und sich auf die Suche nach einer Passage zu machen; er hielt ihnen vor Augen, daß sich ihre Reise zu den »Gewürzlanden« mit jedem Schritt zum Pol verkürzte, »allwo die unermessliche Linie des ganzen Umlaufs selbsten aufhöret, eine Linie zu sein, und zu einem Punkte, einer Nichtigkeit, einem Trugbilde schwindet«. Purchas' dichterischer Höhenflug vermochte seine englischen Landsleute nicht zu rühren, stieß aber auf Resonanz bei dem praktischer gesinnten Mercator in Holland, der wiederholt versicherte, die Erforschung der Arktis sei nicht so gefährlich, wie gemeinhin angenommen werde. »Die Reise nach Kathei in östlicher Richtung ist ohn Frage gar leicht und kurz«, schrieb er in tadelndem Ton, »und ich habe mich oftmalen darob verwundert, daß man nach einem solch günstigen Beginnen davon abgekommen und Kurs nach Westen genommen, dieweil doch mehr als die Hälfte der Route schon erkundet.«

Ein konkreterer Ratschlag kam von Petrus Plancius, dem Mann, der im Jahre 1595 mithelfen sollte, die erste holländische Expedition auf den Weg nach Ostindien zu bringen, und der seit jeher hoch interessiert daran war, eine Flotte über die Nordpolroute zu schicken. Er machte geltend, daß Süßwasser leichter gefror als Salzwasser, und behauptete, die Küste Rußlands liege deshalb ständig unter Eis begraben, weil sich dort das ganze Wasser von Süßwasserflüssen wie dem Ob ins Meer ergieße. Er riet den holländischen Entdeckern, weiter nördlich, in größerer Entfernung zum Land zu segeln, wo sie ein Meer vorfinden würden, das völlig frei von Eis sei.

Gewissermaßen im Kielwasser dieses empirisch fundierten Arguments stachen nacheinander drei Flotten in See.

Die erste, die im Jahre 1594 von Texel auslief, baute so fest auf ihren Erfolg, daß sie Briefe in arabischer Sprache mitführte, die bei der Ankunft auf den Gewürzinseln den dortigen Machthabern übergeben werden sollten. Die Flotte spaltete sich in zwei Gruppen auf, wobei das erste Geschwader dem Kommando eines erprobten Seefahrers namens Willem Barentsz unterstand, der als einer der größten Polarforscher in die Geschichte eingehen sollte. Aber selbst seine Steuermannskünste konnten in den Eiswüsten der Arktis nichts ausrichten; es dauerte nicht lange, da erreichte sein Schiff »einen gewaltigen Batzen Eis, so weit man im Topp zu erspähn vermocht, die lag wie ein kahl, gefroren Feld«. Er segelte weit über zweitausend Kilometer, in der Hoffnung, eine Durchfahrt durch das Eis zu entdecken, mußte sich aber schließlich geschlagen geben.

Cornelius Nay, der Befehlshaber des zweiten Geschwaders, hatte mehr Glück. Er segelte durch die Meerstraße zwischen Vaygach und der Südspitze von Novaya Zemlya und gelangte ohne Probleme in die Karasee; von dort hätte er weiter ostwärts fahren können, wäre nicht plötzlich der Sommer zu Ende gegangen. Nay kehrte nach Holland zurück und verkündete stolz, er habe die Nordostpassage entdeckt; den holländischen Kaufleuten versicherte er, die Sache sei »erwircket und wahrhafftig«. Er wurde als Held gefeiert. Nordrußland benannte man in Neuholland um, aus der Karasee wurde die Neunordsee, und die Meerstraße von Vaygach erhielt den neuen Namen Nassaustraße.

Man durfte keine Zeit verlieren, würden doch die anderen Nationen, zumal die Engländer, mit Sicherheit Kunde von dieser bedeutungsschweren Entdeckung erhalten. Im folgenden Sommer wurde eine zweite Flotte ausgesandt; keiner zweifelte daran, daß sie die Gewürzinseln bis Weihnachten erreicht hätten. Dem war nicht so! Eis verstopfte die Nassaustraße, und die Neunordsee war fest gefroren.

Die Moral sank auf den Tiefpunkt, als zwei der Männer, die den Einheimischen Pelze gestohlen hatten und dabei erwischt worden waren, gemäß dem Schiffsreglement bestraft wurden. Die Strafe bestand in dreimaligem Kielholen – was schon in den warmen Gewässern Ostindiens eine brutale Behandlung gewesen wäre, in der eisigen Arktis aber noch viel gefährlicher war. Dem ersten Mann wurde der Kopf abgerissen, als man ihn unter dem Schiff durchzog. Der zweite überlebte nur, um an Land ausgesetzt zu werden, wo er erfror. Daraufhin kam es zu einer kleinen Meuterei, die dazu führte, daß fünf Leute gehängt wurden; als die Expedition wieder in Holland eintraf, hatte sich die Begeisterung der Mannschaft für ihr arktisches Abenteuer gelegt.

Die niederländischen Staaten Holland und Seeland beschlossen, das Projekt aufzugeben, und erklärten, sie hätten bereits ein Vermögen für dieses Unternehmen aufgewendet, dessen Aussichtslosigkeit immer deutlicher werde. Die Kaufleute von Amsterdam hingegen ließen sich durch die wiederholten Mißerfolge nicht abschrecken und rüsteten prompt eine dritte Flotte aus, die zwei Schiffe umfaßte und im Frühjahr 1596 unter dem Oberbefehl von Willem Barentsz, mit Jacob van Heemskerck als Kapitän, in See stach. Als sie irgendwo nördlich von Novaya Zemlya im Eis festsaßen, hielten sich die beiden Männer für vertraut genug mit dem arktischen Klima, um den Winter überstehen zu können. Sie bauten aus Planken und Treibholz eine Behelfsunterkunft – so solide, daß sie noch drei Jahrhunderte später stand, als der Engländer Charles Gardiner sie aufsuchte – und überwinterten dort acht Monate lang. Gute Laune half ihnen dabei, den Überlebenskampf zu gewinnen. Im Januar veranstalteten sie ein Festessen auf Mehlbasis, nachdem sie den Stückmeister des Schiffes zum König von Novaya Zemlya gekrönt hatten; im Februar

Die Holländer bauten eine Behelfsunterkunft und überlebten mit Hilfe von Bärenfleisch. Eine Bärin »tät uns größer Schaden denn da sie am Leben; wir schlitzeten ihrn Bauch auf und bereiteten hernach ihre Leber und aßen davon ... erkrancketen darob aber allsamt gar sehr«.

schossen sie dann einen Eisbären, »der uns hundert Pfund Fett bracht«. Im Juni fing das Eis endlich an zu tauen und enthüllte, daß ihr Schiff irreparabel zerquetscht worden war. Die Überlebenden bauten rasch zwei kleine Fahrzeuge, angefeuert von dem stets fröhlichen Barentsz. Obwohl er selber todkrank war, sorgte er allenthalben für gute Laune: »Unser Leben hängt daran, Jungens«, erklärte er scherzend, »wann wir die Boote nicht fertig kriegen, sterben wir allhier als Bürger von Novaya Zemlya.«

Ein paar Tage später war er tot und überließ Heemskerck die Aufgabe, die kleinen Boote durch das Eis zu navigieren. Fast zwei Monate vergingen, ehe die Überlebenden nahe der Halbinsel Kola auf ein holländisches Schiff stießen, das kam, um sie zu retten. Als Heemskerck und seine Männer endlich wieder in Holland waren und bei ihren Amsterdamer Geldgebern vorsprachen, wollten sie von einer nördlichen Route zu den Gewürzinseln definitiv nichts mehr wissen. Um keinen Zweifel daran zu lassen, daß der Nordpol der denkbar schlechteste Ort war, um nach Gewürzen zu suchen, erschienen sie zu dem Treffen in voller arktischer Montur, einschließlich »Fellkappen, so von Weißfüchsen gemachet«.

Nach dem Scheitern dieser dritten Expedition legte sich die Begeisterung für das Nordroutenprojekt. Obwohl auf denjenigen, der als erster durch das Eis drang, 25 000 Gulden Belohnung warteten, sollte noch mehr als ein Jahrzehnt vergehen, ehe sich überhaupt ein Schiff, ob nun holländisch oder englisch, wieder über den Weißmeerhafen Archangelsk hinaus nach Osten vorwagte. Hochwürden Purchas war untröstlich: »Am mehrsten betrübet mich«, schrieb er, »daß die Entdeckung des Poles und dessen, was dahinter, Aufschub erleidet.« Er hielt es für die Pflicht der reichen Kaufleute, die Erforschung der Pole zu finanzieren, denn »sie erlangeten die Welt wohl besser und schenketen sie uns gewisser, wär Wohltun ihr Wegweiser, Nächstenliebe ihr Kompaß, das Himmelreich ihr Hafen, und mäßen sie die Höhe dergestalt, daß sie im Astrolabium der Heiligen Schrift auf die Sonne der Gerechtigkeit Obacht gäben und mit der Richtschnur des Glaubens die Tiefe loteten statt mit dem Blei ihrer abgrundigen Habgier«.

Im Jahre 1608 erreichte Purchas die Kunde, daß ein englischer Entdecker namens Henry Hudson zwei Reisen nach Norden unternommen habe, mit der Absicht, den Pol zu überqueren und weiter bis zum »Gewürzland« zu fahren. Auch wenn ihm weder das eine noch das andere gelungen war, hatte er doch beträchtliche Entfernungen zurückgelegt und sowohl Novaya Zemlya als auch Spitzbergen und sogar die Ostküste von Grönland berührt. Vor allem aber faszi-

Die Temperaturen sanken so tief, daß »drinnen im Haus gewaltiger Frost wär, so Wänd und Dach zwei Finger dick mit Eis bedeckete«.

nierte Purchas, daß Hudson weiter nach Norden vorgestoßen war als jemals ein Seemann vor ihm und sich in der Tat dem Nordpol bis auf zehn Grad genähert hatte.

Die Londoner Kaufleute äußerten Interesse an Hudsons Erkundungen, waren aber zu sehr damit beschäftigt, ihre Schiffe um das Kap der Guten Hoffnung heil nach Hause zu bringen, als daß sie sich für den Gedanken hätten erwärmen können, eine neue Expedition nach Norden auszurüsten. Anders ihre holländischen Widersacher: Als die von Hudsons Reise erfuhren, fürchteten sie eine Entdeckung der Nordostpassage durch die englische Konkurrenz und ersuchten ihren klugen alten Konsul in London, Emanuel van Meteren, Kontakt zu Hudson aufzunehmen und ihn nach Holland zu rufen.

Hudson traf im Winter 1608 in Amsterdam ein und wurde sogleich von den Direktoren der Holländisch-Ostindischen Kompanie empfangen, denen er seine Entdeckungen wie das achte Weltwunder anpries. Er äußerte seine Überzeugung, daß der Nordpol von offenem Meer bedeckt sei, wie Plancius vermutet habe; je weiter er nach Norden gesegelt sei, erklärte er, um so milder sei das Klima geworden, und statt Eis und Schnee habe er Land angetroffen, auf dem es Weiden und Wildblumen und auch viele verschiedene Tierarten gebe, die ausschließlich von dem lebten, was das Land hervorbringe.

Die Kaufleute trauten ihren Ohren nicht und wollten von Hudson wissen, warum ihre eigenen Seeleute dieses gelobte Land nicht gefunden hätten. Eine Erklärung dafür hatte der englische Entdecker rasch bei der Hand. Um das milde Klima des Nordpols zu erreichen, behauptete er, sei es nötig, über den 74. Breitengrad hinaus nach Norden ins offene Meer vorzustoßen – in diesen Breiten hatten die holländischen Schiffe ihren Weg stets durch Eis blockiert gefunden –, weil die große Wassertiefe und die starke Dünung jede Eisbildung verhindere. Außerdem versicherte er dreist, man müsse nur den 83. Breitengrad – irgendwo nördlich von Franz-Josef-Land – erreichen, dann könne man in östlicher Richtung die warmen Meere Ostindiens erreichen.

Hudsons Theorie klang durchaus überzeugend; die Kaufleute allerdings hatten bei ihren arktischen Unternehmungen so viele Rückschläge einstecken müssen, daß sie weitere Beweise verlangten. Sie ließen Petrus Plancius kommen und fragten ihn, was er von Hudsons Erkundungen halte. Plancius unterschrieb nicht nur jedes Wort Hudsons, er brachte zur Unterstützung der Behauptungen des Engländers auch weitere Argumente vor. So machte er geltend, daß am Nordpol zwar die Kraft der Sonnenstrahlen extrem schwach sei, daß dafür aber die Sonne ununterbrochen fast fünf Monate im Jahr scheine und dies den Aufbau eines permanenten Wärmepolsters am oberen Ende der Welt ermögliche. Zum Beweis seiner These erinnerte er die Direktoren daran, daß ein kleines Feuer, das lange an einer Stelle in Gang gehalten werde, erheblich mehr Wärme spende als ein großes Feuer, das man ständig wieder lösche.

Die Amsterdamer Direktoren waren von diesen Ausführungen beeindruckt, zögerten aber mit der sofortigen Ausrüstung einer Expedition, zum Teil deshalb, weil die Satzung der Kompanie vorsah, eine Flotte zu den Gewürzinseln dürfe nur mit einhelliger Zustimmung des Rates der Siebzehn in See stechen. Da der Rat nur zwei- oder dreimal im Jahr zusammentrat, konnte ein solches Projekt erst bei der für Ende Frühjahr 1609 geplanten Zusammenkunft beschlossen werden. Unglücklicherweise lag dieser Termin dann zu spät, um noch im gleichen Jahr eine Expedition quer durch die Arktis zu schicken; Hudson würde sich also ein weiteres Jahr gedulden müssen, ehe er Segel setzen konnte.

Diese untypische verzögernde Haltung wäre die Direktoren fast teuer zu stehen gekommen. Die Charta der Holländisch-Ostindischen Kompanie räumte dieser ein Monopol auf jeden Handel ein, der auf den Routen um das Kap der Guten Hoffnung und durch die Magellanstraße betrieben wurde, während von einer nördlichen Route zu den Gewürzinseln nicht die Rede war; das wiederum bedeutete zwangsläufig, daß die Siebzehn keine Handhabe hatten, einen Kaufmann, der sich eventuell im Alleingang auf die Suche nach der Nordostpassage machte, daran zu hindern. Zu der Zeit, als sich Hudson in Amsterdam aufhielt, hatte sich just eine solche Situation ergeben. Isaac Lemaire, einer der reichsten Kaufleute der Stadt, äußerte wachsende Unzufriedenheit über die allzu vorsichtige Handelspolitik Hollands, bis er der Kompanie 1605 seine Unterstützung entzog. Er war fortan ihr erklärter Feind, und ein gefährlicher dazu, denn er schwor, er werde alles in seinen Kräften Stehende tun, seinen früheren Partnern zu schaden. Als er hörte, daß sie Hudsons Vorschlag zu einer sofortigen Fahrt nach Norden abschlägig beschieden hatten, wandte er sich an den englischen Seefahrer und trug ihm eine Partnerschaft an. Lemaire hatte einen mächtigen Geldgeber: König Heinrich IV. von Frankreich sah mit zunehmendem Neid, wie holländische Schiffe den Ärmelkanal durchfuhren, und hätte gar zu gern an den Reichtümern Ostindiens teilgehabt. Als er hörte, daß sich Lemaire mit seinen früheren Partnern entzweit hatte, nahm der König durch seinen Botschafter Pierre Jeannin Kontakt zu dem Holländer auf.

Die folgenden Verhandlungen mußten unter strengster Geheimhaltung geführt werden, damit die Siebzehn, die »nichts ärger forchteten, als daß ihnen einer bei diesem Plane zuvorkam«, keinen Verdacht schöpften. Ein Treffen mit Hudson wurde arrangiert, und der englische Entdecker, über die Saumseligkeit der Siebzehn verärgert, stellte den beiden Männern seine Unterlagen über die Arktis zur Verfügung.

Kaum hatte sich Jeannin über Hudsons Befunde informiert, schrieb er an den französischen König und drängte ihn, eine von Hudson angeführte Expedition in die Arktis zu finanzieren. Er sagte voraus, die Fahrt zu den Gewürzinseln und wieder zurück werde kaum sechs Monate dauern; hinzu komme noch der Vorteil, daß man unterwegs keiner einzigen fremden Karacke begegnen werde. »Es ist wahr«, schrieb Jeannin, »daß der Erfolg dieses Unterfangens nicht mit Gewißheit zu verheißen ist, doch hat Lemaire schon längstens nachgeforschet, was sich von solch einem Unterfangen erwarten lässet, und er gilt für einen klugen und eifrigen Mann.« Jeannin fügte noch hinzu: »Nach Planciussens und anderer Geographen Dafürhalten gibt es weitere Länder, allwelche noch nicht entdecket worden und die Gott vielleicht aufgesparet, auf daß sie anderen

Fürsten zum Ruhme und Vorteil gereichen ... Und mag selbst nichts daraus herfürgehen, bleibt's immer doch ein löblich Unterfangen, und die Reu wird nicht groß sein, dieweil der Einsatz so gering.«

Nach Empfang dieses Briefes zögerte der König nicht lange. Auch wenn er dem Vorhaben skeptisch gegenüberstand, war er doch hinlänglich davon angetan, um einen Wechsel über viertausend Kronen zu schicken. Leider traf das Geld zu spät ein. Die Siebzehn hatten Wind von Lemaires heimlichen Treffen mit Hudson bekommen, den Engländer auf der Stelle zurückgerufen und diesmal keine Zeit verloren. Sie schlossen mit Hudson einen Vertrag, der ihm die Leitung einer Expedition zur Entdeckung der nördlichen Route zu den Gewürzinseln übertrug und der bis in die Einzelheiten festlegte, welchen Weg er einschlagen sollte, wieviel Geld er erhalten würde und was für Verpflichtungen er übernahm. »Der obgenannte Hudson wird um den ersten April in See stechen, nach einer nördlichen Durchfahrt zu suchen, an der Nordküste von Nova Zembla herum, und wird alsdann auf selbiger Breite weiterfahren, bis daß er imstand, südwärts zum sechzigsten Grad nördlicher Breite zu segeln.« Die ganze Reise über war er gehalten, »so viel Kenntnis der Landstriche zu erlangen, als ohn beträchtliche Einbuß an Zeit nur irgend ins Werck zu setzen, und, sofern möglich, unverweilet wiederzukehren, um den Direktoren getreulich Rechenschaft und Bericht zu erstatten und selbigen sein Geschriebenes, Logbücher und Karten auszuhändigen, nebst einer Anzeige von allem und jeglichem, so ihm auf der Reise widerfahren, und ohn ein Jota zu verhehlen«. Als Entgelt für seine Dienste »werden die Direktoren besagtem Hudson ... summa achthundert Gülder zahlen, und wann (was Gott verhüten mög) er nicht binnen eines Jahres wiederkehret oder hiesigenorts einziehet, werden die Direktoren alsdann seinem Ehweib zweihundert Gülder an Münz zahlen; und hienach werden sie ihm oder seinen Erben nicht länger pflichtig sein«.

Der Vertrag wirft ein Licht auf die beträchtlichen Risiken, die Entdecker wie Hudson bereit waren, auf sich zu nehmen. Das Schiff, mit dem er die Fahrt machte, war winzig – sechzig Registertonnen ist kaum größer als eine moderne Jacht – und für Meere, die mit Eisbergen durchsetzt waren, schlecht ausgerüstet. Auch der finanzielle Lohn war schäbig, wobei die Entscheidung über eventuelle Erfolgsprämien ganz und gar den Auftraggebern überlassen blieb, die »den vorgenannten Hudson für seine Fährnisse, Beschwernisse und Erkundungen nach ihrem Gutdüncken werden schadlos halten«. Es wurde ihm auch keine längere Beschäftigungsperspektive geboten, der Vertrag beschränkte sich auf eine einzige Forschungsfahrt. Noch stärker muß überraschen, daß Hudson sich mit einer so erbärmlichen Abfindung für seine Frau zufriedengab, falls er auf See blieb. Möglich, daß er bei den Siebzehn nicht mehr herausschlagen konnte, aber wahrscheinlicher ist, daß er felsenfest auf seine eigenen Fähigkeiten vertraute, das Unternehmen zum Erfolg zu führen.

Kurz bevor Hudson in See stach, wurde ihm noch eine merkwürdige Reihe zusätzlicher Instruktionen ausgehändigt. Darin war sogar noch detaillierter die Route angegeben, der er folgen sollte; ihm wurde ausdrücklich befohlen, »auf die Entdeckung keiner anderen Routen oder Durchfahrten zu sinnen, außer auf den Weg herum nach Norden und Nordosten ob Nova Zembla«. Warum die Siebzehn diese letzte Formulierung anfügten, wissen wir nicht; vielleicht aber hatten sie bereits eine leise Ahnung, daß Hudson all ihre Anweisungen in den Wind schlagen würde, sobald er erst auf hoher See war. Ohne Frage sorgte dieser starrsinnige Engländer für einige Beunruhigung, denn in einem der Briefe der Kompanie, in dem es um einen Streit wegen der

Heuer für die Mannschaft ging, lesen wir: »Wenn er beginnet, hier unter unsern Augen zu rebellieren, was wird er dann erst tun, wann er fern von uns weilet?«

Die folgenden Ereignisse sollten zeigen, daß sie Grund hatten, sich wegen seines Verhaltens zu sorgen, und daß ihr Mißtrauen in seine Führung voll berechtigt war. Hingegen konnten die holländischen Kaufleute unmöglich ahnen, wie tiefgreifend und anhaltend seine 1609 unternommene Reise den weiteren Fortgang des Wettlaufs um die Gewürze beeinflussen sollte.

Die *Half Moon* stach im März des gleichen Jahres mit einer Mannschaft aus holländischen und englischen Matrosen in See. Das Schiff besaß ein erhöhtes Vorder- und Achterdeck und ähnelte in seiner Erscheinung den flachkieligen, weitbauchigen Vliebooten, die in den ruhigen Gewässern der Zuidersee Verwendung fanden. Kaum jemand, der sah, wie es durch die Nordsee kroch, und erst recht niemand an Bord ließ sich träumen, daß Hudson gar nicht die Absicht hatte, an der Nordküste Rußlands entlangzufahren, und daß sich in seiner Kajüte See- und Landkarten stapelten, die sich nicht auf die Nordost-, sondern auf die Nordwestpassage bezogen, weil es diese westliche Wasserstraße war, die er zu erforschen vorhatte.

Hudsons eigener Bericht von der Reise ist fast vollständig verlorengegangen, aber zwei Tagebücher von damals sind uns erhalten geblieben. Das eine, das Robert Juet, Hudsons Maat, verfaßt hat, bietet eine anschauliche und persönlich gefärbte Schilderung der Vorgänge an Bord, während das andere von Emanuel van Meteren stammt und auf Unterhaltungen basiert, die nach der Rückkehr des Schiffes mit Mitgliedern der Mannschaft geführt wurden. Juet liefert wenig Informationen über die ersten Wochen der Fahrt und berichtet kaum Einzelheiten aus der Zeit, ehe sich die *Half Moon* zum arktischen Packeis vorgearbeitet hatte. Er erwähnt zwar »schwarze zween Wochen« und redet von »viel Ungemach«; ob sich das aber auf die Mannschaft oder auf das »arg stürmisch Wetter mit viel Wind und Schnee« bezieht, ist unklar.

Emanuel van Meteren weiß eine interessantere Geschichte zu erzählen. Er berichtet, daß es schon während dieser frühen Wochen zu erbitterten Streitigkeiten zwischen holländischen und englischen Seeleuten kam und daß ein paar aus der Mannschaft eine Meuterei gegen den Kapitän anzettelten, die aber fehlschlug. Das fürchterliche Wetter verstärkte noch das Unbehagen, denn einige aus der holländischen Mannschaft waren erst vor kurzem aus Ostindien zurückgekehrt und noch daran gewöhnt, in der schwülen Hitze der Tropen zu segeln. Jetzt drangen sie in entschieden kältere Klimazonen vor, in denen man die Taue vom Eis befreien mußte, ehe man sie durch die Taljen ziehen konnte.

Exakt am Mittag des 21. Mai 1609 wurde die Mannschaft der *Half Noon* an Deck beordert, um zuzuschauen, wie mit der Sonne etwas Merkwürdiges passierte. »Wir sahen, wie die Sunnen ein *slake* hätt«, berichtet Juet, »dieweil wir befanden, daß unsere Höh siebenzig Grad und dreißig Minuten.« Als *slake* bezeichnete man »eine Ansammlung von Schlamm oder Schmutz«, was darauf hindeutet, daß Juet einen Sonnenflecken beobachtete. Falls das stimmt, ist dies die erste überlieferte Wahrnehmung dieser Art, denn die Beobachtung des Astronomen Thomas Hariot, die gewöhnlich als die früheste gilt, von der wir Kenntnis haben, stammt erst aus dem Winter des Jahres 1610.

Nicht nur von einer aufrührerischen Mannschaft, sondern auch noch von stürmischen Winden und Schneeschauern geplagt, beschloß Hudson, seine Suche nach der Nordostpassage aufzugeben und statt dessen nach Westen über den Atlantik zu segeln. Van Meteren zufolge »ließ Meister Hudson [die Mannschaft] zwischen zween Dingen ihre

Wahl treffen«: entweder durch die Davisstraße weit im Norden von Baffin Island die Gewürzinseln anzusteuern oder die Ostküste des amerikanischen Kontinents bis zum 40. Breitengrad hinunterzusegeln, wo er hoffte, sich zum Pazifik durchlavieren zu können. Auf diese letztere Route, der Hudson den Vorzug gab, hatte der englische Seefahrer George Weymouth seine Aufmerksamkeit gelenkt, der zwischen 1602 und 1605 die Ostküste Amerikas erforscht und mindestens auf einer dieser Expeditionen die Mündung des Hudson River erreicht hatte. Weymouth selbst wäre den Strom hinaufgefahren, hätte ihn nicht die »Narrheit seiner Mannschaft« daran gehindert und ihn gezwungen, den Heimweg anzutreten.

Wie die See- und Landkarten von Weymouth in Hudsons Besitz gelangt waren, bleibt unklar. Einem holländischen Bericht zufolge »täten die Logbücher des George Weymouth, die Domine P Plancius in die Händ fielen ... Hudson bei seiner Erforschung dieser berühmten Seestraße besten Dienst, dieweil er im Jahr 1609, da er mit den Direktoren der [Holländisch-Ost-]Indischen Kompanie in Verhandlungen stund ... diese Logbücher von D P Plancius erbat«. Das deutet darauf hin, daß Hudsons eigentliches Interesse auch schon zu der Zeit, als er den Vertrag für eine Expedition zur Entdeckung der Nordostpassage unterschrieb, einer Fahrt nach Westen über den Atlantik galt.

Eine Woche nachdem sich Hudsons Mannschaft für die zweite Option – die Suche nach der vermuteten Südpassage – entschieden hatte, sichtete die *Half Moon* die zerklüftete Silhouette der Färöer Inseln. Hudson hatte die Inseln bereits früher besucht und wußte, daß sie ein guter Platz waren, um sich neu zu verproviantieren. Aus Angst vor den trügerischen Felsen und gefährlichen Strudeln warf er weit vor der Küste Anker und schickte eine kleine Gruppe an Land, um die Schiffsfässer mit Frischwasser zu füllen. Am 30. Mai

1609 hellte der Himmel auf und die Mannschaft bekam sogar die Sonne zu sehen; Hudson nahm das als Aufforderung, sämtliche Männer an Land zu bringen, damit sie sich dort ein wenig die Beine vertreten konnten. Leider blieb Juet, der Tagebuchschreiber, an Bord, so daß wir wir nicht wissen, was die Matrosen mit den primitiven, Kormoranfleisch essenden Inselbewohnern anfingen, die mit Seehundsfellen handelten und noch eine eigentümliche Spielart des alten Nordisch sprachen.

Dann setzten sie wieder Segel und hielten angestrengt Ausschau nach der Insel Busse, die Sir Martin Frobisher dreißig Jahre zuvor entdeckt hatte; die Nebel, die über dem Wasser wallten, verdichteten sich aber zu sehr. Stürme und Böen setzten ihnen unzählige Tage lang zu und wurden irgendwann so heftig, daß der Fockmast brach, zersplitterte und ins Meer geschleudert wurde. Die Mannschaft war nicht wenig erleichtert, als sie schließlich Anfang Juli durch den Nebel die Küste Neufundlands sichtete – ein geographischer Begriff, mit dem man zu Hudsons Zeiten noch wenig verband. Das Schiff ging in der Penobscot-Bai, etwa hundertsechzig Kilometer westlich von Nova Scotia, vor Anker.

Es dauerte nicht lange, da hatten die Indianer an der Küste das Fahrzeug erspäht, und »um die zehnte Stund kamen zween Boote heran zu uns, mit sechs Wilden aus dem Land, die froh schienen ob unsres Kommens. Wir gaben ihnen ein Weniges, und sie aßen und tranken mit uns und erzähleten, daß da wären Gold-, Silber- und Kupferminen gar nah bei uns und daß die Franzmänner Handel mit ihnen trieben, was wohl zu glauben, dieweil einer unter ihnen kennete ein paar Wort Französisch.« Tatsächlich trieben die Franzosen seit den Tagen der beiden Cabots in diesen ertragreichen Gewässern Fischfang und wagten sich oft an Land, um gegen Messer, Beile und Kochkessel Biberpelze und andere

Felle zu tauschen. Sie müssen die Eingeborenen gut behandelt haben, denn die Besatzung der *Half Moon* wurde freundlich aufgenommen. Hudsons Leute dankten den Indianern den herzlichen Empfang allerdings nicht, sondern setzten, mit Musketen bewaffnet, ans Land über und stahlen eines der kleinen Boote der Indianer. Da sie sahen, daß die Indianer außerstande waren, sich zu verteidigen, ruderten sie ein zweites Mal an Land, diesmal bewaffnet mit »zween Feldschlangen oder Mordstücken«, vertrieben die »Wilden« aus ihren Häusern und »machten bei ihnen Beute«.

Barbarische und aggressive Handlungen dieser Art verunzieren wiederholt die Kapitel von Juets Tagebuch. Auf jeder Seite seines Berichts erwähnt er die amerikanischen Ureinwohner – die er stets als »Wilde« bezeichnet und gewöhnlich auch noch als heimtückisch charakterisiert – und schildert sie mit einem Mißtrauen, das an Haß grenzt; daß auf Kanus gefeuert wird, sobald sie sich nähern, findet er nicht anstößig. Was Hudson davon hielt, läßt sich höchstens mutmaßen. Seine Persönlichkeit bleibt außerordentlich schemenhaft; vieles von dem, was wir über ihn wissen, entstammt den schriftlichen Mitteilungen anderer, die gewöhnlich einen Groll gegen ihren Kapitän hegten. Mag sein, daß er mürrisch und mißtrauisch war und seine Lieblinge auf Kosten anderer bevorzugte, aber in den Bruchstücken, die von seinen eigenen Aufzeichnungen erhalten sind, spricht er stets freundlich über die Ureinwohner und scheint ihnen äußerste Hochachtung entgegenzubringen. In der Frage, wie man mit den Indianern umgehen sollte, scheinen er und seine Mannschaft völlig verschiedener Ansicht gewesen zu sein; während die Freundlichkeit, die er persönlich den Indianern erwies, von diesen mit Freundschaft vergolten wurde, stieß die Mannschaft mit ihrer Feindseligkeit bei den Indianern auf Mißtrauen. Hudsons

Schwäche war, daß er seine Untergebenen nicht im Zaum zu halten vermochte; deshalb kann es nicht überraschen, daß er auf seiner nächsten Reise nach Westen nicht etwa von der Hand eines erzürnten Indianers starb, sondern daß ihm die eigene meuternde Mannschaft das Ende bereitete.

Die *Half Moon* steuerte nun nach Süden in Richtung Cape Cod, wo sie kurz haltmachte, um einen besonders drolligen Indianer an Bord zu lassen und mit so viel Alkohol zu traktieren, daß er »sprang und tanzte und die Händ gen Himmel streckte«. Als das Schiff an der englischen Kolonie Virginia vorbeifuhr, rannte die Katze des Kapitäns aus unerklärlichen Gründen auf dem Schiff hin und her und maunzte und miaute die ganze Nacht über; an Bord rief das beträchtliche Besorgnis hervor.

Gegen Ende August 1609 erreichte die *Half Moon* Cape Charles, den südlichsten Punkt ihrer Fahrt; die Männer erhaschten ihren ersten Blick auf Chesapeake Bay, »ein weiß, sandig Gestade, woselbst nichts als Buchten und Ländspitzen zu erblicken«. Von hier wandten sie sich wieder nach Norden und kamen zwei Tage später zur Delaware Bay. Sie befanden sich jetzt in der Gegend, in der Hudson die Passage zu finden hoffte, die ihr Schiff zu den Gewürzinseln führen sollte; alle Mann wurden aufgefordert, Ausschau nach einer Einbuchtung oder Mündung zu halten, die vielversprechend aussah. Juet erkletterte mehrmals den Mast, um nach der vertrackten Passage zu sehen, wurde aber jedesmal enttäuscht. Am 2. September erhellte ein Waldbrand die Dunkelheit, aber die Küstenlinie blieb unklar; auch als die ersten Sonnenstrahlen über dem Horizont auftauchten, fiel es nicht leichter, die Küstenlinie zu verfolgen, denn es war »allenthalb wie zerklüftet Eilande«. Endlich wurde es heller, und Harbour Hill auf Long Island hob sich ins Blickfeld, ein paar Stunden später gefolgt von den gleißenden Sandbänken von Sandy Hook. Als die *Half Moon* endlich

Anker warf, sah sich Hudson in »einem gar guten Hafen, und vier oder fünf Faden tief, zwei Kabellängen von der Küste«. Nach amerikanischer Überlieferung war er bei Coney Island an der Mündung des Hudson River eingetroffen.

Hudson war nicht der erste Entdecker des Hudson: diese Ehre gebührt Giovanni da Verrazano, einem Seefahrer in Diensten des französischen Königs Franz I.; Verrazano war etwa fünfundachtzig Jahre vorher in den Naturhafen eingefahren. Wie Hudson war auch er auf der Suche nach einer Durchfahrt zum Pazifik und von der natürlichen Schönheit der Landschaft hingerissen. In einem Brief an den König schrieb er: »Wir fanden einen gar lieblichen Ort inmitten etlicher steiler Hügel, durch welchselbige sich ein großer Fluß, an der Mündung tief, zum Meer hindurch zwängete; mit der Flut, die sich acht Fuß hebt, gelangt vom Meer in die Mündungsbucht jegliches Schiff, wie schwer auch immer beladen.« Verrazano wäre den Strom weiter hinaufgefahren, hätte ihm nicht ein »heftiger widriger Wind« zu schaffen gemacht, der plötzlich vom Meer in die Bucht blies und ihn zwang, sie zu verlassen. »Ich zweifelte mitnichten, daß ich durch etwelche Passage zum östlichen Ozean sollt dringen können«, notierte er in seinem Schiffstagebuch. Diese Passage hoffte Hudson nun zu entdecken, um durch sie die Reise zum »Gewürzland« um Tausende von Kilometern zu verkürzen.

Nachdem er vor Coney Island Anker geworfen hatte, schickte er eine kleine Gruppe an Land, um die Gegend zu erkunden. Die Leute kehrten mit einem Trupp neugieriger Eingeborener zurück, die mit großen Augen beobachtet hatten, wie sich die *Half Moon* ihrer Insel näherte. Sie trugen Hirschlederwämser, boten grünen Tabak an und äußerten Interesse am Erwerb von Messern und Glasperlen. Am folgenden Tag ruderte die Mannschaft erneut an Land, diesmal allerdings in Richtung New Jersey oder Staten Island. Hier bewunderten sie die »gar stattlichen Eichen«, die »so hoch und gewaltig [waren], wie man es selten erschauet«. Überall, wo sie landeten, verblüffte sie in der Tat die Fülle von Früchten, die wild gediehen: blaue Pflaumen, rote und weiße Weintrauben und Heidelbeeren, ganz zu schweigen von Pappeln, Linden »und mannigfachen andern Hölzern, so im Schiffsbau von Nutzen«.

Bislang war die schießwütige Mannschaft von den Ureinwohnern freundlich empfangen worden, aber die Reisenden sollten bald feststellen, daß ihre Ankunft nicht überall mit derselben Begeisterung begrüßt wurde. Hudson hatte den Engländer John Coleman mit einer Gruppe von vier anderen durch die Meerenge geschickt, und während sich die Männer noch über die Schönheit der Landschaft verbreiteten und die »gar süßen Düfte« genossen, die von den Blumen an Land herüberwehten, prasselte aus heiterem Himmel ein Pfeilhagel auf ihr Boot nieder; einer der Pfeile durchbohrte Colemans Hals und tötete ihn auf der Stelle. Die anderen ruderten, so schnell sie konnten, vom Ufer weg, aber die Dunkelheit brach herein, ehe sie die *Half Moon* wieder erreichten, und so mußten sie in der Nacht mit Hilfe des Draggens gegen die Strömung ankämpfen, um zu verhindern, daß ihr Boot aufs Meer hinausgetrieben wurde. Erst um zehn Uhr am nächsten Morgen trafen sie wieder beim Schiff ein; als sie ihren Kameraden an Coleman's Point nahe Sandy Hook begruben, war es fast Mittag.

Erbost über den Angriff, gleichzeitig aber hinlänglich eingeschüchtert, um keinen neuerlichen Landgang zu wagen, lichtete die Mannschaft den Anker und setzte Segel, um den Hudson stromaufwärts zu fahren. Unterwegs trieben sie Tauschhandel mit den Eingeborenen, um Vorräte zu beschaffen, und brachten sogar eine kleine Gruppe von »Wilden« an Bord der *Half Moon*. Letzteres geschah nicht aus reiner Freundlichkeit: Eingedenk des berühmten Ratschlags von Sebastian Cabot, man solle den Eingeborenen »trunken machen mit Bier oder Wein«, dann werde man »seines Herzens Hehl kennen«, traktierte Hudson seine indianischen Gäste mit »so viel Wein und aqua vitae, daß sie allesamt kreuzfidel«. Leider waren sie bald alle derart »fidel«, daß sie ihm über die vermutete Durchfahrt nach Westen nichts mehr erzählen konnten; zurück zur Küste zu rudern gelang ihnen nur mit äußerster Mühe. Aber auch wenn das improvisierte Saufgelage Hudson keine Informationen über die Geographie der Gegend lieferte, sorgte es doch für die Wiederherstellung freundschaftlicher Beziehungen zwischen der Mannschaft und den Eingeborenen; am folgenden Tag konnte man die beiden Gruppen wieder Tauschhandel treiben sehen. Die *Half Moon* setzte ihre Reise stromaufwärts fort und erreichte bald »jene Seite des Stromes, die da Manna-hata heißet«. Rund sechs Monate nachdem er von Holland losgefahren war, und mehr als sechstausend Kilometer von dem Ort entfernt, an dem er eigentlich sein sollte, war Hudson bei der Insel Manhattan angekommen.

Die meisten Aufzeichnungen Hudsons sind zwar verlorengegangen, aber ein Bruchstück aus seinem Schiffstagebuch wurde von einem holländischen Kaufmann namens Johan de Laet abgeschrieben. De Laet gibt Hudsons Bericht von einer Kanufahrt wieder, bei der dieser von einem älteren Indianer an Land gepaddelt wurde; die Passage wirft einiges Licht auf die Persönlichkeit des englischen Kapitäns. Von der Intoleranz, die Juet und seine Männer an den Tag legten, ist hier nichts zu spüren. Vielmehr scheint Hudson fasziniert von den Bräuchen der Indianer und beeindruckt von ihrer Freundlichkeit. »Ich setzete an Land in einem ihrer Kanus mit einem alten Mann, welcher der Häuptling des Stammes«, schreibt er, »worinnen vierzig Männer und siebzehn Weiber versammlet; selbige erblickte ich dorten in einem Haus, aus Eichenrinde gefertiget und von runder Art, also daß es fest gebauet schien, mit einem gewölbten Dach.« Hudson war verblüfft über den Überfluß an Nahrung, denn das Haus »barg eine große Masse Mais oder Indianerkorn und Bohnen von des Vorjahres Ernte, und nahe dem Haus lag dort des Dörrens halber genug, um drei Schiff zu beladen, dazu noch, was auf den Feldern wuchs«. Er wurde sogleich freundlich von den Indianern aufgenommen: »Kaum daß wir ins Haus getreten, breiteten sie zwei Matten ... und alsbald ward etliches Essen aufgetragen in wohlgeformten roten Schalen von Holz.« Bald schon war klar, daß Hudson an einem ausgedehnten Fest teilnehmen sollte:

»Auch wurden sogleich zwei Männer ausgesandt, mit Bogen und Pfeilen, um Wild zu erjagen, und brachten um weniges später ein Paar Tauben, die sie erlegt. Desgleichen schlachteten sie einen fetten Hund und häuteten ihn in aller Eil mit Muschelschalen, so sie aus dem Wasser geholet. Sie meineten, ich würd die Nacht bei ihnen weilen, indes, ich kehrt nach kurzer Zeit zurück aufs Schiff.

Das Land taugt für den Feldbau mehr als jedes, auf das ich jemalen den Fuß gesetzet, und da ist Überfluß an Bäumen jeglicher Art. Die Einheimischen sind wohlgesinnt, denn da sie sahen, daß ich nicht bleiben wollt, dächten sie, ich fürchtete ihre Bogen, drum griffen sie die Pfeile, brachen sie in Stücke und warfen sie ins Feuer.«

Die Tagebücher und Briefe, die von Männern wie Hudson und Juet geschrieben wurden, bilden, zusammen mit den Berichten, die von der Englisch-Ostindischen Kompanie aufbewahrt wurden, ein unschätzbares Zeugnis vom ersten Zusammentreffen der Europäer mit Eingeborenenstämmen. Weit seltener sind die Zeugnisse davon, was die Eingeborenen von den bärtigen englischen Seeleuten hielten, die an ihren Küsten aufkreuzten. Dank der Nachforschungen eines eifrigen amerikanischen Missionars namens Reverend John Heckewelder stellt Hudsons Ankunft in Manna-hata eine Ausnahme dar. Im Januar 1801, fast zwei Jahrhunderte nachdem die *Half Moon* an der Westseite Manhattans vor Anker gegangen war, schrieb Heckewelder an einen Freund in Jerusalem und erklärte, er sei mehrere Jahre lang bei amerikanischen Ureinwohnern tätig gewesen und habe mit vielen von ihren Häuptlingen Freundschaft geschlossen. Während er mit ihnen über ihre frühe Geschichte geplaudert habe, sei er überrascht gewesen zu erfahren, daß die Ankunft Hudsons schon vor langer Zeit Eingang in die Stammesüberlieferung gefunden habe. Da er hörte, daß die Geschichte von einer Generation zur anderen weitergereicht werde, aber nirgends schriftlich niedergelegt sei, griff Heckewelder zum Notizbuch: »Vor langer Zeit«, schrieb er, »als die Indianer noch nichts von Menschen mit einer weißen Haut wußten, erspähten einige Indianer, die zum Fischen hinausgefahren waren, ... in weiter Ferne etwas bemerkenswert Großes, das auf dem Wasser trieb und dergleichen sie noch nie zuvor gesehen hatten.« Sogleich kehrten die Männer nach Hause zurück, versammelten ihre tapfersten Krieger und zogen los, um herauszufinden, was das sein mochte. Aber je näher sie diesem merkwürdigen Ding kamen, um so rätselhafter erschien es ihnen. »Einige gelangten zu dem Schluß, es sei ein ungewöhnlich großer Fisch oder ein sonstiges Tier, während andere der Ansicht waren, es müsse ein sehr großes Haus sein. Endlich kam man unter denen, die das Geschehen beobachteten, überein, da sich die seltsame Erscheinung dem Land nähere, mochte es nun ein Tier oder sonst etwas Lebendiges sein oder nicht, es sei wohl das beste, alle Indianer auf den bewohnten Inseln von dem Gesehenen in Kenntnis zu setzen, damit sie auf der Hut waren.«

Die Häuptlinge trafen bald zusammen, um über das eigenartige Ding zu diskutieren; man redete reichlich hin und her. Schließlich einigte man sich auf die Version, es handele sich um ein gigantisches Kanu, in dem Mannitto, das Höchste Wesen, lebe; er sei gekommen, ihnen einen Besuch abzustatten. Das versetzte die versammelten Gruppen in Furcht und Schrecken: Männer wurden ausgeschickt, um Fleisch für ein Opfer zu suchen, Frauen wies man an, köstliche Speisen zuzubereiten, Idole wurden hergerichtet und neu bemalt, man organisierte einen großen Tanz, um den Gott freundlich zu stimmen.

Während diese Vorbereitungen im Gange waren, brachten die schnellfüßigen Läufer, die ausgeschickt worden waren, das schwimmende Dinge im Auge zu behalten, neue Nachricht. Nachdem sie es stundenlang beobachtet hatten, versicherten sie mit Gewißheit, es handele sich um ein großes Haus, das in verschiedenen Farben bemalt und voll mit Menschen sei. Diese hatten nicht nur eine andere Hautfarbe, sondern sie trugen auch eigenartige Kleider am Körper. Der eine Mann in Rot, erklärten sie, sei Mannitto selbst, der sich höchst würdelos benehme, indem er zu den Leuten am Strand hinüberbrülle und -gröle und den heillosesten Lärm veranstalte.

Endlich kam Hudson mit zwei Genossen an Land und grüßte die Häuptlinge und weisen Männer. Die Häuptlinge erwiderten seinen Gruß, während sie unablässig diese seltsame Persönlichkeit musterten und sich fragten, was das für eine Art Stoff war, der so hell im Sonnenlicht schimmerte. (Gemeint ist Hudsons Spitzenkrause.) Sie sahen staunend, wie Mannitto eine Flasche mit reinem Alkohol öffnete, einen Becher aus Glas füllte und alles in einem Zug hinunterstürzte. Dann reichte er Flasche und Glas dem neben ihm stehenden indianischen Häuptling und hieß ihn trinken.

»Der Häuptling nimmt das Glas entgegen, riecht aber nur daran und reicht es an den nächsten Häuptling weiter, der ebenso verfährt. Das Glas durchwandert so den Kreis, ohne daß einer den Inhalt kostet, und ist kurz davor, in die Hand des rotgewandeten Mannes zurückzukehren, als einer unter ihnen, ein kühner Mann und großer Krieger, aufspringt und der Versammlung mit flammenden Worten vorhält, wie unziemlich es sei, das Glas ungeleert zurückzugeben.« Er gab zu bedenken, Mannitto habe ihnen das Glas im Geiste der Freundschaft und um des Friedens ihres Volkes willen angeboten, »und da niemand willens sei, daraus zu trinken, werde er das tun, was auch immer daraus folgen möge. Er nahm sodann das Glas, entbot der Versammlung sein Lebewohl und trank es aus. Aller Augen waren auf den entschlossenen Gefährten gerichtet, um zu sehen, welche Wirkung das Getränk auf ihn habe; und da er bald schon anfängt, herumzutaumeln, und endlich zu Boden stürzt, beklagen sie ihn. Er fällt in Schlaf, und sie meinen, er tue seinen letzten Atemzug.«

Nach ein paar Minuten aber sprang der Mann plötzlich auf die Füße, erklärte zur grenzenlosen Verblüffung der Menge, er habe sich in seinem ganzen Leben noch nie so glücklich gefühlt, und verlangte ein weiteres Glas von dem Getränk. »Sein Wunsch wird erfüllt, und bald schließt sich ihm die ganze Versammlung an und verfällt in Trunkenheit.«

Das letzte Detail verleiht der Geschichte einen Klang von Echtheit. In Juets Tagebuch wird wiederholt berichtet, wie bereits winzige Mengen von Alkohol ausreichen, die Indianer betrunken zu machen, »denn sie wußten nicht damit umzugehen«; und Geschichten über den Rausch, der Hudsons Ankunft begleitete, kursierten unter den Ureinwohnern bis ins 19. Jahrhundert. Heckewelder behauptet sogar, der Name Manhattan stamme von dem großen Besäufnis, zu dem es hier gekommen sei, denn das indianische Wort *manahactanienk* bedeute »Insel der großen Trunkenheit«.

Als die Indianer wieder nüchtern waren, ging Hudson erneut an Land, um Perlen, Äxte, Hacken und Strümpfe zu verteilen. Die Indianer nahmen die Geschenke überglücklich entgegen, auch wenn sie keine Ahnung hatten, was sie damit anfangen sollten. Als man später entdeckte, daß sie die Äxte und Hacken als Schmuck trugen und die Strümpfe als Tabaksbeutel nutzten, erregte das große Heiterkeit.

Am 19. September 1609 setzte die *Half Moon* ihre Fahrt stromaufwärts fort, in der Hoffnung, die Passage zu finden, die das Schiff in die warmen Gewässer des Pazifik gelangen lassen würde. Hudson ankerte irgendwo in der Gegend von Albany und schickte seinen holländischen Maat und vier andere im Beiboot weiter den Strom hinauf. Bei Einbruch der Dämmerung kehrten sie mit schlechten Nachrichten zurück. Der Wasserlauf verengte sich, und das Wasser wurde flacher; jedermann an Bord war klar, daß dieser mächtige Fluß nicht zu den Gewürzen des Ostens führte.

Die Rückfahrt war von einer Reihe gewalttätiger Zwischenfälle überschattet. Als sie »drunten am Fuß der Berge«, womit wahrscheinlich die Höhen bei Peekskill gemeint sind, Anker warfen, luden Hudsons Leute eine Horde von Eingeborenen aufs Schiff ein und zeigten ihnen stolz ihr Waffenarsenal. Alles verlief friedlich, bis Juet einen Indianer ertappte, der in seinem Kanu um das Heck herumgepaddelt und über die Ruderverspannung ins Schiff geklettert war, um ein Kissen und zwei Hemden aus seiner Kabine zu stibitzen. Die Gewehre, die so viel Staunen erregt hatten, wurden jetzt mit tödlicher Wirkung eingesetzt. Juet nahm den Indianer ins Visier, schoß ihm in die Brust und tötete ihn auf der Stelle. Seine Tat löste Panik aus; die Indianer stürzten sich ins Wasser, wobei viele von ihnen noch die Dinge in der Hand hielten, die sie hatten kaufen wollen; daraufhin sprangen die Leute von der *Half Moon*, wütend über den Verlust ihrer Besitztümer, ins Boot und holten sich das Entwendete mit Gewalt zurück, was einige Indianer mit dem Leben büßten.

Als alle wieder zurück auf dem Schiff waren, setzte die *Half Moon* die Fahrt flußabwärts fort, während Juet sich über die Treulosigkeit der Eingeborenen gar nicht genug ereifern konnte. Um seinen Zorn abzureagieren, feuerte er wahllos auf Indianer, die in Gruppen an den Flußufern standen, und vermerkte es in seinem Tagebuch, wenn er mit den Schießübungen Erfolg hatte. Die sinnlose Gewalttätigkeit macht die Lektüre widerwärtig: »Wir feuerten sechs Musketen ab und töteten ihrer zwei oder drei ... Ich schoß mit einem leichten Geschütz auf sie und tötete ihrer zwei ... Ich schoß auf [ein Kanu], schoß hindurch und tötete ihrer einen.«

Das Schiff erreichte bald die Mündung des Hudson, und bei klarem Wetter und heftigem Wind »setzten wir unser Großsegel, unser Sprietsegel und unsere Toppsegel und fuhren von hinnen«. Nach nicht einmal fünf Wochen hatte die *Half Moon* den Atlantik überquert und gelangte in Sichtweite der englischen Küste.

Seinen Anweisungen nach hätte Hudson nun den Ärmelkanal durchfahren und ohne Aufenthalt nach Amsterdam segeln müssen. Statt dessen warf er in Dartmouth Anker und schickte seinen holländischen Auftraggebern eine Nachricht, in der er sie von seiner Rückkehr in Kenntnis setzte. Von einer Weiterfahrt nach Amsterdam war nicht die Rede; vielmehr bat er in seinem Schreiben, ihm weitere 1500 Gulden nach Dartmouth zu senden, damit er erneut Segel setzen könne, um diesmal die nördliche Küste von Neufundland zu erforschen.

Die holländischen Direktoren waren empört über Hudsons Verhalten und wiesen ihn an, augenblicklich zurückzukehren. Die englische Regierung indes, zu der Gerüchte gedrungen waren, Hudson habe tatsächlich eine Durchfahrt zu den Gewürzinseln gefunden, faßte einen Kabinettsbeschluß, in dem Hudson beschuldigt wurde, eine Fahrt »zum Schaden seines eigenen Landes« unternommen zu haben, und mit dem Verbot belegt wurde, England zu verlassen. Nach Ansicht Emanuel van Meterens, des holländischen Konsuls in London, ging dies entschieden zu weit: »Vielen Menschen erschien es gar unbillig, daß sie diese Seeleut daran gehindert, vor ihren Auftraggebern Rechenschaft zu legen und Kunde zu geben«, schrieb er in seinem amtlichen Bericht. In seiner privaten Korrespondenz äußerte er sich weniger diplomatisch: Die Engländer erklärte er für »wanckelmütig, rasch, prahlerisch, leichten Sinnes und trügerisch und gar mißtrauisch, zumal gegen Ausländer, so sie verachten. Sie sind voller höfischer und gezierter Weisen und Worte, welchselbige sie für Fürnehmheit, Politesse und Klugheit nehmen.«

Berichte über einen »groote noordt rivier«, den Hudson entdeckt habe, drangen allmählich nach Holland, wo sie auf unterschiedliche Resonanz trafen. Van Meteren selbst hielt nicht viel von der Entdeckung und meldete nach Hause, der Engländer sei einfach nur über einen Fluß in Virginien gestolpert, während andere sich zwar für Hudsons Route entlang der amerikanischen Ostküste nach Süden interessierten, aber zugleich konstatierten, er habe »auf diesem Weg nichts Merckwürdiges erzielet«. Dennoch, schrieb einer, »hält man es für wahrscheinlich, daß die Engländer selbst Schiffe nach Virginien senden würden, um den obgenannten Fluß zu erforschen«.

Obwohl die Holländisch-Ostindische Kompanie wenig Interesse für Hudsons Entdeckungen an den Tag legte, wa-

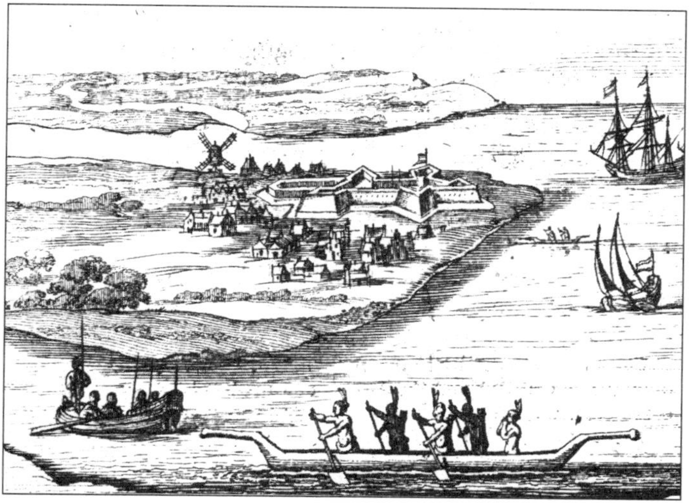

Das auf der anderen Seite des Erdballs gelegene Fort Neuamsterdam auf der Insel Manhattan war eine genaue Kopie von Fort Belgica auf den Bandainseln. Seine Eroberung durch die Engländer bildete eine Antwort auf das »unmenschlich Beginnen«, zu dem es vier Jahrzehnte zuvor auf den Gewürzinseln gekommen war.

ren einige wenige Kaufleute fasziniert zu hören, das Land tauge »für den Feldbau mehr als jedes, auf das ich jemalen den Fuß gesetzet«; nicht weniger interessierte es sie, von einem Überfluß an Fellen und Pelzen zu lesen. Knapp ein Jahr nach Hudsons Rückkehr »schicketen etliche Kaufherren abermals ein Schiff an jenen Ort, will sagen, an den zweiten Fluß, der entdecket ward und den sie Manhattes nenneten«.

Diese Kaufleute stellten rasch fest, daß Hudson nicht übertrieben hatte, was den natürlichen Reichtum der Gegend um Manhattan betraf. Sie teilten den Indianern mit, »sie würden sie im nächsten Jahr wiederum besuchen« und würden Geschenke und Schmucksachen mitbringen, fügten aber hinzu, »dieweil sie nicht leben könnten, ohn zu essen, würden sie sodann ein weniges Land von ihnen haben wollen, um Korn zu säen und Kraut für die Suppe zu ziehen«. Hätten die Ureinwohner in die Zukunft schauen können, sie wären diesen holländischen Matrosen nicht so bereitwillig entgegengekommen. Es dauerte nur wenige Jahre, da stritten sich Engländer und Holländer bereits um territoriale Besitzansprüche. Die Holländer hatten an der Südspitze der Insel einige Hütten errichtet, aus denen rasch eine Festung, dann eine kleine Stadt und binnen eines Jahrzehnts die Kolonie Neuniederlande wurde. Niemand indes ahnte, am allerwenigsten Hudson, daß die Zukunft dieses Ortes aufs engste verknüpft war mit dem Herkunftsort der Muskatnuß, den Bandainseln.

KAPITEL SIEBEN

Das Land der Kannibalen

William Keeling war im Herbst 1609 kaum von den Bandainseln in See gestochen, da traf auch schon David Middleton auf seiner zweiten Reise nach Osten dort ein. »Er fuhr des Nachts an uns vorüber«, notierte Keeling verbittert, »andernfalls wir ihn gewißlich gesichtet hätten.« Mehr als zwei Jahre waren vergangen, seit er seinen behenden Kollegen gesprochen hatte; er muß sich ernsthaft gefragt haben, ob er je wieder etwas von ihm hören würde.

Middleton hatte kurz in Bantam haltgemacht und von den englischen Faktoren erfahren, daß es auf den Bandainseln schlecht stand. Den Holländern war es todernst mit der Umsetzung des Vertrages, den sie den Inselbewohnern aufgezwungen hatten; sie stießen finstere Drohungen aus, die besagten, daß sie ihr Monopol um jeden Preis verteidigen würden. Auf Bandanaira hatten sie einen Gouverneur zurückgelassen, der den gesamten Schiffsverkehr überwachte; in Fort Nassau lag eine starke Garnison zum Schutz der holländischen Interessen. Jedes Schiff, das bei den Bandainseln eintraf, erhielt den Befehl, dicht unterhalb der Festung zu ankern und sich einer Inspektion zu unterwerfen; kein Ausländer durfte sich ohne holländische Genehmigung auf den Inseln niederlassen. Selbst der Handel zwischen den einzelnen Inseln, der für die äußeren Inseln lebenswichtig war, mußte von den Holländern genehmigt werden.

Diese Anordnungen und strengen Vorschriften klangen hart, erwiesen sich aber als praktisch nicht durchsetzbar;

von den Bandanesen, die erkannten, daß die holländische Position weit schwächer war, als es zuerst den Anschein hatte, wurden sie bald schon offen mißachtet. Auf der Schiffsflotte unter dem Kommando Simon Hoens, des Nachfolgers von Verhoef, brach kurz nach dem Abschluß des Zwangsvertrages das Chaos aus; die Moral der Mannschaften war so schlecht wie noch nie. Wenige bezeigten ihrem neuen Befehlshaber Achtung, und als Hoen tot umfiel, wahrscheinlich weil er vergiftet worden war, blieb sein Schiff in den Händen eines zügellosen Mobs zurück. An Land war das Leben kaum ruhiger; dort befand sich die zur Bewachung der Bandainseln stationierte Garnison in permanentem Belagerungszustand. Es gab zahlreiche Geschichten von »Schwartzen, so etliche Hollander in einem Gehölz massakrireten; davon, daß ihre Burg gewissermaßen umzinglet; [von] blutigem Kampf; die Burg dem Hungertod nah; alles in selbichtem Jahr, da dieser Vertrag geschlosen«.

Die Nachricht von den Kümmernissen der Holländer war Musik in David Middletons Ohren. Wie üblich voll Selbstvertrauen, fegte er durch die Javasee und hißte bei seinem Eintreffen in Bandanaira »Flagg und Zeichen und an jeglichem Rahnock etwelches Gehänge, wohlanzusehen, wie wir nur irgend zu ersinnen vermochten«. Damit auch alle mitbekamen, daß er da war, ließ er sämtliche Geschütze und Musketen an Bord der *Expedition* abfeuern und ging provokativ in Schußweite der holländischen Schiffe vor Anker, die dort lagen.

Der holländische Gouverneur, Hendrik van Bergel, war außer sich vor Zorn über Middletons herausforderndes Verhalten und schickte einen Boten, um sich nach dem Grund seines Kommens zu erkundigen. Als ihm befohlen wurde, die Vollmacht zu übergeben, die er von London erhalten hatte, weigerte sich der englische Kommandeur und erklärte sich nur einverstanden damit, daß die Holländer vom ersten Paragraphen seines Patents Kenntnis nahmen, zum Beweis, daß er als autorisierter Händler und nicht als Pirat kam. Als der Bote von Middleton eindeutige Auskunft darüber haben wollte, ob es sich bei seinem Schiff um einen Kauffahrer oder ein Kriegsschiff handele, beließ es der englische Kapitän bei einer zweideutigen Antwort, indem er erklärte, er werde »bezahlen, was ich bekomm« und »mich weeren«, wenn er angegriffen werde.

Die Holländer zogen sich in ihre Festung zurück, um sich ihre Antwort zu überlegen, aber Middleton hatte den Krieg der Worte bereits für sich entschieden, und die Eingeborenen, die dem Hin und Her vom Ufer aus zugeschaut hatten, ruderten hinaus zur *Expedition*, um den englischen Befehlshaber zu begrüßen. Middleton fühlte sich in seinem Element; »wohl wissend, daß in trübem Wasser gut fischen ist«, verlor er keine Zeit, sich mit den eingeborenen Kaufleuten anzufreunden. Binnen weniger Tage hatte er einen profitablen Handel mit einem Muskatnußhändler von der Insel Ai abgeschlossen, der sich willens erklärte, den Engländern alle Gewürze zu verkaufen, die er zusammenbringen konnte.

Middleton hätte sich weiteren Streit mit den Holländern ersparen können, wäre er zu dieser draußen liegenden Insel gefahren; er genoß aber zu sehr seine neue Rolle als Quälgeist und Widersacher. Als ihn der holländische Gouverneur aufforderte, in größerer Entfernung von den holländischen Schiffen vor Anker zu gehen, schickte er die Antwort zurück: »Ich gedenck dort zu ankern, bis daß mich die Unbequemlichkeit [zu groß dünkt, um sie noch länger zu ertragen], und alsdann gedenck ich, in den sichersten Teil des Hafens einzufahren.«

Anschließend schickte er einen zweiten Brief, in dem er van Bergel von dem Handel in Kenntnis setzte, den er mit den Kaufleuten von Ai abgeschlossen hatte. Er erklärte, er schreibe den Brief nicht, weil er sich zu der Mitteilung verpflichtet fühle, sondern weil er gern wissen wolle, ob die Holländer ihm Schwierigkeiten machen würden oder nicht. Nachdem er den Gouverneur daran erinnert hatte, daß sowohl Ai als auch Run ihre völlig Unabhängigkeit von den Holländern aufrechterhielten (die dortigen Häuptlinge hatten sich standhaft geweigert, die Vereinbarung von 1609 zu unterzeichnen), besaß er die Unverfrorenheit, dem Gouverneur Hilfe anzubieten, falls dieser welche brauche. »Wofern Euer Ehren Dinge bedarf, so in meinem Besitze«, schrieb er, »ersuch ich Euch, sie kühnlich von mir zu fodern, und ich werd eilen, Euch nach Kräften zu Willen zu sein.«

Diese letzte Sottise brachte van Bergel so sehr auf, daß er auf Rache sann. Die *Groos Sunnen*, ein verfallenes holländisches Schiff, das nicht mehr seetüchtig war, sollte im Schutz der Dunkelheit zur *Expedition* geschleppt, an deren Rumpf gekettet und »daselbst in Brand gestecket« werden. Beladen wollte man sie mit dreißig Fäßchen Schießpulver, so daß sich das Feuer rasch auf das englische Schiff ausbreiten würde. Um jedem Scheitern des Anschlags vorzubeugen, regte van Bergel an, seine übrigen Schiffe sollten die Decks der *Expedition* mit Streufeuer aus ihren Musketen belegen.

Middletons Spione brachten ihm Kunde von diesem geplanten Anschlag, woraufhin der englische Kapitän, der einer Konfrontation nie aus dem Weg ging, »es für tunlich ansahe, selbsten zu gehen und mit dem Gouverneur zu reden und, eh daß wir unser Glyck im Kampf probireten, zu sehen, was er mir zu melden hätt«. Nach all den Bluffs und Drohungen trafen sich endlich die beiden Männer in Fort Nassau und waren überrascht zu entdecken, daß sie einander Achtung entgegenbrachten. »Also wurden Wort zwischen uns gewechselet, etliche herb und etliche sanft, mit

Malen aber wurden sie milder, bis daß [der Gouverneur] nach Wein verlangete, und allesamt sich erhuben und einen Becher leereten und gingen fürbaß, umherzuwandeln und die Burg zu besehen.« Middleton, der erwartet hatte, nach einem heftigen Streit hinausgeworfen zu werden, besichtigte also statt dessen mit van Bergel Rüstungen und diskutierte mit ihm über die Vor- und Nachteile verschiedener Musketenmodelle.

Nachdem nun die drohenden Tätlichkeiten erst einmal abgewendet waren, versicherte Middleton dem Gouverneur, er wolle keinen Ärger machen, und bot ihm für das Recht, Gewürze zu kaufen, eine große Geldsumme, »welche gar oft kluge Männer blind machet«. Der Gouverneur schien ernsthaft Sympathie für Middleton zu empfinden, doch er »erklärete mir frei heraus, er dürfe sich nicht vermessen, mir etwanen Handel um Gewürze zu gestatten, andernfalls er seines Kopfes verlustig gehe«. Als Middleton das vernahm, wußte er, daß weitere Gespräche sinnlos waren. Auch wenn er beim Verlassen der Festung freundschaftlich verabschiedet wurde und »der Gouverneur all sein Geschütz abfeuern ließ«, hatte er begriffen, daß der Kauf von Gewürzen fast zwangsläufig zur Konfrontation mit den Holländern führen mußte. Das bereitete ihm selbst zwar nicht den geringsten Kummer, er machte sich indes Sorgen, daß seine Männer vielleicht nicht den nötigen Kampfesmut mitbrachten. Also »versammlete ich all meine Leut, zu erfahren, wie ihnen der Sinn stand, und sagt ihnen frei heraus, daß, sofern sie zu mir hielten, ich gedächte, mich aufzumachen, zu denen Inseln [Ai und Run] zu fahren und dem Holländer die Stirn zu beuten: und versprach ihnen, daß, wer an den Gliedmaßen versehret, sein Lebtag solle sein Auskommen finden.« Die Männer zögerten nicht, Middleton ihr Vertrauen zu schenken, und bekundeten laut ihr Einverständnis mit seinen Absichten.

Während sie sich anschickten, Kurs auf Ai zu nehmen, drehte der Wind, so daß es sich als unmöglich erwies, in der schwerfälligen *Expedition* nach Westen zu segeln. Also schickte Middleton seinen Gehilfen Augustus Spalding in der Pinasse zur Insel Ai mit dem Auftrag, dort eine Faktorei einzurichten, während er selbst und die übrige Mannschaft auf der gebirgigen Insel Ceram, rund hundertfünfzig Kilometer nach Norden, ihr Lager aufschlugen. Von hier aus konnten sie mit der Pinasse einen Pendelverkehr zur Insel Ai einrichten und eine Ladung Gewürze für Middletons Schiff herbeischaffen, ohne einen Angriff der Holländer befürchten zu müssen.

Diese Strategie erwies sich als äußerst erfolgreich. Während Spalding auf Ai die Stellung hielt, durchpflügte die kleine *Hopewell* mit ihrer Fracht aus Mukatnüssen und Muskatblüten die Gewässer zwischen den beiden Inseln. Es war ein mühsames Unternehmen, und Middleton verwünschte die Direktoren der Kompanie, die, obwohl sie wußten, wie außerordentlich schwierig es war, Muskatnuß zu kaufen, mit dem Geld, das er ausgeben durfte, wie eh und je knauserten. »Wählet nur solch Muskatnüß, als da groß sind und fehllos«, hatten sie ihn vor seiner Abfahrt aus London angewiesen, »und wo Ihr sie verladet, kalcket sie [nicht] zu sehr, dieweil sie davon versenget.« Ebensoviel Gedanken machten sie sich über die Behandlung der Muskatblüten. »Setzet sie in Körben an einen tunlichen Ort ganz für sich, auf daß die Hitze der andren Gewürz sie nicht verderbet, und seid bedacht, nur zu kaufen, was von heller Farb und nicht welck oder roth oder von dunckelbrauner Farb.«

Nach sage und schreibe neun beschwerlichen Pendelfahrten mit der *Hopewell* hatte Middleton eine Erholung nötig. Er stellte eine neue Mannschaft zusammen – was ihm nicht leichtfiel, da er entsetzlich knapp an Leuten war –, empfahl sie Gott und schickte das Schiff auf seine zehnte

Fahrt. Er erwartete zuversichtlich, daß die *Hopewell* binnen sieben Tagen wieder zurück sein würde, aber eine Woche verging und dann noch eine, und immer noch hatte er nichts von dem Schiff gehört und gesehen. Jeden Tag suchte Middleton den Horizont nach dem kleinen Fahrzeug ab, bis eine dritte Woche herum war und er beschloß, mit einem Suchtrupp loszuziehen, weil er es in den gefährlichen Strömungen um die Bandainseln vermutete und dort aufzuspüren hoffte. »Dieweil ich nicht einen gesunden Mann bei mir hätt, der auf seinen Beinen kunnt stehen, dingt ich drei Schwarze und stach mit ihnen in See. Und als kein Land mehr in Sicht, erhub sich ein greulicher Sturm, daß ich von ihm mich treiben mußt lassen, um des lieben Lebens willen.« Middleton hatte Glück, weil er zurück nach Ceram geworfen wurde, aber da die Windgeschwindigkeit stündlich wuchs, hatte er immer größere Schwierigkeiten, zu verhindern, daß sein Boot an den Felsen zerschellte. »Sintemalen die Nacht nah wär, setzeten wir alles daran, es auf dem Meer zu halten, bis anderntags die Gewalt des Sturmes uns kein ander Mittel lasse, als alles zu wagen und durch eine Bresche im Riff hinüberzudringen. Also geschah es, und keiner vermaß sich, das Boot hinzugeben, dieweil er sonst an den Felsen wär zerschmettert.«

Die ganze Nacht über kämpften Middleton und seine »Schwarzen«, um das Boot außer Reichweite der Felsen zu halten, und als der Tag anbrach, stellten sie fest, daß sie entlang der Küste abgetrieben worden waren bis zu einer flachen Bucht, wo sie gefahrlos landen konnten. »Wir griffen das Boot und brächten es aus dem Sog und dancketen Gott dafor, daß er uns aus solch sichtbarlicher Not errettet. Da das Wetter gar übel und des Regens kein End, wisseten wir nicht, was beginnen.«

Middleton schickte seine Männer aus, damit sie die Bucht erkundeten, aber sie kehrten mit schlimmer Kunde zurück:

»Die Schwartzen hießen uns, sogleich aufs Meer hinauszufahren, sofern das Leben uns lieb sey. Ich frug einen von ihnen nach dem Grund, und er sprach, es sey der Kannibalen Land und so sie uns erspäheten, würden sie uns töten und essen und nichts könne einen Mann lösen, so sie ihn hätten; und alle Christen, die sie greifen, rösten sie bei lebendigem Leyb for die Unbill, die ihnen die Portugaler getan. Und derhalben, so wir nicht hinaus aufs Meer führen, würden sie gehen, sich zu verstecken; dieweil die Kannibalen in aller Früh herab ans Gestad kämen und umherspähten, ob sie etwelche Fischer oder Reisende könnten entdecken, die nächtens heimlich passireten.«

Diese Neuigkeit versetzte Middleton in Schrecken, und er fuhr ohne viel Umstände hinaus aufs Meer. Damit aber, daß er den Kannibalen entronnen war, hatte sein Ungemach noch kein Ende. Ein Ruderboot kam ihm entgegen und brachte die Nachricht, daß sich die *Expedition* vom Anker losgerissen habe und in Gefahr stand, auf die Klippen aufzulaufen. Middleton mußte ohne Verzug zurück aufs Schiff, um eine Rettungsoperation in die Wege zu leiten, aber angesichts des orkanartigen Gegenwindes bestand der einzige Weg zurück in einem zwanzig Kilometer langen Fußmarsch über Land. Der englische Kapitän und seine Führer hatten fast die Hälfte der Strecke zurückgelegt, da verlegte ihnen ein großer Fluß den Weg. Die Führer machten die unangenehme Entdeckung, daß der Fluß voller Alligatoren war, aber Middleton ließ sich nicht schrecken, auch nicht, als man ihm sagte, »daß, sofern ich einen solchen [Alligator] erblickete, ich mit ihm kämpfen müßt, andernfalls er mich töten würd«. Während ihm diese Warnung noch in den Ohren klang, watete er in das Wasser hinein:

»Dieweil ich matt und zwei Nächt lang kein Aug hätt zugetan, ging ich ins Wasser, wissend, daß sie vor mir wären, hinüber. Dieweil der Fluß breit und von gar geschwinder Strömung war, woran der große Regen schuld, der herniedergegangen, wolten die Indianer, daß ich umkehrete; dieweil ich jedoch ein gut Halb des Wegs gegangen, war ich unwillens.

Da ich nun im Wasser, hätt von den Indianern einer, der meinen Rock trug, ein groß Rohr (davon ich nichts wußt) und schlug mir an die Seit, und ich, den Schlag fühlend und forchtend, daß es ein Alligata wär, taucht hinab ins Wasser, wo der Strom mich so sehr riß, daß ich bereits im Meer, eh ich mich wieder hinaufgeschaffet; und daselbst schmiß mich das Meer auf den Strand und schrotet mir Rücken und Schulter, bis er herbeigeeilt und mir das End des Rohres gereicht, welchselbiges ich zu fassen kriegt, und er mich herauszog, um Haaresbreit ersoffen, dieweil mich das Meer verwarf und ich von jeder Woge wieder ins Meer gespület.«

Kopfjäger waren bei den englischen Seeleuten sehr gefürchtet: wegen »der Wüstheit der Leut, so in den Flüssen auf der Lauer liegen, um jedem, den sie bezwingen mögen, das Haupt abzuschlagen«, schrieb einer der englischen Faktoren über die Krieger der Dyak.

Die gefährlichen Ereignisse fanden ein glückliches Ende. Nicht nur, daß die *Expedition* vor den Klippen gerettet wurde – plötzlich kam auch die *Hopewell*, die einen Monat lang verschwunden war, wieder in Sicht. Sie war, wie sich herausstellte, in einem schrecklichen Sturm dreißig Seemeilen weit von den Bandainseln nach Osten abgetrieben worden und hatte über vierzehn Tage für die Rückfahrt nach Ceram gebraucht.

Daß Middleton den Gewürzkauf erfolgreich abgewickelt hatte, war der Aufmerksamkeit der Holländer nicht entgangen. Sie waren, wie er sich ausdrückte, »schier von Sinnen«, seit er sich bei den Bandainseln herumtrieb, denn die lokalen Händler hatten alle Muskatnüsse, die sie kriegen konnten, hinüber nach Ai geschafft. Das ärgerte die Holländer um so mehr, als zwei ihrer eigenen Schiffe nur erst eine halbe Ladung Gewürze aufgenommen hatten und noch viele weitere Tonnen brauchten, ehe sie nach Holland zurücksegeln konnten.

Die Bandanesen, von Middletons Anwesenheit ermutigt, erhoben sich nun gegen die Holländer und brachten alle um, die das Pech hatten, außerhalb der Mauern von Fort Nassau angetroffen zu werden. Und »dieweil sie etliche versprengete Hollander hingemetzelt und Blut gelecket hätten, zogen [sie] all ihre kampfestüchtigen Mannen zusammen, die Burgen der Hollander zu berennen, und beschlossen, ihre Schiffe zu sengen«.

Während ringsum der Hafen von Musketenfeuer widerhallte, lief Middleton aus und machte sich auf den Weg nach Bantam und zurück nach England. Seine Reise war triumphal verlaufen, denn wider Erwarten hatte er nicht nur eine gewaltige Menge Muskatnuß erstanden, sondern auch die Holländer in eine außerordentlich prekäre Situation gebracht. Die Direktoren der Kompanie waren überglücklich und schickten einen Brief an den Schatzkanzler,

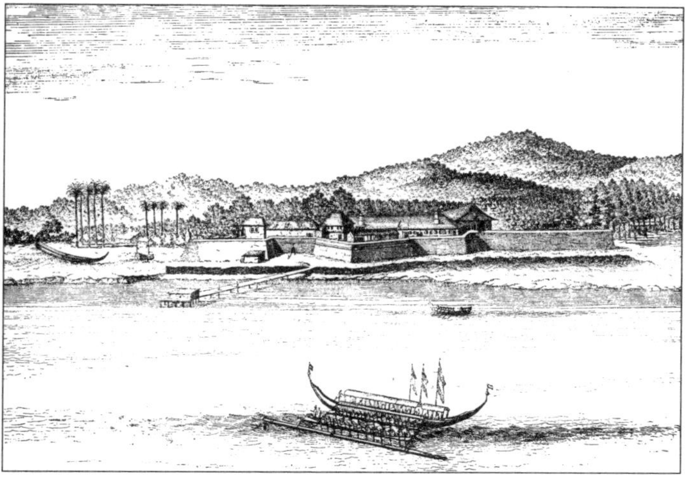

Das von den Holländern erbaute Fort Nassau auf der Insel Bandanaira. Da es gegen den Willen der Inselbewohner errichtet wurde, kam es zu einem Massaker, dem der gesamte Offiziersstab der Holländer zum Opfer fiel. Das holländische Kontingent seinerseits fing daraufhin an, »Rache zu üben und zu vollbringen, wo es nur konnt«.

den Earl of Salisbury, in dem sie Middletons Verschlagenheit und Mut besonders herausstellten: »Da er nach Banda kam, um Handel zu treiben ... ward er unter vielem anwürfigem und ungebührlichem Reden von jeglichem Handelsgeschäft daselbst abgehalten. Was er bekam, erlangt er mit starcker Hand und gegen ihren Willen, von andren verstreuten Eilanden, so nahebei gelegen, und unter gar gewaltiger Widernis und Fährnis (dieweil jene planeten und oftmalen unternahmen, Schiff, Mann und Gut zu überfallen, durch Brand zu verzehren und durch allerlei Hinterlist zu verderben).«

Angesichts des auf den Bandainseln entstandenen Machtvakuums brüteten die Direktoren nun erneut über ihren Karten. Die rund fünfzehn Kilometer westlich von Bandalontar gelegene Insel Run war es, auf die sie schließlich ein Auge warfen.

Auch wenn die Rückkehr von Middletons Schiff für große Freude sorgte, machten sich die Direktoren der Ostindischen Kompanie doch Sorgen, König Jakob I. könne ihr Handelspatent widerrufen. Leute bei Hof und rivalisierende Kaufleute kamen ständig beim König wegen eigener Handelslizenzen ein, wobei sie wie Edward Michelborne geltend machten, eine einzige Gesellschaft dürfe kein exklusives Handelsmonopol besitzen. Die Lizenz Königin Elisabeths I. war auf fünfzehn Jahre befristet und lief bald ab. Sir Thomas Smythe wußte, wie sehr gewisse Höflinge Druck auf den König ausübten, und entschied, daß es nicht länger opportun sei, Adlige von dem Unternehmen auszuschließen. Nachdem es ihm gelungen war, König Jakobs Günstlinge für seine Sache zu gewinnen, bat er in einer Eingabe an den König um eine Erneuerung der Handelsprivilegien der Kompanie und hob die unbedingte Notwendigkeit hervor, das Monopol auf den Handel mit Ostindien aufrechtzuerhalten. König Jakob beugte sich schließlich den Argumenten der Bittsteller, erklärte sich mit ihren Forderungen einverstanden und bewilligte ihnen, statt die Lizenz erneut auf fünfzehn Jahre zu begrenzen, »den ganzen, vollständigen und alleinigen Handel und Verkehr mit Ostindien ... für alle Zeit«. Es gab nur eine einzige Vorbehaltsklausel: Sollte der Handel »sich nicht als einträglich für das Königreich« erweisen, konnte die Lizenz widerrufen werden, wenngleich der König für diesen Extremfall den Kaufleuten eine Kündigungsfrist von drei Jahren einräumte.

Smythe und seine Kollegen im Direktorium waren überglücklich über diese Ausweitung ihrer Privilegien, sorgte sie doch für neues Vertrauen – und erhöhte Einlagen – in den Gewürzhandel. Der Adel allerdings, der bei den Bemühungen, den König zu der Konzession zu bewegen, eine so wichtige Rolle gespielt hatte, zählte nicht zu denen, die ihr Geld in künftige Ostindienfahrten steckten. Die Herren lehnten es ab, sich mit Handelsgeschäften die Hände schmutzig zu machen, und zogen es vor, diesem interessantesten aller Unternehmen als assoziierte Mitglieder anzugehören. Es galt als letzter Schrei, Ehrenmitglied der Ostindischen Kompanie zu werden und den dazugehörigen absurden, feierlichen Eid zu schwören, der den Betreffenden zu absolutem Stillschweigen verpflichtete hinsichtlich »der Geheimnisse und vertraulichen Anliegen besagter Kompanie, so Euch der Gouverneur oder sein Vertreter anvertrauet, auf daß Ihr sie geheim haltet«. Das war ein genialer Einfall der Direktoren, denn bald schon standen die Aristokraten Schlange, um Mitglied einer Organisation zu werden, die ihnen als halbe Geheimgesellschaft erschien. Manch einem stieg die Aufnahme regelrecht zu Kopf: Der Earl of Southampton war so überglücklich, als er vernahm, daß man ihn zum Ehrenmitglied gemacht hatte, daß er den Direktoren zwei Rehböcke schickte, »daß sie sich nachmalen vergnügeten, dieweil sie so freundlich, ihn in ihre Kompanie aufzunehmen«. Die pfiffigen Direktoren bildeten sogleich einen Wildbretausschuß, dessen einzige Funktion darin bestand, für die Bankette im Haus von Sir Thomas Smythe das erlesenste Wildbret zu beschaffen.

Da nun die Unterschrift des Königs endlich auf der Charta stand, war die Zeit für eine neue Expedition gekommen. Der Büttel der Kompanie wurde durch London geschickt, um Geldzeichnungen zu sammeln; als er zurückkam, hatte er nicht weniger als 82 000 Pfund Sterling zusammengebracht. Da sie nun eine solch große Summe zu ihrer Verfügung hatten, beschlossen die Direktoren, ein kompanieeigenes Schiff bauen zu lassen, statt sich weiter auf die minderwertigen Schiffe früherer Reisen zu verlassen. Mit 1100 Tonnen war dieses neue Schiff geradezu ein Leviathan, mehr als doppelt so groß wie der normale Ostindienfahrer und in seiner Tonnage bis zu den Zeiten der Dampfschiffahrt unübertroffen. Ein so mächtiges Schiff konnte nur durch den König höchstpersönlich vom Stapel gelassen werden, und also fuhr Jakob I. in Begleitung der Königin und des Prinzen Henry am 30. Dezember 1609 nach Deptford zu einem königlichen Festakt. Das Schiff erhielt den passenden Namen *Trades Increase* (Handelswachstum) und sollte zusammen mit zwei kleineren Schiffen – der *Peppercorn* und der *Darling* – auslaufen. Auf den Stapellauf folgte ein triumphales Bankett, bei dem die Speisen auf unschätzbar wertvollem chinesischem Porzellan serviert wurden; als man den Nachtisch auftrug, rief der König Sir Thomas Smythe an seine Seite und legte »mit eigener Hand eine groß Ket aus purem Gold und einer Schaumünz um seinen Hals«.

Von diesem Zeitpunkt an floß zwischen dem König und der Kompanie ein nicht versiegender Strom von Geschenken; als schließlich die sechste Flotte in See stach, nahm sie die Anweisung mit, »for Ihro Majestait und die Lords mit Bedacht all solch Geflügel, Getier und ander Ding zu bewahrn, so Ihr oder unter Euren Leut welche von selbigen Landstrichen mitführet«. Eingedenk der Schwierigkeiten, die der mißmutige Coree gemacht hatte, ließen alle drei Kapitäne diese Anweisung wohlweislich unbeachtet.

Die Flotte sollte planmäßig im Frühjahr 1610 von London auslaufen; um sicherzustellen, daß dies auch geschah, mußten sich alle Beteiligten strikt an die zeitlichen Vorgaben halten. Im November führte die Kompanie Einstellungsgespräche mit potentiellen Faktoren und Mitgliedern der Mannschaft; auf der Liste dieser Neurekrutierten taucht erstmals der Name Nathaniel Courthope auf. Von Courthopes Biographie vor seinem Eintritt in die Ostindische Kompanie ist nichts bekannt. Durchaus möglich, daß er als Handelsmann in London tätig war und wie so viele seiner Faktorenkollegen in der Hoffnung nach Osten zog, dort sein Glück zu machen. Ohne Frage beeindruckte er die kühl rechnenden Direktoren, denn nur fünf Tage nachdem er sich um eine Anstellung beworben hatte, am 13. November 1609, erhielt er den Bescheid, angenommen worden zu sein. Mehrere seiner Faktorenkollegen erhielten am selben Tag die Zusage: »Benjamin Greene, so Spanisch, Französisch und Italienisch sprichet, [und] Roland Webb, so Französisch und Spanisch sprichet.« Zu Courthope erfahren wir, daß die Kompanie »mit Nathaniel Courthope eine Absprach über sieben Jahr hat«, eine um zwei Jahre längere Anstellungsdauer als bei seinen Kollegen. Diese zusätzlichen Jahre sollten sich als höchst folgenreich erweisen und dank Courthopes Tapferkeit einen Wendepunkt in der Geschichte der Gewürzinseln markieren.

Im April 1610 stach die Flotte unter dem Befehl des erfahrenen Sir Henry Middleton in See, während der nicht minder erprobte Nicholas Downton das Kommando auf der *Darling* innehatte. Die Gouverneure der Kompanie hatten beschlossen, daß die beiden Männer Kurs auf die Bandainseln nehmen und sich um eine Festigung der freundschaftlichen Beziehungen zu den eingeborenen Händlern bemühen sollten. Middleton wurde auch angewiesen, die Ressentiments gegen die Holländer zu nutzen und in dieser Absicht »dem Gouverneur [der Bandainseln] Geschenke darzubieten nach Eurem Dafürhalten und wie Euch tunlich bedünkt; und dorten dreihundert Tonnen Muskatennussen zu erwerben von der besten und fehllosesten Art, so zu erlangen, ohn Staub und Spreu ... desgleichen zwanzig Tonnen von Muskatenblüthen, den größten und lichtesten, so zu erlangen, nicht jedoch, woferne es dunkelfarbene rothe Muskatenblüthen, welches sind weiblich Blüten und allhier wenig wert«. Wenn er die Ladung beschafft habe, solle er eine große Zahl von Faktoren auf den Inseln zurücklassen – unter ihnen Nathaniel Courthope –, damit diese für künftig eintreffende Flotten Vorarbeit leisteten.

Sir Henry wurde außerdem ersucht, unterwegs zahlreiche Häfen anzulaufen, nicht um Gewürze zu kaufen, sondern um die Suche nach Märkten für englisches »Wollzeug« fortzusetzen, damit »wir Handel zu treiben vermögen, ohn daß Geld mitgeführet muß werden, worauf unser Begehren gar ernstlich gerichtet«. Dieses Begehren war es, das Sir Henry veranlaßte, nach einer langwierigen Reise um das Kap der Guten Hoffnung seine Flotte Kurs auf den sonnengedörrten Hafen von Aden an der Südwestspitze der Arabischen Halbinsel nehmen zu lassen.

»Mittwoch bei Sonnenuntergang«, schrieb Nicholas Downton in sein Bordbuch, »erspäheten wir allplötzlich Aden, welchselbiges zu Füßen eines ungedeihlichen Gebirgs liegt, ein Ort, so ich kaum für eine Stadt angesehen, wiewohl er dort placiret, weil er stark und gar gut zu schützen und kein Feind ihn leicht zu nehmen vermöchte«. Die Festung erinnerte ihn an »den Tower von London, der nicht vom Feind in Eil zu erklimmen«.

Auch Middleton war beeindruckt von den Befestigungen Adens; seine sorgenvollen Gedanken drehten sich aber um den Empfang, den man ihnen bereiten würde. Dieser Winkel Arabiens unterstand der nominellen Herrschaft des osmanischen Sultans, aber die meisten Städte wurden von skrupellosen lokalen Statthaltern beherrscht, während das gebirgige Binnenland in Scheichtümer einander bekriegender arabischer Stämme zerfiel. Middleton hielt ein Fahrzeug aus der Gegend an und fragte die Araber, die sich an Bord befanden, ob der dortige Pascha ein guter Mensch sei. Ihre Antwort war wenig verheißungsvoll. Der letzte Pascha sei »gar schlimm« gewesen, der gegenwärtige sei nur »weniges besser«, und die Türken ganz allgemein seien »arge Taugenichtse«. Middleton faßte einen Entschluß: Während er Downton anwies, die *Darling* vor der Küste von Aden vor Anker zu legen, wollte er selbst ins Rote Meer zum Hafen von Mocha segeln und dort sein Glück versuchen.

Diese Entscheidung sollte er rasch bereuen, denn als er mit der *Trades Increase* in den Hafen der Stadt einlaufen wollte, saß er alsbald auf einer Sandbank fest. Das brachte Middleton in eine peinliche Lage: Der einzige Weg, wieder flottzukommen, bestand darin, das Schiff vollständig zu entladen; aber Waren an Land zu bringen, ohne daß dort eine Faktorei existierte, lief den Grundsätzen der Kompanie zuwider. Glücklicherweise erwies sich der dortige Gouverneur, ein zum Islam übergetretener Grieche namens Rejib Aga, als höchst entgegenkommend. Als Middleton ihm eine Botschaft schickte, in der er dem Gouverneur mitteilte, er sei ein englischer Kauffahrer und bedürfe der Hilfe, erhielt er die Antwort, »wofern wir Engländer, wärn wir herzlich willkommen und sollten nicht entbehren, wonach uns verlange«.

Weitere gute Neuigkeiten folgten: Laurence Femell, wohlbeleibter Oberfaktor der Expedition, hatte sich in einem Ruderboot an Land gewuchtet; es war ihm gelungen, mit dem Gouverneur einen günstigen Handelsvertrag abzuschließen. Zur Feier dieses Abkommens lud Rejib Aga Middleton zu einem aufwendigen Bankett ein, bei dem er den englischen Kommandanten mit Ehrenbezeigungen überhäufte, die entgegenzunehmen sich der dadurch in immer größere Verlegenheit gesetzte Middleton verpflichtet fühlte. Nachdem man ihm »guten und friedlichen Handel« versprochen hatte, mochte Sir Henry hoffen, daß es mit diesen übertriebenen orientalischen Höflichkeitsbezeigungen allmählich zu Ende gehe. Tatsächlich hatte Rejib Aga noch gar nicht richtig angefangen. Nachdem er den Engländern ein Haus am Hafen zur Verfügung gestellt hatte, das sie als Niederlassung nutzen sollten, »hieß er mich aufstehn, und seiner Fürnehmen einer bedeckete meinen Rücken mit einem Hemmed aus Purpurseide und Silber, dieweil er sprach, ich müsse mich keines Bösen versehen, denn das sei der Schutz des Oberherrschers. Nach etwelchen Artigkeiten nahm ich meinen Abschied: man setzete mich auf ein edles Roß mit reichem Zaumzeug, und ein großer Mann führete mein Roß; und ward also in meinem neu Gewand und unter klingend Spiel zum Englischen Haus geleitet.«

Die nächsten Tage verbrachte man höchst angenehm. Der Aga schickte täglich Botschaften an Middleton, »worinnen er mich hieß fröhlich sein«, und versprach, er werde, sobald Ramadan vorüber sei, mit seinem Gast zu seinen privaten Lustgärten reiten. Middletons Mißtrauen hinsichtlich der Aufrichtigkeit des Agas schwand unter dem Eindruck dieser zuckersüßen Freundlichkeiten, und er begann dummerweise, dem Anschein zu trauen.

Am 28. Oktober 1610 ruderte er an Land, um einen Bummel durch die Stadt zu machen. Es war ein herrlicher Abend; am Himmel hatte man den ganzen Tag über kein einziges Wölkchen gesehen. Middleton ging zum Englischen Haus, um die Wüstensonne langsam im Roten Meer versinken zu sehen. »Als die Sunnen unter war, ließ ich Gestühl ans Tor setzen, allwo ich selbsten, Meister Femell und Meister Pemberton niedersaßen, um der frischen Luft zu genießen, ohn daß wir ahneten, welch Harm uns alsbald sollt befallen.« Um acht Uhr traf ein Bote des Gouverneurs ein, aber weil keiner der anwesenden Engländer Arabisch sprach, mußte er unverrichteter Dinge wieder abziehen. Kurz darauf kehrte er mit einem Dolmetscher zurück, der Middleton davon in Kenntnis setzte, daß Rejib Agas Botschaft lediglich nur in der Aufforderung bestanden habe, sie sollten es sich wohl sein lassen. Middleton befolgte diese

Aufforderung sogleich, entkorkte eine Flasche Madeira und ließ sie im Freundeskreis herumgehen. Sie hatten indes kaum Zeit, einander zuzuprosten, da ertönte lautes Klopfen an der Tür: »Mein Bedienter kehrt voller Forcht wieder und spricht zu uns, wir wärn verraten: dieweil die Türken und meine Leut hinterm Haus miteinand handgemein wärn worden.« Middleton stürzte hinzu, um die Mannschaft vor der Gefahr zu warnen und dafür zu sorgen, daß sie das Haus so schnell wie möglich verbarrikadierten:

»Dieweil ich aber also redete, ward ich von einem, der hinter mir kam, mit einem Streich aufs Haupt zu Boden gestrecket. Ich lag als tot, bis daß sie mir die Händ auf den Rücken gebunden, und zwar so strenge, daß die schröckliche Pein davonnen mich zu Sinnen bracht. Kaum daß sie sahen, daß ich mich rührt, stelleten sie mich auf die Füß, und ward ich zwischen zween zum Aga geführet, allwo ich etliche meiner Gesellen in gleichen Umständ sah wie mich selbsten. Da sie mich hinführeten, räuberten mich die Kriegsmannen und nahmen von mir all das Geld, das mir zur Hand, dazu drei güldene Ring, einen mit meiner Petschaft, der andre hätt sieben Edelstein von gutem Wert, der dritt ein Zwiefalt-Ring.«

Damit hatte das Unheil nur erst begonnen. Als sämtliche Engländer in der Stadt gefangengenommen waren, unter ihnen Nathaniel Courthope, wurden sie zusammengetrieben und in Eisen geschlossen: »Ich selbsten mit sieben mehr ward allzusammen am Halse angekettet; andere bei den Füß, wieder andere bei den Händen.« Nachdem dies geschehen war, ließen die Soldaten sie in der Gesellschaft zweier schwerbewaffneter Wachen zurück, die »Erbarmen for uns hätten und unsre Bande linderten, dieweil die mehrsten unter uns ihre Händ so strenge hinterm Rücken gebunden, daß uns das Blut aus den Fingerkoppen wollt bersten, und unsere Pein über die Maßen groß wär«.

Middleton hatte noch immer keine Ahnung, warum sie angegriffen worden waren, hingegen dauerte es nicht lange, bis er das Ausmaß der Treulosigkeit des Agas begriff. Nicht nur waren acht seiner Männer bei dem »blutig Schlachten« umgekommen und vierzehn schwer verwundet worden, er vernahm jetzt auch, daß ein Trupp von einhundertfünfzig Türken »in drei großen Barken« aufs Meer hinausgefahren war, um die *Darling* – die mittlerweile vor Mocha ankerte – zu kapern. Der Angriff kam für die Mannschaft der *Darling* vollständig unerwartet. Da sie von dem Verrat an Land nichts wußte, begriff sie erst, daß etwas nicht stimmte, als sie sah, wie Dutzende von Türken mit gezogenen Schwertern das Schiff enterten. Die Lage war verzweifelt: Drei Engländer wurden auf der Stelle getötet, während die übrigen unter Deck stürzten, um ihre Waffen zu holen. Als sie sich bewaffnet hatten, war das Schiff fast schon verloren. »Der Türcken Haufe stund dicht in der Kuhl [des Schiffes], indes sie hollerten und ihre Schwerter uff das Deck schlugen.« Der Geistesblitz eines Mannschaftsmitglieds rettete die Situation. Da er sah, in welch hoffnungsloser Situation sie waren, nahm er alle Kraft zusammen, ließ ein riesiges Faß Schießpulver gegen die Angreifer rollen und schleuderte dann einen Brandsatz hinterher. Die Wirkung war ebenso spektakulär wie verheerend. Eine große Anzahl Türken wurde auf der Stelle getötet, während der Rest aufs Halbdeck zurückwich, um sich neu zu formieren. Dieses Zögern kostete sie ihr Leben, denn die Engländer hatten mittlerweile ihre Musketen geladen, die sie nun »feureten, und traktirten [die Türken] mit einer weitern Ladung Pulver, welchselbige sie mit solcher Forcht erfüllet, daß sie ins Meer sprangen und an des Schiffs Seiten hingen und fleheten um Gnade, ohn welche zu erlangen, also daß unsere

Männer alle umbrächten, so sie kunten finden, dieweil die anderen ertrancken, nur ein Mann kam davon, so sich verbarg, bis die Furia verrauchet, da er sich ergab und Gnade fand«.

Die *Darling* war gerettet, aber Middletons Lage wurde dadurch nur noch prekärer. Mit der Kette um den Hals wurde er vor den Aga geführt, um zu erfahren, warum man ihn festgenommen hatte. »Er mit grimmigem Antlitz (und ohn die heuchelnde Mien, die ich von ihm gewohnet) heischet von mir zu wissen, wie ich so kühn könnt sein, in ihren selbigen Hafen von Mocha zu dringen, so nah ihrer heiligen Stätt Mekka.« Middleton protestierte energisch und erinnerte den Aga daran, daß er es gewesen sei, der die Engländer aufgefordert habe, an Land zu kommen, und sie ständig ermuntert habe, es sich wohl sein zu lassen. Der Aga zog es vor, diese letzte Bemerkung zu überhören, und teilte Middleton mit, der Pascha in Sana'a habe vom Sultan in Konstantinopel Befehl erhalten, jeden Christen zu verhaften, der versuche, in einem der Häfen des Roten Meeres an Land zu gehen. Er ließ Sir Henry außerdem wissen, die einzige Möglichkeit für ihn, seine Freiheit wiederzuerlangen, bestehe darin, Briefe an die *Trades Increase* und die *Darling* zu senden und ihnen die Kapitulation zu befehlen. Middleton wies das Ansinnen zurück, und als Rejib Aga ihm sagte, er werde die Schiffe aushungern, bis sie sich ergäben, teilte ihm Middleton frohgemut mit, die Schiffe hätten Vorräte, die für zwei Jahre reichten. »Er dringet wiederum in mich, daß ich schreiben und sie alle an Land kommen und die Schiffe übergeben heißen möchte, widrigenfalls er mir den Kopf abschlagen würde. Ich hieß ihn selbiges tun; sintemalen er hierin mir sehr zuliebe tät, dieweil ich meines Lebens müd; dergleichen schreiben aber tät ich nimmermehr.«

Diese Antwort gefiel dem Aga ganz und gar nicht. »Ich ward Kette und Halsreif ledig, und ein gewaltig Paar Fußeisen um meine Bein geschlossen und Handschellen an meine Händ und also vom Rest meiner Schar geschieden: den Tag lang stecketen sie mich in ein Hundsloch unter einer Stiege ... mein Obdach war das karge Erdreich und ein Stein mein Pfühl; meine Gesellen, mich wachend zu erhalten, warn meines Herzens Kummer und Ratten ohn Zahl, die, sofern ich endlich schlief, mich wieder wecketen, dieweil sie über mich hinliefen.«

Sir Henry fand bald Grund, sich nach dem »Hundsloch« zurückzusehnen. Der Aga befahl ihm, einen Brief an die *Trades Increase* zu schicken und die Besatzung aufzufordern, alle warme Kleidung an Bord unverzüglich an Land zu bringen. Middleton wunderte sich und fragte nach dem Grund für ein so seltsames Verlangen, woraufhin er erfuhr, der Pascha in Sana'a wünsche die Fremden zu befragen und »wir würden gar große Kält leiden im Bergland«. Middleton, der in der Hitze von Mocha schmorte, machte sich über den Aga und sein Gerede von frostiger Kälte lustig und wollte von warmer Kleidung nichts wissen. Und so geschah es denn, daß »sie am zwei und zwanzigsten Dezember uns die Eisen von den Beinen schlugen ... und ich selbsten und vier und dreißig unserer Leut gewiesen waren, hinan gen Sana'a zu ziehen, der fürnehmsten Stadt im Reiche, allwo der Pascha residiret«.

Einem der Männer gelang es, seinen Wächtern zu entfliehen, die sein Verschwinden erst viele Stunden später bemerkten. Er erreichte schließlich die *Trades Increase*, indem er zurück zur Küste marschierte, ein Kanu stahl und damit aufs Meer hinausfuhr. Ohne etwas zu essen und zu trinken, abgesehen von seinem eigenen Urin, ruderte er mehrere Tage durch kabbeliges Wasser, bis ihn ein Mann auf dem Ausguck des Flaggschiffes in der Ferne erspähte und eine Pinasse schickte, die ihn rettete. Für Downton war sein Eintreffen von großem Wert, denn er erhielt dadurch Informationen über die Wachen und Begleitsoldaten, die mit Middleton unterwegs waren, und hatte die Möglichkeit, durch geheime Boten und Mittelsleute mit dem Kommandanten regelmäßig, wenn auch verstohlen, Briefe auszutauschen. Pemberton schickte zweimal Briefe an Middleton, in denen er ihn aufforderte, seine Flucht in die Wege zu leiten; er meinte, Middleton könne leicht als Araber gelten, wenn er sich orientalisch verkleide, die Behaarung seines Gesichts entferne und seine Haut »beruße«. Wie er hinzufügte, hatte er selbst ernstlich vorgehabt, sich zu »berußen«, dann aber entschieden, daß sein »blatternarben« Gesicht ihn verraten würde.

Der Korrespondenz zwischen Downton und Middleton läßt sich gelegentlich die große Anspannung entnehmen, unter der sie standen. Als Middleton sich weigerte, Downton die Jagd auf Schiffe aus der Region zu erlauben, und als Grund angab, sein Leben würde dadurch in noch größere Gefahr geraten, schickte Downton eine deftige Antwort zurück, in der er erklärte, nur er selbst sei imstande zu beurteilen, was unter den gegebenen Umständen das beste sei. Sir Henry war äußerst ungehalten über die gereizte Reaktion seines einstigen Freundes und schickte als Antwort einen Brief, den Downton für »ekle Krittelei« erklärte. Kurz bevor es indes zum endgültigen Bruch zwischen den beiden Männern kam, nahm Downton wieder Vernunft an und schickte eine Notiz, in der er erklärte, der Ton von Middletons Brief habe ihn zwar verletzt, aber böse Worte, die ihren gemeinsamen Feinden Gelegenheit böten, »sich das Maul zu zerreißen, Ränke zu schmieden und mit Fingern zu weisen«, werde er nicht mehr schreiben. Darauf antwortete Sir Henry mit einem »gar freundlichen Brief«, in dem er wegen seines »melancholisch Schreibens« um Verzeihung bat; er habe es, so erklärte er, in einem Anfall akuter Depression abgefaßt.

Diese Depression sollte sich bald verschlimmern, denn es wurde während des Zwangsmarsches nach Sana'a zunehmend kälter. Middleton erkannte nun, daß es ein Fehler war, die Wollsachen nicht kommen zu lassen. Er notierte: »Ich wollt's nicht wahrhaben, als man mir von der Kält sprach, die uns droben widerfahren sollt, und dies machte, daß ich selbsten nur dünn gewandet ging.« Mit dem bißchen Geld, das er noch besaß, kaufte er nun seinen Männern Fellmäntel, ohne die sie alle zugrunde gegangen wären. Kaum einer von ihnen dürfte damit gerechnet haben, auf der sengenden Arabischen Halbinsel eine weiße Weihnacht zu erleben, aber als die englischen Gefangenen am Weihnachtstag des Jahres 1610 in die Stadt Taiz stolperten, fielen die ersten Schneeflocken. William Pembertons »Bursche«, der bei der Flucht seines Herrn zurückgeblieben war, erkrankte durch die Kälte und wurde im Haus der Gouverneurs untergebracht; die übrigen zogen weiter hinauf in die Berge, wo »allmorgendlich das Erdreich mit Rauhreiff bedecket war, und ... wir Eis hätten von Fingers Stärck«.

Endlich langten sie in Sana'a an, »welch Stadt etwan größer dann Bristol«, wo ihnen ihre Fellmäntel weggenommen wurden und sie wie gewöhnliche Kriminelle barfuß durch die Stadt geführt wurden. Middleton war nicht zu diplomatischer Finesse aufgelegt. Von zwei »gar großen Kerlen« vor den Pascha geschleppt, ließ er seinem Zorn freien Lauf und beschuldigte Rejib Aga der Doppelzüngigkeit, Treulosigkeit und des Mordes. Der Pascha hörte »mit finsterem, dräuendem Antlitz« zu, warf Sir Henry vor, dieser mache ihm nichts als Scherereien, und führte die Engländer dann zu einem gewöhnlichen Kerker, wo sie abermals »in druckend Eisen geschlossen« wurden.

Sie hatten fast einen Monat im Gefängnis verbracht, da ließ der Pascha plötzlich Sir Henry zu sich rufen und teilte ihm mit, alle Männer würden unverzüglich freigelassen und könnten nach Mocha zurückkehren. Was die plötzliche Milde des Paschas ausgelöst hat, ist nicht recht klar; es ging aber das Gerücht, ein einflußreicher Kaufmann aus Kairo, in dessen Schuld der Pascha stand, habe sich für die Engländer verwandt. Ihre Freilassung kam gerade noch rechtzeitig, denn »mannigfach waren unsere Leut derweil Kummers halb wie auch von Kälte, böser Luft, schlimmer Speisung, argem Obdach und druckend Eisen erkrancket und geschwächet«.

Der chamäleonhafte Pascha verwandelte sich nun in einen guten Onkel, der die Männer in einem großen, herrschaftlichen Haus einquartierte, eine Besichtigung der Sehenswürdigkeiten der Stadt empfahl und ihnen sogar sechs Kühe schenkte, damit sie sich mit dem Fleisch wieder aufpäppeln konnten. Middleton kam dazu noch in den Genuß einer Sonderbehandlung: Er erhielt eine Börse mit einhundertfünfzig Goldmünzen, die ihn für die erduldeten Leiden entschädigen sollten. Seine Gegenleistung bestand darin, einer der unerträglichen Reden des Paschas zu lauschen, in denen sich dieser in Elogen auf die eigene Weisheit, Intelligenz und Milde erging. Middleton war durch die unerwartete Wendung der Dinge eher nachdenklich gestimmt als überrascht; er hatte schnell begriffen, wie wankelmütig diese türkischen Statthalter waren, die, ohne mit der Wimper zu zucken, vom guten Freund zum erbarmungslosen Feind werden konnten.

Mitte Februar verließen die Männer endlich Sana'a und machten sich auf den langen Marsch zurück nach Mocha. An Middleton nagten noch immer Zweifel, was die Aufrichtigkeit des Paschas betraf, aber sie wurden zerstreut, als der Pascha ihm gegenüber erklärte: »Wann Rejib Aga Euch kräncket, will ich ihm das Fell über die Ohren stülpen, und Ihr sollt sein Haupt haben.« Als sie nach Taiz kamen, hofften die Männer, den Burschen von Mr. Pemberton mitnehmen zu können, den sie, weil er aus Schwäche nicht mehr weiterkonnte, im Haus des Gouverneurs einquartiert hatten. Hier ergab sich indes ein Problem: »Der Gouverneur, Hamet Aga, hätt ihn gezwungen, ein Türck zu werden, und wollt nicht um alles von ihm lassen.« Der arme Junge hatte in diesen Wochen beim Gouverneur fürchterliche Qualen leiden müssen: Als er sich weigerte, zum Islam überzutreten, trugen »ihn etliche von den Bedienten des Aga in eine Badstub, allwo sie ihn mit Gewalt nackicht beschnitten«. Der Gouverneur weigerte sich beharrlich, den Jungen gehen zu lassen, und den Engländern blieb nichts anderes übrig, als ohne ihn weiterzuziehen; zu Middletons Ehre sei aber bemerkt, daß er den Jungen nicht vergaß und erst von Arabien absegelte, als man ihn endlich freigegeben hatte.

Bei seinem Eintreffen in Mocha wurde Middleton unverzüglich zum Aga gebracht, der »mich, wie gewohnet, mit dem Ansehen trügerischer Lieb und Freundlichkeit empfinge, mich und die andren willkomben hieß und sich froh erklärete ob unsrer heilen Wiederkehr und trüb und beschämet ob dessen, was vorgegangen, und erbat mein Vergebung«. Zu ihrem Schiff zurückzukehren erhielten sie indes keine Gelegenheit, sondern sie wurden zu Fuß zu einem »mächtig starcken Haus« gebracht und erneut unter Bewachung gestellt. Sir Henrys Mißtrauen hatte sich als nur allzu berechtigt erwiesen; ihm war nun klar, daß Flucht seine einzige Chance war. Sein Plan war einfach: Im Schutz der Dunkelheit schickte er einen Brief zur *Trades Increase* und bat, eine Flasche Aquavit ins Gefängnis zu schmuggeln. Damit wollte er die Wachen betrunken machen, ihre Schlüssel stehlen und sich, da ihm klar war, daß man überall in der Stadt sein Gesicht kannte, in einem leeren Faß von seinen Männern zum Strand hinunterrollen lassen.

Endlich schlug die Stunde der Befreiung. Der Aquavit wurde erfolgreich ins Gefängnis geschmuggelt, ein Boot heimlich am Südrand der Stadt vertäut. Die Wachen konnten dem Alkohol, den man ihnen anbot, nicht widerstehen und »begunnen hart zu saufen«. Zum Mittag war alles bereit: »Dieweil das Boot an seinem Ort und die Wärter allesamt truncken und jedes Ding gerichtet, macht ich mich daran, die Sach ins Werk zu setzen.« Das Tor zu ihrem »starcken Haus« wurde aufgesperrt, Sir Henry plumpste wie geplant in ein Faß und wurde hinunter zum Strand gerollt, wo er in das wartende Boot kletterte und hinüber zur *Darling* ruderte, die draußen vor Anker lag.

Nicht allen war das Glück ebenso hold: Der Waffenmeister der Schiffe, Thomas Eves, hatte so große Angst, wieder eingefangen zu werden, daß er »sein Schuhwerck austät und durch die Straßen rennete, so geschwind er konnt, worob die Stadt allesamt hinter ihm sich erhob«. Binnen weniger Minuten waren die Straßen von Mocha voller Soldaten, die die Siechen und Verwundeten einen nach dem anderen einfingen. Lawrence Femell sah sich schon bald in die Enge getrieben. Da er mit seinem »ungelenk Wanst« nicht rennen konnte, wurde er von einem Trupp Soldaten eingeholt, während er zum Hafen hinunterwatschelte. Er »feuert einem von denen, so ihn verfolgten, ein Pistol ins Gesicht und verwundet ihn auf den Tod«, wurde aber schließlich festgenommen, als er schon bis zu den Achselhöhlen im Wasser stand. Später gab er die Schuld daran »der Narrheit jenes Toren und Hohlkopfs von Steuermaat, welchselbiger, da wir im Wasser, leewärts abfiel«. Die Festnahme von Femell war ein Rückschlag; Middleton aber befand sich in Sicherheit und feierte, nachdem er Gott für die »Gnade, so er uns erwiesen« gedankt hatte, mit den anderen auf den beiden englischen Schiffen den glücklichen Ausgang.

Er befand sich jetzt in einer starken Position, um die Freiheit für Meister Femell, Nathaniel Courthope und die anderen Männer zu erwirken, einschließlich des armen Burschen von Mr. Pemberton, der immer noch in Taiz festgehalten wurde. In einem Brief an Rejib Aga prahlte er mit seiner mächtigen Artillerie und drohte für den Fall, daß nicht alle Männer unverzüglich freigelassen würden, jedes Schiff, das in den Hafen einfuhr, zu versenken und auch »zu tun, was in meiner Macht, ihm die Stadt um die Ohren zu schmeißen«. Außerdem schrieb er einen Brief an Femell, um ihn aufzurichten; er setzte ihn von seiner Drohung in Kenntnis und fügte hinzu: »Wofern ich die Stadt beschieß, sägt er, wird er mir's mit Gleichem vergelten, was er nit vermag, wie Ihr wohl wisset, dieweil seine Geschütz den meinen weit nachstehen ... Ob ich sollt die Stadt beschießen und um ihn her dem Erdboden gleichmachen, mag's dem Oberherrn behagen oder nicht, gilt mir gleich, sein lang Schwert reicht nicht zu mir hin ... mag der Pascha und Regib Aga wiederum bedencken, daß dem König von England nicht gefallet, allwie man seine Untertanen täuschet, beraubet und mordet.«

Der Aga versuchte, Zeit zu gewinnen, aber nachdem die Blockade seines Hafens einen Monat gedauert hatte, war er gezwungen, »andere Melodye zu singen«, und alle Männer wurden freigelassen. Meister Femell konnte leider seine Freiheit nicht lange genießen; drei Tage nachdem er an Bord zurückgekehrt war, »bei etwan zween an der Glock am Morgen beschloß er sein Leben, wie wir meineten, durch Gift«. Er hatte einmal zu oft mit der Macht der Engländer geprahlt; der wütende Aga, der wußte, daß der Oberfaktor an keiner Mahlzeit vorbeikam, hatte sein Essen mit langsam wirkendem Gift versetzt.

Als nun auch Mr. Pembertons Bursche heil zurückgekehrt war, befanden sich alle, die noch lebten, wieder an Bord. Die sechste Flotte der Ostindischen Kompanie konnte endlich ihre Reise zu den Bandainseln fortsetzen.

Man schrieb mittlerweile den Monat August des Jahres 1611, und die Flotte, die an die sechzehn Monate zuvor in See gestochen war, hatte bis jetzt noch nichts erreicht. War die Mannschaft angesichts ihres vielen Mißgeschicks niedergeschlagen, so waren es die Kapitäne noch viel mehr. Einen seltenen Einblick in diese depressive Stimmung bietet uns eine persönliche Notiz, die Downton auf dem Höhepunkt der Schwierigkeiten niederschrieb und die erhalten geblieben ist; sie wird dadurch noch bewegender, daß sie die gute Laune Lügen straft, die in der Mannschaft zu verbreiten Downton tapfer bemüht war. Privat war er »umringet von Schwärmen finsterer Gedanken«, daß nun, »nach zween Jahr unterwegs, [wir sehen müssen, wie] unser Proviant verzehret, unsere Schiffe, Taue und Ausrüstung gar vernutzet, die Heuer der Mannschaft schon über 24 Monate fällig, wir selbst getäuschet und mißhandelt allerorten, wo wir hingekommen ... Ob wir am End verschmachten sollen oder schandbedeckt heimkehren, stehet allein bei Gott, denn unser Rat ist schwach und gar zweifelhaft unsere Sach.«

Ehe sie von Mocha absegelten, versuchten die beiden Kapitäne, sich über ihre Situation klarzuwerden. Ihre oberste Pflicht war es, zu den Bandainseln zu segeln und Muskatnüsse und Muskatblüten zu kaufen, aber die Instruktionen, die sie von der Kompanie erhalten hatten, gestatteten ihnen, zuerst nach Indien zu segeln, um zu sehen, wie es William Hawkins am Hof von Jehangir erging. Sie entschieden sich für letzteres und nahmen Kurs auf Surat, aber als Middleton erfuhr, daß ihnen die Handelslizenz verweigert wurde, stach er wieder in See und nahm Hawkins mit sich. Da er wütend war über Jehangirs Unnachgiebigkeit, beschloß er, ins Rote Meer zurückzusegeln und die dortigen indischen Dhaus zu zwingen, ihre Baumwollstoffe an die Engländer zu verkaufen. Das war in dreierlei Hinsicht vorteilhaft: Der

Der indische Großmogul Jehangir schloß Freundschaft mit dem englischen Seemann William Hawkins. Der launische Alkoholiker zwang Hawkins, bei grauenhaften Gladiatorenkämpfen zuzuschauen.

Aga in Mocha würde über den Verlust des Handelsgeschäfts rasend vor Wut sein, die Inder empfingen ihre Strafe, und Middleton erhielt die Kattunstoffe, die er so dringend brauchte, um sie gegen Muskatnuß und Muskatblüten zu tauschen.

Pech war, daß just zu dem Zeitpunkt, als Middletons Schiffe an der Einfahrt ins Rote Meer, am Bab al Mandab, ihre Blockade begannen, John Saris, der Kommandant der siebten Flotte der Ostindischen Kompanie, in Richtung Mocha unterwegs war. Saris brachte einen Empfehlungsbrief des Sultans in Konstantinopel mit und segelte frohgemut in den Hafen von Mocha ein, ohne sich von Middletons Warnungen, was den Handel mit Arabern betraf, beeindrucken zu lassen. Freigebig bewirtet vom neuen Aga – Rejib war mittlerweile verjagt worden –, schloß er einen Handelsvertrag ab und schickte eine Gesandtschaft nach Sana'a, um dem Pascha seine Reverenz zu erweisen.

Als der Aga erfuhr, daß Middleton Schiffe aus Indien »verstöberte«, war er so aufgebracht, daß er den Handelsvertrag, den er mit Saris geschlossen hatte, augenblicklich annullierte. Der englische Kapitän protestierte aufs heftigste und versicherte wiederholt, daß er mit Middleton nichts zu tun habe, aber der Aga nahm ihm das nicht ab. Saris kehrte nun seinen Zorn gegen Middleton, stürmte auf die *Trades Increase* und schalt Sir Henry einen Dummkopf. Er schwor, er werde alles in seiner Macht Stehende tun, um die Blockade zu brechen, »woraufhin Sir Henry sich tief verschwur, wofern ich solchermaßen verführe, würd er mich versencken und allwelche Schiffe, so mit mir Handel trieben, in Feuer aufgehen lassen«. Es folgte ein Streit, bei dem die Fetzen flogen und die beiden Kommandanten »gar grobe Reden führeten, unwürdig ihres Standes, und waren so überkreutz miteinand, als ob sie geschworene Feinde wärn«.

Die beiden Männer einigten sich schließlich darauf, die Beute des »Verstöberns« unter sich aufzuteilen, aber Saris war mit dem Herzen nicht bei der Sache und machte sich bald auf den Weg nach Bantam, ohne Middleton die übliche Ehre eines Abschiedssaluts zu erweisen. Sir Henry war wütend und aus der Fassung gebracht. Da er erkannte, daß seine Strategie, dem Aga Schaden zuzufügen, nicht aufgegangen war, segelte er nach Sumatra und Java und warf schließlich im großen Hafen von Bantam Anker. Hier dümpelte nun die sechste Flotte der Ostindischen Kompanie, die mit so hochfliegenden Hoffnungen von England losgesegelt war, in den malariaverseuchten Gewässern vor sich hin. Wie sich herausstellte, war die *Trades Increase* von

Schiffswürmern zerfressen und nicht mehr seetüchtig; der Mannschaft ging es kaum besser: Dutzende fielen Typhuskrankheiten, der Ruhr und der Malaria zum Opfer und starben an Bord ihres verfaulenden Flaggschiffs.

»Ich grüset sie mit drei Saluten«, schrieb John Jourdain, ein Kaufmann auf dem nächsten englischen Schiff, das im Ostindischen Archipel eintraf, »doch retournireten sie nit und zeigeten kein englisch Tuch, nit vom Schyf und nit von der Stadt.« Da er den Verdacht hatte, das Schiff könne von den Einheimischen gekapert worden sein, »feuert ich ein ander Geschytz ... und beschlos, nit an Land zu gehn, bis daß mir gewisse Kund von daselbst«. Schließlich sah Jourdain »eine Prau, die vom Ufer kam, worinnen kamen Edward Langley, Christopher Luther, Nathaniel Courthope und Thomas Harwood, allesamt gleich Gespensten oder Leut voll Ängsten. Ich frägt nach dem Generall und sonstwelchen Freynden Mann for Mann; [aber] samtwelche ich bei Namen nennete, warn tot an hundertvierzig Mann; und wo noch verblieben, ländens wie an Bord des Käufers, warn allesamt siech, unter ihnen diese vier Mann die Stärckesten warn, wiewol sie kaum uff ihren Beynen kunnten stehn.«

Die meisten der Männer lagen in den letzten Zügen. Middleton selbst war tot – gestorben, wie manche meinten, an gebrochenem Herzen, wegen des Verlusts seines Schiffes –, und die *Trades Increase* hatte ihrem Namen alles andere als Ehre gemacht. Über ihre letzten Tage schrieb ein Kaufmann namens Peter Floris: »Sie lag auf Grund ohn Mast, mit drei und dreyßig Mann, der mehrste Teil kranck, das Schiff bedecket auf einer Seit und auf der andern blanck. Darinnen waren verschieden einhundert Engländer und mehr Chinesen, so für Lohn gewircket, und acht Holländer, durch eine Kranckheit unergründter Art.« Und nicht lange, da war es endgültig aus mit dem Schiff: Ein zum Islam konvertierter Spanier steckte sein Spantenwerk in Brand, und das vormals gewaltige Schiff, der Stolz der Ostindischen Kompanie, zerfiel in kürzester Zeit zu Asche.

Der *Darling* war es nicht viel besser ergangen; als sie in Patani auf der Malaiischen Halbinsel eintraf, ergab ihre Überprüfung, daß sie sich in einem zu erbärmlichen Zustand befand, um nach England zurücksegeln zu können. Sie beendete ihre Tage mit Pendelfahrten zwischen den Faktoreien Ostindiens. Nur die *Peppercorn* überstand die lange Heimreise, aber auch sie schaffte es nicht bis London, und Downton mußte sich unrühmlicherweise von einem französischen Schiff nach Waterford in Irland schleppen lassen. Dort gab es keinen triumphalen Empfang, und von den Menschenmassen, die dreieinhalb Jahre zuvor die Flotte jubelnd verabschiedet hatten, war weit und breit nichts zu sehen. Statt dessen fand sich Downton, kaum hatte er im Oktober 1613 den Fuß an Land gesetzt, verhaftet und wegen seiner Beteiligung an den »Verstöberungen« im Roten Meer der Seeräuberei angeklagt. Er kam schließlich wieder frei, aber seiner Moral vermochte das nicht mehr aufzuhelfen, weshalb er sein Tagebuch in einer Stimmung tiefster Niedergeschlagenheit beschloß. »Und also endete«, schrieb er, »diese Fahrt, die über die Maßen beschwerlich und eine gar herbe Prüfung.«

KAPITEL ACHT

Das Banner des heiligen Georg

Vier Monate ehe die *Trades Increase* von London absegelte, erneuerte der Gouverneur der Ostindischen Kompanie, Sir Thomas Smythe, seine Bekannschaft mit Henry Hudson. Smythe befand sich in gehobener Stimmung, denn das Vertrauen in den Gewürzhandel war noch nie fester gewesen, und nach der erfolgreichen Heimkehr von William Keeling strömten gewaltige Geldsummen in die Tresore der Ostindischen Kompanie.

Smythe erwog schon seit langem die Finanzierung einer neuen Forschungsreise in die Arktis und hatte erst wenige Monate zuvor seinen Verwaltungsausschuß daran erinnert, »daß drei Jahr vergangen, seit diese Kompanie für drei Jahr dreihundert Pfund jährlich auf die Entdeckung der Nordwestpassage gesetzet« – Geld, das noch darauf wartete, ausgegeben zu werden. Und nicht nur diese Mittel standen zu seiner Verfügung: Sir Thomas war außerdem Gouverneur der Moskowiter Kompanie, deren Kaufleute mit immer größerer Begeisterung für die Suche nach einer nördlichen Route zu den Ostindischen Inseln eintraten.

Zwei andere bedeutende Männer nahmen an der Begegnung zwischen Smythe und Hudson teil. Sir Dudley Digges war ein reicher Privatmann, der kurz darauf ein Buch mit dem Titel *Of the Circumference of the Earth, or a Treatise of the North-West Passage* (Vom Umfang der Erde, oder Traktat über die Nordwestpassage) schreiben sollte; die Schrift war ein schwülstiges Prosastück, das einen Kriti-

Sir Thomas Smythe, der erste Gouverneur der Ostindischen Kompanie, trug entscheidend dazu bei, daß James Lancasters bahnbrechende Expedition nach Ostindien zu einem Erfolg wurde.

ker zu der Bemerkung veranlaßte: »Manch einer seiner Freunde meinet, er hätt besser daran getan, vierhundert Pfund zu verschenken, als dergleichen Broschur zu publiciren.« Aber Digges hegte nun einmal eine Leidenschaft fürs Entdecken und besaß ein hinlänglich großes Vermögen, um dieser Leidenschaft frönen zu können. Der dritte bei dem Treffen mit Hudson war John Wolstenholme, ein Zollpächter, der sich ebenfalls schon einen Ruf als Förderer von Entdeckungsreisen in unbekannte Gegenden erworben hatte.

Alle drei hatten Hudsons Berichte über das Gebiet um Manhattan gelesen und eingesehen, daß der mächtige Fluß nicht bis hinüber zum Pazifischen Ozean reichte. Aber eine letzte Region in Nordamerika gab es, die möglicherweise eine Nordwestpassage zu den Gewürzinseln eröffnete – den geheimnisvollen »tosenden Überlauf«, den John Davis beschrieben hatte. Diese tückische Passage, die später den Namen Hudson-Straße erhielt, hatten schon viele Abenteurer ausprobiert (George Weymouth hoffte so zuversichtlich, auf dieser Route China zu erreichen, daß er einen Priester mitnahm, dem die Aufgabe zugedacht war, die heidnischen Gewürzhändler zum Christentum zu bekehren), und obwohl keiner erfolgreich war, kehrten doch die meisten mit der Überzeugung zurück, daß es die Passage tatsächlich gab.

Nachdem er sich von König Jakob sein Unternehmen hatte genehmigen lassen, setzte Hudson im April 1610 Segel und stach mit dem Auftrag in See, »eine Passage zu suchen und aufzufinden durch den Nordwesten Amerikas in das Meer Sur, gemeiniglich Südsee geheißen, [in der Absicht, zu den gewürzerzeugenden Inseln Ostindiens] den Handel zu befördern«. Seine Fahrt durch den »tosenden Überlauf« war äußerst schwierig, da der Frühling noch nicht begonnen hatte und in den Gewässern Eisberge trieben. Viele der weniger erfahrenen Mitglieder der Mannschaft begannen, um ihr Leben zu fürchten, während der griesgrämige

Robert Juet, der schon auf Hudsons früherer Reise mitgefahren war, sich über dessen Hoffnung, »Bantam bis Mariä Lichtmeß zu erblicken«, lustig machte. Der Kapitän war entschlossen, gegenüber Juet recht zu behalten, und erklärte, während er das Schiff in die Hudson-Bai steuerte, er sei »voll stolzer Zuversicht, die Durchfahrt erwircket zu haben«. Als aber der erste Schnee zu fallen begann und die Männer gezwungen waren, in der trostlosen James-Bai Winterquartier zu beziehen, sank die Stimmung auf den Nullpunkt, und ein Dutzend Verschwörer fing an, hinter vorgehaltener Hand von Meuterei zu reden. »Es war dunckel«, schrieb das Mannschaftsmitglied Abacuk Prickett, »und sie willens, die finstere Tat ins Werck zu setzen ... Nunmehr gehet ein jeder zur Ruh, aber Gottlosigkeit kennet nicht Schlaf.«

Als er aus seiner Kajüte trat, fand sich Hudson von zwei Männern gepackt, an den Händen mit einem Strick gefesselt und zusammen mit sieben seiner engsten Getreuen in die Schaluppe des Schiffes geworfen. Sodann durchschnitten die Meuterer das Haltetau und setzten Segel. Hudson und seine Begleiter ließen sie »ohn Essen, Trinken, Feuer, Kleidung oder andres Bedürfnis« zurück. Während ihr kleines Boot in die Nacht hinaustrieb, schien dies das Ende aller Hoffnung, eine Nordwestpassage zu den Gewürzinseln zu entdecken. Hudson, einer der großen Erforscher der Arktis, wurde nie mehr gesehen.

Dem Vergessen anheimfallen sollte er nicht, weil rund sieben Jahre nachdem er verschollen war, ein beherzter Kapitän namens Thomas Dermer das gesamte Material im Zusammenhang mit Hudsons früheren Reisen sorgfältig studierte. Dermer war seit seiner Kindheit von der fixen Idee besessen, eine schnelle Route zu den »Gewürzlanden« zu entdecken, und nachdem er die Seekarten, Pläne und Schiffstagebücher des Polarforschers durchforstet hatte, erklärte er voll Zuversicht, die Passage, die sich so schwer auffinden ließ, liege tatsächlich im Gebiet um Manhattan. Wie er zu diesem Ergebnis gelangte, bleibt unklar, aber er brachte genug Überzeugungskraft auf, um bei seinen Geldgebern die nötigen Mittel zu erwirken; es dauerte nicht lange, da brach er zur ersten der beiden Reisen auf, die er zum Hudson unternahm.

Dermer durchsegelte den Long Island Sound mit dem immer enger werdenden schlauchartigen Durchlaß und gelangte in die Upper Bay, wo er an Land ruderte und mit einer Gruppe von Indianern ins Gespräch kam. Zu seiner ungeheuren Befriedigung bestätigten diese Männer Dermers Überlegungen. »An diesem Ort«, schrieb er aufgeregt, »redet ich mit vielen Wilden, so mir von zweierlei Passage zum großen Meer am Westufer [Amerikas] erzähleten, mir Lotsen anboten, und von ihnen einer malete mir mit Kreide einen Plan auf die Brust.« Die gute Nachricht wurde allerdings durch eine schlechte eingeschränkt: »Die eine [Durchfahrt] erklären sie für kaum passierbar wegen Untiefen, gefahrlicken Strömen; über die andre bedarf es keiner langen Worte.«

Dermer ließ sich in seiner Begeisterung durch ihre Warnungen nicht beirren. Voll Erregung darüber, daß er kurz vor der Erfüllung seines lebenslangen Traumes stand, »eilete [ich] zum Orte größter Hoffnung, wo ich gedachte, Gotts Güte gegen uns zu erproben und mich mit aller Kraft zu mühen, die Wahrheit ans Licht zu bringen«. Kaum aber hatte er die »Passage« erreicht, da frischte der Wind zu einem Sturm auf und zwang ihn, umzukehren und zu fliehen, wobei sie »kaum mit dem Leben entrannen«.

Trotz dieses vorübergehenden Rückschlages war Dermer von seiner Entdeckung fasziniert und schickte in aller Eile einen Brief an Samuel Purchas, um ihm die bedeutsame Neuigkeit mitzuteilen. Er zeichnete sogar einen Plan von der Durchfahrt, »getraue mich aber nicht, davon zu lassen, dieweil ich Gefahr forchte. Lasset Euch dies[en Brief] derhalben als Bestätigung Eurer Hoffnung dienen.« Purchas war hinlänglich beeindruckt, um den Brief in seine Sammlung von Forschungsfahrten aufzunehmen; Dermers englische Geldgeber allerdings waren definitiv skeptisch gegenüber den »Entdeckungen« ihres schwärmerischen Abenteurers und befahlen ihn prompt zurück nach England. Dermer weigerte sich, »schier entschlossen, dem Ziele, das er sich gesetzet, zu folgen«.

Während er bei seinem zweiten Versuch der Mündung des Hudson zustrebte, sah er überrascht »etliche Schiffe von Amsterdam und Horna, so Jahr für Jahr daselbst einen großen und reichen Handel hatten«. Noch mehr beunruhigte ihn, daß er »etwelche Hollander« antraf, »so an einem Ort wohnen, den wir Hudson's River heißen, im Handel mit den Heimischen«. Dermer klärte sie kurz und knapp darüber auf, daß das Land England gehöre, und »verbat ihnen den Ort, da er von Seiner Majestät uns zugewiesen«. Die Holländer entschuldigten sich für ihr Fehlverhalten und erklärten, sie hofften inständig, »nit Anstoß erreget zu haben«. Allerdings unternahmen sie auch keinen Versuch, sich anderswohin zu verfügen, denn der Handel mit Biberpelzen war hier einträglicher als irgendwo sonst an der Küste.

Die Nachricht, daß die Holländer das Gebiet um Manhattan besiedelten, erregte in England beträchtlich mehr Interesse, als dies Dermers angebliche Entdeckung der Nordwestpassage getan hatte. König Jakob schäumte bereits vor Wut wegen der Aggressivität der Holländer in den »Gewürzlanden« und war entschlossen, zu verhindern, daß sie ihren Erfolg in Amerika wiederholten. Soweit es nach ihm ging, gehörte die amerikanische Küste dank der Entdeckungen, die John und Sebastian Cabot ein Jahrhundert zuvor in Diensten König Heinrichs VIII. gemacht hatten, der britischen Majestät. Obwohl keiner der beiden unerschrockenen Seefahrer das Land für England förmlich in Besitz genommen hatte, machte Königin Elisabeth I. später geltend, schon das bloße Betreten des amerikanischen Festlandes stelle einen hoheitlichen Akt dar; diese Ansicht vertrat auch Richard Hakluyt, der Verfasser von *The Principall Navigations*.

Ungeachtet dessen waren die englischen Kaufleute viel zu sehr vom Rennen um die Gewürzinseln in Anspruch genommen, um sich für die Besiedlung der amerikanischen Ostküste zu interessieren; erst 1606 ersuchte ein ehrgeiziger Kaufmann namens Sir Ferdinando Gordes um ein Patent für zwei neue Kompanien, von denen die eine in London und die andere in Plymouth ihren Sitz haben sollte. Diesen Kompanien wurde das Recht verliehen, Kolonien zu gründen »in jenem Teil Amerikas, der gemeinhin Virginia genennet wird«; gleichzeitig erhielten sie die Auflage, die Kolonien in einem Abstand von hundertfünfzig Kilometern zu gründen – eine folgenschwere Entscheidung, denn es war genau diese Lücke – die Gegend um den Hudson River –, die von den Holländern als ihr Besitz in Anspruch genommen worden war.

Kaum erfuhr der König von den holländischen Niederlassungen, da verlieh er Sir Ferdinando einen viel größeren Landstreifen, der ihn zum Herrn über ein riesiges Gebiet machte, das vom Hudson River bis zum Sankt-Lorenz-Strom reichte. Es war zwar nicht erlaubt, Land in Besitz zu nehmen, das bereits irgendeinem anderen christlichen Fürsten gehörte, aber wie aus der Verleihungsurkunde hervorgeht, war König Jakob der Ansicht, dieser Landstrich könne von niemandem »kraft Ermächtigung durch seinen Souverän, Oberherrn oder Fürsten« beansprucht werden.

Nachdem nun Manhattan und der Hudson River glücklich englischem Hoheitsrecht unterstellt war – jedenfalls auf dem Papier –, schrieb König Jakob an seinen Botschafter in Holland, Sir Dudley Carleton, und bat ihn, nachzuforschen, ob die Holländer tatsächlich Kolonien gegründet hatten und Schiffe zu ihrer Versorgung hinschickten. Sir Dudley, der sich jahrelang mit den Holländern wegen ihrer Ansprüche auf die Gewürzinseln herumgestritten hatte, sandte die alarmierende Nachricht zurück, die holländischen Kaufleute unterhielten in der Tat regelmäßige Handelsbeziehungen mit dem Gebiet um Manhattan und hätten »allzeit dort wohnhaffte Faktoren«. Er fügte allerdings hinzu, die Geschichten von einer holländischen Kolonie seien einigermaßen aufgebauscht, und wollte davon, daß eine Kolonie »bereits gegründet oder auch nur beabsichtiget« sei, nichts wissen. Dennoch bestand der König darauf, daß Sir Dudley eine förmliche Protestnote übergab, der zufolge »die Regierung seiner Majestät ... kürzlich Kenntnis davon erhalten, daß die Hollander eine Kolonie in selbigen Regionen errichtet und die Häfen und Ankerplätze neu benennet haben, wie es ihre Art«.

Tatsächlich irrte der König, wenn er zwischen den Händlern in Manhattan und denen in den »Gewürzlanden« eine Parallele zog – ein Irrtum, der angesichts des künftigen Schicksals dieser Inseln nicht der Ironie entbehrt. Auch wenn es stimmte, daß eine Handvoll Holländer in Blockhäusern im Gebiet des Hudson River lebten – sie waren 1611 eingetroffen, kurz nachdem ihnen Hudsons Bericht von einem reichen und fruchtbaren Land zu Ohren gedrungen war –, hätten sich diese doch kaum als Siedler bezeichnet, denn sie blieben nur so lange an Land, wie sie brauchten, um ihre Kinkerlitzchen gegen die Biberpelze zu tauschen, die es hier in Hülle und Fülle gab. Wie Muskatnuß und Muskatblüten erzielten auch diese Pelze astronomische Preise auf dem freien Markt. Seit Jahrhunderten wurden in Nordeuropa Biber getötet, besonders in

Deutschland und Rußland, wo »sie gebrauchet werden, um Mäntel auszukleiden; [und] welcher den kostbarsten Pelzbesatz hat, gilt als der Fürnehmste«. Ihren Wert behielten sie auch noch, wenn sie jahrelang von den Indianern getragen worden und »von Schweiß und Schmalz garstig verschmutzet« waren; tatsächlich wurden getragene Pelze oft am besten bezahlt, denn »wo nicht der Biber ... voll Schmer und Schmutz ist, filzet er nicht, wie's ziemlich«.

Der spektakuläre Erfolg der Holländer in Ostindien vergrößerte noch König Jakobs Gier bei seinen Ansprüchen auf das Land um Manhattan. Aber die eifrigen Bemühungen seines Botschafters Sir Dudley erwiesen sich als vergeblich, denn im Juni 1621, weniger als drei Jahre nachdem Dermer holländische Fahrzeuge auf dem Hudson angetroffen hatte, stellten die Generalstaaten der Holländisch-Westindischen Kompanie, die ihrem östlichen Gegenstück nachgebildet war, eine Charta aus. Die Kompanie erhielt exklusive Handelsrechte, die sich gleichermaßen auf die Ost- und die Westküste Amerikas erstreckten; ihr wurde gestattet, mit einheimischen Fürsten Verträge abzuschließen, Festungen zu bauen und Verwaltungsbezirke einzurichten.

Es dauerte nicht lange, da trafen die ersten Siedler in dem Gebiet ein, das nun den Namen Neuholland erhielt. Im Frühjahr 1623 glitt ein Schiff, das passenderweise *Neuholland* hieß, aus dem Hafen von Texel, mit einer Handvoll Familien an Bord, »allesamt zur Reformierten Religion gehörig«, und machte sich auf die lange Reise über den Atlantik. Beobachtet wurde ihre Abfahrt von der Mannschaft der *Bonnie Bess,* eines englischen Schiffes, das erst kürzlich von »hohen amtlichen Stellen« den Auftrag erhalten hatte, nach Manhattan zu segeln und die Gegend zu durchstöbern; »sofern wir dort welche Fremden, wie Hollander oder andre, finden, möchten wir ihnen Kampf beuten und sie verderben oder auf den Grund des Meers schicken«.

Die *Bonnie Bess* kam am Ende nicht dazu, diese Befehle auszuführen, und die Siedler an Bord der *Neuholland* trafen nach einer Fahrt ohne Schwierigkeiten heil an ihrem Bestimmungsort ein. Nur von einem der Siedler kennen wir den Namen, nämlich von Caterina Trico, die rund sechs Jahrzehnte nach ihrer Ankunft in Amerika ihre Erinnerungen niederschrieb. Auch wenn sie Daten und Namen durcheinanderbringt, erinnert sie sich doch, »daß vier Frauen mit ihr im gleichen Schiff kamen ... welche vier Frauen auf hoher See verehelicht wurden«. Von der Fahrt selbst weiß sie nichts mehr zu berichten, und wir müssen auf Schiffahrtsakten zurückgreifen, um zu erfahren, daß die *Neuholland* zuerst zu den Kanarischen Inseln und der »Wilden Küste« (Guyana) segelte, ehe sie Kurs auf die Hudsonmündung nahm. Spätere Siedler vergaßen die Nöte der langen Seereise nicht ganz so leicht wie Madame Trico. Wie bei den Schiffen, die nach Ostindien segelten, gab es auch hier nur eine Handvoll Kabinen, die denen vorbehalten blieben, die sich den ansehnlichen Fahrpreis von einem Gulden pro Tag leisten konnten; alle übrigen drängten sich im stinkenden und beängstigend engen Raum des Zwischendecks. Zwei Sommermonate lang und weit mehr Monate im Winter lebten Haufen von Passagieren, ohne sich waschen zu können, in unvorstellbarem Dreck und teilten sich ihren Deckraum mit Schweinen, Schafen, Hühnern und deren Unrat. Ruhr und Fieberkrankheiten gediehen prächtig, und obwohl die meisten Siedler ihre eigenen Arzneikästen mitführten, waren die hausgemachten Pillen und Salben, die sie enthielten, machtlos gegen lebensbedrohende Seuchen. Kein Wunder, daß viele in Verzückung gerieten, als sie endlich die Ostküste Amerikas erspähten. »Der Geruch des Strandes«, schrieb einer der Reisenden, »drang herüber wie

Wohlgeruch eines Gartens.« Es war, als hätten sie die Gewürzinseln erreicht.

Auch die Naturschönheiten Manhattans machten nach der langen Seereise tiefen Eindruck auf die Ankömmlinge. »Wir waren des Danckes voll, da wir in diesem Lande ankamen«, liest man in einer Schilderung. »Allhier fanden wir liebliche Flüsse, springende Quellen, so in die Täler hinabflossen, Becken mit fließendem Wasser im Tal, köstliche Frucht in den Wäldern. Da ist gar viel Fisch in den Flüssen, gute Krume; insonderheit kann man von hier kommen und gehen, ohn Angst vor den nackichten Eingeborenen des Landes.«

Die Siedler breiteten sich über eine weite Landfläche aus. Caterina Trico zufolge gingen zwei Familien und acht Männer nach Delaware, sechs an die Mündung des Connecticut River, und die übrigen – insgesamt achtzehn – segelten den Hudson hinauf nach Fort Orange, in der Nähe des heutigen Albany. Nur acht, allesamt Männer, blieben auf Manhattan zurück, um von ihrer neuen Heimstatt »Besitz zu ergreifen«. Anders als ihre Kolonistenkollegen in Bantam und Banda, die gewöhnlich Saufbolde waren und »völlig ungeeignet für die Bestellung von Kolonien«, handelte es sich bei den Siedlern, die zum Hudson geschickt wurden, um ehrliche, arbeitsame Leute. Nahrung und Obdach mußten sie sich durch ihrer Hände Arbeit beschaffen, aber ihre Arbeit warf reichen Ertrag ab, und es dauerte nicht lange, da waren sie »tüchtig vorangeschritten«, und das Korn, das sie gesät hatten, stand »gar so hoch als ein Mannsbild«. Ein Kummer blieb: »Hätten wir Küh, Schwein und ander Fleischvieh (welches wir täglich mit den nächsten Schiffen erwarten), wir würden nicht nach Holland zurück wollen gehn, denn was immer im holländischen Paradies wir ersehnen, hier ist's zu finden.« Tatsächlich waren Kühe, Schweine und anderes Viehzeug schon unterwegs. Im Rahmen einer sorgfältig geplanten Operation stach eine Hilfsexpedition in See, die auf drei Schiffen mit den sinnigen Namen *Pferd*, *Kuh* und *Schaf* über hundert Pferde, Kühe und Schafe mitführte.

Sich das Manhattan jener ersten Siedler vorzustellen ist nicht leicht. Das damalige Terrain der Insel war hügelig und zerklüftet; am Südende, in der Nähe des Standorts des heutigen World Trade Center, befanden sich niedrige bewaldete Hügel, in deren Bereich Süßwassertümpel lagen. Hier begann man mit der Arbeit an dem dringend benötigten Fort *Neuamsterdam*. Baumeister Cryn Fredericks und eine Reihe von Bauleuten waren mit »Sonderinstruktionen« ausgesandt worden, in denen die genauen Abmessungen des Forts festgelegt waren. Als exakte Kopie der unbezwingbaren Festung Belgica auf Bandanaira hatte sie die Form eines Fünfecks und einen Gesamtumfang von annähernd dreihundert Metern. Im Interesse einer zusätzlichen Sicherung war sie von einem breiten Wassergraben umgeben. Die Umrisse der Festung lassen sich noch heute erkennen. Beaver Street, Broad Street, Pearl Street und Whitehall Street in Lower Manhattan korrespondieren allesamt mit dem ursprünglichen Plan von Baumeister Fredericks, und das gleiche gilt von Broadway, Park Row und Fourth Avenue.

Während die Arbeiten an der Festung im Gange waren, traf Peter Minuit, der erste Generalgouverneur von Neuholland, auf der Insel ein. Zu seinen ersten Amtshandlungen gehörte es, den amerikanischen Ureinwohnern Manhattan abzukaufen; darauf, daß dies geschah, hatten die Amsterdamer Kaufleute schon einige Zeit gedrungen. »Wenn denn etwane Indianer auf dem vorbezeichneten Eiland leben oder welcher Art Titel darauf geltend machen«, schrieben sie, »sollen diese nicht mit Gewalt oder Drohungen entfernet, vielmehr mit freundlichen Worten beredet werden, (uns daselbst siedeln zu lassen), oder sollen andernfalls etwas empfahen, so sie versöhnet, oder soll ihnen gestattet sein, unter uns zu wohnen, und ein Vertrag soll von solchem Abkommen ausgefertiget werden, auf daß sie es zeichnen, wie es bei ihnen Sitte.«

Minuit erfüllte diesen Auftrag und kaufte die Inseln den Ureinwohnern ab; er gab ihnen dafür Flitterkram im Wert von sechzig Gulden. Eine Kopie dieser Vereinbarung wurde nach Den Haag geschickt nebst der Mitteilung, daß »allhier gestrigentags das Schiff Wappen von Amsterdam eingetroffen ... Sie erzähleten, daß unsere Leut [auf Manhattan] frohen Muts sind und in Frieden leben. Ihre Frauen haben daselbst auch Kinder geboren. Sie haben die Insel Manhattes gekaufet von den Wilden zum Preis von sechzig Gulden. Sie misset 11 000 Morgen. Zur Mitte des Wonnemonds hätten sie all ihr Korn ausgesäet und in der Mitte des Augustes die Ernt eingebracht. Sie schicken lütte Kostereyen vom Sommerkorn, als da sind Weizen, Roggen, Gerste, Hafer, Buchweizen, Glanzsamen, Bohnen und Flachs.«

Als dieser Brief Holland erreichte, hatte die keimende Siedlung in Manhattan bereits ihre ersten schwierigen Jahre hinter sich. Aber wenngleich die Einwohnerschaft bald zu wachsen anfing, wurde Neuamsterdam von den Direktoren der Kompanie doch niemals als eine Kolonie betrachtet. Wie bei den Siedlungen auf den Bandainseln, in Bantam und anderswo in Ostindien wurde sie nicht um ihrer selbst willen, sondern im Interesse einer gewinnträchtigen Handelskompanie angelegt. Was sich die Amsterdamer Kaufleute nie und nimmer träumen ließen, war die Tatsache, daß sie mit Manhattan den Engländern ein Tauschobjekt von ungeheurem Wert weggeschnappt hatten.

Nathaniel Courthope gehörte zu den wenigen Siechen, die Sir Henry Middletons katastrophale Ostindien-Expedition des Jahres 1610 überlebten. Sein Vertrag hatte immer noch eine Laufzeit von fünf Jahren, als die *Trades Increase* im Hafen von Bantam auf Grund lief; bald schon sollte er mit der halbverfaulten *Darling* auslaufen, um nach eventuellen Handelspartnern auf den weniger bekannten Gewürzinseln Ausschau zu halten. Zunächst aber erholte er sich mit anderen Überlebenden im javanischen Hafen Bantam von den erlittenen Strapazen.

Bantam war der Dreh- und Angelpunkt der englischen Aktivitäten in Ostindien und für die meisten Schiffe der Kompanie der erste Anlaufhafen. Obwohl die Stadt fast 1500 Kilometer entfernt von den »Gewürzlanden« lag, war es dennoch Bantam, von wo aus die Schiffe absegelten, die Faktoren losfuhren und der Handel organisiert wurde; letztlich waren es dann auch die in der Hafenstadt lebenden Engländer, von denen Courthopes Schicksal abhing. Bantam hatte sich den wenig schmeichelhaften Ruf erworben, der unhygienischste Ort in ganz Ostindien zu sein – einen »stinkend Kübel« nannte ihn Nicholas Downton, nachdem er hatte mit ansehen müssen, wie die meisten seiner Männer in der Stadt starben. Wenige waren anderer Meinung. »Bantam ist keine Stätt, allwo krancke Männer gesunden«, schrieb einer, »bringet vilmehren gesunde Männer, so hieher kommen, ums Leben.«

Die Annalen der Ostindischen Kompanie sind voll mit Angaben über Seuchen, Krankheiten und Todesfällen, die sich in Bantam ereigneten. Aber nur ein Tagebuch, verfaßt von Edmund Scott, vermittelt die ganze Entsetzlichkeit des Lebens in dieser faulenden, verpesteten Hafenstadt. Über zwei Jahre lang hatte Scott den Posten des Oberfaktors in der Dutzende von Personen umfassenden englischen Gemeinschaft inne: eine unendlich mühselige Zeit, in der er erlebte, wie seine beiden Vorgesetzten rasch hintereinander starben und seine Männer dem Typhus und der Cholera erlagen. Auch die Malaria grassierte, weil die von Nässe triefenden schlammigen Ebenen und Brackwassersümpfe, die Bantam umgaben, eine ideale Brutstätte für Schwärme von Moskitos bildeten.

Scotts Männer lebten in ständiger Furcht vor Angriffen, und kaum ein Tag verging, ohne daß einer aus ihrer Schar von Dieben oder Banditen überfallen wurde. Fast zwei Jahre lang befand sich ihr von einer Palisade aus spitzen Pfählen umgebenes, leichtgebautes Lagerhaus im Belagerungszustand. »Das allzeitige Alarmgeschrey und erbarmliche Gebrülle von Männern, Weibern und Kindern erfüllete unsere Aures so sehre«, schrieb Scott, »daß die Mannen im Schlafe träumeten, sie wären hinter den Javanern her und stürzeten jäh aus ihrem Gemach und griffen ihre Waffen.«

Die Engländer hofften vergeblich auf Hilfe von der einheimischen Regierung, denn der König war noch ein Kind, und die wirkliche Macht lag in den Händen eines skrupellosen Regenten, der die ausländischen Kaufleute in der Stadt unablässig quälte. Geschäfte konnten erst getätigt werden, nachdem man den einheimischen Beamten große Bestechungsgelder gezahlt hatte; dennoch lockte das lebhafte kommerzielle Treiben in Bantam konkurrierende Händler aus der ganzen Region an, und in den fliegenverseuchten Gassen der Stadt tummelte sich eine bunt gemischte Einwohnerschaft, deren wechselseitige Abneigung für endlose Streitereien sorgte. Chinesen, Inder, Christen und Muslime lebten unmittelbar nebeneinander und waren nicht nur einander, sondern ebensosehr auch den streitsüchtigen Javanern verhaßt, die diese Fremden nur duldeten, weil sie auf die Handelsgeschäfte mit ihnen angewiesen waren. Eine noch beunruhigendere Bedrohung für die Engländer stellten die skrupellosen Kopfjäger der Stadt dar, die ständig Bedarf an Köpfen hatten. »Da warn etwelche javanische Frauen, welchselbige ihrer Männer Haupt des

Nachts abschnitten und an diese Menschen verkaufeten«, erinnert sich Scott. »Sie lauerten mannigfach um unser Haus; und wahrlich, hätten wir nicht gut Wacht gehalten, sie hätten uns den Hals gekost, wo nicht das Haupt.« Köpfe waren in der Stadt so gefragt, daß »sie vielmalen solche, die in Bantam grad erst unter die Erd gebracht, ausgruben und ihre Häupter abschnitten«.

Zwischen den Engländern und Holländern herrschte in allen geschäftlichen Dingen eine unerbittliche Rivalität. Von der Hitze und der unerträglichen Feuchtigkeit begünstigt, arteten Meinungsverschiedenheiten häufig in offene Gewalt aus; nur wenn die Einheimischen zu einer ernsthaften Bedrohung wurden, schlossen sich die beiden Volksgruppen zu einer Abwehrfront zusammen. Tatsächlich war es die holländische Unterstützung, der in Zeiten des Streits mit den Einheimischen die kleine englische Faktorei ihr Überleben verdankte. »Wiewohl wir in unserm Handel todfeind«, schrieb Scott in einem seiner versöhnlicheren Augenblicke nieder, »warn wir doch in andren Bewandtnissen freund und hätten einer für den andern alles, ja gar das Leben gegeben.« Selbst diese gelegentlichen freundschaftlichen Gefühle schwanden in späteren Jahren. »Die Flämen toben gar schrecklich hiezuland«, schrieb ein englischer Faktor ein Jahrzehnt später, »ihr treuloser Sinn tritt täglich mehr an den Tag, und ihr grausam Gebaren machet sie ehr gefürcht als geacht.«

Ein weiteres Problem, das den Engländern in Bantam zu schaffen machte, waren die häufigen Feuersbrände, die das Lagerhaus zu verwüsten drohten. Bei Dieben war es eine beliebte Methode, auf der windzugewandten Seite des Lagerhauses einen Brand zu entfachen und in dem folgenden Durcheinander das Gelände zu plündern und die Gewürze wegzuschleppen. »Weh über das Worte Feuer!« schreibt Scott, »hätt es einer gesprochen in meiner Näh, ob in Englisch, Mallaisch, Javans oder Chynes, wär ich selbst gelegen in tiefem Schlaaf, ich wär gesprungen aus meinem Bette; wie ich manchmalen getan, wann unsere Männer auf ihrer Wacht einer zum andren vom Feuer blos geraunet; so sehre, daß ich genötiget war, sie zu verwarnen, sie sollten nächtens vom Feuer nichts reden.«

Eines Nachts nahm die Brandgefahr nur allzu konkrete Gestalt an. Etwa um zehn Uhr abends, als die zweite Wache die erste ablöste, bemerkten die Männer den beißenden Geruch von Rauch, der aus dem Lagerhaus drang. Sie riefen Scott, durchsuchten gründlich das Gelände und konnten doch die Rauchquelle nicht entdecken. »Sodann gedacht einer von ihnen eines Loches, welchselbiges ein Ratz hinter einer Truh gemachet und durch die Deck hinabging ins Tuchlager.« Als sie die Truhe von der Wand wegwuchteten, sahen sie, daß der Rauch tatsächlich aus diesem Loch kam und daß das wenig benutzte untere Lager in Flammen stand. Es gab keine Zeit zu verlieren, denn zwei große Krüge mit Schießpulver waren in dem Raum abgestellt, »was machete, daß wir gar sehr besorgten, wir möchten in die Luft gesprenget werden«.

Die Engländer versuchten wiederholt, die Flammen zu ersticken, aber das Feuer hatte sich mittlerweile festgesetzt, und der Rauch war so dick, daß sie ständig wieder nach draußen zurückweichen mußten. Die Situation war verzweifelt, denn im oberen Raum lagen eintausend Pfund Gold, die verlorenzugehen drohten. Es blieb nichts anderes übrig, als die »verfluchten Chineser« zu Hilfe zu holen, die neben dem englischen Lagerhaus lebten und bereit waren, das Gebäude leer zu räumen, wenn sie dafür einen großen Teil des Goldes erhielten.

»Als endlich der Brand gelöschet«, schrieb Scott, »stund ich sinnend für mich und bedacht, wie dies Feuer hätt sein können, und war im Geiste voller Kummer.« Was ihn beunruhigte, war der Umstand, daß das Feuer offenbar unterirdisch ausgebrochen war und sich nur deshalb so rasch ausgebreitet hatte, weil es bereits die Balken unter den Dielenbrettern erfaßt hatte. Seinen Verdacht, daß hier Verrat im Spiel sei, fand er bestätigt, als er ein Stück Dielenboden loshebelte und einen Tunnel entdeckte, der in die Richtung des gegenüberliegenden Hauses führte. Nach Rache dürstend, stürmte Scott hinüber zu diesem Gebäude, ergriff zwei Männer, zwang sie, mit zum Lagerhaus zu kommen, und ließ sie dort in Eisen legen.

Er war darauf aus, alle, die an dem Komplott beteiligt waren, dafür büßen zu lassen, und es dauerte nicht lange, da hatte er sich mit Hilfe eines klug eingesetzten Brandeisens eine Liste aller Schuldigen verschafft. Einer von ihnen, den die Behörden an die Engländer ausgeliefert hatten, weigerte sich, seine Beteiligung an der Sache zu gestehen, obgleich er sich in der Stadt offen damit gebrüstet hatte. »Derhalben«, schrieb Scott in einer ganz nüchternen Eintragung in sein Tagebuch, »gedacht ich, ihn ein weniges zu sengen (dieweil die Wut uns itzt in ihren Klauen hätt).«

Von der angewandten Folter folgt ein klinischer Bericht, der sich qualvoll liest, selbst wenn man in Rechnung stellt, daß die Anwendung der Folter, um Geständnisse zu erzwingen, im damaligen englischen Rechtssystem zum üblichen Repertoire gehörte:

»Zum ersten hieß ich ihn mit spitzen, hitzigen Eisen unter den Nagelen seiner Däumen, Finger und Zehen sengen und die Nagelen abreißen. Und dieweil er darob nicht einmal zucket, dächten wir, seine Händ und Bein wärn vom Binden taub; weshalb wir ihm Arm, Schultern und Nacken brenneten. Ihm aber galt's gleich. Sodann sengten wir ihm die Händ mit Bedacht und rissen ihm mit ehernen Raspeln Fleysch und Sehnen aus. Hienach hieß ich sie mit hitzigen, sengenden Eisen wider die Kanten seiner Schynbein schlagen. Alsdann hieß ich kalte, eherne Schrauben in die Knochen seiner Ärm schrauben und jachlings ausreißen. Alsdann brachen sie ihm mit Zangen alle Knöchel seiner Finger und Zehen. Ohngeachtet diesem allem aber vergeußt er nicht eine Trän; nein, noch hätt er einmal den Kopf zur Seit gewendt oder Hand oder Fuß gereget; frugeten wir ihn aber was, tät er die Zungen zwischen die Zähn und schlug mit dem Kynn auf seine Knie, auf daß er sie zerbiß. Als all die Schrecken, die uns zu Gebote, nichts gefruchtet, hieß ich ihn wieder in Eisen schlagen, allwo die Emsen [weiße Ameisen] (so hier im Unmaß zugegen) in seine Wunden drangen und ihn schlimmer quäleten, als wir getan, wie wir aus seim Gebaren wohl ersehen kunnten.

Des Königs Leut wollten, daß ich ihn erschießen ließ ... worauf wir, da sie gar sehr in uns drangen, ihn des Abends auf die Äcker führten und an einen Pfahl banden. Der erste Schuß riß ihm vom Ärm ein Stük Knochen fort, und gar der nächste Schuß dringete ihm dorch die Brust, droben, nächst der Schulter. Er drauf, das Haupt senkend, blickete auf die Wund. Beim dritten Schuß, den sie täten, hätt unserer Männer einer die Kugel in drei Teil zerschnitten, die seine Brust gleich einem Tryangel trafen, wornach er niedersank, so tief wie der Pfahl ihm Raum gab. Meine Mannen aber und die Hollander schossen ihn miteinander schier in Stüke, eh daß sie ihn ließen.«

Macht war in Bantam gleichbedeutend mit Brutalität, aber so schrecklich und barbarisch sie den Anstiftern des Feuers auch mitspielen mochten, für die Engländer wurde deshalb das Leben nicht leichter. Die Belastung, auf engem Raum zusammengepfercht zu sein, zeigte, zusammen mit dem Schlafmangel wegen des Wachdienstes rund um die Uhr, allmählich Wirkung bei den Männern. »Dieweil sie im

Übermaß wachen mußten und jählings aus dem Schlafe auffuhren (forchteten wir doch ständig um unsere Leben), kamen etliche unserer Männer von Sinnen; insonderheit einer, der manchesmal nächtens in solch unbändige Raserei fiel, daß zween oder dreen seiner Genossen ihn kaum im Bette zu halten vermochten.« Mehr als einmal fingen die Männer an, miteinander zu kämpfen, und konnten nur dadurch zur Vernunft gebracht werden, daß man sie in Eisen legte.

Wie Scott bald erkannte, war einer der Hauptgründe dafür, daß sie sich ständig von gewaltsamen Übergriffen bedroht fanden, das Unvermögen der Javaner, zwischen Engländern und Niederländern zu unterscheiden. Die Holländer, die in beträchtlicher Zahl in Bantam lebten, nahmen kaum Rücksicht auf die Empfindlichkeiten der dortigen Bevölkerung und fanden nichts dabei, nach einem ausgedehnten Besäufnis stockbetrunken durch die Straßen der streng muslimischen Stadt nach Hause zu torkeln. Ihr Verhalten führte zu »mannigfach Streit zwischen den Hollandern und dem Landsvolk, des derben Betragens etlicher ihrer Seeleut halber; und viele von ihnen worden des Abends erdolchet«. Die Situation wurde noch dadurch verschlimmert, daß manche der Holländer sich als Engländer ausgaben, wenn sie meinten, auf diese Weise Gewürze günstiger kaufen zu können. Scotts Untergebener Gabriel Towerson ersann einen klugen Weg, den Einheimischen den Unterschied zwischen beiden Völkern deutlich zu machen. Da er sah, daß der Jahrestag der Krönung von Königin Elisabeth I. bevorstand – »sintemalen wir zu dieser Zeit dächten, Küniginne Elisabeth sey am Leben« –, schlug er vor, das Ereignis so aufsehenerregend wie möglich zu feiern. Wurden sie dann wegen des festlichen Ereignisses befragt, konnten sie den Einheimischen erklären, daß sie im Unterschied zu dem übrigen Pack ihre Monarchin in Ehren hielten.

Scott hörte sich Towersons Plan an, war aber zuerst skeptisch. »Ich stund vielmal zwifelnd, ob ich dies beginnen sollt oder nicht«, schrieb er, »forchtend, ich würd for toll angesehen, sollt es in Engeland ruchbar werden.« Schließlich gab er nach und befahl der kleinen englischen Gemeinschaft, sich in weißes Seidenzeug zu kleiden, Schärpen aus rotem und weißem Taft anzulegen, »eine Fahn mit dem rotten Kreutz inmitten dorch« anzufertigen und die Trommeln des Spielzugs zu putzen.

»Als unser Tag nun gekommen, stecketen wir unser Banner von Sanct Georg aufs Haus und marschireten mit klingend Spiel auf und nieder auf unserm eigen Grund; dieweil wir blos vierzehn an der Zahl, mußten wir wie die Gäns marschirn, einer hinterm andern, und exercireten mit der Musket.« Die Aufführung hatte den gewünschten Effekt. Hunderte von neugierigen Einheimischen, unter ihnen viele wichtige Persönlichkeiten der Stadt, strömten zur englischen Faktorei und wollten wissen, was gefeiert werde. »Wir täten ihnen kund, daß den Tag vor sechs und vierzig Jahr unser Küniginne gekrönet; weshalben sämmtliche Engeländer, in was für eym Land sie auch wärn, an diesem Tag triumphireten. Er [ein lokaler Honoratior] pries uns gar sehr, ob daß wir in solch fernem Land unsere Fürstin in Ehren hielten.«

Andere fragten verwirrt, warum nicht auch die übrigen Engländer in der Stadt das Krönungsjubiläum der Königin feierten. Genau auf diese Frage hatte Scott gewartet; mit klar erkennbarem Stolz »erkläret ich ihnen, jene seien nicht Engländer, sondern Hollander, und hätten keinen Kyng, sondern wären von Gouverneuren regiret«. Einige reagierten ungläubig auf diese Erklärung und entgegneten ihm, die sogenannten Holländer hätten sich immer wieder als Engländer bezeichnet. »Wir aber sageten ihnen aufs neu, sie seien aus einem anderen Land, unfern Engeland, und sprächen eine andere Zung; und daß, sprächen sie itzt mit ihnen, es ihnen vernehmlich würd sein, daß sie aus einem andern Volk.«

Der Tag endete auf der ganzen Linie siegreich. Während in der englischen Faktorei zur Feier des Ereignisses unablässig Salutschüsse abgefeuert wurden, zog eine Schar von Kindern durch die Straßen und brüllte: »›Oran Enggreees bayck, orak Hollanda jahad‹, was besaget: ›Die Engländer sein gut, die Hollander sein Nichtsnutze.‹«

Scott lernte rasch, daß beim Umgang mit den Javanern der Stil der Darbietung nicht weniger wichtig war als die Sache selbst. Da nun in etlichen Wochen die Beschneidung des Königs gefeiert werden sollte, bereitete er ein Geschenk vor, das, auch wenn es weniger aufwendig war als das holländische, doch mit Sicherheit einen tiefen Eindruck hinterlassen mußte. »Jedermann gleich«, schrieb er, »sollten wir etwas darbeuten, so gut wir vermöchten.« Während die einheimischen Häuptlinge, die Adligen und die holländischen Kaufleute Gold und Edelsteine als Geschenk auswählten, erstanden die Engländer »einen gar lieblichen Granatbaum, so voll mit Früchten hinge ... welchselbigen wir in ein Gerüst von Peddig oder Spanisch Rohr, gleich einem Vogelbauer, doch gar räumig, placireten. An die Wurzeln disses Baums täten wir Krume und drauf grynen Soden, daß es stund, als wär's bis itzt gewachsen. Ob diesem Soden setzeten wir drei silberköpfene Kannikel [Kaninchen], wo mir der Vize-Admirall gegeben; und auf die Kron und all die Zweiglein rundherum hefteten wir mit Zwirn etlich lütte Vögeleyn, welchselbige ohn Unterlaß zerpten. Also daß der Baum ... voll war mit lieblicher Frucht und Vögeleyn, so in den Zweigen frollick sangen.«

Die Männer brachten einige Tage mit der Erstellung des Kunstwerks zu, und Scott war vom Endergebnis begeistert. Er hätte es gern dem König in Begleitung einer Gruppe englischer Mägdlein überreicht, aber »Weiber hätten wir nicht; worauf wir dreißig der hübschesten Burschen leiheten, so wir finden kunnten«. Wieder einmal bewies Gabriel Towerson seine Nützlichkeit. »Meister Towerson hätt einen gar hübschen Burschen«, schrieb Scott, »einen Chines, welchen wir putzeten so fürnehm als den König und schicketen ihn, disses darzubringen und ihm ein Ansprach zu halten.« An der Spitze des Gratulationszuges marschierte ein Trompeter, gefolgt von zehn Musketieren, allesamt gekleidet in die roten und weißen Farben Englands. Als nächstes kamen die Lanzenträger, allesamt Chinesen, und schließlich der »hübsche Bursch«, den ein Baldachin vor der Sonne schützte.

Der König war entzückt über das Geschenk, zumal als er sah, daß die englischen Begleiter ihre Taschen mit Feuerwerkskörpern gefüllt hatten, die sie zu seiner Unterhaltung zu zünden begannen. Den Höhepunkt des Tages bildete eine Tigerparade, eine Zirkusdarbietung und, für den König weniger erfreulich, die Beschneidung. Ob er sogleich sein liebstes Geschenk ausprobierte, ein »schön gesteppt Pfühl mit zehn Polstern und Kissen aus Seide«, ist nicht überliefert.

Als Scott schließlich Bantam wieder verlassen konnte, äußerte er sich erstaunt darüber, daß er diese Hölle überstanden hatte: In den Jahren seines Aufenthalts dort hatte er so manchen Landsmann begraben und war Zeuge (und Mittäter) bei beispiellos brutalen Handlungen. Seinem Stolz darauf, daß er Engländer war, hatten aber auch die harten Prüfungen nicht das geringste anhaben können; und seine unerschütterliche Entschlossenheit, die Fahne seines Landes hochzuhalten, gewann Vorbildcharakter für die Faktoren, die ihm folgten – Männer wie Nathaniel Courthope, für die Patriotismus und Pflichterfüllung sogar wichtiger waren als der Handel.

»Und unziemlich wär's an dieser Stell, würd ich eines

nicht gedenken«, schreibt Scott auf den letzten Seiten seines Tagebuches, »wiewohl des Erwähnung zu tun, manch einen als Prahlhanserei um meines und meiner Gefährten willen bedünken mag ... Bei sämmtlichen Freimden und andern erzählete man, allwie wir Trutz boten denen, so uns haßten, [und] jedermann, allenthalb auf Erden, wird kunden, von wie anderem Schrot wir gewest, wenn lang schon kein Engländer mehr [in Bantam] weilet.«

Seine Worte sollten sich als prophetisch erweisen, aber noch hatte die englische Präsenz im Fernen Osten eine Zukunft von zehn Jahren vor sich. Obwohl Sir Henrys zweite Expedition katastrophal geendet hatte, blieben die Direktoren der Ostindischen Kompanie frohgemut und erwogen einen Ausbau ihrer Handelsbeziehungen im Osten. Als Courthope 1611 in Bantam eintraf, hatte die Kompanie überall in der Region Faktoren verteilt, die nach Märkten für englische Waren suchten; die Akten der Kompanie sind voll mit Briefen aus abgelegensten Gebieten, in denen über Handelschancen berichtet wird. Diese Missionen scheiterten oft kläglich: In Makassar mußte der Faktor um sein Leben fliehen, nachdem die Holländer ein »gottserbarmlich Unheil« angerichtet und »des Kyngs liebsten Neffen hingeschlacht, mehr als Kannibalen denn als Christenmenschen«. In Johor waren es die Engländer, die sich danebenbenahmen, und zwar so sehr, daß der König von Johor einen Brief an einen Nachbarkönig schickte, in dem er ihm riet, sich diese Leute vom Leibe zu halten, die er als »übles Volk, Trunkenbolde und Diebe« beschrieb. Selbst China, das einst als ein höchst vielversprechender Markt gegolten hatte, war fortan Sperrgebiet. Der König von Cochin griff ein englisches Handelsschiff an und brachte es zum Kentern, und »allzumal Engelander, Hollander und Japoner, ihre Gefolgsleut, [wurden] wie Fisch im Wasser mit Dollbordeisen in Stücke gehaun und umbracht«.

Gegen die ständigen Hiobsnachrichten erwiesen sich die Londoner Kaufleute als erstaunlich unempfindlich; sie zeigten sich entschlossen, nicht nur »andernorts« nach Handelsgelegenheiten Ausschau zu halten, sondern auch eine noch weit größere Zahl von Faktoren einzusetzen. Aber all ihrem begeisterten Engagement zum Trotz waren die meisten englischen Faktoreien nie mehr als vorübergehende Niederlassungen, die nur so lange in Betrieb waren, wie die Faktoren gesund blieben – normalerweise wenig länger als ein paar Monate. Denn wenn das Leben schon in Bantam unerbittlich hart war, so war es auf den insularen Außenposten, wie etwa jenem, auf dem sich Courthope dann stationiert fand, oft noch weit schlimmer. Die ständig eintreffenden Briefe der Faktoren der Kompanie bilden einen einzigen anhaltenden Klagegesang, denn abgesehen von der unablässigen Bedrohung durch Krankheit und Seuchen, fühlten sich die meisten auch noch von Heimweh und extremer Einsamkeit geplagt. Manch einem verwirrte sich sogar der Verstand, wie aus einem ungewöhnlichen Brief zu ersehen, den ein gewisser William Nealson schrieb, Faktor in Firando. Dieser Brief, der von rätselhaften Wendungen, Wortspielen und seltsamen Anspielungen strotzt, beginnt folgendermaßen: »Morgen, Mörder; Morgen, Morgen. Auf daß ich wieder zu Kräften komm, vergaß ich nicht zu fasten, ein Krug blau brennend Ale mit einem feuerig flammend Toast und danach (der Ertüchtigung halber) holt einen langen Stab mit einer Spitz am End, um damit über verbunden Gestühl zu setzen. Hm.«

Andere bewahrten sich ihre geistige Gesundheit nur, um sich in lauten Klagen über die Behandlung zu ergehen, die ihre Arbeitgeber ihnen zuteil werden ließen. »Daheim erringen die Leut durch Nichtstun Ansehen«, schrieb ein verärgerter Faktor, »hier bringet sie ihr ehrlich Gebaren in Verruf. Daheim winken Achtung und gut Entgelt, drauß

Mißachtung und herzzereißend Kummer. Daheim wird der Lohn erhöhet, drauß gibt's nicht mehr als ein Dritteil des Lohns. Daheim herrschet Zufriedenheit, draußen nichts so sehr als Kümmernis, Sorgen und Mißvergnügen. Daheim ist Geborgenheit, drauß kein Sicherheit. Daheim ist Freiheit, drauß ist Knechtschaft, wo's nicht schlimmer gehet. Und kurz, daheim ist alles, wie man sich's wünscht, dieweil hier nichts nach Verdienst gehet.«

Die Klage, daß Lohn nicht ausbezahlt wurde, ließ sich häufig vernehmen; dieser Umstand war den Faktoren besonders schmerzlich, da die meisten von ihnen ja gerade die Aussicht auf viel Geld nach Osten gelockt hatte. Noch furchterregender war das ständig gegenwärtige Gespenst des Sensenmannes, der unter denen, die sich im Fernen Osten niederließen, gewaltig wütete. Die durchschnittliche Lebenserwartung in der Fremde lag für Faktoren bei knapp drei Jahren; kein Wunder, daß viele dem Beispiel William Hawkins' folgten, der auf seinem Posten in Indien frank und frei zugegeben hatte, er nutze die Zeit, sich »ein behaglich Nest zu schaffen«. Nathaniel Courthope bildete keine Ausnahme: In einem Brief, der im Winter 1613 von Bantam nach London ging, wurde er zusammen mit einer Reihe anderer Faktoren beschuldigt, »der Kompanie Waren zu entwenden, Privatpersonen zu betrügen, sich hoffärtig zu betragen und aus Eitelkeit Gurte mit Goldschnallen zu tragen«. Darüber hinaus wird die Kompanie hingewiesen auf »den gewaltig Reichtum, den sie unversehens erworben, jeweilen zwischen 500 Pfund oder 600 Pfund an Wert«, sowie auf die Tatsache, daß »sie gegen ihre Herren voll Falsch und unbillig sind«.

Angesichts der Drohung, daß sein »gewaltig Reichtum« beim Eintreffen des nächsten Schiffes im Fernen Osten konfisziert würde – und zweifellos aus Sorge, man könne ihn ohne einen Pfennig und bar aller Aussichten in diesen fernen Weltgegenden zurücklassen –, bereute Courthope sein Fehlverhalten und legte in schriftlicher Form ein »freiwillig Geständnis« ab. Das war ein kluger Schachzug, denn es dauerte nicht lange, da fand er sich wieder in Gnaden aufgenommen; im Frühjahr 1614 wies man ihn an, nach Sukadana, einem Hafen an der Südwestküste Borneos, zu segeln, wo, wie man munkelte, »die besten Diamanten auf Erden zu haben« waren.

In Sukadana hielt sich bereits ein Faktor auf, der zu den extravaganteren Leuten der Kompanie gehörte, ein gelernter Matrose namens Sophony Cozucke. Dieser Mann, der auch »Sophony der Russe« genannt wurde und in unverballhornter Form wahrscheinlich Sophonias der Kosak hieß, hatte eine Niederlassung an dem einzigen Ort in Ostindien gegründet, wo es tatsächlich Diamanten in reichen Mengen gab. Mit der Hilfe Courthopes, »von welchem füglich zu erwarten, daß er Euer Ehren gute Dienste tun wird«, machte sich Sophony daran, diesen einträglichen Handel auszubauen und herauszufinden, welche Güter im Tauschhandel am gefragtesten waren.

Die Probleme, mit denen sie in Sukadana zu kämpfen hatten, glichen denen, die an solch abgelegenen Orten allen Faktoren zu schaffen machten. Da sie voll und ganz abhängig davon waren, daß englische Schiffe sie mit Nahrungsmitteln und Geld versorgten, brauchte nur ein Versorgungsschiff vom Sturm verschlagen zu werden, und schon war eine Faktorei um ihr gedeihliches Auskommen gebracht und in lebensbedrohliche Not gestürzt. Als die *Darling* nach längerer Abwesenheit wieder in den Hafen von Sukadana einfuhr, stellte der Kapitän tief beunruhigt fest, daß die Faktorei »in der Schuld der Hollander und in einem erbarmlichen, bettelarmen Zustande war, dieweil die Dschunke, die von Bantam gesandt, zuerst Makassar angelaufen«. Wenngleich bei guter Gesundheit, waren Courthope und Sophony

»allzusammen unversehen mit Geld [und] berichten, daß sie derhalben gezwungen, eintausend Karat an Diamanten auszuschlagen«.

Nachdem Courthope aus Sukadana ein einträgliches Unternehmen gemacht hatte, indem er dort Edelsteine billig erstand, um sie in Bantam wieder zu verkaufen, war ihm daran gelegen, diesen Handel noch auszubauen. Da er erfuhr, daß Borneo reich an Gold, Diamanten und Bezoarsteinen war, einer steinähnlichen Masse, die sich im Magen bestimmter Tiere fand und als ein Gegengift galt, schickte er Sophony zu einer Erkundungsmission auf die Insel. Den Instruktionen zufolge, von denen Courthope eine Kopie nach Bantam schickte, sollte »der Russe« »nach Landak dringen und mit den Gouverneuren selbiger Gegenden verhandeln, mit was for Garantien die Engländer dort eine Faktorei zu errichten vermöchten«. Darüber hinaus sollte er »in eigner Person auskundschaften, ob sie sich vor den Sukadanianern fürchten oder nicht; sofern nämlich, seh ich nicht, wie unsre Leut bei ihnen geborgen sein können«. In der ihm eigenen zynischen Art – die während seiner langen Jahre auf den Bandainseln noch ausgeprägter werden sollte – schloß er mit einer Mahnung zur Vorsicht: »Lasset Euch insonderheit nicht durch eitel Hoffen verführen, sondern bringet, wo möglich, Firmane [schriftliche Bestätigungen] von dem mit, so sie sagen oder versprechen.«

Die Mission war kein Erfolg, hauptsächlich wegen der »Wüstheit der Leut ... so in den Flüssen auf der Lauer liegen, um jedem, den sie bezwingen mögen, das Haupt abzuschlagen«. Sophony und seine beiden Begleiter wurden von einer tausendköpfigen Menge angegriffen und »entrannen einer wundersamen Gefahr«, wobei sie den Angriff nur überlebten, weil sich herausstellte, daß die Eingeborenen »nicht an Pulver und Kugel gewöhnet [waren und] ehr auf Strand liefen, als daß sie widerstanden«. Eine zweite, schwerbewaffnete Expedition hatte mehr Erfolg, hauptsächlich wegen der englischen Musketen. »Die Kriegsmacht des gantzen Landes«, schrieb Sophony, »kunnt neun Männern nicht trotzen.«

Im Sommer 1616 verließ Courthope seinen einsamen Posten als Hauptfaktor in Sukadana und kehrte nach Bantam zurück. Die energische Art, wie er seine Arbeit angepackt hatte, war nicht unbemerkt geblieben; die Kompanie ließ ihn nur mit Bedauern gehen. Binnen weniger Monate nach seiner Abreise herrschte im Diamantenhandel »groß Verworrnis«, es gab »viel Dieberei und Unterschleif«, und Sukadana wurde zu einem Hort der »fettwanstigen, unnützen Tagdieb, so Fleisch, Tranck und Geld kriegen, auf daß sie Unheil stiften«. Die Verantwortlichen verlangten Courthopes Rückkehr, »dieweil es sich gebühret, daß es jemand sei, der Erfahrung hieselbst hat«.

Die Forderung verhallte ungehört, denn Courthope wurde für eine Mission gebraucht, die von weit größerer Wichtigkeit war. Ein neuer Oberfaktor war in Bantam eingetroffen, ein Mann namens John Jourdain, der mit dem Leben in Ostindien einigermaßen vertraut war und eine grenzenlose Begeisterung für die vor ihm liegende Aufgabe mitbrachte. Er war entschlossen, den Anspruch seines Landes auf die Bandainseln geltend zu machen, und hatte in Nathaniel Courthope genau den Mann, den er brauchte.

KAPITEL NEUN

Streit zwischen Gentlemen

John Jourdain reiste im Winter 1607 nach London, um sich bei der Ostindischen Kompanie für eine Anstellung als Oberfaktor zu bewerben. Was ihn zu dieser Entscheidung trieb, ist unklar, denn er arbeitete in einem profitablen Schiffahrtsunternehmen in Lyme Regis, einem Hafen in Dorset, und konnte sich als Sohn des Bürgermeisters der Stadt an vielen überseeischen Handelsgeschäften beteiligen. Vielleicht lockte ihn die Hoffnung auf schnellen Reichtum zur Ostindischen Kompanie, aber ein überzeugenderer Grund dürfte sein, daß er ein gespanntes Verhältnis zu seiner Frau hatte und das selbstgewählte Exil einem Leben in ehelichem Unfrieden vorzog. Zu dem Zeitpunkt, da er sein Testament verfaßte, hatten sich die Eheleute bereits endgültig überworfen, und er schloß seine Frau von der Verwaltung seines Vermögens aus und hinterließ ihr nur eine kümmerliche Geldsumme. Die arme Frau verbrachte ihre letzten Jahre damit, »von Tür zu Tür betteln zu gehen« und endlose Briefe an die Ostindische Kompanie zu schicken, worin sie um »genugsame jährliche Mittel« bat, »so ihrem Herkommen und Stande gemäß«.

Die Antwort der Direktoren bestand darin, ihr gelegentlich ein Geschenk nach Dorset zu schicken – das mindeste, was sie für eine Witwe tun konnten, deren verstorbener Mann sich als der bedeutendste Faktor erwiesen hatte, der je für die Kompanie tätig war. Jourdain war schon seit langem der Ansicht, daß die Zukunft des Gewürzhandels auf den Bandainseln selbst lag, und tat alles, was in seiner Macht stand, um die englischen Interessen in der Region zu fördern. Als er nach einem mehr als fünfjährigen Aufenthalt im Osten nach England zurückkehrte, verfaßte er eine überzeugende Denkschrift, in der er darlegte, wie wichtig es sei, die Handelsbeziehungen zu diesen entlegenen Inseln zu verstärken. Er schickte das Dokument direkt an Sir Thomas Smythe, der sich von der Lektüre tief beeindruckt zeigte und eine Sonderversammlung einberief, um »seine [Jourdains] Meynung betreffs Continuitet und Fortfyrung des Handels nach Ostindien« publik zu machen. Nach Erörterung des Schreibens zitierte das Komitee Jourdain in die Zentrale der Kompanie und lauschte aufmerksam seinen Ausführungen, in denen er die Schwächen der Engländer in dem Gebiet schilderte und es für entscheidend wichtig erklärte, »ihren Gescheften in Bantam Sicherheyt zu schaffen und Handel in Banda zu suchen«. Als eine Reihe von Mitgliedern dagegen geltend machte, dieser Kurs werde garantiert zu Konflikten mit den Holländern führen, versicherte Jourdain, »die Flämen wageten nimmermehr, die Engländer anzufahen«. Das war eine wenig aufrichtige Antwort, denn Jourdain war vorher bereits zu dem Schluß gelangt, daß künftige Handelsbeziehungen zu den Gewürzinseln zwangsläufig bedeuteten, sich mit den Holländern anzulegen; diesen Schluß hatte seine vorherige Reise in den Osten eindrucksvoll bestätigt. Im Winter 1613 war er von Bantam losgefahren und hatte Kurs auf Ambon genommen, eine Insel, die reich an Gewürznelken war und sich fest in der Hand der Holländer befand. Ihre Anwesenheit auf Ambon war nur zu unübersehbar: Als sich Jourdain in Hitu, einem Dorf im Norden der Insel, mit dem dortigen holländischen Kapitän bekannt machte, regte er an, die Holländer sollten ihm die Nelken zu einem Preis verkaufen, der ein bißchen über dem Einkaufspreis liege; dann brauche er sie nicht bei den Einheimischen zu kaufen und würde sich nicht als Preistreiber betätigen. Der Kapitän erklärte sich an dem Vorschlag interessiert, sagte aber, er müsse die Sache mit seinen Vorgesetzten abklären, was wiederum Jourdain ärgerte, der »replicirete, dis Land sei nicht dem Hollander zu eigen«.

Als er schließlich die offizielle Antwort auf seinen Vorschlag erhielt, war Jourdain sprachlos über den aggressiven Ton. In einem »spottend« zweiseitigen Brief wunderte sich der Gouverneur, »wie wir uns anmaßeten, in ein Länd einzudringen, allwo sie mit den Leuten einen Vertrag geschlossen auf all die Gewürzennelken, so auf dem Eiland wüchsen«; er riet Jourdain mit Nachdruck, »mit den Leut daselbsten keyn Handel zu treiben um welche Nelken. Sofern wir's täten, wolleten sie nichts unversucht lassen, uns zu verhindern.« Sie zeigten sich nur allzu bereit, die Drohung in die Tat umzusetzen, denn kaum fingen die Häuptlinge an, den Engländern kleine Mengen Gewürze anzubieten, schickten ihnen die Holländer eine Warnung, »sie würden eine Burg in Hitu bauen und ihre Stadt niederbrennen«. Das genügte, die Eingeborenen in Panik zu versetzen; sie wurden »solchermaßen von Forcht erfüllet, daß sie sich nicht traueten, uns im geringsten zu verkosten«.

Als Jourdain schließlich mit dem holländischen Gouverneur zusammentraf, vermochte er seine Wut kaum zu unterdrücken und warf dem Holländer Arglist, Anmaßung und Verlogenheit vor. Die Ohnmacht, zu der ihn seine Situation verurteilte, war eine Quelle großer Erheiterung für den Gouverneur, der eine Reihe von gemeinen Witzen über das Nußschalenformat der *Darling* machte. Das war zuviel für Jourdain, der dem Gouverneur erklärte, die Holländer verfolgten die Engländer »gleich wie die Juden Christum«, und eine Drohung anfügte, die als legendäre Sentenz in die Geschichte der Ostindischen Kompanie einging: Eines Tages würde man sie für ihre Anmaßung »zwischen Dover und Calais« zur Rechenschaft ziehen. Von den Kränkungen noch innerlich aufgewühlt, stach er darauf in See und nahm Kurs auf die benachbarte Insel Ceram, wo David Middleton einst erfolgreich sein Zwischenlager aufgeschlagen hatte.

Als er den Fuß an Land setzte, sah er sich Jan Coen gegenüber, dem Kapitän eines der holländischen Schiffe; der junge Mann sollte später zum rücksichtslosesten aller holländischen Generalgouverneure in Ostindien werden. Wie es sich gehörte, artete die erste Begegnung der beiden sturen Männer zu einem Streit aus, bei dem sich beide wechselseitig mit Vorwürfen überhäuften. Coen setzte dem englischen Kapitän »gar chollerisch« zu, während Jourdain sich der typischen Kränkungen bediente, die ihn viele Jahre in Gesellschaft von Matrosen gelehrt hatten. Aufgefordert, seinen Beglaubigungsbrief vorzuzeigen, »repliciret ich, mich wundere gar sehr, daß er so sonderlich vertraut mit meinem Patent; dieweil ich aber säh, daß er solchermaßen vertraut damit, könne sein langer Bart (er hätt aber gar nicht dergleichen) mich nicht lehren, wie meinem Auftrag gemäß zu verfahren«. Dieser Scherz mußte, wie ihm klar war, Coen in seinem tiefsten Stolz verletzen, da der glattwangige Holländer gerade einmal sechsundzwanzig Jahre alt und sich seiner Jugendlichkeit schmerzhaft bewußt war. Tatsächlich vergaß er Jourdain diese Kränkung nie und brachte die nächsten sechs Jahre damit zu, blutige Rachepläne zu schmieden. Coen versäumte es auch nicht, einen Bericht von seinem Treffen mit Jourdain an seine Vorgesetzten in Amsterdam zu schicken; in diesem Bericht strich er seinen Gegner heraus, um die eigene Rolle gewichtiger erscheinen zu lassen. »Jourdain hat uns viel zu schaffen gemachet«, schrieb er, »und ich hätt manch Strauß mit ihm; denn er ist ein kluger Kerl und ließ nichts unversuchet, um seine Plän zu fördern ... Wir unserseits täten alles, um seine Vorhaben zu durchkreuzen, denn wär er erfolgreich gewest, wir hätten nichts mehr zu wircken vermocht.«

Es dauerte nicht lange, da fand Jourdain zum zweitenmal Gelegenheit, den Holländer zu demütigen: Als Coen prahlerisch erklärte, die Eingeborenen haßten die Engländer, rief Jourdain einen großen Rat der dortigen Häuptlinge zusammen, beschwatzte Coen, daran teilzunehmen, und bat die Versammelten, öffentlich zu erklären, wen sie als Handelspartner vorzögen. »In Antwort dessen stunden sie all wie ein Mann auf und täten kund: Unser einzig Begehren ist, mit den Engländern zu traktiren, wir sind aber alltäglich vom Hollander bedroht ... derhalben wir aus Angst vor ihren Kriegsleut, welche in der Näh, uns fast nicht getrauen, mit Euch zu reden.« Die Ratsversammlung schenkte Jourdain einen moralischen Sieg und lieferte ihm sogar ein paar Gewürze, denn die Eingeborenen schöpften in seiner Gegenwart Mut und fingen an, ihm Gewürznelken zu verkaufen, »wofern die Hollander nicht zugegen«. Als wiederholte holländische Drohungen sie zwangen, diesen Handel zu unterlassen, setzte ein enttäuschter Jourdain Segel und fuhr nach Bantam zurück.

Hier hätten die Neuigkeiten nicht verheerender sein können. Die letzten Überlebenden der Expedition von Sir Henry Middleton lagen im Sterben, und der Handel war praktisch zum Stillstand gekommen, weil zwischen den Faktoren Rivalitäten ausgebrochen waren. Als Jourdain an Land kam und den zuverlässigen Nathaniel Courthope aushorchte, wurde ihm bald klar, daß die Disziplin vollständig zusammengebrochen war. Die beiden Gruppen von Kaufleuten in der Stadt, jene, die an der sechsten Expedition, und die anderen, die an der achten teilgenommen hatten, lieferten sich erbitterte Grabenkämpfe; keine von beiden freute sich über das Eintreffen von Jourdain, den Middleton kurz vor seinem Tod zum Oberfaktor ernannt hatte.

Jourdain wußte, daß »es sie nicht gar sehr nach mir verlangete und sie willens, mich nicht als Prinzipal willkommen zu heißen«, aber daß seine Anwesenheit so viel Animosität hervorrufen würde, hatte er nicht vorausgesehen. »Dieweil mir von etwanen Bürgerkriegen nichts kund«, beging er den Fehler, die Faktoren in der Unterstadt vor denen in der Oberstadt zu besuchen. Die letztere Gruppe sah darin einen Affront und empfing Jourdain mit unverhohlener Feindseligkeit. Ein cholerischer Seemann namens Robert Larkin, »wiewohl er kaum auf seinen Beinen kunnt stehn«, erklärte sich selbst zum Oberfaktor und war nur bereit, mit Jourdain zu sprechen, wenn dieser später am Tag wiederkomme. Jourdain fügte sich, aber als er wiederkam, stürzte Larkin, »seiner Pein und Kranckheit ledig, gleich einem Narren herfür, rief nach den Fußfesseln und drohete, so ich nicht geschwind aus seinem Haus (wie er zu terminiren belibt) wiche, würd er mich hineinschleußen«.

Typisch für Jourdain war, wie er mit den Drohungen fertig wurde. »Mich lächerte, die Welt so gar gewandelt zu sehen«, notierte er in sein Tagebuch, vielleicht weil er erkannte, daß in diesem vollkommenen Zusammenbruch aller Autorität die größte Chance für ihn lag, sich seine Position zurückzuerobern. Als er allerdings am folgenden Morgen wiederkam, um die Schlüssel und die Rechnungsbücher zu fordern, »traten sie, mit Flinten, Hellebarden und Schwertern bewehret, herfür und boten mir Trutz, sagend, sie kenneten mich nicht als ihren Häuptfakter und ich hätt in jenen Dingen kein Bewandtnis und Geschäft«. Zutiefst niedergeschlagen, ließ Jourdain sie wissen, »ich würd nicht in Bantam bleybn und ihnen zur Last sein. Und ich, nicht minder begehrend, ihrer Gesellschaft los und ledig zu sein, sputete mich, so gut ich konnt, unser Schiff zu rüsten.« Seinen Worten getreu, machte er die *Darling* binnen weniger Tage segelklar und stach in See.

Sechs Wochen später führte ein unvorhergesehenes Ereignis Jourdain zurück nach Bantam. Während er an der Küste von Sumatra entlangsegelte, sichtete er zwei englische Fahrzeuge, die, wie sich herausstellte, unter dem Kommando von Kapitän Thomas Best standen, dem Oberbefehlshaber der zehnten Flotte der Ostindischen Kompanie. Best war ein »undanckbar, begehrlich und stoltz« Mensch, dessen polternde Art bei seiner Mannschaft nicht unbedingt gut ankam. Als er hörte, daß die *Darling* eine halbe Ladung Gewürznelken mitführte, kam er auf die glorreiche Idee, diese Ladung zu kaufen und sich so die Mühe zu ersparen, entweder nach Ambon oder zu den Bandainseln segeln zu müssen. Jourdain war darüber gar nicht glücklich und brachte eine Reihe anderer Lösungen in Vorschlag, aber »all dies tät dem Generall [Best] nicht gefallen, dieweil die Nelken ihm süße dufteten, also daß wir uns ihm gesellen und nach Bantam zurückfahren mußten; und da ich kein ander Mittel wußt, schickt ich mich hinein«. Tatsächlich hatte Best mit Jourdain ausgemacht, ihn, als Gegenleistung für die Gewürznelken an Bord der *Darling*, mit Hilfe seiner Vollmacht wieder in seine Position als Oberfaktor einzusetzen.

Kaum waren die Männer in Bantam eingetroffen, setzte Best seine Absicht in die Tat um. Er berief die englischen Faktoren zu einer allgemeinen Versammlung und »erklärete, er habe von etwelchen Ungebührlichkeiten und Streitsüchten vernommen, so zwischen den Faktoren der sechsten und achten Fahrt wie auch von Fahrten aus früheren Tagen geschehen«. Er fand viel zustimmendes Kopfnicken, als er sich dann an die Faktoren wandte und sie heftig tadelte wegen »der großen Schmach for unsre Nation und die Ehrenwerte Kompanie, unsere Brotherrn, so gar viele Häuser an einem Orte zu haben, getrennet nach Güt und gut Freund, dieweil sie doch allesamt für eine Kompanie, was unserer Nation zur großen Schande ausschlage«.

Mit diesen Worten hatte Best den Kern des Problems berührt. Auch wenn die Männer alle in Diensten der Ostindischen Kompanie standen, war doch jede einzelne Expedition auf den eigenen Erfolg und nicht auf den der Kompanie im allgemeinen bedacht. Indem er Jourdain zwang, seine Gewürznelken an ihn zu verkaufen, betrug sich Best nicht ehrbarer als die Männer, denen er ins Gewissen redete; immerhin aber hatte er genug Weitblick, um zu sehen, daß die englische Gemeinschaft in Bantam nur überleben konnte, wenn es irgendeine Art von Zentralgewalt gab, die mit ihren Entscheidungen Vorrang vor den Ansprüchen der einzelnen Fahrten hatte. »Es zieme sich«, schloß er, »daß nur ein Haupt im Lande sei.«

Wer für die Rolle dieses »einen Hauptes« in Betracht kam, war nicht zweifelhaft. »Nach des Generalls und ihrer aller dringlich Zuredden«, schreibt Jourdain bescheiden, »fügete ich mich (wiewohl wider mein Wollen) und nahm das Amt.« Endlich hatte Bantam einen Oberfaktor, und dazu einen, der für den künftigen Handel in Ostindien Ideen mitbrachte.

Jourdain war überzeugt davon, daß die Engländer nun ihre Aktivitäten auf die Bandainseln konzentrieren mußten; er schickte den eingeborenen Häuptlingen Nachricht, daß seine Kaufleute in Kürze in weit größerer Zahl aufkreuzen würden. Aber trotz seines neuen Amtes und seines Einflusses hatte er praktisch keine Entscheidungsgewalt darüber, wohin die in Bantam eintreffenden Schiffe sich schließlich wandten. Zu entscheiden, welche Inseln sie aufsuchen wollten, blieb den Kommandanten der jeweiligen Expedition überlassen; Jourdains Befehlsgewalt erstreckte sich nur auf eine Handvoll Pinassen, die in dem javanischen Hafen stationiert waren. Ihn ärgerte, daß er über ein Jahr lang kein einziges Schiff zu den Bandainseln schicken konnte, und er schrieb einen ebenso heftigen wie hastig hingeworfenen

Brief nach London, in dem er klagte: »[Weil] dies Jahr nicht ein einzig Schiff hingegangen, sind sie [die Eingeborenen] aller Hoffnung bar; dieweil sie dies Jahr gar sehr auf die Engeländer baueten, wo sie itzt ihrer Hoffnung beraubet, und werden der Hollander Wort für wahr nehmen, so ihnen sagen, sie sichteten kein englisch Schiff daselbst, öfter als alle vier Jahr, und dann ein Schiff, das gar klein und ihnen nichts nutze sei.«

Ein kleines englisches Schiff kam in der Tat im Frühjahr 1614 bei Bandalontar vorbei, und sein Kapitän, Richard Welden, schrieb an Jourdain, um ihn über seinen Besuch zu informieren und ihm dringend zu raten, ein Schiff – irgendein Schiff – zu den Inseln zu schicken. »Dieweil die Bandanesen sich gar sehr verwundern, daß all die Zeit kein englisch Schiff hingekommen, und versichern, so denn die Engländer kämen, würden sie leben und sterben mit ihnen, sintemalen die Bandanesen sich itzt samt und sonders bekrigen mit den Hollandern und haben viele von ihnen gemetzelt.« Welden fügte hinzu, der Handel auf den Bandainseln sei gewinnbringender als in vergangenen Jahren, und er sei entschlossen, »im Frühesten des nächsten Monsun« erneut hinzusegeln.

Sein Brief traf in einem günstigen Augenblick ein, denn Jourdain hatte kürzlich Verfügung über zwei kleine Schiffe erhalten.

Er rüstete die *Concord* aus, gab ihr eine Pinasse namens *Speedwell* als Begleitschiff mit und schickte zwei Faktoren, George Ball und George Cokayne, mit dem Auftrag los, die Möglichkeiten für verstärkte Handelsbeziehungen zu den Bandainseln zu sondieren. Ball erhielt die Instruktion, »mit den Leut, so dort ansassig, Rücksprach zu nehmen, wie ihr Geschäft beschaffen; und so Ihr gewahret, daß sie handelswillig ... lasset daselbst Mr. Sophony Cozucke und Richard Hunt, nebst einem Engländer mehr und einem Schwarzen, welcher bereit, denselben zu dienen«. Das war ein bemerkenswerter Fortschritt – erstmals faßte jemand mit Einfluß eine ständige englische Präsenz auf den Bandainseln ins Auge.

Die Nachrichten von den Bandainseln waren nicht ermutigend. General Reynst, der holländische Generalgouverneur, war kürzlich auf den Inseln eingetroffen und hatte eine Flotte von elf Schiffen, ein Heer von tausend Soldaten und den Befehl mitgebracht, eine unanfechtbare Herrschaft über die Bandainseln zu erringen. Während er in den Hafen von Bandanaira einfuhr, kam es zu einem spektakulären Ausbruch des Vulkans, der die abergläubischen Inselbewohner davon überzeugte, daß Unheilvolles im Anzug war.

Die beiden Georges, Ball und Cokayne, trafen kurze Zeit später ein, segelten direkt nach Bandanaira und warfen vor der holländischen Festung Anker. Beim Anblick der holländischen Schiffe waren sie zwar im ersten Moment erschrocken, aber dann feuerten sie zur Begrüßung ein paar Salutschüsse ab und beschlossen, Reynst am folgenden Morgen aufzusuchen. Die verbleibenden Stunden nutzten sie klug. Beide Männer ruderten hinüber nach Bandalontar und nahmen Kontakt zu den einheimischen Häuptlingen auf, bei denen sie sich nach der Möglichkeit erkundigten, eine befestigte englische Faktorei zu errichten. Den englischen Ankömmlingen schütteten die Eingeborenen ihr Herz aus; einer der Häuptlinge erklärte, »dieweil er auf die Burg der Flämen wies, daß sie die Alten weinen mache und auch das Kind, so noch nicht geboren, und sprach, wie Gott ihnen und den Ihren ein Land gegeben, so hätt er auch die Hollander als Pestilenz über sie geschicket, daß selbige Krieg gegen sie führeten und durch unbillig Machenschaften sucheten, ihnen ihr Land zu nehmen«.

Bis dahin waren die englischen Fahrzeuge von den Holländern noch nicht belästigt worden, aber als die Männer zu ihren Schiffen zurückkehrten, wurden sie von einer Pinasse voller Soldaten gestoppt und angewiesen, zu einem Treffen mit dem Generalgouverneur mitzukommen. Als sie sich weigerten, eröffneten die Soldaten das Feuer, und Ball, der erkannte, daß jeder Widerstand nutzlos war, schickte Cokayne als seinen Gesandten an Land.

Reynst kochte vor Wut, seit er die englischen Schiffe in seinen Hafen hatte segeln sehen. Da er nun den Engländer vor sich hatte, verlangte er, Cokaynes Beglaubigungsbriefe von der Ostindischen Kompanie zu sehen. Cokaynes Weigerung ließ Reynsts Wut voll zum Ausbruch kommen. »Drauf erhub er sich, fuchtelt mit seinen Papieren mir vor den Augen, sprechend, wir wären Schurcken und Bösewichte und hätten nichts als alleyn von Thomas Smythe von London, wobei er gar unflätig wider unsre Ehrbare Kompanie wetterte.« Reynst fügte sodann hinzu, König Jakob I. habe kürzlich erklärt, die Holländer »hätten alls Recht der Welt, und niemand anders, auf diese Orte von Banda«. Nach ein paar weiteren Beschimpfungen schloß Reynst mit der Bemerkung, »wir hätten ihnen so viel Fahrten gestohlen wie niemand anders zuvor, und nannt Keeling und Middleton bei Namen«.

Es war klar, daß den Engländern auf Bandanaira oder Bandalontar kein Handelsglück beschieden sein konnte; deshalb hißten sie am folgenden Morgen die Segel und nahmen Kurs auf Ai, das acht Kilometer westlich der Hauptinseln lag. Reynst befahl sogleich einem holländischen Geschwader, sich an ihre Fersen zu heften, aber wegen eines Sturms verloren diese sie aus den Augen, und Cokayne konnte ungehindert an Land schlüpfen, wo die Inselbewohner »sich ob unserer Ankunft gar sehr freueten«. Reynst hatte über diese kleine, an Muskatnüssen reiche Insel praktisch keine Kontrolle; dennoch fühlten sich die Häuptlinge von Ai durch die tausend holländischen Soldaten auf Bandanaira bedroht. Da sie von seiten der Holländer einen Angriff fürchteten, bereiteten sie den Engländern einen herzlichen Empfang. Die Eskapaden von Keeling und Middleton hatten gezeigt, daß die Engländer mit ihnen im Haß gegen die Holländer übereinkamen; als sie jetzt von dem Wunsch nach einer ständigen englischen Faktorei auf der Insel erfuhren, stimmten sie augenblicklich zu. Eine Vereinbarung wurde getroffen, eine Faktorei errichtet, und Ball und Cokayne segelten mit einer Ladung Muskatnuß davon, wobei sie Sophony Cozucke und ein paar Männer zur Bewachung der Insel zurückließen. Einer dieser Männer, ein Händler namens John Skinner, vertraute so fest auf die Uneinnehmbarkeit ihrer Stellung, daß er einem Freund schrieb: »Gewißlich vermäß ich mich, all, was ich wert, zu setzen, daß der Hollander niemalen die Eilande von Banda erringen kann, dieweilen die Bandanesen ehr ihr Leben geben, als unter den Hollandern zu seyn.« Noch größere Genugtuung bereitete ihm, daß Gunung Api, der Vulkan, nun eine solch heftige Aktivität entwickelte, daß große Steinbrocken auf die Festung von Bandanaira niederregneten. Skinner behauptete, die Soldaten hätten »begunnen, die Burg zu räumen und zurücke zu lassen« und meinte, ohne den cholerischen Reynst wären sie schon von sämtlichen Inseln geflohen.

Der holländische Generalgouverneur brachte jedenfalls die Schwankenden rasch auf Vordermann und machte ihnen deutlich, daß sie nicht nur die Stellung zu halten, sondern auch einen massiven Angriff gegen Ai zu führen hatten. Viele waren nur zu erpicht darauf, den Gefahren des Vulkanausbruchs zu entrinnen, ohne sich allerdings klar darüber zu sein, daß die sperrige topographische Beschaffenheit der Insel Ai eine Invasion außerordentlich schwierig machte. »Das Seegestad ist solchermaßen steil, daß man meinen könnt, die Natur habe dies Eiland gar nur sich selbst reservieret«, schrieb ein Beobachter. »Ums ganze Eiland gibt es nur einen Ort, worinnen ein Schiff zu ankern vermag; allwelcher so gefahrvoll, daß, wer den Anker fället, ihn gar selten wieder lichtert; sonsten ist sein Schiff von mannigfach Gefahr bedrohet.« Die Invasion wurde für den Morgen des 14. Mai 1615 anberaumt; Reynst, der von Schwierigkeiten nichts wissen wollte, erklärte, er sei zuversichtlich, daß die Insel binnen Stunden in holländischer Hand sein werde. Er griff mit allem an, was er hatte; fast tausend holländische und japanische Soldaten standen der fünfhundert Mann starken Streitmacht Ais gegenüber, wobei die Holländer bis an die Zähne bewaffnet waren und über Musketen und Geschütze verfügten. Als die holländischen Truppen aber ihren Angriff begannen, waren sie erstaunt über den Widerstand, auf den sie stießen. Die Treffsicherheit der Eingeborenen überstieg die der Bewohner von Bandanaira oder Bandalontar bei weitem, und die Verteidigungsstellungen der Insel waren hervorragend konzipiert. Diese Befestigungen schlängelten sich von der Küste hinauf in die Hügel, so daß die Holländer auch dann, wenn sie lange Mauerabschnitte erobert hatten, zu ihrer Verärgerung feststellen mußten, daß sie immer noch den Angriffen von Verteidigern ausgesetzt waren, die sich weiter oben befanden.

Die Engländer auf Ai hatten einige Zeit und Mühe daran verwendet, sich auf die Invasion vorzubereiten. Sie hatten nicht nur die Verteidigung der Insel bis in alle Einzelheiten geplant, sie hatten auch die Eingeborenen im Gebrauch von Musketen unterwiesen und ihnen beigebracht, wie sie ihre Stellungen halten mußten. Hätten sie sich nicht einer so überwältigend großen Streitmacht gegenübergesehen, die Männer von Ai wären vielleicht imstande gewesen, die Insel vor der Einnahme zu bewahren. Aber aufeinanderfolgende Wellen von holländischen Angreifern entmutigten die Verteidiger, und bis zum Einbruch der Nacht war es den holländischen Streitkräften gelungen, den größten Teil der Insel zu überrennen; nur ein einziges abgelegenes Fort befand sich noch in der Hand der Bandanesen. Als die Sonne unterging, feierten die Holländer ihren Sieg und legten sich im Bewußtsein schlafen, daß ihnen am nächsten Tag die ganze Insel gehören werde.

Das war ein fataler Irrtum, denn in den frühen Morgenstunden krochen die Bandanesen aus ihrer Festung und starteten einen blutigen Gegenangriff. Die schlaftrunkenen, mit der Umgebung kaum vertrauten Holländer waren leichte Beute. Siebenundzwanzig kamen auf der Stelle um, und Dutzende weitere wurden verwundet, während sie sich zurück zu ihren Schiffen durchkämpften. Überzeugt, daß alles verloren war, liefen zwei Holländer plötzlich zum Feind über. Einer von ihnen kletterte in einen Baum und tötete mit einem einzigen Schuß zwei seiner früheren Kameraden. Die Demütigung der Holländer hätte nicht vollständiger ausfallen können. Während die Schiffe nach Bandanaira zurückschlichen, wurde das Ausmaß der Niederlage allmählich erkennbar. An einem einzigen Kampfestag hatten sie sechsunddreißig Soldaten verloren, zweihundert waren verwundet worden und zwei desertiert. Reynst war am Boden zerstört; von dieser Demütigung erholte er sich nicht mehr und starb ein paar Monate später.

Die Rolle der Engländer bei dieser holländischen Niederlage entging Jan Coen keineswegs; er schickte zwei Briefe an die Siebzehn in Amsterdam. Im ersten setzte er sie davon in Kenntnis, daß die Engländer »ernten wollen, was wir gesäet haben, und sie prahlen, sie hätten die Freiheit hiezu, dieweil ihr König Herr über die niederländische Nation sei«. Im zweiten wurde er deutlicher. »Seid versichert«, schrieb er, »daß, sofern Ihr nicht so bald als möglich ein groß Kapital sendet ... damit zu rechnen ist, daß der gantze Ostindische Handel zunichte wird.«

*Das verfallene Eingangstor zu dem von den Holländern erbauten Fort Revenge auf Ai. Dutzende von Engländern waren in seinen Verliesen eingekerkert und beklagten sich bitter darüber, wie man mit ihnen umsprang. »Sie pisseten und * * * uns aufs Häupt«, schrieb einer, »und solchermaßen lagen wir, daß wir als wie Leprasieche vom Scheytel zur Sohl schwäreten.«*

Tatsächlich waren die Siebzehn wild entschlossen, ihren Krieg gegen die Insel Ai fortzusetzen; deshalb schickten sie im Frühjahr 1616 Admiral Jan Dirkz Lam zu den Bandainseln mit einer einzigen simplen Anweisung: Ai der holländischen Herrschaft zu unterwerfen. Die Einwohner von Ai wußten, daß die Holländer wiederkommen würden, um sie zu bestrafen, und waren ebenso sicher, daß sie einem zweiten Angriff nicht würden standhalten können. Sie baten deshalb Sophony Cozucke, mit einem ihrer Häuptlinge nach Bantam zu fahren, damit dieser dort John Jourdain persönlich einen Brief übergeben konnte.

»Wir all haben vernommen, selbst aus fernsten Landen, von der großen Lieb und Friedsamkeit, so der Kyning von Engeland mit aller Welt pfleget …«, stand dort zu lesen, »und hat unsrer Religion kein Schaden getan oder begehret, unser Gesetze zu stürzen, und suchet nicht mit Macht andrer Kyningriche niederzuwerfen; vilmehr eitel Friede und Freundschafft suchet Handel ohn Gewalt.«

»Weshalben wir allsamt begehren, mit dem Kyning von Engeland uns zu vereinbarn, dieweil itzt die Hollander alles daransetzen, unser Land zu nehmen und unsre Religion zu zerstören, dieserhalben wir allsamt auf den Eilanden von Banda den Anblick selbiger Hollander gar sehr verabscheun, der Huurenbrut, dieweil sie an Lügen und Schurckerei jedermann über, und begehren jedermanns Land an sich zu reißen. Und aus dieser Bewandtnis sind wir so über die Maßen vol Haß gegen sie. Derhalben wir eynmütig zu dem Entschluß gelanget, fürderhin nimmermer Handel mit ihnen zu treiben, vilmehr sie allweil zu unsern grimmigsten Feynden zu rechnen, weshalb wir allsamt for gut befanden, diesen Brief zu senden … falls denn der Kyning von Engeland aus Lib gegen uns Sorg trägt um unser Land und Religion und uns hilfet mit Schießpulver und Kugeln und hilfet, die Burg von Naira wiederzugewinnen, wodorch wir imstand sein möchten, den Hollander zu bekriegen, so wolln wir, so Gott uns helfe, alles Gewürz, so unsre Eilande tragen, bloß dem Kyning von Engeland zum Kauf geben und keiner andren Nation in der Welt.«

Der Vereinbarung war nur ein einziger Vorbehalt angefügt: »... daß, [falls] in Dingen ohn Belang die Bandaneser den Engeländern Grund zum Ärgernis geben oder die Engeländer tun, was den Bandanesern ein Greuel, sie alsdann einvernehmlich wie gut Freund mit des anderen Fehl Nachsicht üben; blos begehren wir, daß Ihr nicht suchet, unsre Religion niederzureißen, und daß Ihr Euch nicht mit unsren Frowen vergehet, diweil dies beydes allein wir nicht zu ertragen vermöchten.«

Dergleichen Worte waren Musik in Jourdains Ohren; er träumte bereits davon, die englische Faktorei auf Ai auszubauen. Jetzt war die Zeit zum Handeln gekommen, und im Dezember 1615 versammelte er ein Geschwader aus drei Schiffen, der *Thomas*, der *Concord* und der *Speedwell*, und wies sie an, unverzüglich nach Banda zu segeln. Aber als sie im Begriff waren, von Bantam abzufahren, erhielt Jourdain einen kurzen Brief von Jan Coen, worin dieser ihm die warnende Mitteilung zukommen ließ, alle englischen Schiffe hätten sich fortan von den Bandainseln fernzuhalten, und jedes Schiff, das dagegen verstoße, werde mit Gewalt vertrieben: »Woferne dabei irgendwer umkomme ... dürfe man ihnen nicht die Schuld dafor geben.«

Die Ankunft zweier neuer englischer Schiffe unter dem Kommando von Samuel Castleton bestärkte Jourdain in seinem Beschluß. Castleton kam mit der Absicht, zu den Bandainseln zu segeln, und war nicht geneigt, sich durch einen anmaßenden Brief von Jan Coen in dieser Absicht irremachen zu lassen. Er schlug vor, alle Schiffe sollten in einer Art Miniatur-Armada zusammen lossegeln, und stach im Januar 1616 in See; die Fahrt sollte sich als eine der bizarrsten englischen Expeditionen erweisen, die je zu den

Bandainseln unternommen wurden. Zum großen Teil waren dafür die Überspanntheiten des Kommandanten verantwortlich, dessen Verhalten die Holländer gleichermaßen erstaunte und verwirrte. Castleton hatte schon bei den Direktoren in London für Stirnrunzeln gesorgt, nachdem er mit seinen unorthodoxen Methoden zur Erhaltung der Gesundheit seiner Matrosen geprahlt hatte. Unter anderem ließ er täglich frisches Brot an Bord seiner Schiffe backen, wobei er es als »eine Übung, wohlbeschaffen, die Leut gesund zu erhalten« ansah, das Korn mit der Hand zu mahlen; außerdem suchte er mittels eines ausgeklügelten Systems von Destillierapparaten und Kochern, Süßwasser aus Salzwasser zu gewinnen. Hätte das System funktioniert, er hätte jedes seiner Schiffe mit einer mobilen Entsalzungsanlage ausgestattet. Leider erwies es sich als kompletter Fehlschlag, und seine Männer starben nach wie vor; Castleton kam daraufhin zu dem Schluß, sie trügen selbst die Schuld, weil sie durchweg unverbesserliche Säufer seien.

Als die Flotte vor der Insel Ai ankam, hatte eine neue holländische Armada unter dem Oberbefehl von Admiral Lam im Schatten von Fort Nassau Anker geworfen. Lam war mit einer sogar noch größeren Streitmacht angerückt als sein Vorgänger: Seine Flotte umfaßte zwölf Schiffe und mehr als tausend Soldaten, die kurz darauf durch eine zweite Flotte weitere militärische Verstärkung erhielten. Ein paar Tage lang sahen sie zu, wie die englischen Schiffe um die Inseln Ai und Run herumschlichen, bis Lam begriff, daß beide Inseln befestigt wurden und daß die Engländer auf Run irgendeine Art von Fort bauten. Sogleich befahl er seinen Männern, eine Großinvasion von Ai vorzubereiten; aber kaum war ihr Geschwader von Bandanaira abgefahren, erkannten sie, daß ihnen ein Kampf bevorstand. Castleton hatte seine fünf Schiffe in den tiefen Meereskanal einfahren lassen, der die beiden Inseln trennte, und blokkierte den Zugang zur Insel Ai. Ein paar Schüsse wurden abgefeuert, und die Männer standen im Begriff, eine Seeschlacht zu beginnen, als ein merkwürdiger Zwischenfall zu einem jähen Abbruch des Kampfes führte. Castleton hatte, so scheint es, gerade erst den Namen des holländischen Befehlshabers erfahren und daraufhin ein Ruderboot hinüber zu Lams Schiff geschickt, um dem Holländer seinen Gruß zu entbieten und ihm zu erklären, er, der Engländer, sei Lam derart dankbar für einen Dienst, den dieser ihm einst erwiesen habe, daß er sich nicht zu einer Fortsetzung der Schlacht verstehen könne. Dem verblüfften Lam ließ er weiter mitteilen, er habe seinen Schiffen Befehl zum Rückzug gegeben; für eventuelles Ungemach, das er Lam bereitet habe, bat er um Entschuldigung.

Castleton hatte in der Tat guten Grund, Lam dankbar zu sein. Etwa drei Jahre zuvor hatte er vor der Atlantikinsel St. Helena gelegen, um Wasservorräte aufzunehmen, als er von zwei portugiesischen Karacken überrascht und gezwungen wurde, aufs offene Meer zu flüchten, wobei er die Hälfte seiner Männer auf der Insel zurücklassen mußte. Zwei holländische Schiffe unter dem Kommando von Lam waren kurz zuvor von der Insel weggefahren; ihnen jagte Castleton nach und bat sie um Hilfe. Lam war einverstanden damit, die Portugiesen anzugreifen; das rettete zwar die englischen Seeleute, kam ihn aber teuer zu stehen, da er bei dem Kampf eines seiner Schiffe verlor.

Unter den völlig anderen Umständen wünschte Castleton nun, sich für Lams damaliges Entgegenkommen zu revanchieren. Eingeladen, den holländischen Kommandanten auf seinem Schiff zu besuchen, sah sich Castleton von Lam herzlich empfangen, der nur zu froh war, mit dem Engländer ein Übereinkommen treffen zu können, dem zufolge dieser seine Flotte zurückzog und Informationen über die Befestigungsanlagen von Ai lieferte, wofür er dann die

Erlaubnis erhielt, mit Ai ungehindert Handel zu treiben, sobald die Holländer sie besetzt hatten. Die beiden Männer besiegelten das Abkommen durch Handschlag, und Castleton, leicht beschämt darüber, die Bewohner von Ai im Stich gelassen zu haben, segelte nach Ceram, während Lam die Insel eroberte. Castletons letzte Amtshandlung bestand in der Anweisung an Richard Hunt, den auf Ai stationierten englischen Faktor, in der bevorstehenden Schlacht strikte Neutralität zu wahren.

Auf der Insel sahen die Ältesten voll Verzweiflung, wie die englischen Schiffe davonsegelten. Eine Ratsversammlung wurde einberufen, die ihre letzten Hoffnungen in Hunt setzte, diesem die Inseln Ai und Run in aller Form übergab und pflichtschuldigst auf den Befestigungsanlagen der Insel die Flagge des heiligen Georg hißte. Ansonsten blieb ihnen wenig anderes zu tun, als auf den Angriff der Holländer zu warten.

Trotz ihrer überwältigenden Überlegenheit machte den Holländern ihre zweite Schlacht um Ai nicht weniger zu schaffen als die erste. Erneut wurde eine riesige Streitmacht aus holländischen und japanischen Soldaten an Land gebracht, die sich sodann von einem Bollwerk zum nächsten vorankämpfte, überrascht von der Zähigkeit ihrer bandanesischen Gegner. Bei Einbruch der Nacht hatten sie die meisten Schlüsselpositionen erobert, wenngleich die Insel noch nicht unter ihrer Kontrolle war. Da sie eine Wiederholung der Katastrophe vom Vorjahr befürchteten, blieben die Männer die ganze Nacht über wachsam, bis dann am Morgen ein großes Kontingent zur Verstärkung auf die Insel gebracht wurde. Heftige Regengüsse behinderten die Holländer, so daß es weitere zwei Tage dauerte, bis die Insel endlich in ihrer Hand war. Zu diesem Zeitpunkt war den Bandanesen bereits die Munition ausgegangen; die meisten hatten sich nach der Insel Run abgesetzt, wo sie ihren Widerstand gegen die Holländer fortsetzen konnten.

Nachdem er Ai endlich erobert hatte, baute Lam eine massive Festung nahe der Küste, verlegte eine ständige Garnison dorthin und gab ihr den passenden Namen Fort Revenge. »Sie ist ein regelmäßig Fünfeck, starck befestiget und mit Vorräten und Solldaten aller Art versorget und wird als die festeste Burg angesehen, so die Holländer in Ostindien hätten.« Sie steht bis heute, wenn auch ihre verfallenen Wälle von Efeu überwuchert sind und auf ihrem Exerzierplatz eine Ziegenfamilie haust. Aber die Brustwehr wurde sorgfältig repariert, und eine rostige Kanone, in deren Lauf die Buchstaben VOC – Vereenigde Oost-Indische Compagnie – eingeprägt sind, droht noch immer in Richtung Run.

Lam schloß mit den besiegten Bandanesen ein Abkommen und nutzte die Gelegenheit, um die holländische Herrschaft über die meisten der Bandainseln zu bekräftigen. Bandalontar und Bandanaira stimmten dem holländischen Machtmonopol widerstrebend zu; das winzige Rozengain schloß sich bald an. Ai kam am schlechtesten davon, denn Lam setzte den Muskatpreis um zwanzig Prozent niedriger fest als bei den anderen Inseln. Von den Bandainseln hielt nun nur noch Run die Stellung – als einzige Insel, die unbesetzt blieb von holländischen Truppen und die kein Abkommen mit der Holländisch-Ostindischen Kompanie geschlossen hatte.

Nach Run floh auch Richard Hunt »voll Forcht um sein Leben, dieweil die Hollander geschworen hätten, ihn zu hängen, und große Summen Geldes für sein Ergreifung boten«. Er gelangte schließlich nach Bantam zurück, wo sich die Nachricht von seinen heimlichen Aktivitäten überall verbreitet hatte; es war sein Pech, zur Zielscheibe des holländischen Hasses auf die Engländer zu werden. Hören wir John Jourdain: »Richard Hunt, da er ein schmale Gaß passiret, traff uf zween hollandsch Kauffleut, welchselbige Seit an Seit vor ihn traten und wolleten ihn nicht vorüberziehn lassen. Weshalben Hunt den einen zur Seit stieß, um Dorchlaß zu schaffen, worauf sie handgemein wurden. Die Hollander, da sie nah ihrer Hinterpforten, riefen ihren Sklaven, so alsbald kamen, zwanzig Leut an der Zahl, und fielen über ihn her und beutelten ihn gar arg und zerreten ihn an seines Hauptes Haar dorch den Modder zu ihrem eigen Haus.« Sie schworen, sie wollten ihn leiden lassen, ehe sie ihn umbrächten, und »pflocketen ihn barhäuptens in der Sunnenhitz ans Tor«. All das geschah in aller Öffentlichkeit, damit die Stadtbevölkerung sah, daß die Holländer eine Macht waren, mit der man rechnen mußte. Jourdain erkannte die Absicht und beschloß, Gewalt mit Gewalt zu beantworten, weshalb er drohte, »die besten ihrer Kauffleut« zu ergreifen und vor dem englischen Tor an den Pranger zu stellen. Ehe er aber Gelegenheit bekam, seine Drohung wahr zu machen, wurde Hunt unverhofft freigelassen, und in der Bucht kreuzte eine neue englische Flotte auf. Ihr Befehlshaber, der erfahrene William Keeling, mahnte zur Zurückhaltung, und wenngleich ihn ärgerte, wie man mit Hunt umgesprungen war, »wollt er's nicht achten und hielt fein stille«. Vereinzelt gingen die Auseinandersetzungen auf den Straßen weiter, und es kamen auch Leute um, aber auf der offiziellen Ebene wahrten die beiden Nationen Frieden.

Friede galt den Direktoren der englischen und holländischen Ostindischen Kompanien in ihren Amtsstuben in London und Amsterdam als wesentliche Voraussetzung für eine gewinnbringende Aufrechterhaltung des Gewürzhandels. Aber der Friede hatte seit jeher prekären Charakter und war auf den abgelegeneren Inseln Ostindiens nur zu oft in einen De-facto-Kriegszustand umgeschlagen. Bereits im Jahre 1611 erschien es den englischen Direktoren angebracht, Klage über die kriegerische Haltung zu führen, die manche der holländischen Befehlshaber an den Tag legten. Durch ständige Berichte über Gewalttätigkeiten gegenüber ihren Angestellten aufgebracht, erklärten sie, sie hätten »voll Langmut allerlei empörend Unbill und schädlich Beginnen von Hand der Hollander« erduldet und sähen sich »alljetzt genötiget, das Schweygen zu enden«. In einem langen Brief an den Lord Oberschatzmeister legten sie ihre Beschwerden dar und baten um Hilfe bei ihren Bemühungen, mit den Generalstaaten ins Gespräch zu kommen. König Jakob hieß den Gedanken gut und wies seinen Gesandten in Den Haag an, die Sache ins Rollen zu bringen. Obwohl die Holländer die meisten der englischen Klagen nicht wahrhaben wollten, stimmten sie einem Treffen im Jahre 1613 zu, »um freundschaftlich Gefühl und gutnachbarlich Relationes zu fördern«.

Die Verhandlungskommission der Holländer konnte sich sehen lassen; angeführt wurde sie von dem berühmten Juristen Hugo Grotius, der im Jahr zuvor sein berühmtes Buch *Mare Liberum* veröffentlicht hatte. Das Buch trug den vielsagenden Untertitel *Abhandlung über das Recht Hollands, ebenfalls Handel in Ostindien zu treiben*, und Grotius argumentierte wie die Holländer auf Manhattan und machte geltend, sobald eine Nation ein Gebäude auf einem Stück Land errichtet habe, werde das Land automatisch Eigentum der betreffenden Nation. Er fügte hinzu, die Holländer hätten im Unterschied zu den Engländern große Summen für den Kampf gegen die Eingeborenen in Ostindien ausgegeben; angesichts dessen sei es absolut unfair von den Engländern, den Holländern das Recht zu bestreiten, den Handelsverkehr mit diesen Inseln wahrzunehmen. Die Englisch-Ostindische Kompanie war anderer Meinung und stützte ihren Anspruch, Handel mit den Gewürzinseln zu treiben, darauf, daß sie zuerst dort gelandet sei. »Ehe Euch diese Landstriche bekannt«, verkündeten die Direktoren vollmundig, »warn wir von ihren Führern und Völkern durch Verträge und Vereinbarungen rechtlich anerkannt, wie wir leicht zu beweisen vermöchten.« Die Konferenz endete ohne förmliches Abkommen, aber sie hatte immerhin die beiden Parteien an einen Tisch gebracht und bei vielen das Gefühl hinterlassen, daß es unklug wäre, den Dialog nicht fortzusetzen. Es wurde deshalb vereinbart, daß sich die Verhandlungsdelegationen binnen zwei Jahren erneut treffen sollten.

Diese zweite Konferenz, die vor dem Hintergrund zahlreicher Bluttaten auf den Bandainseln stattfand, sollte sich als eines der außerordentlichsten Ereignisse in der Geschichte der beiden Kompanien erweisen. Sie begann ähnlich wie ihre Vorgängerin: Beide Parteien trugen ihre sattsam bekannten Standpunkte vor. Aber nach ein paar Tagen wurde die englische Delegation zu einem Treffen mit dem Ratspensionär von Holland eingeladen, der den überraschenden Vorschlag machte, die beiden Kompanien sollten sich zu einer unschlagbaren Organisation vereinigen. Chefunterhändler Sir Henry Wooten schrieb sogleich an die Direktoren in London, um auf die Vorteile hinzuweisen: »Wann wir uns mit ihnen zusammenschleußen, um die Spanier zu vertreiben, wird Ostindien für uns just so profitabel werden, als wie Westindien es für sie solt sein.«

Auch wenn die englischen Direktoren außerordentlich skeptisch blieben, wurde doch ein Vorschlag zur Verschmelzung bis in die Einzelheiten ausgearbeitet, und es wurden Finanzpläne für die gigantische Gesellschaft entworfen. Man ging von enormen Gewinnen aus: Pro Jahr konnten Gewürze im Werte von mehr als 600 000 englischen Pfund aus dem Fernen Osten eingeführt werden, das

Maximum dessen, was Westeuropa jährlich zu verbrauchen vermochte. Spanien würde rasch aus dem Gebiet verdrängt, die einheimischen Fürsten würden gezwungen sein, die Abgaben zu senken, die in Bantam gezahlt werden mußten, und der Handel mit China ließe sich mit Nachdruck betreiben. Sogar die Disziplin unter den Matrosen würde sich verbessern, da es zwischen den beiden Nationen keine Rivalitäten mehr gäbe.

Die Holländer waren so eifrig bestrebt, ihre Versöhnungsbereitschaft unter Beweis zu stellen, daß kurz vor der Unterbreitung des Vorschlages die Siebzehn an den Hitzkopf Jan Coen schrieben und ihn anwiesen, jeden Konflikt mit den Engländern zu vermeiden und sie nicht zu »mißhandelen«. Coen reagierte auf diesen Brief pikiert und schickte umgehend eine sarkastische Replik: »Wann bei Tag und bei Nacht anmaßend Diebe in Euer Haus einbrächen, so vor keiner Rauberei oder anderer Missetat zurückschrecken, wie würdet Ihr wohl Eure Habe wider sie verteidigen, woferne Ihr nit zu ›Mißhandelungen‹ schrittet? Dies verüben die Engländer wider Euch in den Molukken. Derhalben wir baß verwundert, daß Ihr uns anweiset, ihnen nicht leiblichen Schaden zuzufügen. Wann die Engländer sich vor allen andren Nationen dieses Vorzuges freuen, müssen Engländer ein gar annehmlich Leben führn.«

Im folgenden scheiterten dann die Verhandlungen in Den Haag, und die Engländer, die ihre eigene Liste von Vorschlägen vorgelegt hatten, mußten feststellen, daß sie mit ihnen bei den Holländern auf Ablehnung stießen. Nach all der Aufregung und den monatelangen Diskussionen fanden sich die beiden Parteien an den Ausgangspunkt zurückgeworfen. Im späten Frühjahr des Jahres 1615 sahen die englischen Beauftragten ein, daß es nichts mehr zu diskutieren gab, und kehrten nach London zurück.

Zehn Pfund Muskatnuß kosteten in Ostindien einen Penny, ließen sich aber in London für fünfzig Shilling verkaufen. Die Apotheker schlugen ungeheure Profite aus ihren Duftkugeln, vor allem während der Pestepidemien. »Gewiß kostet's viel«, erklärte einer seinem siechen Patienten, »aber Artzenei, so wohlfeil ist, kostet den Tod.«

Die Jahre, in denen verhandelt wurde, waren auch die Zeit, da Jan Pieterszoon Coen seine spektakuläre Karriere begann. Erstmals war er im Jahre 1607 nach Ostindien gesegelt – kein sehr glücklicher Einstieg in den Gewürzhandel, denn damals, während er sich auf den Bandainseln aufhielt, kam es zu dem Massaker an Verhoef und seinen Offizieren. Coen zweifelte nicht daran, daß die Engländer bei der Planung des Hinterhalts eine maßgebliche Rolle gespielt hatten, und nicht zuletzt aus dieser Überzeugung speiste sich offenbar sein Haß.

Im Jahre 1612 segelte er zum zweitenmal zu den Gewürzinseln; zu diesem Zeitpunkt hatte er als Chefkaufmann seinen ersten Zusammenstoß mit John Jourdain. Beide Männer kamen in der Absicht überein, den gesamten bandanesischen Gewürzhandel unter ihre Kontrolle zu bringen; Coen allerdings war bereit, bei der Verfolgung seines Ziels weit blutrünstigere Methoden anzuwenden. Er wollte die Inseln erobern, die Eingeborenen unterwerfen und holländische Kolonien gründen, um den Engländern in der Region Schach zu bieten. Die Siebzehn hatten zwar bereits eine Handvoll Siedler geschickt, aber die entsprachen nicht dem, was Coen sich vorstellte, waren sie doch eine bunt zusammengewürfelte Schar von »Saufbolden und Huurenböcken«. In späteren Jahren wurde Coen nicht müde, nach einer besseren Sorte von Siedlern zu verlangen, besonders nach solchen mit handwerklichen Fähigkeiten. »Mögen sie selbsten arm wie eine Kirchenmaus sein«, schrieb er, »wir können sie desohngeacht brauchen.«

Ein Porträt von Coen hängt im Rijksmuseum in Amsterdam. Das in Bantam gemalte Bild zeigt eine große, aufrechte Gestalt mit langem, schmalem Gesicht und tiefliegenden Augen. Er hatte dünne Lippen, eine Adlernase und hohle, blasse Wangen. Das Bild ist nicht sehr schmeichelhaft, aber es zeigt ohne Frage einen Mann, der genau weiß, was er will. Die wenigen zeitgenössischen Schilderungen Coens sind alles andere als freundlich. Einer seiner Kollegen beschreibt ihn als »voller italienischer Ränke«, während andere von seinen knochigen Händen und spitzen Fingern berichten. Sein Spitzname lautete De Schraale, was »dünn und hager« bedeutet, aber auch auf seine grimmige Art hinweist.

Seine zahlreichen Briefe bieten uns genaueren Einblick in seinen Charakter. Coen war ein reservierter Mensch, ganz durch das in Anspruch genommen, was er für seine Pflicht hielt, und wenig geneigt, törichte Leute zu tolerieren. Er nahm nie ein Blatt vor den Mund und tadelte seine Vorgesetzten wiederholt, wenn er ihr Verhalten für dumm oder kurzsichtig hielt. Er war ein praktisch denkender Mann, ein mathematischer Kopf und als strenger Kalvinist ohne jegliche Frivolität. Sinn für Humor hatte er nicht.

Er diente sich im Eiltempo hoch. Ein Jahr nachdem er sich als Chefkaufmann bewährt hatte, wurde er auf den wichtigen Posten des Generalbuchhalters berufen und nach weiteren zwölf Monaten zum Mitglied des einflußreichen Ostindischen Rates ernannt. Mag sein, daß er sich Hoffnungen auf die Stelle des Generalgouverneurs machte, als Gerald Reynst kurz nach seinem mißglückten Angriff auf die Insel Ai starb. Die Siebzehn in Amsterdam entschieden sich indes für Laurens Reael, einen verweichlichten Aristokraten, der offenbar viel Zeit auf seine Kleidung verwendete. Coen konnte, wie zu erwarten, den Mann nicht ausstehen und opponierte heftig gegen seine Taktiken im Umgang mit den Engländern. Reaels Reaktion bestand darin, daß er Coens Anweisungen, die Engländer von den Bandainseln fernzuhalten, widerrief und Coen befahl, »nit herbe Maßregeln zu gebrauchen, um die Engländer mit Gewalt zu verjagen, dieweilen er fürchtete, dergleichen werde nicht nur in jenen Regionen zum Krieg führen, vilmehr endlich auch nach Europa ausgreifen«.

Coen mißachtete geflissentlich diesen Befehl und setzte seine Angriffe gegen die englische Schiffahrt fort. »Wofern ich gefehlet hab«, schrieb er in einem Brief nach Amsterdam, »(des ich nicht glaub), lasset mich's wissen, und ich werd mein Verhalten darnach lenken. Die Engländer dräuen, mein Bildnis an den höchsten Galgen in England zu hängen und mein Herz zu pökeln ... Reael kann sich nicht entschleußen, die Engländer herb anzufassen, und verlanget klärlichen Befehl. Ich hoff, Euer neustes Geheiß setzet ihn zufrieden und wandelt seinen Sinn.«

Die Siebzehn hatten sich zunächst besorgt über ihren kriegerischen Angestellten im Fernen Osten geäußert, aber in dem Maße, wie er sie in ihrer Zentrale in Amsterdam mit detaillierten Briefen, Dokumenten und Bilanzen überschüttete, gewannen sie die Überzeugung, daß sie es mit einem außerordentlich talentierten Menschen zu tun hatten. Trotz des Mangels an Kapital schickte er auch weiterhin große Schiffsladungen Gewürze nach Holland; die Direktoren deuteten an, sie würden ihn eines Tages als geeigneten Kandidaten für den Posten an der Spitze in Betracht ziehen, erhöhten sein Gehalt und versicherten, es werde auch weiterhin steigen, wenn er so gute Arbeit leiste. Dank ernteten sie von ihrem fleißigen Angestellten nicht. »Ich hielt dafür, meine Dienste seien von größerem Wert für Euch, als das ist, was Ihr mir beut«, schrieb er in seinem typischen spöttischen Stil zurück und spielte damit auf die Tatsache an, daß andere weit mehr erhielten als er »und wenig vollbrächten«. Diese Spitze richtete sich gegen Reael, der gleichfalls äußerst unzufrieden mit seiner Gehaltserhöhung war. Weil er die Direktoren zwingen wollte, ihr Angebot noch einmal zu überdenken, stapelte Reael hoch und trat von seinem Posten als Generalgouverneur zurück, während er gleichzeitig mit dem Zaunpfahl winkte und für den Fall, daß die Gehaltserhöhung zufriedenstellend ausfiele, seine Bereitschaft bekundete, auf seinen Posten zurückzukehren. »Dieweil es in der menschlichen Natur lieget, andern Sinnes zu werden«, schrieb er, »möcht ich Anlaß haben, länger zu bleiben, sofern die Situation, notabene ein gut Gehalt, es erheischet.« Mit der Annahme, seine Arbeitgeber durch seinen Rücktritt unter Druck setzen zu können, hatte sich Reael gründlich verkalkuliert. Die Siebzehn hatten schon lange mit dem Gedanken gespielt, ihn von seinem Posten zu entfernen, und jetzt bot er ihnen die perfekte Gelegenheit dazu. In einem höflichen Brief akzeptierten sie seinen Rücktritt und setzten prompt Jan Coen an seine Stelle, der damals gerade einmal einunddreißig Jahre alt war.

Die Zeit für Ausgleichsbemühungen war vorbei: In einem Brief an Coen wiesen sie ihn an: »Gegen die Feind muß allenthalb vorgegangen, die Bewohner der Bandas müssen unterworfen, ihre Anführer müssen umgebracht oder des Landes verwiesen und, wofern vonnöten, muß das Land durch Rodung der Bäum und des Unterholzes verwüstet werden.«

Coen gierte geradezu danach, diesen Wünschen zu entsprechen. Und Courthope war entschlossen, ihn daran zu hindern.

KAPITEL ZEHN

Die Blutfahne wird gehißt

Nathaniel Courthope bekam im Oktober 1616 den Befehl über zwei Schiffe, die *Swan* und die *Defence*, übertragen. Er erhielt den Posten von John Jourdain, der schon lange erkannt hatte, daß Courthope ein fähiger Mann war, und seinen Freund jetzt auf eine Mission von allergrößter Bedeutung ausschickte. Courthope sollte mit seinen Schiffen nach Makassar segeln, um dort Reis und Vorräte zu kaufen, und dann auf geradem Weg nach Run fahren, wo die Eingeborenen »seiner, allwie zu hoffen, harreten und bereit wärn, ihn zu empfahen«. Daß es ihm gelang, Run in seine Gewalt zu bekommen, war entscheidend, denn von den sechs Hauptinseln des Banda-Archipels entzog sich nur noch Run dem Zugriff der Holländer. Wenn die Händler auch noch diese Insel eroberten, wie sie Ai erobert hatten, übten sie die Kontrolle über die gesamte Muskatnußproduktion der Welt aus. Sie hatten dann auch die Gewürzinseln komplett in ihrem Würgegriff, während die Engländer über keine einzige Basis mehr verfügten, von der aus sie künftige Angriffe starten konnten.

Der Konsequenzen, die das Scheitern seines Vorhabens hätte, war sich Jourdain nur allzu bewußt; er stattete deshalb Courthope für seine Mission mit genauesten Anweisungen aus. Courthope sollte die Häuptlinge von Run und Ai zusammenrufen und herausfinden, ob sie noch zu ihrer früheren Unterwerfung unter Richard Hunt standen, den damaligen Faktor auf der Insel Ai, dem gegenüber sie sich zu Untertanen König Jakobs I. erklärt hatten. Wenn das der Fall war, sollte sich Courthope dies schriftlich bestätigen lassen; verhielt es sich anders, sollte er sie mit Gewalt gefügig machen. Zum Schluß forderte Jourdain ihn auf, falls die Holländer »Gewalt gegen ihn übeten, alle Kraft aufzubieten und auch nicht Leben und Gut zu schonen, ihnen mit gleicher Münz heimzuzahlen«. Schwerlich konnte er sich vorstellen, wie getreulich Courthope diesem abschließenden Befehl Folge leisten würde.

Die *Swan* und die *Defence* stachen am letzten Tag des Oktober 1616 in See und trafen, angetrieben von einer frischen Brise, am 23. Dezember vor der Insel Run ein. Der stets vorsichtige Jourdain hatte seinen Freund vor eventueller Treulosigkeit von seiten der Eingeborenen gewarnt. »Wann Ihr in Run eintreffet«, hatte er gesagt, »zeiget Euch sittig und umgänglich, dann es sind verdrießliche, widerborstige, scheue und hinterhaltige Leut und von der Art, daß sie sich aus kleinem Anlaß gar sehr empören, und sind sie erst aufgebracht, kommen sie an Beschwerlichkeit Wespen gleich.« Da er einen feindlichen Empfang befürchtete, ankerte Courthope in der Bucht und »schickete mein Boot an Land, zu erfahren, wie die Dinge auf dem Eiland beschaffen«. Sogleich wurde deutlich, daß die Inselbewohner, weit entfernt davon, auf Verrat zu sinnen, über den Anblick der englischen Schiffe überglücklich waren; die ständigen Auseinandersetzungen mit den Holländern hatten sie arg mitgenommen, und viele, die als Flüchtlinge von Ai nach Run gekommen waren, befanden sich in einem bejammernswerten Zustand. Seit damals stand die Insel praktisch unter Blockade; ein großer Teil der Bevölkerung war dem Hungertod nahe.

Courthope schilderte haargenau die förmliche Übergabe der Insel; damit handelte er vorausschauend, denn später diente seine Dokumentation als unstreitiger Beweis für die

Oberhoheit Englands über die Insel Run. Er lud die obersten *orang-kayas* an Bord der *Swan* ein und wollte von ihnen wissen, »ob sie etwelchen Vertrag mit den Hollandern geschlossen und ihnen was abgetreten; sie alle erwiderten, sie hätten's nicht getan und würden's nimmer; erachteten sie vielmehr für Todfeinde«. Tatsächlich überboten sich die Oberhäupter der Insel in ihren Loyalitätsbeteuerungen gegenüber England und versicherten Courthope wiederholt, daß ihre frühere Unterwerfung nach wie vor gelte.

Aufgefordert, ihre Übergabe der Insel schriftlich festzuhalten, beeilten sich die *orang-kayas*, einen Vertrag auszufertigen, der die Insel Run der englischen Krone »for allzeit« übereignete. »Und dieweil König Jakob von Gottes Gnaden König von England, Schottland, Frankreich und Irland ist, herrschet er auch um Gottes Willen als König über Poolaway [Ai] und Poolaroone [Run].« Das war ein Titel, den König Jakob noch schätzenlernen sollte, und zwar mit gutem Grund. Als einer von Courthopes Männern diese Zeilen las, bemerkte er scharfsichtig, diese beiden Inseln würden sich als erheblich profitabler erweisen, als Schottland es jemals gewesen sei.

Weiter hieß es dann in dem Vertragstext: »Sodann komen wir allsamt überein, daß wir die Handelsgüter in den beiden obgenannten Eilanden, als da sind Muskatenblüten und Muskatennuß, keiner andren Nation verkaufen dürfen und wollen als dem König von England seinen Untertanen . . . Und dieweil all die orankayas der vorgenannten Eilande diesen Vertrag geschlossen, sei kund und zu wissen getan, daß er nicht aus Narrheit oder nach der Laune des Windhauchs gemachet, sondern sintemalen er in ihren Herzen beschlossen ward, können sie nimmermehr von selbigem Abstand nehmen oder weichen.«

Eine Zusatzklausel war dem Vertrag angefügt, nämlich die Bedingung, »daß wir von Seiner Majestät begehren, daß solche Dinge, so nicht mit unserer Religion schicklich, als da sind unehrerbietig Gebrauch unsrer Frauen, Halltung von Sauen in unserem Land, gewaltsam Entwenden von Gütern, so uns eigen, Mißhandelung unserer Männer und solches mehr ... daß dergleichen nicht prakticiret werde, dieweil es unserm Brauch und Herkommen fremd«. Das Dokument wurde schließlich von elf Häuptlingen der Inseln unterzeichnet und der Vertrag durch Händedruck besiegelt. Eine letzte zeremonielle Handlung fehlte noch, um die Vertragstreue der Häuptlinge über allen Zweifel zu erheben. Ein Muskatnußsetzling, gehüllt in die einzigartige Krume des Landes, wurde Courthope übergeben – eine Treuebekundung, die über einen rein symbolischen Akt hinausging und deutlich machte, daß sich die Inselbewohner Courthopes Führung rückhaltlos anvertrauten. Das anschließende farbenfrohe kleine Fest, das dem Ganzen einen karnevalistischen Zug verlieh, wurde auf beiden Seiten, auf seiten der *orang-kayas* wie auch Courthopes, ohne Hintergedanken gefeiert. Während die Engländer zur Feier der »Eroberung« der Insel all ihre Geschütze abfeuerten, hißten die Dorfältesten die Fahne des heiligen Georg, und die nächsten beiden Tage brachte man im freundschaftlichen Geiste mit Festlichkeiten zu.

Leider ist uns nicht überliefert, was die dortigen Häuptlinge von diesem merkwürdig gewandeten Engländer hielten – und es ist auch kein Bild von Courthope auf uns gekommen –, aber Briefe in den Archiven der Ostindischen Kompanie bezeugen, daß er von eindrucksvoller Gestalt war und offenbar sowohl von seinen Landsleuten als auch von den einheimischen Bandanesen auf Anhieb respektiert wurde. Er war ehrlich, offen und von einer geradezu skrupulösen Redlichkeit; sein Gerechtigkeitssinn und seine strengen Moralvorstellungen standen in auffälligem Gegensatz zu denen der holländischen

Im Elisabethanischen Zeitalter wuchs der Muskatnußbaum nur auf den Bandainseln. Seine Früchte heilten angeblich die »Schweyskräncke«, die in der »Tod und Verderben wirckenden pestilenzischen Zeit« auftrat.

Kommandanten, die von den Inselbewohnern Runs so verabscheut wurden.

Die Festlichkeiten unter Leitung des »Hauptmanns« fanden am Weihnachtstag ein jähes Ende, als man ein holländisches Schiff erspähte, das sich aus westlicher Richtung näherte. Ein hastig einberufener Rat war einstimmig der Meinung, die Insel müsse unbedingt befestigt werden; zu diesem Zweck brachte man drei der größten Schiffskanonen an Land und hievte sie auf eine behelfsmäßige Plattform auf dem höchsten Küstenfelsen von Run. Das erwies sich als weise Vorsichtsmaßregel, denn drei Tage später schickte das Schiff seine Pinasse in die Bucht »in Schußweite unsrer Festung«. Eine Zeitlang verharrte man in gespannter Konfrontation, bis das holländische Schiff seine Blutfahne hißte, um anzuzeigen, daß man sich im Kriegszustand befand, und dann schnell nach Bandanaira zurücksegelte. Diese Geste nahm Courthope jede Hoffnung, daß sein Aufenthalt auf Run von kurzer Dauer sein würde. Es war nun klar, daß die Holländer nicht die Absicht hatten, die Engländer auf der Insel in Ruhe zu lassen, daß sie vielmehr bereit waren, Gewalt anzuwenden, um sie zu vertreiben.

Dennoch weckte die Drohung eines holländischen Angriffs bei Courthope keine allzu große Besorgnis, wußte er doch, daß die natürlichen Verteidigungsanlagen Runs jedem Gegner die Eroberung der Insel außerordentlich schwer machen würden. Die Südküste der Insel besteht aus einer langen Reihe von steilen Klippen, die ohne Seile praktisch nicht zu ersteigen sind. Das Meer ist hier ein schäumender Hexenkessel, denn die starken Strömungen schleudern die Wogen mit ungeheurer Wucht gegen die schwarzen Felsen. Jedes Schiff, das eine Landung versucht, muß fast unweigerlich an den Felsen zerschellen oder auf das Riff dicht unter der Wasseroberfläche auflaufen. Die Nordküste der Insel, wo die *Swan* und die *Defence* vor Anker lagen, stellte für Courthope ein größeres Problem dar. Der kleine Hafen war für Schiffe zugänglich, die von Osten und von Westen kamen, und hatten sie erst in der Bucht geankert, konnten sie ohne große Mühe die einzige Siedlung Runs unter Beschuß nehmen. Aber auch hier kam Courthope die geographische Beschaffenheit zu Hilfe. Das westliche Ende des Hafens wird von einem hohen Felsen überragt, der eine großartige Sicht auf die Bucht gewährt: Die Engländer brauchten nur diesen schroffen Felsen zu befestigen, um feindliche Schiffe, die aus der Richtung von Java kamen, wirksam daran zu hindern, in Schußweite des Dorfes zu gelangen.

Die östliche Einfahrt des Hafens war der am schwierigsten zu verteidigende Teil der Insel – ein langgestrecktes Korallenriff, das Run mit der winzigen Insel Nailaka verband, einem flachen Atoll voller feinsandiger Strände und Palmen. Das Inselchen hatte für die Bewohner von Run große Bedeutung, denn die flachen Gewässer, die es umgaben, lieferten den Fischern reiche Beute. Es war von entscheidender Wichtigkeit, daß Nailaka im Falle einer Belagerung in den Händen der Einheimischen blieb. Als Courthope diese Insel näher in Augenschein nahm, erkannte er, daß er mit einer nach Osten weisenden Geschützbatterie Schiffe, die von Bandanaira kamen, unter Beschuß nehmen konnte, lange bevor sie in Schußweite des Hafens von Run kamen. Indem er eine zweite Batterie nach Westen ausrichtete, konnte er praktisch den gesamten Schiffsverkehr kontrollieren, der von Bantam kam.

Kurz nach Weihnachten begannen seine Männer mit der Arbeit an den Befestigungsanlagen. Die eine Bastion wurde Fort Defence getauft, die andere Fort Swan, und beide wurden mit drei schweren Geschützen bestückt. Kaum waren diese Geschütze in Stellung, da nutzte eine kleine Flotte von holländischen Schiffen den steifen Ostwind, segelte von Bandanaira herüber und überraschte die Engländer. Noch ehe Courthope seine Geschütze auch nur hatte schußfertig machen können, waren die holländischen Schiffe schon in den Hafen eingelaufen und hatten neben der *Swan* und der *Defence* festgemacht, womit sie jeden Beistand vom festen Land abschnitten.

Courthopes nächste Aufgabe war es, die Holländer davon in Kenntnis zu setzen, daß sich Run England ergeben hatte. Er schickte einen Gesandten zum holländischen Flaggschiff hinüber und warnte den Kommandanten Cornelis Dedel: Die Insel sei nunmehr englisch, und er solle »seiner Wege gehen, ehe sechs Glasen vorüber, weil andernfalls die Insulaner ... vom Ufer aus auf sie anlegen würden«. Dedel fand diese Neuigkeiten interessant und spielte auf Zeit, indem er Courthope ersuchte, sich mit ihm an

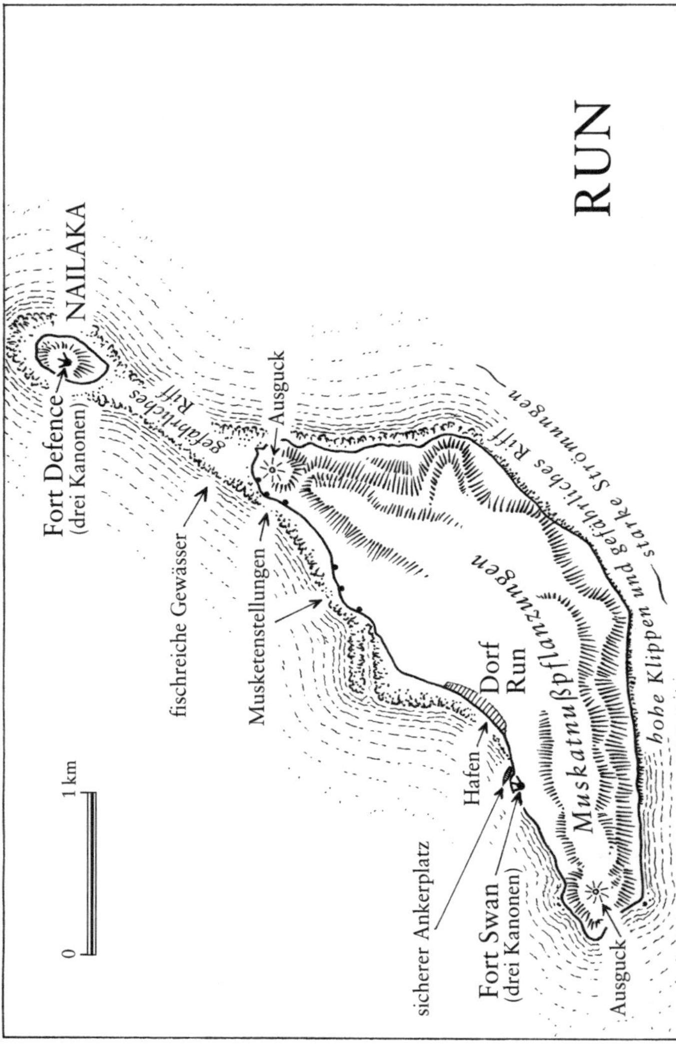
RUN
NAILAKA
Fort Defence
(drei Kanonen)
gefährliches Riff
fischreiche Gewässer
Ausguck
Musketenstellungen
Dorf Run
Muskatnußpflanzungen
gefährliches Riff
starke Strömungen
hohe Klippen und
Hafen
sicherer Ankerplatz
Fort Swan
(drei Kanonen)
Ausguck
0
1 km

Bord der *Swan* zu treffen. Der englische Kapitän willigte ein »und zeigt ihm die Kapitulation von Polaroone und unser Recht und Eigen daselbst für die Majestät von England, welchselbiges wir nach besten Kräften halten und bewahren würden«. Der englischen Darstellung der Ereignisse zufolge war Dedel beeindruckt von der Urkunde, nahm sie in die Hand und »sprach, dieweil er sie sorgsam las, die Worte: ›Dies ist eine veritabel Kapitulation‹«.

Dennoch weigerte er sich, den Hafen zu verlassen. Während »die Glasen in der Großen Kajüte verrenneten«, wollte er mehr über den englischen Kommandanten in Erfahrung bringen und versuchte, ihm Informationen über die Streitkräfte, die ihm zur Verfügung standen, zu entlocken. Courthope erinnerte Dedel wiederholt daran, daß er im Besitz verborgener Geschütze sei, die auf die holländischen Fahrzeuge gerichtet seien, und daß die Eingeborenen das Feuer eröffnen würden, wenn sechs Glasen abgelaufen wären. Nachdem er sich von seinem Gegner ein Bild gemacht hatte, nahm Dedel dessen Warnungen endlich ernst und trat, da er sich in unterlegener Position und von den englischen Geschützen bedroht sah, verdrießlich den Rückzug nach Bandanaira an. Die Engländer erfuhren später, daß er mit dem Auftrag gekommen war, die Insel anzugreifen, daß er aber nicht mit den von Courthope an der Küste aufgestellten Batterien gerechnet hatte.

Kaum eine Woche später wurde eine holländische Pinasse beobachtet, die um die Insel Nailaka Lotungen vornahm. Das bereitete Courthope ernsthafte Sorgen, und er wies seine Männer an, mit ihren Musketen loszulegen, woraufhin die Pinasse eilig aufs Meer hinaus flüchten mußte. Diesen Vorfall nutzten später die Holländer als Beweis dafür, daß die Engländer die Feindseligkeiten eröffnet hätten.

Auch wenn die Verteidigungsanlagen der Insel Run einen holländischen Überfall, jedenfalls auf absehbare Zeit, un-

Der schmale Kanal, der die Zentralgruppe der Bandainseln teilt, bot englischen und holländischen Fahrzeugen einen sicheren Ankerplatz. Obwohl den englischen Schiffen verboten war, hier vor Anker zu gehen, machten sich die meisten Kapitäne über die holländischen Drohungen lustig.

wahrscheinlich machten, erkannte Courthope doch, daß die Insel einer Seeblockade außerordentlich hilflos ausgeliefert wäre; die Situation wurde noch durch den Umstand verschlimmert, daß er fast ohne Vorräte auf Run gelandet war. Auf seinen beiden Schiffen hatte er nur ein paar Hühner und eine kleine Menge Reis und Arrak mitgeführt, wobei das meiste auf der Fahrt nach Run verzehrt worden war. Unterwegs hatten die Engländer keine Gelegenheit, sich neu zu verproviantieren, und als sie auf der Insel eintrafen, stellten sie fest, daß diese an Nahrungsmitteln wenig zu bieten hatte. Muskatnüsse wuchsen hier zwar im Überfluß, aber Früchte oder Gemüse gab es nicht einmal genug, um die Inselbewohner selbst zu versorgen. Ansonsten gedieh nur noch die Sagopalme, deren Stamm ein Mark enthielt, das sich zu einem klebrigen, haferbreiähnlichen Stärkemittel einkochen ließ. Die Bewohner von Run hatten ihre Lebensmittel seit jeher von den benachbarten Inseln bezogen, aber die waren nun alle fest in holländischer Hand. Zur Aufstockung ihrer Vorräte konnten sie nur darauf hoffen, daß sich hin und wieder eine Dschunke oder ein Handelsfahrer in den Naturhafen der Bucht verirrte.

Das ernsthafteste Problem bildete der Wassermangel. Run hatte keine Süßwasserreserven, und die Inselbewohner behalfen sich traditionell damit, das Wasser der Monsunregen in »Krügen und Zisternen« aufzufangen und während der Trockenzeit sparsam damit umzugehen. Aber Courthopes Männer erhöhten den Verbrauch, und bald schon wurde Wasser knapp. Eine Gruppe von ihnen bot an, nach Bandanaira oder Bandalontar hinüberzusegeln und die Vorräte aufzufüllen, aber Courthope hielt es für entschieden zu gefährlich und befahl ihnen, sich mit einer Verringerung der Rationen zu behelfen. Seine Autorität aber, die gegenüber diesen aufrührerischen Geistern nie sehr groß war, wurde nun zusätzlich durch Streitigkeiten geschwächt, die zwischen den Schiffsmannschaften ausbrachen. Viele der richtigen Matrosen erfüllte der Gedanke, viele Monate auf dieser abgelegenen Insel verbringen zu müssen, mit Entsetzen; angeführt von John Davis, dem Kapitän der *Swan*, verkündeten sie ihre Absicht, nach Ceram zu segeln, um dort die Wasserfässer aufzufüllen. Wenngleich nicht verwandt mit seinem berühmten Namensvetter, war Davis doch ein erfahrener Seemann, der an nicht weniger als fünf Ostindienfahrten teilgenommen hatte. Seine Führungsqualitäten allerdings waren weniger eindeutig. Mit seinem zänkischen Naturell brachte er viele aus seiner eigenen Mannschaft gegen sich auf, während sein ausgemachter Hang zur Flasche häufig zu einer Trübung seines Urteils führte.

Courthope, der zu dieser Zeit »gar kranck« war, beschwor ihn, sich die Sache zu überlegen, aber Davis hatte

Run satt, weigerte sich, an Land zu bleiben, und »widersetzete sich halsstarrig meinem Befehl«. Er stand im Begriff, Segel zu setzen, als ein Boot der Eingeborenen aus Bandalontar eintraf und überraschende Nachrichten mitbrachte. Die Ältesten eines der Dörfer auf der Insel, die von den Vorgängen auf Run gehört hatten, waren zusammengekommen und hatten den Beschluß gefaßt, sich »Seiner Majestet« zu unterwerfen. Die Insel Rozengain, sechs Kilometer weiter östlich, hatte sich dem angeschlossen und bat ebenfalls um englischen Schutz.

Da Davis unbedingt in See stechen wollte, wies ihn Courthope an, zuerst nach Bandalontar und dann nach Rozengain zu fahren und die förmliche Unterwerfung der Inselbewohner entgegenzunehmen. Er schlug außerdem vor, daß Sophony Cozucke und drei andere Kaufleute auf Rozengain die Fahne des heiligen Georg hissen und eine Faktorei errichten sollten. Davis führte diese Anweisungen aus, vermochte allerdings Cozucke nicht zu überreden, auf Rozengain an Land zu gehen. Sobald die Dorfältesten dem englischen König für ihre Inseln den Treueid geleistet hatten, setzten die Männer Segel, um eine Wasserstelle an der Küste von Ceram anzusteuern.

Die Fässer waren bald gefüllt, und Davis nahm Kurs auf Run; kaum aber war die *Swan* auf hoher See, fand sie sich auch schon bedrängt. Der schlaue holländische Befehlshaber Cornelis Dedel hatte die Engländer von seinem Schiff *Morgensterre* aus unter Beobachtung gehalten und beschlossen, nunmehr anzugreifen. Die *Swan* war von ähnlicher Größe wie die *Morgensterre* und ursprünglich ein »gar kriegstüchtig Schiff«, jetzt aber war ihre Mannschaft krank und hungrig, und die Mehrzahl ihrer Kanonen war auf Run in Stellung gebracht worden. Da er spürte, wie verwundbar er war, versuchte Davis, der *Morgensterre* davonzusegeln, aber »sie feuerten zween Mal auf mich, eh daß ich begann, wiewohl ich acht Seemeilen weit ablag, da sie mich jagten«. Bei günstigem Wind gelang es Dedel, sein Schiff längsseits der *Swan* zu manövrieren, was seinen Männern ermöglichte, Enterhaken auf die Decks des englischen Schiffes zu schleudern. Die Holländer kamen nun mit gezogenen Schwertern an Bord, und es begann eine blutige Schlacht Mann gegen Mann. »Wir stritten beinah ein und ein halb Stund lang Bord an Bord«, erinnerte sich Davis, »wornach sie fünf Mann getötet, drei verstümmlet und acht versehret hätten. Und da wir begannen, hätten wir nicht dreißig Mann, so imstand warn zu agiren, und keinen Wind, mit ihm zu manövriren.« Die Männer, die sich im Innern des Schiffes versteckten, vertrieb Musketenfeuer, wer sich an Deck befand, wurde mit dem Schwert niedergemacht. Zu den Toten zählte der abenteuerlustige Sophony Cozucke, »den ein gewaltiger Schuß in Stücke riß«; die »Verstümmelten« hatten wenig Überlebenschancen, »dieweil sie Bein und Arm und beinah jegliche Hoffnung aufs Leben verloren hätten, sofern sie nicht schon tot«.

Nachdem sie die *Swan* geplündert, ihre Kajüten in Trümmer geschlagen und alle Kisten ins Meer geworfen hatten, schleppten die Holländer das Schiff im Triumph nach Bandanaira und »brüsteten sich gar sehr mit ihrem Ruhm und wiesen den Bandanesern, was sie Großes vollbracht, den Engeländern zur Schmach ... und erkläreten, der König von England komme ihrem großen König von Holland nimmer gleich, und ein holländisch Schiff nehm es mit zehnen von den englischen auf, und Sankt Georg sei itzt zu einem Knäblein worden«. Erst drei Wochen später erhielt Courthope sichere Kunde von der Kaperung der *Swan* – wobei ihm die Nachricht von einem einheimischen Kaufmann überbracht wurde, der schilderte, wie das Schiff, seeuntüchtig und ausgeplündert, zu Füßen der Festung von Bandanaira liege. Robert Hayes, einer der engsten Vertrauten

Courthopes, wurde als Parlamentär nach Bandanaira geschickt, um die Herausgabe des Schiffes und seiner Mannschaft zu fordern. Kaum verwunderlich, daß die Holländer ablehnten; sie prahlten, es sei nur eine Frage von Wochen, bis sie auch die *Defence* gekapert hätten. Sie warnten Courthope außerdem, daß, wenn er sich nicht kampflos ergebe, »viel Mord und Totschlag daraus herfürgehen« werde.

Der Verlust der *Swan* war für die auf Run verbliebenen Engländer ein furchtbarer Schlag, denn sie hingen vollständig von ihren Schiffen ab, sowohl was ihre Versorgung, als auch was eine eventuelle Flucht von der Insel betraf. Die *Defence* war zwar noch seetüchtig, aber Courthope brauchte unbedingt ihre Geschütze, um seine Inselfestung zu sichern. Da das Schiff ohne seine Geschütze ein Spielball der Angreifer wäre, bliebe ihm nichts anderes übrig, als es auf den Strand zu ziehen, wo es im Schutz der Küstenbatterien liegen konnte. Damit saß er aber auf Run fest, in einer gefährlich exponierten Position, ohne auch nur imstande zu sein, für Nachschub zu sorgen.

Bald schon ereilte ihn weiteres Mißgeschick: Noch ehe er Gelegenheit gehabt hatte, das Waffenarsenal der *Defence* an Land zu bringen, trieb das Schiff rätselhafterweise von seinem Liegeplatz fort und hinaus aufs Meer. Courthope nahm anfangs Unachtsamkeit als Grund an, aber wie sich bald herausstellte, waren die Haltetaue gekappt worden – von »Spitzbuben«, denen die langen Monate auf Run allzusehr zugesetzt hatten. Das Schiff fuhr nach Bandanaira, wo sich seine Besatzung den Holländern ergab, um diesen sodann genaue Pläne von sämtlichen Verteidigungsanlagen auf Run und Nailaka zu liefern. In den Augen der Getreuen Courthopes waren die Deserteure »ein Haufen schurkischer Verräter, die ehr das Hängen als wie die Heuer verdieneten«.

Kurz nach diesem unseligen Vorfall kam Laurens Reael, der holländische Generalgouverneur, auf die Bandainseln, um sich der kritischen Situation anzunehmen. Da man ihm Courthopes Situation als hoffnungslos vorgestellt hatte, beschloß Reael, die englische Besetzung Runs durch Verhandlungen statt durch Gewalt zu beenden, und lud zu diesem Zweck Courthope zu Gesprächen nach Bandanaira ein. Aber mochte der holländische Generalgouverneur auch in der strategisch überlegenen Position sein, schwierig war seine Lage trotzdem, da er Courthopes Vertrag kaum mißachten und schwerlich einen Herrschaftsanspruch auf Run erheben konnte. So zog er sich statt dessen auf das Argument zurück, die Inselbewohner hätten sich nach der Ermordung Verhoefs im Jahre 1609 verpflichtet, ihre Gewürze an die Holländer zu verkaufen – was nicht der Wahrheit entsprach –, und behauptete, dieses gegebene Wort habe nach wie vor Gültigkeit.

Courthope erklärte sich mit einem Treffen einverstanden, vorausgesetzt, Reael schickte als Zeichen des guten Willens geeignete Geiseln nach Run. Diese trafen denn auch ein und brachten einen Brief von John Davis mit, der auf Bandanaira im Kerker schmachtete. »So ich dorch Eure Vermessenheit noch mehr Männer verliere«, schrieb er warnend an Courthope, »als wie ich bereits dorch Kranckheit verloren, möge ihr Leben und Blut über Euer Haupt kommen ... und dies schreibe ich Euch, dieweil ich dem Tode nah.« Courthope ignorierte die Mitteilung und ruderte hinüber zur holländischen Festung auf Bandanaira, um mit Reael die Zukunft der Bandainseln zu erörtern. Dieser legte als erster seine Verhandlungsposition dar. Er bot an, die Schiffe und Männer freizugeben, Entschädigung für alles zu zahlen, was geraubt worden war, den Engländern bei der Räumung von Run zu helfen und sie mit einer vollen Ladung Muskatnuß ziehen zu lassen. Als Gegenleistung verlangte er, daß England sich ein für allemal seiner Rechte auf Run begebe. Courthope wies dieses Ansinnen schroff zurück und erwiderte: »Tät ich das, beging ich Verrat an meinem König und Vaterland, indem ich mich eines Rechts begäbe, das ich zu behaupten imstand; und verriete auch die Leute des Landes, so ihr Land Seiner Majestät, dem König, übergeben.«

Diese Art Antwort ließ sich von einem Engländer ohne weiteres erwarten; Reael aber hatte naiverweise angenommen, Courthope werde sein Angebot akzeptieren; durch solchen Trotz in Rage versetzt, »warf er den Hut zu Boden und raufte sich aus Zorn den Bart«. Courthope legte nun seinerseits die Karten auf den Tisch und teilte Reael mit, er werde Run augenblicklich räumen, wenn der Holländer damit einverstanden sei, daß die Frage der Herrschaft über die Insel in Bantam oder Europa entschieden werde. Jetzt war es an Reael, abzulehnen, und die beiden Männer trennten sich, ohne das Problem der Insel gelöst zu haben. Es lag auf der Hand, daß nur eine militärische Lösung übrigblieb; der holländische Generalgouverneur setzte Courthope kurz und knapp davon in Kenntnis, er werde binnen drei Tagen »all seine Kräft aufbieten und uns mit Gewalt nehmen«.

Die Streitkräfte, die dem Holländer zu Gebote standen, konnten sich sehen lassen. Zusätzlich zu seinen Stützpunkten auf Bandanaira, Bandalontar und Ai verfügte Reael über ein Dutzend Schiffe und über tausend Soldaten. Er beherrschte das Meer uneingeschränkt und ließ Courthope keine andere Wahl, als sich auf Run in dem Bewußtsein zu verbarrikadieren, daß ihm jeglicher Nachschubweg abgeschnitten werden konnte.

Courthope hatte enorm hoch gepokert, als er Reaels Angebot ablehnte, aber er baute darauf, daß sich die Holländer ungeachtet ihrer weit überlegenen Streitkräfte praktisch außerstande sehen würden, einen direkten Angriff gegen Run zu führen. Die Batterie auf Nailaka war so gut wie unverwundbar, und Courthope stand ein Netz von tapferen und überaus fähigen einheimischen Spionen zur Verfügung; sie ruderten zwischen Run und den übrigen Inseln hin und her und hielten ihn über alles, was sich tat, auf dem laufenden.

Im Frühjahr 1617 versuchte er sein Glück und schickte in einem von den Einheimischen gemieteten Boot, einer kleinen Pinasse, sechs Männer nach Bantam, damit sie dort für die dringend nötige Verstärkung und Hilfe sorgten. Der Anführer dieser riskanten Unternehmung war Thomas Spurway, einer der zuverlässigsten Offiziere Courthopes, der nach zahlreichen Mißgeschicken in Bantam aufkreuzte, um dort Courthopes Anliegen vorzutragen. Zu seinem Entsetzen mußte er hören, daß John Jourdain einige Monate zuvor nach England abgereist war. Statt mit Jourdain hatte er mit George Ball zu verhandeln, der Run im Jahr zuvor besucht hatte und deshalb wissen mußte, wie prekär Courthopes Situation war. Aber seine Beförderung war Ball zu Kopf gestiegen; er verbrachte einen Großteil seiner Zeit mit der Abwicklung ausgedehnter lukrativer Privatgeschäfte. Als Mann von maßloser Überheblichkeit und Eitelkeit hielt er sich eine Leibwache von fünfzig Negersklaven und war ständig in Streitigkeiten mit anderen Faktoren verwickelt; um die Belange der Kompanie scherte er sich wenig. Ein ganzes Jahr lang ging tatsächlich keine einzige Schiffsladung nach England ab, obwohl sechs Schiffe im Hafen von Bantam lagen und die Geldkisten voll waren. Obwohl Spurway unablässig in ihn drang, weigerte sich Ball, zur Unterstützung Courthopes ein Schiff auszuschicken.

Auch Reael war nach Bantam zurückgekehrt, um die leidige Geschichte auf den Bandainseln endlich zu einem befriedigenden Abschluß zu bringen. In einem Brief an Ball verlangte er die augenblickliche Räumung Runs und erklärte, alle Schiffe, die sich bei den Bandainseln und irgendwo sonst in den Molukken sehen ließen, würden versenkt. »Weigert Ihr Euch«, schäumte er, »werden wir uns mit allen Mitteln behelfen, so uns Zeit und Gelegenheit an die Hand gegeben, und werden uns vor Gott und der Welt schuldlos wissen.« Ball verlachte diese Drohung und bot den Holländern Trotz, womit er Jan Coen so sehr aufbrachte, daß dieser an die Tore des holländischen Areals eine Kriegserklärung heftete, in der er »drohete, sie [die Engländer] mit dem Schwert zu richten«. Die Feindseligkeiten zwischen Engländern und Holländern nahmen nun eine so ernste Form an, daß sogar der einheimische Herrscher in Besorgnis geriet. Als er ein Exemplar der holländischen Kriegserklärung zu sehen wünschte, rannten die Engländer zum holländischen Anwesen, »und dieweilen sie das Papier nicht zu lösen vermochten, rissen sie das Tor nieder und brachten es ihm (mitsamt der Schrift)«.

Ball entschied, daß es Zeit zum Handeln war. In einem Brief an Reael schrieb er: »Was Eure Drohungen angehet, achte ich ihrer nicht, sintemalen mich Gott und eine gerecht Sach erquicken und Ihr ein übel und abscheulich und schändlich Geschäfte habt ... Bis hieher hab ich mit Willen und Bedacht kein Blut vergossen; und soll denn welches vergossen sein, rechnet's mir nicht an, dieweil es Rechtens, mich zu verteidigen.«

Balls Behauptung, kein Blut vergossen zu haben, wurde von den Holländern heftig bestritten. Fünfzehn ihrer Landsleute waren kürzlich in Makassar niedergemetzelt worden, und diese Greueltat schrieben sie den Machenschaften des englischen Faktors zu. Schlimmer noch, es waren von einem holländischen Schiff im Hafen von Bantam eine Reihe spanischer und portugiesischer Gefangener geflohen und hatten prompt bei den Engländern Unterschlupf gefunden. Dieser letztere Vorfall ließ den Haß in offene Gewalttat umschlagen; jeden Tag kam es in den Straßen von Bantam zu tätlichen Auseinandersetzungen, bei denen rivalisierende Matrosen mit Dolchen und Entermessern übereinander herfielen. Die Archive der Englisch-Ostindischen Kompanie sind voll mit Zeugnissen, die von holländischer Brutalität künden; ein Steward namens William Clarke zum Beispiel erklärt, er sei über den Marktplatz geschlendert, als ihn ein Trupp holländischer Matrosen überfallen, nackt ausgezogen und seinen Rücken mit Peitschenhieben traktiert habe. Sie »schnitten ihn grausam ins Fleisch, wuschen ihn sodann mit Salz und Essig und legeten ihn hienach in Eisen«.

Das Meer im Umkreis von Bantam war mittlerweile nicht weniger gefährlich. Im November 1617 begegneten der englischen Pinasse *Speedwell* drei holländische Schiffe, die einen ranghohen Holländer von Bantam nach Jakarta brachten. Die *Speedwell* wurde aufgefordert, ihre Flagge zu streichen und sich einer Durchsuchung durch holländische Soldaten zu unterwerfen, aber ehe sie Zeit gehabt hätte, der Anweisung zu folgen, wurde sie (der englischen Darstellung zufolge) »gar heftig beschossen und endlich geentert und gekapert, wobei ein Mann verwundet und einer umgebracht ward«. Man legte der Mannschaft Handfesseln an und schleppte das Fahrzeug im Triumph nach Bantam, und »wahrlich hielt man dafür, sie [die Engländer und Holländer] würden auf offener Straße handgemein, dieweil der Generall der Hollander vierzehn große Schiffe mitgebracht, tüchtig zum Kampf, die Engländer hingegen hätten neun, die sie bereit zur Verteidigung macheten; sie kämpften aber nicht, sintemalen der Gouverneur von Bantam ihnen verwies, auf seinen Straßen zu kämpfen, und ihnen drohete, sofern sie seinem Befehl zuwider kämpfeten, werde er all ihren Männern, so sich zu Lande antreffen ließen, die Häls durchschneiden«.

Die Engländer, die noch voll Empörung wegen des Verlusts der *Swan* und der *Defence* waren, erhielten nun also mit der Einbuße der *Speedwell* einen weiteren Grund zur Klage. Sie unternahmen alles mögliche, um die Schiffe zurückzubekommen, wie Coen in einem schadenfrohen Brief nach Amsterdam berichtete. »Sie macheten groß Aufhebens«, schrieb er. »Den einen Tag dräuen sie, mit Kriegsmacht nach Banda zu segeln und Rache zu üben, den andern wieder tun sie kund, sie wollten unsere Schiffe zur See attackieren. Sie meinen, durch Repressalien im Ärmelkanal daheim ins reine mit uns zu kommen, und die Köpf wollen sie uns einschlagen. Tag für Tag tischen sie neue Drohungen auf, was klärlich zeiget, daß sie ganz durcheinand.«

Während in Bantam all diese Auseinandersetzungen tobten, hielt Courthope hartnäckig seine Stellung auf Run. Auch wenn sie unter einem ständigen Mangel an Versorgungsgütern litten, durchbrach doch immer wieder einmal eine Dschunke die Blockade und brachte Courthopes Männern zum Trost Reis und Arrak auf die Insel. Viele litten an Unterernährung und Ruhr – eine Folge ihres kargen Speiseplans und des fauligen und verseuchten Wassers. Nach mehr als fünfzehn Monaten Entbehrungen allerdings erfuhr »der Hauptmann« von einem vorbeikommenden Händler, daß Hilfe unterwegs sei. Im Frühjahr 1618 wurden drei Schiffe mit dem Befehl nach Run entsandt, Courthope Entlastung zu bringen und Handelsbeziehungen zu den übrigen Inseln zu knüpfen. Die Mannschaft bestand aus kampfbereiten Raufbolden, die überzeugt davon waren, daß ihre Kräfte ausreichen würden, etwaige holländische Schiffe, die ihnen den Weg verlegen sollten, in die Flucht zu schlagen.

Als sich eines der Schiffe, die *Solomon*, den Bandainseln näherte, brach die kleine englische Besatzung auf dem belagerten Run in Freudengeschrei aus. Es herrschte große Aufregung, und sie erkletterten die Felsen von Run, um das Fahrzeug besser sehen zu können. Es war »etwan fünf Seemeilen ab von Polaroon [Run]«, schrieb Courthope in sein

Tagebuch, »und käm von West mit denen allerletzten westlichen Wynden«. Es war ein großes Schiff und schwer beladen mit Hunderten Tonnen Reis und Fisch und »sechshundert Krug Arrack«. Von einer steifen westlichen Brise getrieben, hofften sie zuversichtlich, den Hafen in weniger als einer Stunde zu erreichen.

Vier holländische Schiffe waren von Bandanaira losgeschickt worden, um die Fahrt der *Solomon* zu überwachen; bei Gegenwind konnten sie aber Run nicht erreichen, was bei Courthopes Männern für viel Erheiterung sorgte. Ihr Jubelgeschrei verstummte indes, als der Wind plötzlich die Richtung wechselte und ein Ostwind den holländischen Schiffen »in die Leinwand fuhr«. Die Holländer konnten nun die Jagd aufnehmen, und die Engländer sahen mit Entsetzen, wie die ungleichen Streitkräfte zur Schlacht rüsteten.

»Der Kampf war in Sichtweit von Polaroon [Run]«, notierte ein aufgeregter Courthope, »an die drei Seemeilen ab«. An seine Insel gefesselt, konnte er nur hoffen, daß die *Solomon* zu einem raschen Erfolg kam und die holländischen Schiffe so unter Druck setzte, daß sie zurück nach Bandanaira flüchteten. Aber praktisch von Anfang an fanden sich die Engländer massiv im Nachteil, weil die *Solomon* so schwer mit Vorräten beladen war und so tief im Wasser lag, daß sie ihre unteren Geschützluken nicht nutzen konnte, was ihre Kampftüchtigkeit dramatisch verringerte. Die Mannschaft leistete tapfer Widerstand und tauschte »Schuß um Schuß den lieben langen Nachmittag, doch unser Pulver war nichts nutz und trug die Schüss nicht ins Ziel«. Die Holländer dagegen »ließen ihr groß Geschütz spielen, von wannen sie drei der unseren töteten und dreizehen oder vierzehen andere blessirten«.

Fast sieben Stunden lang kämpften die Schiffe und deckten einander mit Kugeln ein, bis sie »fast Bord an Bord« lagen und die Soldaten sich in Nahkämpfe verwickelten. Der englische Kapitän, Cassarian David, fand sich bald in Rufweite zum holländischen Befehlshaber, der ihm riet, er solle die Flagge streichen, die Segel bergen und zu Verhandlungen herüberkommen. Da der Engländer einsah, daß seine Lage hoffnungslos war, stimmte er zu und stieg in die Kabine des holländischen Befehlshabers hinab, um die Situation mit ihm zu erörtern. Als Cassarian nach mehreren Stunden immer noch nicht zurückgekehrt war, nahm die Mannschaft an, daß man ihn gefangengesetzt hatte.

Während dieser Kampfpause war eine Gruppe kriegerischer Bandanesen zur *Solomon* hinausgerudert. Kapitulation war in ihren Augen etwas Schändliches und in der Tat Unvorstellbares; deshalb fürchteten die Engländer, daß diese Krieger, wenn sie erfuhren, daß der Kapitän einen Waffenstillstand aushandelte, Amok laufen und ohne Rücksicht auf die Nationalität jeden umbringen würden, der ihnen über den Weg lief. Während sie etwas von einer Feuerpause murmelten, nahmen sie den Bandanesen die Waffen ab und achteten besonders darauf, daß diese auch ihre Kris genannten tödlichen Dolche ablegten. Das war eine weise Vorsichtsmaßnahme, denn als am Ende dann die Holländer Besitz von dem Schiff ergriffen, stürzten sich acht Bandanesen, denen es gelungen war, ihre Dolche zu verstecken, auf die Eindringlinge. »Sie machten ihre Sach aufs best«, schrieb einer aus der Mannschaft, »und trieben die Flämen übers Schiff, vierzich auf einen Streich; etliche hinauf in die Wanten, etliche hierhin, andere dorthin, also daß sie die Decks von ihnen allen leergefegt. Mich deucht, hätten die Bandanesen sie im offenen Feld getroffen, sie hätten die Flämen allesamt niedergemacht, und nicht einer von ihnen wär verschont blieben.« Nachdem die Bandanesen den Holländern solchermaßen übel mitgespielt hatten, wurden sie dann doch überwältigt, und bis auf sieben kamen alle um.

Courthope war empört, als er von den Felsen der Insel aus zusehen mußte, wie dies alles geschah. In einem Brief an die Direktoren in London erklärte er den Hochwürdigen Herren, statt sich so schändlich zu ergeben, wie der Kapitän der *Solomon* das getan hatte, hätte er »das Schiff stracks in die See versencket«. Das war eine für Courthope typische Trotzhaltung; keine Frage, daß er meinte, was er sagte. Er war bitter enttäuscht über das ständige Pech, das ihn verfolgte, und redete von dem »schlimmen Los, das heuer unseren Schiffen, so Kurs hieher nahmen, beschieden«. Zum großen Teil gab er die Schuld daran den Verantwortlichen in Bantam, die die Schiffe so kurz vor der Monsunzeit losschickten, daß sie es gar nicht erst schafften, in Sichtweite von Run zu gelangen.

»Ich bin gar sehr verwundert, daß Ihr dies Jahr mit so geringer Macht schicket, dieweil Ihr doch sehet, daß sie alles gebrauchen, was ihnen zu Gebote, uns den Handel in jener Gegend zu verriegeln ... So Ihr also wollet, daß die Kompanie irgend Handel mit diesen Inseln oder den Moluccas treibe, darf sie nicht länger müßig sein, muß vilmehr zum nächsten westlichen Monsun Streitkräft schicken, so starck genug, um zu behaupten, was unser; andernfalls alles hin ist und kein Handel hierher fürderhin mehr zu gewärtigen.

Dies Jahr hab ich's ihnen mit Müh und Ach verwehret, ohn allen Entsatz oder Beistand ... und nicht ein Brief von Eurer Hand, so mich lehret, wie Ihr in dieser Sach zu verfahren gedencket, dieweilen ich blos achtunddreißig Mann hab, mich ihrer Gewalt und Tyrannei zu widersetzen, was eine gar geringe Kraft ist, ihrer ungestümen Übermacht zu widerstehn. Unsere Not ist gewaltig, haben wir doch weder Proviant noch Getränck, und nichts als Reis und Wasser, von wannen, hätte Gott uns nicht vier oder fünf Dschunken geschicket, uns mit Reis zu versehen, ich

Run, vom benachbarten Nailaka aus gesehen. Nathaniel Courthope baute auf diesem flachen Atoll eine Bastion, die für die Verteidigung von Run entscheidende Bedeutung gewinnen sollte. Vom holländischen Kommandanten aufgefordert, seine Festung zu übergeben, schwor er, sie würden bis zum letzten Mann aushalten. »So sie über uns triumphieren«, schrieb er, »will ich mit Gotts Hilf zusehen, daß sie gar theuer dafür büßen mit gewaltigem Blutvergießen.«

genötiget gewesen, unsres Königs und unserer Kompanie Recht aus schierem Mangel preiszugeben, so gar not ist uns Hilfe. Derhalben ersuch ich Euch inständig, Ihr möget dies alles wohl erwägen und nicht leiden, daß wir gezwungen, uns in solcher Tyrannen Händ zu geben ... Ich bin willens, bis auf den nächsten westlichen Monsunwind auszuharren, ihnen zum Trotz, andernfalls wir willens sind, im Kampf darum allsamt den Tod zu erdulden. Itzig haben sie acht Schiff allhier und zwei Galeassen, welchselbige nach meinem Wissen sämtlich gerüstet und bereit, gegen uns zu fahren; derhalben ich jeden Tag und jede Stund nach ihnen ausschaue, und so sie über uns triumphieren, will ich mit Gotts Hilf zusehen, daß sie gar theuer dafür büßen mit gewaltigem Blutvergießen.«

Courthopes Position war noch niemals schwächer gewesen. Krankheit hatte seine kleine Streitmacht dezimiert, und Vorräte besaß er praktisch nicht mehr. Mit nichts als einigen wenigen Säcken Reis in der Vorratskammer war seine bedrängte Garnison nunmehr gezwungen, sich von dem verabscheuten Sagobrei zu ernähren, wobei gelegentlich als Ergänzung Fisch hinzukam, den man in den Gewässern um Nailaka gefangen hatte. »Wären nicht an vier oder fünf Java[nische] Dschunken hereingekommen«, schrieb er in sein Tagebuch, »wir hätten aus Mangel an Nahrung aufgeben müssen, und leben doch von nichts als von Reis, mit ein weniges Fisch, so aber bei schlimmem Wetter nicht zu erlangen.« Und zu allem Übel mußten sie auch noch »Tag for Tag auf einen Angriff der Hollander rechnen« und auf den Befestigungsanlagen ständig Wachen postieren. Zu den befürchteten Angriffen kam es zwar selten, aber die Angst vor dem Überfall machte die Männer mürbe, die bereits unter den Auswirkungen der langen Entbehrungen und des Hungers litten. Dennoch übte Courthope weiterhin einen machtvollen Einfluß sowohl auf seine eigenen Männer als auch auf die Inselbewohner aus, und als die Holländer einige Wochen nachdem sie die *Solomon* gekapert hatten, eine Landung auf Run versuchten, wurden die Eindringlinge von einem Trupp bandanesischer Krieger vernichtend geschlagen.

Courthope gelang es, enge Verbindung zu den englischen Gefangenen zu halten, sowohl zu denen von der *Swan* und der *Defence*, als auch zu den Überlebenden von der *Solomon*. Im Schutz der Dunkelheit fuhren seine bandanesischen Truppen immer wieder hinaus und schmuggelten Briefe zwischen Courthope und den auf Ai und Bandanaira gefangengehaltenen Engländern hin und her. Einer der ersten Antwortbriefe, die er erhielt, kam von Cassarian David, dem seine Entscheidung, mit der *Solomon* zu kapitulieren, eine gute Behandlung von seiten der Holländer eingetragen hatte. Nicht ahnend, daß Courthope über die Art, wie er klein beigegeben hatte, empört war, schrieb er frohgemut an den englischen Kommandanten, um ihn davon in Kenntnis zu setzen, daß »ich selbsten mit einem englischen Burschen, so mir aufwartet, auf Pooloway weyle, allwo der Generall und sein Rat residieren, von welchen ich jeden Tag gar viel Gunst und freundlich Behandlung erfahre«.

Von den anderen englischen Gefangenen ließ sich dergleichen nicht behaupten. Die meisten waren in Fort Revenge auf der Insel Ai eingekerkert, aus deren Verliesen kein Entrinnen möglich war. Am Hals zusammengekettet und ohne einen Ort, an dem sie ihre Notdurft verrichten konnten, fanden sie sich bald in unerträglichen Verhältnissen wieder. Noch unerträglicher wurde ihr Leben durch die Neigung der Holländer, ihre Gefangenen gewohnheitsmäßig zu demütigen. »Sie pisseten und*** uns aufs Häupt«, schrieb Bartholomew Churchman, »und solchermaßen lagen wir, daß wir als wie Leprasieche vom Scheytel zur Sohl schwäreten, dieweil wir nichts hätten zu essen als kothigen Reis und faules Regenwasser.« Daß sie überhaupt noch am Leben waren, verdankten sie, wie er schreibt, einer holländischen Frau »mit Namen Mistris Cane und etlichen armen Schwartzen, so uns ein wenig Früchte brachten«.

Andere hatten ähnlichen Grund zur Klage. »Man setzet uns gar herb und unmenschlich zu«, schrieb einer, »da wir des Tages gefesselt und in Ketten gingen und man uns nächtens in Eisen legete«. »Gar viele von uns halten sie fest gebunden und in Eisen geschlossen«, berichtete ein anderer, »in ekelsten, finstern, stinkenden Kerckern, und geben uns kein Essen als nur ein wenig kothigen Reis ... viel sind gestorben, welchselbige aus den Kerckern geholet und armselig begraben, mehr wie ein Hund als wie ein Christenmensch.« Wer es wagte, sich zu beklagen, wurde einer noch härteren Behandlung ausgesetzt. Churchman fand sich »in Eisen geschlosen und in den Regen und die kalten Wind der Nachtzeit ausgebracht, und am hellichten Tag, wo die heiß Sunnen auf ihn schien und ihn versenget, ohn jegliches Obdach«. All das widerfuhr ihm, weil er einen Holländer beschimpft hatte, der »das Ehegemahl König Jakobs I.« beleidigt hatte. Andere wurden der Sonne ausgesetzt, bis ihre Haut vom Sonnenbrand Blasen bekam, und dann unterhalb der Latrinen angekettet, »allwo ihr Unrat und Pisse nächtens auf sie herabfiel«.

Noch entsetzter war Courthope, als er erfuhr, daß die englischen Gefangenen als Faustpfand in einem gemeinen Propagandaspiel dienten, das der holländische Generalgouverneur aufzog. »Lawrence Reael ... ließ Gitter und Käfige auf der Hollander Schiff zimmern und stecket uns hinein, und schleppet uns darinnen in Eisen geschlosen von einem Hafen der Indier zum andern und sprach voll Hohn und triefend Spott zu den Indiern wie folget: ›Nehmet acht und sehet her, allhie sind Leut von jener Nation, deren König ihr so gar in Ehren haltet.‹«

Nach vielen Monaten solcher Behandlung hielten es die englischen Gefangenen nicht mehr aus und schrieben an den holländischen Generalgouverneur, um ihn um Gnade zu bitten. Zu ihrem Schrecken aber stellten sie fest, daß Reael durch einen noch weniger kompromißbereiten Mann ersetzt worden war, den sie als John Peter Sacone kannten, dessen wirklicher Name aber Jan Pieterszoon Coen lautete. Sie baten ihn, »unsre gewaltige Not und Pein zu bedencken und uns zu einem etwan bessern Unterhalt zu helfen«. Ihre Bitte um Schonung hätten sie keinem vortragen können, der weniger geneigt war, ihr Gehör zu schenken; Coen »traktirete uns aufs boshafteste mit Schmähworten und hieß uns, ihm aus den Augen zu gehen und ihn nicht länger zu molestiren; andernfalls er dafür sorgen werde, daß wir alle im Handumdrehen gehänget würden«. Courthope schrieb den Gefangenen wiederholt Briefe, in denen er sie dringend bat, die harten Prüfungen geduldig zu ertragen: »Denn seid gewiß, daß Ihr noch selbiges Jahr allesamt freikommen werdet ... [und] was auch die Hollander Euch an Grausamkeit antun, wird ihnen voll bemessen werden; und dieweil sie bis heutigentags Feuer und Schwert gebrauchet, wird nachmalen Feuer und Schwert über sie kommen.« Die englischen Gefangenen vergaßen niemals ihre Leiden und bewahrten sich einen besonderen Haß auf Coen; noch lange nachdem der Kampf um Run vorüber war, beklagten sich die Überlebenden über das Unrecht, das sie hatten erdulden müssen, und forderten vom holländischen Staat Wiedergutmachung.

Courthope und seine Leute hatten aufgehört, die verstreichenden Wochen und Monate zu zählen. Jeder neue Tag brachte Langeweile und Angst, die einzige Ablenkung bestand in den langen Wachdiensten auf den Wehranlagen und im endlosen Kampf gegen den Hunger. Die kleine Pinasse, die Courthope von einer vorbeikommenden Dschunke hatte erwerben können, war, wie sich zeigte, von geringem Nutzen. Nach einer einzigen Fahrt zur Insel Ceram, von der sie nichts weiter mitbrachte als noch mehr Sago, war sie »so ganz und gar leck ... daß wir sie an Land zurreten, allwo wir sie solchermaßen morsch befanden, daß wir retteten, soviel wir konnten, und das übrige den Flammen hingaben«. Als im Herbst 1618 die Monsunregen ausblieben, wurden die Wasserreserven auf der Insel derart knapp und waren bald so verseucht mit tropischen Parasiten und Larven, daß die Männer mit geschlossenen Zähnen trinken mußten, um die Fauna auszusieben. Irgendwann konnte eine

Gruppe von ihnen die Not nicht mehr ertragen und drohte Courthope mit Meuterei. Eine Zeitlang sah die Situation verzweifelt aus, aber durch sein »freundlich Wesen« und sein »ernstliches Vorhalten« gewann Courthope die Männer zurück, so daß sie am Ende von Reue gepackt wurden.

Erst im Januar des Jahres 1619, mehr als zwei Jahre nach ihrer Ankunft auf Run, erreichte die Engländer so etwas wie eine gute Nachricht. Eine einheimische Dschunke, der es geglückt war, unentdeckt in den Hafen zu gelangen, brachte einen Brief aus Bantam. Geschrieben hatte ihn Sir Thomas Dale, der mit einer großen Flotte aus England nach Ostindien gekommen war. »Meister Courthope«, begann der Brief von Sir Thomas, »wiewohl ich Euch unbekannt, seid meiner Liebe versichert, die ich allzeit bereit bin, zum Ausdruck zu bringen, in Ansehung Eurer werten Dienste, so Ihr zu Ehren Eures Landes und zum Frommen unserer hochwürdigen Dienstherren geleistet.« Er kam mit dem Auftrag, die Holländer von Java zu vertreiben, und hatte vor, nach Beendigung dieser Aufgabe ostwärts zu eilen, um Courthopes brave Truppe zu erlösen. Seinem Brief beigefügt war eine kurze Notiz von John Jourdain, der mit Dales Flotte nach Ostindien zurückgekehrt war, um seinen neuen Posten als »Präsident« der hier ansässigen Engländer zu übernehmen. Sobald die Holländer besiegt seien, versprach Jourdain, »werden wir gewißlich nach Banda vorrücken ... und hoffen bei Gott, daß uns vergönnet sei, ihre freche Anmaßung in Trümmer zu legen«.

Courthope freute sich außerordentlich zu erfahren, daß die Flotte unter dem Kommando von Sir Thomas Dale stand. Dale sei ein Mann von großer Erfahrung, ein »Leu voll Heldenmut«, der sich in vielerlei Hinsicht ausgezeichnet habe. Vor seiner Anstellung bei der Ostindischen Kompanie hatte ihn die Virginia-Kompanie in London zum Gouverneur ihrer noch in den Kinderschuhen steckenden

Kolonie in Amerika erkoren, das »ärgste Geschäft, das er jemals besorget«, dem er aber so sehr gewachsen war, daß er die Kolonie »in großem Wohlstand und Frieden« verließ. Als er 1616 nach England zurückkehrte, bewies er Stil und brachte die berühmte Prinzessin Pocahontas mit. Bald nach seiner Heimkehr lud man ihn zu einem Treffen mit der Ostindischen Kompanie ein und schlug ihm vor, als Oberbefehlshaber eine höchst wichtige Expedition nach Ostindien zu führen. Er nahm an und erhielt das Kommando über fünf Schiffe, dazu ein Jahresgehalt von 480 Pfund Sterling.

Die Fahrt selbst verlief nicht ohne Zwischenfälle. Am Kap der Guten Hoffnung wären Dale und Jourdain fast ertrunken, als ein kleines Ruderboot kenterte; ein paar Wochen danach fiel der ebenso beleibte wie betagte Kapitän Parker, Vizeadmiral der Flotte, tot um. Weit folgenreicher war ein Unfall auf Java, bei dem Dales majestätisches Flaggschiff, die *Sun*, bei der Insel Enagano Schiffbruch erlitt. Der gewaltige Verlust an Menschenleben machte Dale weniger zu schaffen als die Tatsache, daß seine Habe mit dem Schiff verloren war; in einem Brief nach London klagte er: »Die Sun ist gestrandet, worinnen ich alles eingebüßt, so ich im Schiffe hätt, bis auf mein allerletzt Hemd.« Später kehrte er zu dem Wrack zurück, um zu sehen, ob er noch etwas von seinen Besitztümern bergen könne, mußte aber enttäuscht feststellen, daß nichts von Wert mehr da war. Zwar gelang es einigen Männern der Mannschaft, an Land zu schwimmen, aber nicht ein einziger rettete sein Leben; was von ihnen blieb, war ein Haufen von achtzehn Schädeln am Strand. Um für diesen offenbaren Akt von Kannibalismus Rache zu nehmen, erschoß Dale zwei Eingeborene, brannte ihre Häuser nieder und fällte alle ihre Bäume. Solch eine Reaktion war typisch für diesen aggressiven Befehlshaber und seine erbarmungslose Rachsucht. Empfindlich in dienstlichen Angelegenheiten und kein Freund von Lobeserhebungen, wurde Dale von seinen Männern eher gefürchtet als geliebt. »Allzeit heißt es ›ich will und verlange‹«, schrieb einer seiner Untergebenen, »›das hat zu geschehen‹ und ›das wird geschehn‹, und am Ende müssen wir gutheißen, was er uns heißet.« Nur zu oft ließ er seine Wut über seine Urteilskraft triumphieren, und diese Charakterschwäche sollte sich angesichts der ruhigen Entschlossenheit eines Jan Coen als gefährlich erweisen.

Der Verlust der *Sun* ließ Dale nur noch begieriger werden, es den Holländern heimzuzahlen. Während er auf die javanische Küste zusegelte, kam ein reichbeladenes holländisches Schiff namens *Schwarzer Löwe* in Sicht, das durch die Meerenge kreuzte. Er griff sogleich an und hatte es rasch gekapert. Er setzte die Fahrt nach Bantam fort und sah bei der Ankunft freudig überrascht, daß dort eine große Zahl anderer englischer Schiffe vor Anker lag, durch die sich seine Flotte auf sage und schreibe fünfzehn Schiffe vergrößerte – »die Bucht war nicht groß genug, sie allesamt zu bergen«.

Die Holländer waren nun ernsthaft in Sorge, und Coen schickte sogleich einen Protestbrief an Dale, in dem er die Freigabe des *Schwarzen Löwen* forderte. Als Dale diesen Brief erhielt, »schmähte [er] blos, stampfete mit den Füßen, schwur, fluchte [und wollte wissen], werhalben der Brief in Holländisch geschrieben und nicht in Französisch, Spanisch oder irgendeiner andern Zung«. Schließlich schickte er den Boten fort und »schwur und fluchte, er werde, was er könne, an sich bringen«.

Dale wurde von Rachsucht getrieben, wie er in seinem Brief an Courthope zugab: »[In Bantam] weile ich, um die Schändlichkeiten zu rächen, so [die Holländer] begangen, wozu itzt ein Zerwürfnis zwischen ihnen und dem König von Jakarta die Gelegenheit beut.« Jakarta, eine kleine Hafenstadt fünfundsiebzig Kilometer östlich von Bantam, hatte für die Holländer zunehmend an Bedeutung gewonnen: Coen fand das Leben in Bantam unerträglich und ersuchte den König von Jakarta um die Erlaubnis, in seiner Stadt eine Festung zu bauen; er hatte vor, hier eine neue Zentrale für die künftigen holländischen Aktivitäten zu schaffen. Ein paar Wochen später erfuhr er, daß die Engländer ebenfalls dabei waren, eine befestigte Faktorei zu errichten, vermutlich damit die Holländer nicht die Oberhand gewannen. Im anschließenden Katz-und-Maus-Spiel rächten sich die Holländer für den Verlust des *Schwarzen Löwen* dadurch, daß sie diese Faktorei niederbrannten.

Dale spielte mit dem Gedanken, die holländische Faktorei in Bantam zu vernichten, ließ sich aber bald einen noch zerstörerischen Plan einfallen. Da er eine große Flotte zur Verfügung hatte und die Holländer mitten im Umzug nach Jakarta waren, schloß er mit dem einheimischen Herrscher einen Pakt und schwor, die Holländer vom Erdboden zu vertilgen. Coen bekam es mit der Angst zu tun: »Ich sitz allhier in einem Käfig«, schrieb er, »umzinglet von vielerlei Bollwerken und Batterien, der Fluß mit Pfählen versperret und eine gar starcke Batterie am Ort der Engländer.« Da er erkannte, daß ein Angriff unmittelbar bevorstand und er unterliegen mußte, berief er einen Notstandsrat ein, und es wurde nach langen Beratungen beschlossen, die meisten Männer den Rückzug auf die Schiffe antreten zu lassen und eine Entscheidung auf dem Meer zu suchen.

Am Morgen des 30. Dezember 1618 sammelte sich die englische Flotte in Sichtweite von Jakarta. Dale standen elf Schiffe zur Verfügung, wobei vier weitere zum Schutz von Bantam zurückgelassen worden waren, während Coen gerade einmal sieben Schiffe hatte, die meisten in einem beklagenswerten Zustand. Die Engländer waren ihm zahlenmäßig und waffentechnisch überlegen; insgesamt hatte er eine Streitmacht von nur siebzig Mann. Und doch schien es

Dale mit dem Angriff nicht eilig zu haben; den Tag über segelte er hin und her und hoffte offenbar darauf, daß der Anblick seiner weit überlegenen Flotte die holländische Entschlossenheit schwächen werde. Am Nachmittag ließ er Coen durch einen Boten auffordern, mit seiner ganzen Flotte zu kapitulieren. Coen lehnte ab und wurde davon in Kenntnis gesetzt, daß der englische Admiral beabsichtige, seine Schiffe allesamt auf den Grund des Meeres zu schicken. Als Coen diese Drohung schulterzuckend abtat, war klar, daß es zur Schlacht kommen würde, und beide Seiten verbrachten die Nacht – es war die Silvesternacht – in einem Zustand nervöser Anspannung. Dennoch begann die Schlacht erst nach einem weiteren Tag kampflosen Imponiergehabes, nämlich am 2. Januar. Sir Thomas zufolge fochten sie den ganzen Tag lang »einen grausam blutigen Kampf ... mit dreitausend Kanonenschüssen zwischen den zween Flotten, vielen Männern verstümmlet und gemetzelt, sie aber hätten (wie man uns kund getan) vier Mal soviel Männer gemetzelt und verstümmlet als wir«. Die Engländer hätten die Holländer vernichtend schlagen müssen; tatsächlich aber verhielten sie sich zögernd und defensiv, woran die Tatsache schuld war, daß Dales Armada aus drei verschiedenen Verbänden bestand, die jeweils eigene Befehlshaber hatten, von denen keiner gewillt war, seine Schiffe der gemeinsamen Sache zu opfern. Als die Nacht hereinbrach, war die Schlacht immer noch unentschieden.

Coen berief einen Kriegsrat ein, um über das weitere Vorgehen zu entscheiden. Die Holländer befanden sich nun in einer gefährlichen Position, denn ihre Munition wurde knapp, sie hatten zahlreiche Verwundete, und ihre Schiffe waren nur begrenzt seetüchtig. Einige plädierten für Rückzug, andere wollten den Kampf fortsetzen, aber »allesamt blicketen finster auf einander und wußten sich keinen Rat«.

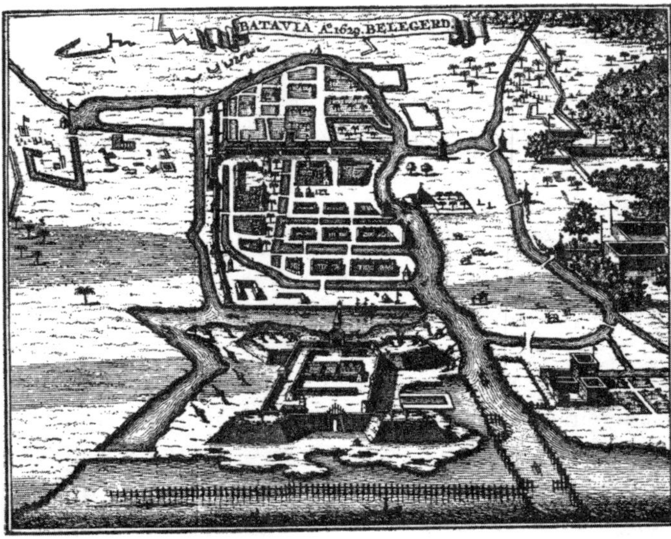

Jan Coen errichtete auf Java die Stadt Batavia (das heutige Jakarta) als seine neue Hauptstadt. Nach »grausam blutigem Kampf« gelang es den Engländern im Jahre 1619 fast, die Stadt zu erobern, doch verwandelte sich ihnen der nahe Sieg schließlich in eine Niederlage.

Die Engländer waren es, die die Holländer schließlich zu einer Entscheidung zwangen. Als der Morgen graute, gesellten sich Dales Flotte weitere drei Schiffe (jene aus Bantam) zu, und er schickte sich an, die Schlacht wiederaufzunehmen. Coen befahl seinen Männern sogleich, die Segel zu hissen und Kurs auf die Bandainseln zu nehmen. Die unbezwinglichen Holländer traten den Rückzug an.

Das war die Situation, in der Dale seinen größten Fehler beging. Mit seiner kraß überlegenen Streitmacht hätte er hinter Coen herjagen und die Schlacht erzwingen müssen, um sie zu ihrem unvermeidlichen Abschluß zu bringen. Statt dessen entschied er sich zum Bleiben, weil, wie er meinte, Coens Flucht ihm erlauben würde, das holländische Hauptquartier zu erobern. Ein Brief, den er nach London schickte, belegt allerdings, daß er über seine Strategie im Zweifel war und sich fragte, ob er nicht die falsche Entscheidung getroffen habe: »Ihre Flotte [segelte] ostwärts nach Banda fort«, schrieb er, »und derhalben verloren wir sie, was mein Gemüt gar sehr quälete.«

Coen schrieb ebenfalls nach Hause und tadelte die Siebzehn heftig wegen ihrer mangelnden Unterstützung und ihres Versäumnisses, auf seine Warnungen zu hören. »Und sehet nun, was geschehen«, erklärte er und setzte sie davon in Kenntnis, daß die Kompanie bedroht sei von »tausenderlei Gefahren ... selbst wann der Allmächtige uns wohlgesinnet«. Er schloß seinen Brief mit einer massiven Warnung: »Sofern Eure Lordschaften nicht willens sind, mir alljährlich eine große Anzahl Schiffe, Leut und andres mehr, was vonnöten, zu schicken, ersuche ich Euch abermalen inständig, mich so bald als möglich zu entbinden, dieweil ich ohn solche Mittel Euren Wünschen nicht zu willfahren vermag.«

Letztlich wurden die Holländer durch Dales zögernde Haltung gerettet. Hätte der Engländer Coen zur See geschlagen, hätte er nach Jakarta zurückkehren, das holländische Hauptquartier nehmen und dann zu den Bandainseln segeln können, um Courthope und seine Männer zu befreien. Statt dessen ließ er die holländische Flotte unversehrt entkommen und versäumte es, ihre Hauptfestung zu erobern; so verkehrte er den möglichen Triumph in eine Niederlage. Dale verlor nun jedes Selbstvertrauen. Von dem Gefühl gequält, versagt zu haben, wo er hätte siegreich sein müssen, ließ er seine Flotte zur indischen Koromandelküste segeln. Die Fahrt war mühsam, denn seine Offiziere standen kurz vor der Meuterei, und von der Mannschaft starben unterwegs mehr als achtzig Leute. Bald nachdem sie Masulipatam erreicht hatten, erkrankte Dale schwer; die nächsten zwanzig Tage kämpfte er mit seiner Krankheit, äußerte sich verächtlich über den Tod und legte Zeugnis ab von seinem christlichen Glauben. Am 19. Juli 1619 »schied er in Frieden aus diesem Leben«; sein Leichnam wurde »eingeschlossen und behauset in einer Gruft, so fast fertig erbauet ist«.

Coen war überglücklich, als er von Dales Tod erfuhr, sollte aber bald noch bessere Nachrichten erhalten. John Jourdain hatte die Leitung zweier Schiffe übernommen und setzte Segel, um nach Osten zu fahren, weil er sich Sorgen um seinen Freund Courthope machte. Kaum aber hatte er einen geschützten Hafen auf der Malaiischen Halbinsel erreicht, mußte er feststellen, daß er von drei holländischen Schiffen verfolgt wurde. Diese blockierten den Hafeneingang und griffen die Engländer an, während sie noch vor Anker lagen. Jourdain wehrte sich heftig, aber als fast fünfzig Mann tot waren, hißte er die Parlamentärsflagge und schickte sich an, Verhandlungen aufzunehmen. »Er zeigete sich an Bord der *Sampson* vor dem Großmast ... wo ihn die Flämen erspäheten und gar treulos mit einer Musket auf ihn feuerten und schossen ihm in den Leib nahe beim Herzen, von welcher Wund er ein halb Stund später verstarb.« Sein Tod löste Empörung aus, zumal alle Befragten bestätigten, daß er im Begriff war, Kapitulationsverhandlungen zu beginnen. »Unser hochgesinneter Präsident ward gemordet, dieweil er mit Hendrike Johnson [dem holländischen Befehlshaber] von der Übergab handelte«, schrieb einer aus der Mannschaft. »Der Präsident hätt die Schamade geschlagen und dieweil er mit Hendrike Johnson parlirte, empfing er seinen Tod von einer Musket«, berichtete ein zweiter. Andere behaupteten, Coen persönlich habe befohlen, Jourdain umzubringen. »General John Peter Sacone [Coen] gab Hendrike Johnson eine Goldkett, 1400 Gülder wert, und legt sie ihm mit eigener Hand um den Hals. Desgleichen gab er hundert Reals dem Mann, so den Präsidenten wahrhafftig erschoß.«

Die Direktoren der Holländisch-Ostindischen Kompanie brachte der Vorfall in eine peinliche Lage; sie reagierten darauf mit dem ungewöhnlichen Schritt, eine amtliche Darstellung der Vorgänge zu veröffentlichen:

»Euer Präsident und unser Kommandant stiegen aus den Luken und begannen zu verhandeln (dieweil die zwei Schiffe längsseits lagen). Unseren anderen Schiffen konnten die vorerwähnten Unterhandlungen wegen Knappheit der Zeit nicht kundgetan werden. Die Morgenstern fuhr heran und feuert in Unkenntnis der Dinge, die sich zuvor zwischen den Obersten der beiden Flotten ereignet. Ein Musketenschuß traf Euren Präsidenten in den Bauch, ohne daß er gezielt war; das Unglück indes hätt auch unserem Kommandanten widerfahren können, denn eine Kanonenkugel (von der Morgenstern) durchschlug sein eigen Schiff.«

Ob die Anschuldigungen zutreffen oder nicht, Coens Position war durch den Tod von Dale und Jourdain beträchtlich gestärkt. Es gab jetzt nur noch einen Störenfried, Nathaniel Courthope, der so entschlossen war wie eh und je, seine Inselfestung zu verteidigen.

Die schrecklichen Neuigkeiten über Sir Thomas Dales Flotte brauchten ihre Zeit, um nach Run zu gelangen. Am 13. Februar 1619, mehr als einen Monat nach der Seeschlacht, erspähte Courthope drei holländische Schiffe, die auf dem Weg nach Bandanaira waren, »von welchen eines seinen Schnabel weggeschossen und an vierzig Orten Schußlöcher hätt«. Seine Spione informierten ihn darüber, daß sich Coen auf Ambon aufhielt und dort eifrig eine große Flotte zusammenzog, um mit ihr einen massiven Angriff gegen Jakarta zu führen. Bald danach erfuhr Courthope zu seinem Entsetzen, daß der Hauptteil der Daleschen Flotte nach Indien abgefahren war. »Das war mir kalter Trost«, schrieb er in sein Tagebuch, »so weder Hand noch Fuß hätt.« Die Neuigkeiten wurden bald noch schlimmer. In einem Brief seines alten Freundes George Muschamp, der selbst am Rande des Grabes stand, erfuhr Courthope vom Tode Jourdains. »Ich [dulde] erbärmlich Qual mit Einbuß meines rechten Beynes (von einer Kanone weggeschossen), dieweil es an Artzenei fehlet, so sich drauftun ließe«, schrieb Muschamp und fügte hinzu: »Auf mein Leben geb ich gar wenig und hab Tag um Tag geringern Trost und Mut, allhier zu verweilen.« Sein Brief schließt mit der Nachricht, Courthopes Widerstandskampf werde allenthalben gewürdigt: »... und für mich ist gewiß, [daß] unsere ehrwürdigen Oberen nicht säumen werden, Eure Verdienste wertzuhalten.« Das taten sie denn auch: Als begeisterte Berichte von Courthopes Widerstandskraft nach London drangen, setzten die Direktoren 100 Pfund jährlich als Belohnung für die Dienste aus, die er König und Kompanie geleistet habe.

Angesichts der Nachricht, daß man ihn und seine Männer ihrem Schicksal überlassen hatte, wäre es für Courthope das vernünftigste gewesen, den Holländern die Kapitulation anzubieten. Daß er so heldenhaft die Stellung gehalten hatte, ging schon weit über alle bloße Pflichterfüllung hinaus; er hätte also in allen Ehren aufgeben können. Aber sich jetzt, nach über drei entbehrungsreichen Jahren, geschlagen zu geben, entsprach nicht Courthopes Naturell. Er wählte einen weit ruhmreicheren Weg, indem er schwor, seine Inselfestung bis zum bitteren Ende zu verteidigen. Er hatte kein Geld mehr und war gezwungen, die letzten Habseligkeiten seiner Männer gegen dringend benötigte Nahrungsmittel zu tauschen; dennoch bekamen niemals alle genug zu essen, und die Kranken starben einer nach dem anderen, häufig an der Ruhr, die sie sich durch das verseuchte Wasser zuzogen. »Das Darben hat uns schon vom Fleisch fallen lassen«, schrieb er im Blick auf ihre verzweifelte Lage, »und darben wir noch länger, werden wir blos noch Haut und Knochen sein.« Jeden Tag versammelte Courthope seine halbverhungerten Männer und ermahnte sie, angesichts der holländischen Grausamkeit stark zu bleiben. Und jeden Tag schworen seine Männer, fest zu »dem Hauptmann« zu stehen, und nahmen seine Worte mit lautem Beifall auf. Sie bemannten die Verteidigungsanlagen, warteten die Geschütze und harrten des bevorstehenden holländischen Angriffs.

Am 18. Oktober 1620 wurde Courthope durch eine gute Nachricht aufgerichtet. Die Bewohner von Bandalontar hatten sich gegen die Holländer erhoben und die Insel in Aufruhr versetzt. Es ging das Gerücht, sie wollten jetzt zusammen mit Courthopes Männern einen Großangriff gegen die verhaßten Holländer starten. Für Courthope kam diese Neuigkeit keinen Augenblick zu früh, und er beschloß sogleich, Bandalontar aufzusuchen und in den Eingeborenen dieselbe Entschlossenheit zu wecken, mit der er seinen Trupp Engländer erfüllt hatte. Diesen Männern allerdings, die so lange vertrauensvoll zu ihrem »Hauptmann« aufgeblickt hatten, war bei dem Gedanken, daß er – und sei es auch im Schutz der Nacht – nach Bandalontar segeln wollte, gar nicht wohl; sie baten ihn, sich die Sache noch einmal zu überlegen. »Ich flehet ihn inständig an, zu bleiben«, schrieb Robert Hayes, sein Stellvertreter, »er jedoch wies mich ab.«

»Also ging er selbige Nacht hinüber mit seinem Burschen William, wohlgerüstet mit Musketen und gewappnet; dieweil er versprach, in fünf Tagen zurücke zu sein.« Keiner aber wußte, daß sich auf Run ein Verräter herumtrieb. Ein einzelner Holländer, der sich als Deserteur eingeschmuggelt hatte, gab dem Generalgouverneur auf Bandanaira Nachricht von den Courthopeschen Bewegungen. Der Generalgouverneur konnte sein Glück kaum fassen und schritt augenblicklich zur Tat: Er rüstete eine schwerbewaffnete Pinasse aus und schickte sie aufs Meer mit einem einfachen Befehl: Tötet den lästigen Engländer! Nichts wurde dem Zufall überlassen; die Mörder planten genau, wo sie Courthope überfallen würden: in einer tückischen Wasserstraße, wo die Strömungen und Gezeitenverhältnisse ihn aller Manövrierfähigkeit berauben mußten.

Die holländischen Soldaten fuhren nachts hinaus und legten sich etwa drei Kilometer von der Küste der Insel Ai entfernt auf die Lauer. Stundenlang gewahrten sie nichts als die undeutliche Küstenlinie der Insel, aber um »etwan zween oder dreen Glock des Morgens« tauchte eine Laterne auf – Courthopes Boot. In der pechschwarzen Dunkelheit warteten sie, bis er sie fast erreicht hatte und in der Falle saß, ehe sie plötzlich mit ihren Musketen das Feuer eröffneten. Sofort feuerte Courthope zurück, da er mit einem solchen Angriff gerechnet hatte und seine Waffe schußbereit hielt. Von Anfang an war es indes ein ungleicher Kampf. Auch wenn Courthope einen Augenblick lang die holländischen Gewehre zum Schweigen brachte, sah er doch bereits, wie sich ein zweites Boot näherte, bewaffnet mit »an die vierzich Flinten«. Unerschrocken erwiderte er ihre Schüsse, bis sein »Stück verstopfete«. Er konnte nicht mehr feuern. Er schleuderte sein Gewehr ins Wasser und war nun eine wehrlose Zielscheibe – ein unbewaffneter, hilfloser Mann, auf den mehr als fünfzig holländische Soldaten anlegten. Sein Ende sollte nicht lange auf sich warten. »In den Busen getroffen, ließ [er] sich nieder ... alsdann sprang er in seinen Kleidern über Bord.« Das war das letzte Mal, daß er lebendig gesehen wurde.

Die Neuigkeit, daß Courthope »von den Hollandern gemetzelt« worden war, verbreitete sich nur langsam über die Bandainseln, so daß die Engländer auf Run erst am 27. Oktober 1620 von dem Hinterhalt erfuhren, der ihren »Hauptmann« das Leben gekostet hatte. Keine Nachricht hätte sie schwerer treffen können. Vier Jahre lang hatte sie der mitreißende Courthope geführt; sie hatten die größten Entbehrungen ertragen, um einer Macht Widerstand zu leisten, die tausendmal stärker war als sie. Nun war »der Hauptmann« tot und ihre eigene Zukunft ebenso trostlos wie ungewiß. Nachdem er den Männern Zeit gelassen hatte, sich vom ersten Schock zu erholen, rief Courthopes Stellvertreter, Robert Hayes, eine Versammlung ein und fragte, ob sie ihn als Führer akzeptieren würden. Sie zögerten keinen Augenblick. Mit Donnerschrei »versprachen sie all, wie sie vom Hauptmann regiret seien worden, so wollten sie itzt von Robert Hayes regiret sein«.

Das war eine brave Geste, aber mit Courthopes Tod hatten die Männer ihren Widerstandswillen eingebüßt, und ihr heldenhaftes Ausharren auf Run neigte sich seinem tragischen Ende zu. Während noch weitere Männer erkrankten und starben, zerstörten die langen Nachtwachen die Moral der halbverhungerten Überlebenden, zumal kein »Hauptmann« mehr da war, um sie wiederaufzurichten. Ihr letzter Tag ließ nicht mehr lange auf sich warten. Der holländische Generalgouverneur schickte fünfundzwanzig Schiffe und eine große Streitmacht nach Run in der Absicht, einen massiven Frontalangriff gegen die Insel zu führen, »derhalben die Schwartzen zu Mr. Hayes kämen und ihm sageten, so er wolle, würden sie's ausfechten bis auf den letzten Mann. Mr. Hayes aber erwiderte, daß er's nicht vermöge, noch es über sich bringe.«

So gingen denn die Holländer »unbehindert an Land« und schikanierten das »arm, elend Volk der Insel«. Da sie sahen, daß der winzige Trupp Engländer am Ende war, konzentrierten die Holländer all ihre Wut auf die Eingeborenen. »Sie zwangen die Leut des Landes, das Feldgeschütz von den zween englischen Festungen auf dem großen Eiland niederzureißen und warfen sie drunten auf den Fels; viere zerbarsten, die andren blieben im Sand und wären ganz und gar unbrauchlich.« Als nächstes befahlen sie den Eingeborenen, die Verteidigungsanlagen niederzureißen, und zwar »mit eigener Hand ... also daß vor der Nacht nicht ein Stein auf dem andern blieb. Und zogen über das ganze Eiland und ließen all die Mauern, kleine und große, dem Erdboden gleich machen und schoneten nicht gar der Grabmäler der Toten.« Als das vollbracht war, setzten sie sämtliche Häuptlinge gefangen und demütigten sie in aller Öffentlichkeit, indem sie jeden einzelnen zwangen, sich in aller Form zu unterwerfen, nämlich »durch Darbietung eines Muskatenbaums in einem Hafen, wie es in jenen Teilen Brauch«. Bevor sie davonsegelten, rissen sie noch die Fahne des heiligen Georg herunter, die nach wie vor über dem Dorf flatterte. An ihre Stelle traten die holländischen Farben, als Zeichen für das Ende einer Belagerung, die 1540 Tage gedauert hatte.

Die Engländer fühlten sich nicht weniger gedemütigt. Gezwungen zuzusehen, wie man ihre Inselfestung niederriß, wurden sie anschließend zum holländischen Kommandanten gerufen, der ihnen voll Verachtung mitteilte, sie könnten Nailaka, das sandige Atoll neben Run, behalten. Da keine Muskatnußbäume darauf wuchsen, war es nutzlos für die Holländer; da es in Reichweite der auf Run in Stellung gebrachten holländischen Geschütze lag, war es ebenso nutzlos für die Engländer. Hayes und seine Männer blieben nur so lange auf dem Inselchen, bis sie sich auf einem vorüberfahrenden Schiff nach Ambon absetzen konnten.

»Also ward Pooloroon verloren«, schrieb Sir Humphrey Fitzherbert, der neu eingetroffene Kapitän einer englischen Flotte, »welchselbiges sich in Mr. Courthopes Tagen, seinem braven Beschluß sei Dank, mit wenig Mann ihnen [den Holländern] zur Schmach behaupten konnt und itzt aus Ursach der Furchtsamkeit von Mr. Hayes und seines Wanckelmutes verloren ist«. Diese Äußerung tut Hayes unrecht und steht Kapitän Fitzherbert angesichts seines eigenen Verhaltens nicht wohl an. Als er mit dem von ihm befehligten schwerbewaffneten Schiff dort ankam, bedeuteten die einzigen Schüsse, die er abfeuern ließ, einen kurzen nervösen Salut zur Feier des holländischen Sieges.

Courthopes Widerstand sollte sich am Ende nur zu bezahlt machen, aber sein bitterer Tod fand in der englischen Geschichte keine Würdigung, und wir suchen vergeblich nach einem Grabmal oder Grabspruch zum Gedenken an diesen höchst englischen Helden. Sogar seine letzte Ruhestätte bleibt ein Geheimnis: »Und was mit ihm ward, weiß ich nicht«, schrieb Hayes damals, »als daß die Schwartzen sprachen, er sei gewißlich versunken, seiner Wunden halber und all der Kleider, so ihn umhülleten.«

Spätere Informationen allerdings, die ihm ein Holländer zutrug, sprechen dafür, daß der englische Befehlshaber mit vollen Ehren bestattet wurde und ein Grab erhielt, das seinem Heldenmut entsprach. »Der Käpten Nathaniel fiel im Bug«, erklärte dieser Holländer, »worob ich bei Gott von Herzen betrübt. Er ward von uns so prachtig und brav begraben, als uns für solchen Mann geziemend schien.«

KAPITEL ELF

Heimsuchung durch Feuer und Wasser

Der Mord an Nathaniel Courthope verschaffte Coen eine allem Anschein nach unbezwingliche Position. Fast vier Jahre lang hatte dieser sture Engländer ihn gequält und sein Streben nach der vollständigen Herrschaft über die Gewürzinseln durchkreuzt. Jetzt war er tot, und der Holländer blieb als unangefochtener Beherrscher der Bandainseln zurück.

In den langen Jahren der Belagerung hatte Coen seine Bemühungen auf andere Teile Ostindiens konzentriert. Nach seiner Flucht vor Sir Thomas Dale machte er sich schleunigst daran, seine Streitkräfte neu zu formieren. Er nahm Kurs auf Ambon, um dort seine Männer im Kampf auszubilden, und führte sie dann zurück nach Jakarta, das er dem Erdboden gleichzumachen schwor. Zwei Tage nach seiner Ankunft griff er an, wobei er an der Spitze seiner tausend Mann starken Streitmacht marschierte. Obwohl die Bevölkerung dort den Holländern zahlenmäßig um mehr als das Dreifache überlegen war, verlor sie bald den Mut, und ihre Verteidigung brach zusammen. Wie er es geschworen hatte, ließ Coen die Türme und Mauern der Stadt schleifen und brannte den Rest bis auf den Erdboden nieder. Am Abend des Kampftages hatte Jakarta aufgehört zu existieren. Als es aus den Trümmern wiedererstand, geschah dies nach Coens Plänen, wie es sich für die »Hauptstadt« von Niederländisch-Ostindien schickte. Die neue Stadt erhielt den Namen Batavia, zu Ehren der Bataver, die einst die Niederlande besiedelt hatten.

Jan Pieterszoon Coen, um 1626, als Generalgouverneur von Holländisch-Ostindien. Er schlug jeden Widerstand erbarmungslos nieder und verkaufte den Großteil der bandanesischen Bevölkerung in die Sklaverei. »Es ist ein widerspenstig Volk«, schrieb er, »von dem nichts Guts zu hoffen.«

Coen unterrichtete umgehend Amsterdam von seinem Sieg: »Es ist gewiß, daß dieser Sieg und der Engländer Flucht in ganz Ostindien für Aufruhr sorget«, schrieb er. »Dies wird Ruhm und Ehr der holländischen Nation mehren. Itzt wird uns jedermann freund sein wollen.«

Binnen einer Woche nach seinem Eintreffen auf Java hatte Coen das Kräfteverhältnis umgekehrt. Sein nächster Plan ging auf nichts Geringeres als auf die vollständige Vernichtung der englischen Flotte, deren Schiffe über ein weites Seegebiet verstreut waren. Aber kaum hatte er den Befehl erteilt, jedes Schiff östlich von Arabien zu versenken, da traf in Batavia ein Bote mit völlig unerwarteten Neuigkeiten ein. Zu seiner Verblüffung wurde Coen informiert, daß im Juli 1619 die Holländisch-Ostindische Kompanie mit ihrem englischen Pendant eine Vereinbarung unterzeichnet hatte, die eine sofortige Einstellung aller Kämpfe zwischen den beiden Kompanien vorsah. Das Dokument, das unter dem Namen Verteidigungsbündnis bekannt ist, war die Frucht der dritten Anglo-Niederländischen Konferenz, die einberufen worden war, um die sich verschlechternde Lage in Ostindien zu erörtern. Nach vielem Hin und Her beschloß man, alles für »vergeben und vergessen« zu erklären. Gekaperte Schiffe sollten zurückgegeben und Gefangene freigelassen werden, während die Verantwortlichen, »die oberen geradeso wie die niederen, hinfort als getreue Freunde leben und Umgang pflegen mögen«. Die wichtigste Vertragsklausel sah vor, daß den Engländern ein Drittel des gesamten Handels auf den Gewürzinseln überlassen werden sollte. Als Gegenleistung sagten die Engländer zu, aktive Schritte zu unternehmen, um die Region gegen Spanier und Portugiesen zu verteidigen.

Coen war wie vom Donner gerührt, als er die Vertragsbedingungen las. »Die Engländer schulden Euch gar großen Dank«, schrieb er an seine Arbeitgeber, »dieweil Eure

Lordschaften, nun sie sich aus Ostindien herausgeschafft haben, sie eben dahin wieder zurückschaffen ... Es ist schier nicht zu begreifen, daß den Engländern ein Dritteil der Gewürznelken, Muskatennüsse und Muskatenblüten zufallen soll, können sie doch nicht auf ein einzig Sandkorn in den Molukken, Ambon oder Banda Anspruch erheben.« Ein einziger Federstrich hatte seine mühsame Arbeit zunichte gemacht.

Hätten die holländischen Direktoren gewußt, wie es wirklich in Ostindien stand, hätten sie den Vertrag vielleicht nicht unterzeichnet. Aber da nun ihre Unterschriften erteilt waren, blieb Coen nur übrig, den Vertrag entweder einzuhalten oder ihn zum Scheitern zu bringen. Angesichts seines Hasses gegen die Engländer kann es schwerlich überraschen, daß er sich für letzteres entschied und mit dem ihm eigenen Geschick sein Spiel aufzog.

Der Vertrag sah den Aufbau einer gemeinsamen Verteidigungsflotte vor, zu der die Engländer ein Drittel der Männer, Gelder und Schiffe und die Holländer das übrige beisteuern sollten. Aufgabe dieser Flotte sollte es sein, die Vertreibung der Spanier und Portugiesen aus Ostindien zu vollenden, ihre letzten Stützpunkte auf der Malaiischen Halbinsel, in China und auf den Philippinen zu zerstören und als Seepatrouille über das Gewürzmonopol zu wachen. Coen war sich sehr wohl bewußt, daß die Engländer wenig Schiffe zu ihrer Verfügung hatten, und schlug im Blick auf diese Tatsache lange und zeitaufwendige Patrouillenfahrten in ausgedehnten Seegebieten vor. Es dauerte nur wenige Monate, da kämpften die Engländer bereits mit der Erfüllung ihres Teils der Vereinbarung.

Jetzt sah Coen seine Chance gekommen. Er hatte schon immer geschworen, er werde die Bandainseln endgültig niederwerfen, hatte aber in den vorangegangenen Monaten mit der Durchführung dieses Vorhabens gezögert, weil jede

Militärexpedition englische Schiffe einschließen würde. In Kenntnis der Tatsache, daß die englischen Schiffe alle auf hoher See unterwegs waren, schlug Coen nun eine massive Strafexpedition vor; als die Engländer geltend machten, es fehle ihnen an Schiffen, warf er ihnen Vertragsbruch vor und teilte ihnen hochnäsig mit, er werde ohne sie losziehen.

Seine Flotte traf im Frühjahr 1621 bei Bandanaira ein und warf unter dem Schutz der Batterien von Fort Nassau Anker. Die Streitmacht, die er hier versammelte, umfaßte eine Flotte von 13 großen Schiffen, 36 Kähnen und 3 Kurierbooten, dazu eine Armee von 1600 Mann und 80 japanischen Söldnern, von denen die meisten in der Hinrichtungskunst wohlbewandert waren. Eine so große Streitmacht hatten die Bandas noch nie gesehen; verstärkt wurde sie noch durch einen Trupp freigelassener Sklaven, holländische Anwohner und die 250 Mann starke Garnison von Fort Nassau.

Trotz der beschämenden Kapitulation von Run lebte nach wie vor eine Handvoll Engländer auf den Bandainseln. Auf Bandalontar hatten sich ein englischer Kaufmann, zwei Gehilfen und acht chinesische Wächter niedergelassen, während auf dem winzigen Atoll Nailaka ein paar Männer symbolischen Widerstand gegen die Holländer leisteten. Diesen zähen Überlebenden schickte Coen eine Nachricht, in der er sie aufforderte, sich an der bevorstehenden Invasion von Bandalontar zu beteiligen. Alle lehnten ab – was Coen nicht überraschte, da er die Information erhalten hatte, es gebe viele andere Engländer, die heimlich bandanesische Soldaten ausbildeten.

Die bevorstehende Invasion brachte Robert Randall, den englischen Kaufmann, in eine schwierige Lage. Viele Dorfälteste hielten an ihrer Unterwerfung unter den englischen König fest, behaupteten, Bandalontar sei eigentlich englischer Boden, und gaben Randall zu bedenken, daß jeder

Angriff gegen die Insel faktisch ein Angriff gegen Seine Majestät sei. Im verzweifelten Bemühen, die Invasion aufzuhalten, schrieb Randall einen energischen Brief an Coen, in dem er ihn aufforderte, »nicht zur Gewalt zu schreiten«. Unnötig zu bemerken, daß Coen über diesen Brief äußerst ungehalten war und ihn »in gewaltigem Zorne von sich warf, kaum geruhete, ihn zu lesen, und den Boten aus dem Hause jagen ließ«. Während der arme Mann sich aus dem Dreck aufrappelte, riet ihm Coen, sich davonzumachen, solange er noch könne, »denn welche auch immer er [auf Bandalontar] anträfe, würd er als geschworene Feinde ansehn und ihnen nicht anders mitspielen als den Heimischen«.

Vor dem Angriff schickte Coen seine Jacht, die *Hert*, mit dem Auftrag, die Insel entlang der Küste zu umrunden. Das Boot kam unter anhaltendes und extrem zielgenaues Musketenfeuer, was zwei Mitglieder der Mannschaft das Leben kostete und zehn anderen Verwundungen eintrug. Der Kommandant der *Hert* berichtete, er habe nicht weniger als zwei Dutzend Festungen in der Nähe der Küste ausgemacht. Außerdem seien alle Bergkämme der Insel schwer befestigt, und er habe zahlreiche englische Kanoniere gesichtet.

Bandalontar war seit langem ein Anziehungspunkt für Tausende von unzufriedenen Bandanesen, die in der Wildnis und auf den unzugänglichen Berghängen Zuflucht suchten. Einem englischen Besucher zufolge war die Insel »das größte und reichste Eiland von Banda; stark und unzugänglich gleich einer Burg«. Das Dorf Lonthor an der Nordküste war ein fast uneinnehmbares Bollwerk, »auf dem Rand eines schroffen Hügels gelegen, und der Anstieg so schwer als wie auf einer Leiter«. Es hatte drei Verteidigungslinien, jede mit Kanonen und Musketen bestückt, die vorüberfahrende Schiffe mit verheerendem Erfolg bestreichen konnten. Coens Männer wußten, wie riskant es war, die Insel anzugreifen; der Mut drohte sie zu verlassen, noch ehe der Kampf begonnen hatte. Um seine Truppen aufzurütteln, hielt der holländische Generalgouverneur eine flammende Rede, sprach vom Ruhm und von der Vorsehung und ermahnte seine Männer, mit Ehrgefühl und Bravour zu kämpfen. In der Hoffnung, den Feind zu verwirren, ließ er sie sodann an mehreren verschiedenen Punkten gleichzeitig landen. Die Holländer kämpften mit beträchtlichem Wagemut; sie erkletterten Klippen und krochen Simse und Vorsprünge entlang, um Schlüsselpositionen zu erobern. Es war ein ungleicher Kampf. Zwar wurden die Eindringlinge vielfach zurückgeschlagen, weil »ein Mann droben soviel wert als wie zwanzig drunten«; dennoch hatten sie am Ende des ersten Tages den Großteil des Flachlands in ihre Gewalt gebracht. Dabei waren ihnen bandanesische Verräter behilflich. An dem strategischen Punkt Lakoy führte ein Einheimischer die Angreifer durch einen versteckten Hintereingang und bekam dafür 250 Peso, während bei Orantatta jeder Bandanese, der seine Kampfgenossen verriet, kleine Börsen mit Goldstücken erhielt. Mittels Bestechung, Verrat und Wagemut wurde Bandalontar schließlich eingenommen; die großen Verteidigungsanlagen von Lonthor fielen den Holländern nach heftigem Kampf am Abend des zweiten Tages in die Hände. Die Holländer verloren nur sechs Mann bei dem Angriff; weitere siebenundzwanzig wurden verwundet.

Die führenden *orang-kayas* suchten Coen nun an Bord seines Schiffes auf und brachten Gold- und Kupfergeschenke mit, weil sie um Frieden bitten wollten. Coens Bedingungen waren hart: Sie mußten alle Befestigungen zerstören, alle Waffen ausliefern, schwören, daß sie den Holländern nie mehr Widerstand leisten würden, und ihre Söhne als Geiseln geben. Sie durften nur mehr mit der Holländisch-Ostindischen Kompanie Handel treiben und mußten die holländische Oberhoheit anerkennen. Die letzte

Klausel war folgenreich, denn künftige Aufstände wurden ihr zufolge nicht mehr als Kriegshandlung, sondern als Hochverrat betrachtet, und Hochverrat konnte in Holland mit dem Tode bestraft werden. Die Häuptlinge unterzeichneten am Ende die Vereinbarung – es blieb ihnen kaum etwas anderes übrig –, aber Coen war sicher, daß sie sich nicht daran halten würden. Und für diesen Fall schwor er, sie vollständig zu vernichten.

Robert Randall hatte sich während der Invasion wohlweislich zurückgehalten. Er und seine Kollegen hatten sich im englischen Lagerhaus eingeschlossen und waren bis zum Fall der Insel »darinnen verweilet«. Seine Neutralität trug wenig dazu bei, ihm die Sympathie der Holländer zu sichern, die »unser Haus plünderten, all unser Hab und Gut raubeten, dreen unsrer chinesischen Dienstleut metzelten, die andern (Engländer und Chineser gleichermaßen) an Händ und Füß banden und droheten, ihnen die Häls zu durchschneiden«. Den Japanern bereitete es besonderes Vergnügen, ihre Gefangenen zu quälen: Nachdem sie die Chinesen enthauptet hatten, rollten sie die abgetrennten Köpfe zu Füßen der englischen Gefangenen umher und weideten sich an deren Schrecken. »Mit ihren Waffen, gezogen und gezücket, schlangen [sie sodann] einen Strick um den Hals unsres Faktorprinzipalls, zerreten sein Haupt empor und strecketen ihm das Genack, wie um ihn hinzuschaffen.« Letztlich richteten sie Randall aber dann doch nicht hin. Statt dessen »stürzeten [die Japaner] sie, dieweil sie an Händ und Füß gebunden (wie vermercket), den Fels hinab wie die Hunde, daß sie ums Haar den Hals gebrochen, und trugen sie also gebunden an Bord ihrer Schyffe und hielten sie in Eisen gefangen«. Randall war überzeugt davon, daß die Holländer seine Hinrichtung befohlen, daß aber die Japaner den Befehl nicht richtig verstanden hatten.

Coen hatte recht mit seiner Annahme, daß die Bandanesen nicht beabsichtigten, den Vertrag einzuhalten. Die Waffen, die sie ablieferten, waren rostig und völlig unbrauchbar, wogegen die Befestigungen, die sie zerstörten, bald schon durch neue Anlagen ersetzt waren. Und zu allem Überfluß war die einheimische Bevölkerung zum großen Teil ins gebirgige Hinterland von Bandalontar geflohen, wo sie in Abständen verstreute holländische Truppenteile angriff. Bei einer Gelegenheit lockten sie einen großen Trupp Soldaten in einen Hinterhalt, töteten neun von ihnen und ließen fünfundzwanzig mit ernsthaften Verwundungen zurück.

Coen hatte immer noch fünfundvierzig *orang-kayas* an Bord seines Schiffes und unterwarf sie nun einem Verhör. Nachdem man sie ordentlich mit Brenneisen traktiert hatte, gestanden sie, daß die Bevölkerung von Banda nie die Absicht hatte, sich an die Kapitulationsbedingungen zu halten, sondern im Gegenteil plante, binnen weniger Wochen gegen die Holländer eine Gegenoffensive zu starten. Als der Rat der Holländer das hörte, verurteilte er die Geiseln zum Tode – wobei die Hinrichtung mindestens einen der holländischen Augenzeugen entsetzt und von Abscheu erfüllt zurückließ:

»Die vierundvierzig Gefangenen (einer hatt Selbstmord verübet) schaffet man in die Burg und hielt die acht obersten orang-kayas – jene, die, wie es hieß, ›der Katz die Schelle umgehänget‹ – getrennt, dieweil man die übrigen wie Schafe zusammentrieb. Aus Bambus ward gleich außerhalb der Burg ein Pferch errichtet und von Wächtern umstellet und darein wurden die Gefangenen gebracht. Das Urteil ward vor ihnen verlesen, sie hätten sich gegen das Leben des Herrn Generall verschworen und den Friedensvertrag gebrochen. Vor dem Verlesen des Urteils verbot man bei Strafe des Todes jedem andern, den Pferch zu betreten, außer Vätern und Müttern.

Da die verurteilten Opfer in den Pferch gebracht wurden, hieß man auch sechs japanische Soldaten hineingehen, und mit ihren scharfen Schwertern köpften und vierteilten sie die acht obersten orang-kayas und köpften und vierteilten darnach die sechsunddreißig übrigen. Diese Hinrichtung war schrecklich anzusehen. Die orang-kayas starben stille, ohn einen Laut von sich zu geben, außer daß einer von ihnen in holländischer Zunge sprach: ›Herren, habt Ihr dann kein Erbarmen‹, aber nichts half.

Alles, was geschahe, war so gar grausam, daß es uns sprachlos ließ. Die Häupter und Körperteil derer, so man hingerichtet, wurden auf Bambusstäbe gespießet und also zur Schau gestellet. Solchermaßen geschah's: Gott allein weiß, wer im Recht ist.

Wir allesamt, die wir bekennende Christen, wären mit Entsetzen erfüllet durch die Art, wie diese Sach zu einem End gebracht und fanden an dem, was geschahe, kein Vergnügen.«

Coens Gewissen war durch den Tod so vieler Bandanesen nicht beschwert: »Es ist ein widerspenstig Volk«, schrieb er, »von dem nichts Guts zu hoffen.« Die Direktoren in Amsterdam allerdings stieß seine Grausamkeit ab; sie schrieben: »Wir hätten uns gewünscht, daß die Sache mit maßvolleren Mitteln ins Werk gesetzt worden wär.« Coen durfte sich über eine derartige Kritik zu Recht entrüsten; schließlich waren es die Direktoren selbst, die ursprünglich empfohlen hatten: »Die Bandanesen sollten mit Gewalt niedergeworfen, ihre Häuptlinge vernichtet und verjagt und das Land neu besiedelt werden.«

Mit dem Gedanken einer Neubesiedlung trug sich Coen schon seit geraumer Zeit; er bereitete dazu den Boden, indem er ganze bandanesische Gemeinden zusammentreiben und nach Batavia verschiffen ließ, um sie dort als Sklaven zu verkaufen. Die Gesamtzahl der Verschleppten ist unbekannt, aber allein von einem einzigen Schiff ist bekannt, daß es fast neunhundert Menschen transportierte, von denen ein Viertel unterwegs starb.

Die Eroberung der Bandainseln war fast abgeschlossen. Die verbliebenen Eingeborenen waren Coen auf Gedeih und Verderb ausgeliefert, denn ihre Anführer waren tot und ihre Verteidigungsanlagen zerstört. Auch die Engländer stellten keine Bedrohung mehr dar. Alle Überlebenden der Belagerung von Run saßen entweder auf Ai im Kerker oder lagen in Ketten auf einem der holländischen Schiffe. Da mit weiteren Schwierigkeiten nicht mehr zu rechnen war, stach Coen in See, um nach Batavia und anschließend nach Holland zu fahren. Unterwegs versäumte er nicht, in Ambon haltzumachen und den Gouverneur, Herman van Speult, im Blick auf verdächtige Aktivitäten zur Wachsamkeit zu ermahnen. Er war überzeugt davon, daß die Engländer versuchen würden, auf Ambon oder auch auf den Bandainseln gegen die Holländer zurückzuschlagen, und wies van Speult an, jede Verschwörung im Keim zu ersticken. »Wir hoffen, die Dinge also lenken zu können, wie Ihr befehlet«, erwiderte van Speult, »und sofern wir Wind von irgendwelchen Verschwörungen bekommen ... werden wir in Eurem Sinne mit den Verschwörern sogleich nach Gebühr verfahren.«

In getreulicher Befolgung der Anweisungen Coens setzte van Speult ein umfassendes Agentennetz ein, um über alle verdächtigen Aktivitäten in der Stadt im Bilde zu sein. Die folgenden Ereignisse, die in Europa als das Massaker von Ambon bekannt wurden, zerstörten endgültig jede Hoffnung Englands, vielleicht doch noch auf den Gewürzinseln Fuß fassen zu können. Sie führten außerdem England und Holland an den Rand eines Krieges.

Die Insel Ambon war für die Holländer aus ökonomischer Sicht und aus strategischen Gründen von großer Bedeutung. Sie war der Haupthafen für Schiffe, die zu den Bandainseln fuhren, und sie war reich an Gewürznelken, die auf dem größten Teil ihrer gut siebenhundert Quadratkilometer großen Fläche angebaut wurden. »Amboina sitzet als Kynigin zwischen den Eilanden von Banda und den Moluccas in der Mitten«, schrieb Kapitän Humphrey Fitzherbert in seiner *Pithy Description of the Chiefe Ilands of Banda and Moluccas* (Nachdrückliche Beschreibung der hauptsächlichen Eilande von Banda und den Moluccas). »Selbige wird verschönet durch die Früchte etlicher Faktoreien und von den Hollandern klärlich geschätzet.« Coen hatte die Stadt Ambon zu seinem Hauptsitz in der Gewürzregion gemacht und den Bau einer »gar starcken Burg« befohlen, von der aus er den Schiffsverkehr zu den Bandainseln kontrollieren konnte.

Die eine Seite der Festung von Ambon war meerumspült, während das Bauwerk im übrigen von der Stadt durch einen neun Meter breiten Wassergraben getrennt wurde, den Meerwasser füllte. Die Mauern und Schutzwälle waren stark befestigt: An jeder Ecke ragte ein Turm empor, auf dem »sechs große Feldstücke« in Stellung gebracht waren. Die Garnison umfaßte zweihundert holländische Soldaten und eine Kompanie freier Bürger. Hinzu kamen vierhundert *mardiker* oder freie Eingeborene, die im Handumdrehen zur Verteidigung der Festung mobilisiert werden konnten. Im Hafen lagen als weitere Verteidigungslinie acht holländische Schiffe.

Daß die Engländer irgendeinen lang andauernden Angriff gegen die Holländer hätten führen können, ist höchst unwahrscheinlich. Als Coen nach Amsterdam segelte, hielt sich der kleine Trupp Engländer, der noch in Ostindien war, mit Müh und Not am Leben. Aus London erhielten sie wenig Unterstützung, und die Faktoreien, die sie bewachten, waren zum größten Teil zerstört und fast verfallen. Alle standen kurz vor dem Ruin und hatten den Gewürzhandel praktisch aufgegeben. Tatsächlich war im Winter des Jahres 1622 über eine Schließung der Faktoreien diskutiert worden; die endgültige Entscheidung hatte man nur verschoben, weil man zu der übereinstimmenden Ansicht gelangte, daß man zuerst London konsultieren müsse.

Die kleine englische Faktorei auf Ambon befand sich im gleichnamigen Hauptort der Insel. Hier lebte rund ein Dutzend Männer. Auf derselben Insel, in den Dörfern Hitu und Larica, gab es eine Handvoll weiterer Faktoren, durch die sich die Gesamtzahl der Engländer auf achtzehn erhöhte; sie stellten eine bunt zusammengewürfelte Schar von Kaufleuten und Matrosen dar, zu denen auch ein Schneider und ein Barbier zählten. Letzterer betätigte sich gleichzeitig als Wundarzt. Diese Männer verfügten über ein Waffenarsenal von insgesamt drei Schwertern und zwei Musketen. Hauptfaktor war Gabriel Towerson, ein altgedienter Kaufmann, der die Witwe von William Hawkins, jene Armenierin von königlichem Geblüt, geheiratet hatte. Nicht nur ihretwegen hatte er beschlossen, sich im Fernen Osten niederzulassen. Er war ein eindrucksvoller Überlebenskünstler, der alle seine Zeitgenossen um viele Jahre überdauert hatte; seine Briefe zeigen, daß er sich rasch an ein unvertrautes Milieu anzupassen vermochte und für östliche Gepflogenheiten ein scharfsinniges Verständnis aufbrachte. Er war träge und doch zuverlässig, prunksüchtig und doch mit ausgeprägt praktischem Sinn begabt. Als er in Ahmadabad aufkreuzte, klagte der neue englische Gesandte Sir Thomas Roe, Towerson sei »hier eingetroffen mit viel Bediensteten, einer Drommet und mehr Gepräng, als ich aufbiet« – ein deutliches Zeichen dafür, daß Towerson wußte, wie man am Hof des Großmoguls Einfluß gewinnen konnte. Daß er den Holländern mit tiefem Mißtrauen begegnete, steht außer

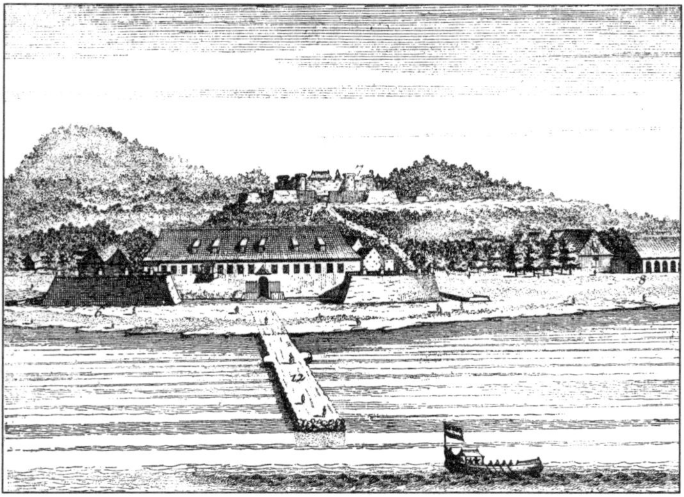

Fort Victoria, Ambon – Schauplatz der Folterung und Hinrichtung nahezu aller auf der Insel lebenden Engländer. Die Behauptung der Holländer, die Engländer hätten die Festung in ihre Hand bringen wollen, blieb unbewiesen.

Frage; gegen den Gouverneur von Ambon, Herman van Speult, der ihn darin unterstützt hatte, für die englischen Faktoren Behausungen zu finden, hegte er keinen Groll. Tatsächlich schrieb Towerson just zu der Zeit, als der Holländer sich Sorgen wegen eventueller Verschwörungen machte, an seine Vorgesetzten in Bantam und bat sie, van Speult einen Dankesbrief zu schicken, »nebst etlichem Bier oder einer Kist mit starcken Wässern, so ihm annehmlich ist«. Towerson und seine Männer waren häufig zu Gast auf der Festung und hatten dort praktisch ungehindert Zugang; sie kamen und gingen, wie es ihnen paßte. Towerson selbst speiste oft bei dem holländischen Gouverneur und war stets bezaubert von dessen »Artigkeit« und »Liebe«.

Er sollte rasch erfahren, wie wenig diese Artigkeit bedeutete. In der Nacht des 10. Februar 1623 stieß ein holländischer Wachposten, der entlang der Mauer patrouillierte, auf einen der japanischen Söldner, die von der Kommandantur regelmäßig in Dienst genommen wurden. Es gab etwa dreißig Japaner, die in der Festung Dienst taten; die holländische Garnison allerdings mißtraute ihnen, und deshalb waren sie in einem Haus in der Stadt untergebracht. Die Fragen, die der Japaner ihm stellte, erregten beim Wachposten Verdacht, und am Ende seiner Wache berichtete er seinen Kameraden, jemand spioniere die Festung aus. Diese Neuigkeit drang rasch ans Ohr des Gouverneurs, der den Japaner festnehmen ließ und verhörte. Der Mann gab zu, sich nach der Stärke der Festung erkundigt zu haben, erklärte aber, seine Fragen seien der Neugier entsprungen, und er habe »keinerlei arglistige Absichten« damit verbunden. Es sei unter Soldaten ganz üblich, erklärte er, sich über die Stärke einer Wache zu informieren, »damit sie wüßten, wie viele Stunden sie zu stehen hätten«.

Diese Antwort hätte die meisten Menschen zufriedengestellt; van Speult allerdings erklärte, die Antwort könne ihn ganz und gar nicht überzeugen, und befahl, den Mann zu foltern. Er »hielt gar lang aus«, wie es im offiziellen holländischen Bericht heißt, aber schließlich hatte die Folter den gewünschten Effekt, und der arme Teufel »gestand«, die Japaner hätten einen Plan zur gewaltsamen Einnahme der Festung ausgeheckt. Daß es einen solchen Plan gab, war unglaubhaft, ja geradezu ausgeschlossen, aber die Holländer verschreckte das Gehörte so sehr, daß sie auch die übrigen Japaner festnahmen und der Folter unterwarfen. Währenddessen »gingen die Engländer ihrer Geschäfte halber weiter ein und aus in der Burg, sahen die Gefangenen, höreten von ihrer Marter und von dem Verbrechen, so ihnen zur Last gelegt«. Nach sechsundfünfzig Stunden erhielten die holländischen Vernehmungsbeamten die Antwort, auf die sie so lange gewartet hatten. Die mit Zangen und Brandeisen zugerichteten Japaner bekannten, sie hätten sich mit den Engländern verschworen, und Towerson und seine Männer seien es, die den Plan zur Eroberung der Festung ausgeheckt hätten.

Damals saß ein englischer Wundarzt namens Abel Price im Kerker der Festung in Einzelhaft. Price war ein Säufer, der dadurch in Schwierigkeiten geraten war, daß er nach einer besonders wüsten Saufnacht gedroht hatte, das Haus eines Holländers in Brand zu stecken. Nun wurde beschlossen, Price in die Folterkammer zu bringen und herauszufinden, was er über die Verschwörung wußte. Der Morgen graute, als man ihn vor den Fiskal, den als Ankläger fungierenden holländischen Beamten, brachte, und ihm drehte sich noch der Kopf vom vielen Alkohol. Als man ihm von den Geständnissen der Japaner erzählte und deren Wunden zeigte, brauchten die holländischen Vernehmungsbeamten die Foltereisen gar nicht erst zu erhitzen, da gestand Price bereits »jegliches, was sie von ihm heischeten«. Tatsächlich wollten sie gar nicht viel von ihm wissen; er sollte lediglich ihrer Version der Vorgänge zustimmen. Price fügte sich brav und bekannte, dem holländischen Bericht zufolge, daß »am Neujahrestag Kapitän Towerson sie zusammenrief, nämlich die englischen Kaufleut und die andern Offiziere, und hieß sie zuvörderst den Verschwiegenheits- und Treueid auf die Heilige Schrift schwören. Hiernach ließ er sie wissen, ihre Nation werde von uns sehr belästiget und unbillig behandelt und gar wenig geachtet; derhalben er gedenke, sich zu rächen. So sie ihm hülfen und getreulich zur Seite stünden, wisse er, wie er der Festung Herr werden könne, wogegen etliche von ihnen einwandten, ihre Macht sei zu gering. Darauf erwiderte Kapitän Towerson und sprach, er habe die Japaner und andere bereits beredet, welchselbige willens seien, ihm beizustehen. An Leuten (sprach er) leide er nicht Mangel, denn sie allesamt seien willig.«

Price lieferte sodann Einzelheiten über den geplanten Angriff. Die Japaner, sagte er, sollten als erste in die Festung eindringen; sie hätten die Aufgabe, die Wache und den Gouverneur zu ermorden. Sobald das vollbracht sei, sollten die übrigen Männer die Tore stürmen und alle Holländer umbringen, die sich nicht ergeben wollten. Das erbeutete Geld und Gut sollte schließlich unter den Siegern aufgeteilt werden.

»Ich war über die Maßen verwundert, als ich von dieser Verschwörung vernahm«, erklärte van Speult später im Blick auf dieses Geständnis, und das konnte er auch gut und gerne sein, denn die Engländer waren gar nicht in der Lage, eine so schwer bewachte Festung zu erobern. Selbst wenn sie in ganz Ambon einen Aufstand angezettelt hätten, wäre bei ihrer aus drei Schwertern und zwei Musketen bestehenden Bewaffnung ein solcher Plan mit Sicherheit fehlgeschlagen; einen Angriff zu unternehmen, ohne daß vor der Küste ein Schiff gelegen hätte, mit dem man notfalls die Flucht ergreifen konnte, wäre einem Selbstmord gleichgekommen. Aber Coen hatte van Speult gewarnt, dies sei genau die zu erwartende Art von Verschwörung, weshalb der Gouverneur entschied, es sei seine Pflicht, der Sache nachzugehen.

Unter dem Vorwand, er wünsche einige wichtige geschäftliche Angelegenheiten zu diskutieren, sandte van Speult zum Haus der Engländer und ließ sie bitten, sofort in die Festung zu kommen. Bis auf einen, der das Haus bewachen sollte, kamen alle der Aufforderung nach. Kaum hatte man sie vor ihn gebracht, klagte er sie der Verschwörung an und teilte ihnen mit, sie würden »bis auf weiters« gefangengesetzt. Towerson wurde unter holländischer Bewachung in der englischen Faktorei eingesperrt, während man Emanuel Thomson in der Festung behielt. Die übrigen Männer, John Beomont, Edward Collins, William Webber, Ephraim Ramsey, Timothy Johnson, John Fardo und Robert Brown, wurden mit Handschellen aneinandergefesselt und an Bord eines vor Anker liegenden holländischen Schiffes gebracht. Anschließend holte man auch Samuel Coulson, John Clarke und George Sharrocks, die in Hitu lebten, sowie William Griggs und John Sadler, die sich in Larica aufhielten, nach Ambon. Als letzte wurden John Powle, John Wetherall und Thomas Ladbrook, die in Cambello ihren Standort hatten, verhaftet und eingekerkert. Das englische Haus wurde anschließend geplündert, und das Warenlager, zusammen mit Kisten, Schachteln, Büchern und Briefen, wurde beschlagnahmt.

Die Männer wußten nach wie vor nichts von den Anklagen, die gegen sie erhoben wurden, und sahen ihrer Haft mit geringer Beunruhigung entgegen. Sie waren immer gut mit van Speult ausgekommen und hofften zuversichtlich, daß sich das Mißverständnis rasch ausräumen ließe und sie wieder freikämen. In diesem Punkte irrten sie, denn noch bevor die letzten Gefangenen aus Cambello eingetroffen waren, begannen schon die ersten Folterungen.

Eine Darstellung der Vorgänge erschien 1624 in Form einer Flugschrift unter dem Titel *A True Relation of the Unjust, Cruel and Barbarous Proceedings against the English at Amboyna* (Wahrhaftige Schilderung des ungerechten, grausamen und barbarischen Verfahrens gegen die Engländer in Ambon). Dieser schauerliche Bericht, der keine Einzelheit der Folterungen der Phantasie überläßt, wurde in England zum Bestseller und erlebte Dutzende von Auflagen; noch vierzig Jahre nach den Ereignissen kamen Nachdrucke heraus. Die Wirkung auf die englische Öffentlichkeit war so stark, daß viele lauthals forderten, man solle Holland den Krieg erklären. Sogar in Holland erregte der Bericht Aufsehen, und die Generalstaaten erklärten, sie seien entsetzt über das, was da im einzelnen geschehen sei.

John Beomont und Timothy Johnson wurden als erste vor den Vernehmungsbeamten gerufen. Während man Johnson in die Folterkammer führte, mußte der zitternde Beomont unter Bewachung draußen stehenbleiben. Diese ausgeklügelte Grausamkeit erlaubte es ihm, mit anzuhören, wie sein Freund gefoltert wurde, ehe er selbst in die Kammer gebracht wurde. Er mußte nicht lange warten, bis der Vernehmungsbeamte anfing, Johnson zu bearbeiten. Beomont hörte, wie er »gar jämmerlich schrie, sodann eine Weile stille war und dann wiederum laut«. Nachdem er »die Marter gekostet«, wurde Johnson einen Augenblick in Ruhe gelassen, und Price wurde hereingekarrt und gezwungen, seinen Landsmann zu beschuldigen. »Dieweil aber Johnson noch nichts bekennete«, fährt der Bericht fort, »ward Price alsbald fortgeschafft und Johnson wiederum hochnotpeinlich befraget, von wannen Beomont hörete, wie er bald schrie, bald wieder stille war, sodann aufs neue brüllte. Endlich, nachdem er eine Stund bei dieser zweiten Befragung zugebracht, ward Johnson jammernd und wehklagend herausgeführet, am ganzen Leib naß und an vielerlei Teilen versenget.« Man warf ihn in eine Ecke und gab ihm einen Soldaten bei, »so ihn bewachte, daß er mit niemandem Zwiesprache hielte«.

Als nächster kam Emanuel Thomson in die Folterkammer. Mit einundfünfzig war er ein alter Mann, aber sein hohes Alter schützte ihn keineswegs vor der abscheulichen Vernehmung. Mehr als anderthalb Stunden lang ertrug er die Folter, wenngleich zu hören war, wie er »gar elendiglich und vielmalen brüllete«.

Schließlich rief der Vernehmungsbeamte nach dem zitternden Beomont, der während der ganzen Zeit außerhalb der Folterkammer gewartet hatte. Er wurde wiederholt befragt und beschuldigt, wiewohl er »sich gar heftig verschwur und seine Unschuld beteuerte«. Sein Leugnen half ihm nichts; mit einem fest um den Hals geknüpften Tuch wurde er an der Wand hochgezogen und mit den blutigen Instrumenten bekannt gemacht. Aber noch ehe sie bei ihm angewandt werden konnten, setzte der Gouverneur Beomonts Folter unvermutet aus und erklärte, »er würd ihn ein oder zwei Tag verschonen, dieweil er ein alter Mann wär«.

Der nächste Tag war ein Sonntag. Nach einem Gottesdienst in der Burgkapelle, der länger ausfiel als gewöhnlich und an dem van Speult und seine Horde teilnahmen, wurde die Folter fortgesetzt. Der erste, der in die Folterkammer gebracht wurde, war Robert Brown, ein Schneider; er brach zusammen und legte ein Geständnis ab, ehe der Vernehmungsbeamte Gelegenheit fand, ihn zu foltern. Als nächster war Collins an der Reihe; er bereitete ihnen größere Probleme. Als man ihm die gegen ihn vorgebrachten Anschuldigungen nannte, leugnete er alles »unter heftigen Schwüren und Verwünschungen«. Der verärgerte Vernehmungsbeamte befahl daraufhin seinen Schergen, »seine Händ und Füß fest an den Stein zu binden, [und] schlang ein Tuch um seinen Hals«. Als Collins sah, was er würde erdulden müssen, bat er, ihn herunterzulassen, und versprach, alles zu gestehen. Kaum aber hatte man ihn losgebunden, bestritt er abermals, von dem Plan zu wissen, und äußerte, da sie entschlossen seien, ihn zu foltern, »auf daß er gestehe, nur doch nicht gar so fälschlich, sollten sie ihm zuliebe tun und ihm künden, was sie wolleten, daß er ihnen sage, so werde er's tun, um der Folter zu entrinnen«. »Darob sprach der Fiskal: ›Wie? Ihr spottet unser‹, und gebot: ›Hinauf mit ihm‹, und gab ihm drauf die Wassermarter, welchselbige er nicht zu erleiden vermocht, und bat also wieder, ihn herabzulassen, damit er könne gestehen. Sodann ging er ein weniges mit sich zu Rate und erzählet ihnen, zwei Monat und einen halben zuvor hätten er selbst, Thomson, Johnson,

Brown und Fardo ersonnen, mit dem Beistand der Japaner die Festung zu überrumpeln.

Hier ward er vom Fiskal unterbrochen und gefraget, ob nicht Towerson mit von der Verschwörung gewest. Er erwiderte: ›Nein.‹

›Ihr lügt‹, sprach der Fiskal. ›Rief er Euch nicht zu sich und sagte Euch, die tagtäglichen Mißhandlungen der Hollander hätten ihn einen Plan ersinnen lassen und er wolle nichts als Euren Beifall und Eure Dienste?‹

›Jawohl‹, warf ein holländischer Kaufmann namens John Joost ein, der dabeisaß: ›Habt Ihr nicht auf die Heilige Schrift geschworen, im Geheimen mit ihm zu bleiben?‹

Collins verschwur sich, er wisse nichts von dergleichen Dingen. Darauf banden sie ihn erneut an die Wand. Worauf er denn erklärete, alles wär wahr, was sie gesprochen. Sodann befragte ihn der Fiskal, ob nicht die Engländer in den andern Faktoreien mit diesem Plan einverständig wären. Er erwiderte: ›Nein.‹ Sodann befragte ihn der Fiskal, ob nicht der Präsident der Engländer in Jakarta oder M Welden in Banda Mitverschwörer wären oder eingeweihet in den Plan. Abermals erwiderte er: ›Nein.‹«

Nun fragte der Fiskal Collins, wie die Japaner ihren Angriff hätten durchführen wollen, worauf der arme Collins, »stille schweigend und auf eine glaubhafft Erdichtung sinnend«, sich schließlich zu dem Fiskal wandte und wortlos den Kopf schüttelte. Der Fiskal war nur zu bereit, ihm zu helfen, und lieferte die gewünschte Geschichte: »Hätten nicht die Japaneser an alle Orte der Festung gehen sollen und zwei an die Tür der Schlafkammer des Gouverneurs; und wenn der Tumult draußen wäre entbrennet und der Gouverneur aus der Tür getreten, um nach dem Rechten zu sehen, die Japaneser ihn dann umbringen sollen?«

Selbst die Schergen waren entsetzt, als sie hörten, wie der Fiskal Collins die Aussage souffliert. Einer, »welcher dabeistund, sprach zum Fiskal: ›Heißet ihn nicht zu sagen, was er soll, sondern lasset ihn for sich sprechen.‹« Nach weiteren Folterungen gestand Collins alles, was man von ihm verlangte, und wurde in Ketten abgeführt, »gar froh, der Marter ledig zu sein, wiewohl in der sicheren Gewißheit, daß er für sein Bekenntnis würd den Tod erleiden müssen«.

Als nächster war Samuel Coulson, Faktor in Hitu, an der Reihe, der so außer sich war, als er Collins sah, dem »die Augen greulich aus dem Haupte fürstanden«, daß er lieber gleich alles gestand »und also entlassen ward und klagend, seufzend und seine Unschuld beteuernd aus der Kammer trat«.

John Clarke, ebenfalls aus Hitu, erwies sich als der Widerstandsfähigste von allen und weigerte sich, auch nur ein einziges Verbrechen zu gestehen. »Sie marterten ihn mit Wasser und Feuer« zwei Stunden lang, aber er beteuerte nach wie vor seine Unschuld. Wie die anderen wurde er der entsetzlichen »Wassermarter« unterzogen, die eine groteske Entstellung der Betroffenen zur Folge hatte. »Zuvörderst heißten sie ihn an den Händen mit einem Strick an einer großen Thyr empor, allwo sie ihn an zwei ehernen Krampen festmachten, welchselbige sie ob der Thyrpfosten einschlugen; seine Hände zerreten sie so weit voneinander, als sie konnten. Da er also festgemacht, hingen seine Füß an die zwei Fuß über dem Grund, und auch diese zerreten sie voneinander und machten sie fest.« Nachdem dies vollbracht war, banden sie ein Stück dickes Segeltuch um seinen Hals und sein Gesicht und ließen nur oben eine Öffnung. Dann »geußten sie das Wasser sänftiglich auf sein Haupt, daß die Leinwand voll ward bis hinauf zu Mund und Nüstern und ein weniges darüber, also daß er nicht konnt Atem holen, so er nicht all das Wasser einsog«.

Damit fuhr man stundenlang fort, bis ihm Wasser »aus Nas, Ohr und Aug drang; und gar oft, dieweil es ihn würgte und erstickete, nahm's ihm schier den Atem und ließ ihm die Sinne schwinden, also daß er ohnmächtig ward«. Wenn es soweit kam, mußten die Folterer rasch handeln. Das Segeltuch von seinem Kopf und Hals entfernend, »macheten sie ihn das Wasser auswürgen«, nur um ihn, sobald er wieder atmen konnte, »abermalen aufzuheißen«.

Clarke ertrug diese schreckliche Folter viermal hintereinander, »als bis sein Leib solchermaßen aufgetrieben, daß er zwei oder drei Malen seine Größ übertraf und seine Backen waren wie große Blasen und seine Augen glotzten und weit vor der Stirn herfürstanden«. Dennoch weigerte er sich zu gestehen, woraufhin der Fiskal und die Schergen Bedenken bekamen und »erkläreten, er wär ein Teuffel und kein Mensch oder wär gewißlich eine Hex; des mindesten müßt er einen Zauber haben oder verhext sein, daß er so viel könnt erleiden. Derhalben sie ihm das Haupt schereten, dieweil sie meinten, er hätte in seinem Haar einen Zauber verstecket.«

Dann wurde kurz diskutiert, ob man die Folter fortsetzen sollte. Alle waren der Meinung, es sei nötig, woraufhin »sie ihn abermalen heißten wie zuvor und ihn sodann mit brennenden Kerzen am Grund seiner Füße sengten, bis die Tropfen Schmalz die Kerzen auslöschten, desgleichen unter den Achselhöhlen, bis sein Inneres klärlich zu blicken war«.

Endlich nahmen sie ihn herab, und »dieweil er solchermaßen erschöpfet und von der Marter hingeschaffet wär, sprach er zu allem, was sie ihn frugen, ja und amen«. Als das Geständnis zu Papier gebracht war und »sie den armen Menschen also gemartert hätten, schicketen sie ihn fort und mußten ihn vier Schwartze zu seinem Kerker tragen, allwo er fünf oder sechs Tag lag, ohn Bader, ihn zu verbinden, bis daß (da sein Fleisch verweset) auf ekelste und lärmendste Weis dicke Maden von ihm herabfielen und von dannen krochen«. Die Folterer selbst hatte die Tortur mittlerweile so erschöpft, daß »sie also ihres Sabbattages Werck endeten«.

Im Laufe der folgenden Woche wurden die übrigen Engländer einer nach dem anderen in die Folterkammer gebracht. Alle erlitten Verunstaltungen unterschiedlichen Grades, ehe sie wieder in den Kerker geworfen wurden, mit Brandwunden und blutend, die Verletzungen und Wunden infiziert und vereitert. Griggs gestand früh und ersparte sich so die Verbrennungen, Fardo erduldete die Wassermarter, ehe er zusammenbrach, und schließlich wurde Beomont, der betagte Invalide, zum zweiten Mal hereingetragen. Mehrere seiner gefolterten Kameraden wurden hereingebracht, um ihn zu beschuldigen, er aber wies alle Beschuldigungen »mit hehrem Ernst und feyerlichen Eiden« zurück. Der Fiskal war es bald müde, auf ein Geständnis zu warten, und ließ den widerborstigen Gefangenen »aufheißen und mit Wasser traktiren, als bis seine Innereien zu platzen droheten«. Nachdem er das rund eine Stunde ertragen hatte, »antwortete er auf all dem Fiskal seine Befragungen mit ja und ward er mit einem großen ehernen Bolzen und zwei Schellen an den Beinen vernietet und zurück in den Kerker geschleppt«.

Im verzweifelten Bemühen, der Folter zu entrinnen, erfand George Sharrocks die einfallsreichste aller Geschichten. Man setzte ihn vor eine Wasserbütte, umgab ihn mit brennenden Kerzen und sagte ihm, man werde ihn zu Tode foltern, wenn er nicht gestehe; anschließend werde er »an den Füß zum Galgen geschleifet und daselbst aufgehänget«. Das war zuviel für den armen Mann, und er fing an, eine wüste Geschichte von Verschwörungen gegen die Holländer auszuspinnen. Da die Gefangenen miteinander nicht reden durften, hatte seine Erzählung wenig Ähnlichkeit mit den anderen Geschichten, die der Fiskal zu hören bekommen hatte. Sharrocks bestritt immer wieder, daß Towerson je mit ihm über das Thema gesprochen habe, und erklärte, er habe seinen Landsmann vor vier Monaten das letzte Mal gesehen – lange bevor die sogenannte Verschwörung ausgebrütet worden war –, da er im Norden der Insel lebe. Trotz dieser gegenteiligen Beteuerungen wurde sein Geständnis schriftlich ausgefertigt und ihm vorgelesen; anschließend wurde er gefragt, ob es der Wahrheit entspreche. »›Nein‹, erwiderte Sharrocks. ›Warum dann‹, sprach der Fiskal, ›habt Ihr's bekannt?‹ ›Aus Forcht vor der Marter‹, erwiderte Sharrocks.« Darauf »ziehen der Fiskal und die übrigen ihn in großem Zorne der Lüge; sein Mund hätt es gesprochen, und es wäre wahr, und derhalben sollt er's unterschreiben«.

Ganz zuletzt wurde Gabriel Towerson zum Verhör gebracht und »beteuerte gar heftig seine Unschuld«. Der Fiskal teilte ihm mit, alle anderen hätten ihn der Verschwörung beschuldigt, und ließ drei von ihnen hereinbringen, damit sie in Towersons Gegenwart die Verbrechen bestätigten, deren sie ihn beschuldigt hatten. Coulson wurde als erster hereingebracht: Bleich und zitternd stand er da, schwieg und senkte voll Scham den Kopf. Schließlich erklärte man ihm, er werde erneut gefoltert, wenn er nicht rede, woraufhin Coulson sein Geständnis »ohn Regung bekräftigte«. Als nächste wurden Griggs und Fardo hereingeführt und standen vor Towerson. Es folgte ein dramatischer Auftritt, denn Towerson »ermahnete sie ernstlich, daß sie, sintemalen sie am furchtbaren Tage des Jüngsten Gerichts würden Red und Antwort stehen müssen, nichts als Wahrheit sprechen sollten. Beide fielen darob sogleich auf die Knie vor ihm, baten, er möge ihnen um Gott's Willen vergeben, und kündeten hiernach vor ihnen allen, die da beisammen, was auch immer sie zuvor bekennet, sei über die Maßen falsch und nur gesprochen, um der Folter zu entrinnen«. Als das der Fiskal hörte, explodierte er und bedrohte sie mit weiteren Folterungen, »welches sie nicht zu erdulden vermochten und also versicherten, daß ihr vorherig Bekenntnis wahr«.

Towerson neigte schweigend den Kopf, weil er erkannte, daß seine Situation hoffnungslos war. Weder Griggs noch Fardo konnten weitere Folterungen ertragen; beide stimmten zu, ein Schuldgeständnis zu unterschreiben. Als Griggs sein Geständnis unterschrieb, fragte er den Fiskal, »auf wessen Haupt er dächte, die Sünd werd kommen; ob aufs Haupt dessen, der gezwungen, Falsches zu bekennen, oder derer, die ihn gezwungen?«. Daraufhin verließ der Fiskal den Raum, um sich mit van Speult zu unterreden. Als er zurückkam, befahl er Griggs zu unterzeichnen. »›Wohlan‹, sprach er, ›Ihr machet, daß ich mich und andere dessen zeihe, was so falsch wie Gott wahrhafftig ist: Gott aber ist mein Zeuge, daß ich so unschuldig als ein neugeboren Kind.‹«

Was mit Towerson geschah, nachdem die Geständnisse unterzeichnet worden waren, ist ungewiß. Kein Zweifel, daß ihm die grausamste Behandlung vorbehalten blieb; dennoch trotzte er der Folter bis zum Ende. Die beiden Überlebenden berichteten später, van Speults Schergen hätten sogar noch brutalere Methoden angewandt, wie etwa »Zehen zu spalten und eine Lanz in die Brust zu bohren und Schießpulver hineinzutun und es abzubrennen, von wannen der Leib nicht ganz bleibt, ob man ihn nun für unschuldig befindet oder richtet«. In der Festung stank es offenbar so penetrant nach verbranntem Fleisch, »daß keiner den Geruch konnt leiden«.

Die Gefangenen durften sich zwei Tage lang von der Folter erholen, ehe sie in der großen Halle der Burg versammelt wurden, um zu erfahren, was man über sie beschlossen hatte. Einige, die glaubten, ihre Qualen hätten ihnen Anspruch auf Mitleid verschafft, hofften zuversichtlich, nicht umgebracht, sondern nur verbannt zu werden. Milde zählte indes nicht zu den Tugenden, die sich van Speult nachsagen ließen. An einem massiven Tisch sitzend und von seinen Offizieren flankiert, trug er feierlich vor, »wessen er sie anklagte und wie er entschieden«. Die Männer hatten ihre Schuld gestanden – alle außer Towerson, dessen beharrliche Unschuldsbeteuerungen den Fiskal derart in Rage versetzt hatten. Während die Männer darauf warteten, daß man ihnen das Urteil sprach, wurde Towerson erneut » zum Verhör heraufgeholet und zwei große Krüg Wasser hinter ihm drein getragen«. Was er in den Stunden, in denen man ihn verhörte, erdulden mußte, werden wir nie erfahren, denn gesehen wurde er erst wieder auf dem Schafott, wo er mit bleichem, erschöpftem Gesicht erschien.

Ehe der Fiskal das Urteil verlas, wurden »Gebete zum Herrn gesprochen, daß Er bei dieser düsteren Beratschlagung ihre [der Ratsmitglieder] Herzen leiten und Er ihnen eingeben möge, was billig und recht sei«. Danach gebot der Fiskal Ruhe. Towersons Urteil lautete auf Enthaupten und Vierteilen; sein Kopf sollte als abschreckendes Beispiel für andere an einem Pfosten aufgehängt werden. Den übrigen Männern blieb das Vierteilen erspart; sie sollten, zusammen mit den japanischen Verschwörern, nur enthauptet werden. Während die Verurteilten entsetzt lauschten, fingen die holländischen Offiziere an, untereinander zu tuscheln. Ihnen ging auf, daß sie sich um die Angelegenheiten der englischen Faktorei kümmern mußten, wenn sie sämtliche Engländer hinrichteten. Also wurde beschlossen, zwei von den Männern zu begnadigen, damit sie die Interessen der Englisch-Ostindischen Kompanie wahrnehmen konnten. Der eine der Männer, die verschont wurden, war Beomont; er war in der glücklichen Lage, einen holländischen Kaufmann als Freund zu haben, der sich für seine Freilassung einsetzte. Über den zweiten Mann sollte das Los zwischen Coulson, Thomson und Collins entscheiden. Sie knieten auf den kalten Steinplatten nieder und vereinigten ihre Hände zum gemeinsamen Gebet; anschließend griffen sie in die Losschachtel. Collins zog das Gewinnlos und wurde prompt freigelassen. Die anderen ergaben sich in ihr Schicksal.

Sie wurden in ihre Kerkerzellen zurückgeführt, um dort die letzte Nacht vor ihrer Hinrichtung zu verbringen. Aufgesucht wurden sie von holländischen Geistlichen, die, »dieweil sie nur noch wenig Zeit zu leben hätten, sie ermahneten, wahrhafftig zu bekennen; denn es sei ein gefährlich und verzweiffelt Ding, in solcher Stund falsch Zeugnis abzulegen«. Die Engländer beteuerten weiterhin ihre Unschuld und »fleheten zu den Pfarrern, sie allsamt das Sakrament empfahen zu lassen, als Unterpfand, daß ihnen ihre Sünden vergeben, und um solchermaßen ein letztes Mal ihre Unschuld zu bekennen«. Das war für die Geistlichen zuviel und »ward um keinen Preis gewähret«.

Coulson bat nun die Geistlichen, ihnen eine Frage stellen zu dürfen. »›Ihr zeiget uns die Gefahr, in dieser Stund falsch Zeugnis zu geben‹, sprach er, ›saget uns aber, so wir schuldlos leiden und sonsten wahrhafftig an Jesum Christum glauben, welches wird unser Lohn sein?‹«

Darauf hatte der Geistliche rasch eine Antwort parat: »Um so reiner Ihr seid, um so glorreicher werdet Ihr auferstehen.« In der Erzählung heißt es dann weiter:

»Bei dieser Rede fuhr Coulson empor, umfing den Prediger und gab ihm seine Börse mit allem Geld, so darinnen, und sprach: ›Herre, Gott segne Euch. Saget dem Gouverneur, daß ich ihm aus freiem Willen vergebe; und ich bitt Euch, ihn zu ermahnen, daß er das blutig Ende bereue, welches er über uns arme, unschuldige Seelen gebracht.‹

Dieser Rede geselleten sich alsdann alle übrigen Engländer von Herzen bei.

Hiernach sprach John Fardo zu den andern, dieweil die Geistlichen zugegen, und redete wie folget: ›Meine Lands-

Das Massaker von Ambon erschütterte die englische Nation zutiefst. Die Kaufleute der Ostindischen Kompanie wurden mit Feuer und Wasser gefoltert, ehe man ihnen mit Schießpulver Gliedmaßen abriß. Nachdem sie eine Woche lang Grausamkeiten hatten erdulden müssen, wurden sie auf Befehl des holländischen Kommandanten hingerichtet.

leut und Brüder, die Ihr hier mit mir seyd verurteilt zum Toode, ich bitt Euch alle, wie Ihr vor dem Richterstuhl Gottes Euch werdet verantworten müssen, sofern etwelcher von Euch dessen schuldig, darob wir verurteilet, erleichtert Euer Gewissen und bekennet die Wahrheit, auf daß die Welt es wisse.‹ Hierauf erhub Samuel Coulson laut seine Stimme und sprach: ›So gewißlich ich unschuldig bei diesem Verrat, o Herr, vergib mir all meine Sünden, und sollt ich auch nur ein Geringes schuldig hierin sein, mög ich nimmer Anteil haben an Deiner himmlischen Lust!‹ Bei welchen Worten von den übrigen jedweder laut schrie: ›Amen für mich, Amen für mich, gütiger Gott!‹ Dies vollbracht, ging ein jeder, dieweil er wußt, wen er beschuldigt hätt, einer zum andern und bät, daß ihm das falsch Zeugnis vergeben sei, dieweil es ihnen durch die Qualen oder Ängste der Marter entrissen worden. Und allesamt vergaben sie einer dem andern aus freiem Willen: keiner nämlich wär also fälschlich beklaget, der nicht einen andern fälschlich beklaget hätt.«

Die holländischen Geistlichen fühlten sich tief bewegt durch den Anblick dieser verurteilten Männer, die ihre Unschuld beteuerten; einer von ihnen bot an, ihnen ein Fäßchen Wein zu bringen, damit sie sich »die Sorgen vertreiben« könnten. Die Männer aber lehnten das Angebot standhaft ab, weil sie ihre letzten Stunden nicht in trunkenem Zustand verbringen wollten. Statt dessen baten sie die Geistlichen um Tinte und schrieben schweigend ihre letzten Unschuldsbeteuerungen nieder. Eines dieser Schriftzeugnisse, das Samuel Coulsons Unterschrift trägt, steht in Coulsons Psalmenausgabe, die schließlich zurück nach Europa gelangte. Verfaßt am 5. März 1623 von dem »an Bord der Rotterdam in Eisen schmachtenden« Coulson, hat es folgenden Wortlaut:

»Wisset, daß ich, Samuel Coulson, vormaliger Faktor von Hitto, wegen Verdachts der Verschwörung ergriffen ward; und, soviel ich weiß, dafür sterben muß: derhalben ich, da mir kein Mittel, meine Unschuld kundzutun, in dies Buch geschrieben, hoffend, daß irgendwelch braver Engländer sein ansichtig werde. Bei meiner Seele Heil schwör ich hier, so wahr ich hoffe, durch Sein Sterben und Leiden Erlösung von meinen Sünden zu finden, daß ich von dergleichen Verschwörung gänzlich rein: von keinem Engländer weiß ich, der dessen schuldig, noch von einem andern Geschöpf auf Erden. Gott segne mich, so gewiß dies wahr – Samuel Coulson.«

Auch William Griggs schaffte es, in dieser letzten Nacht ein paar Zeilen niederzuschreiben: »Wir, durch die Marter, wurden genötiget, zu sprechen, was wir niemals meineten oder je träumeten; welchselbiges wir bei unserem Tod und Seelenheil schwören, daß mit der hochnotpeinlichen Marter von Feuer und Wasser gequälet, daß Fleisch und Blut es nicht zu leiden vermochten ... Und also lebet wohl; geschrieben in der Finsternis.«

Wie Towerson seine letzte Nacht verbrachte, ist unbekannt, denn er wurde immer noch in Einzelhaft gehalten und konnte mit seinen Landsleuten nicht kommunizieren. Alles, was er schrieb, wurde konfisziert und vernichtet, bis auf zwei Zeilen, die er auf einen Schuldschein der Kompanie kritzelte. Diese Notiz blieb unentdeckt, bis der Schein einem englischen Agenten auf den Bandainseln in die Hände fiel: »Von der Firm bestätigt durch mich, Gabriel Towerson, itzt zum Sterben bestimmt, keiner Missetat schuldig, die mir könnt rechtens zur Last geleget werden. Gott vergeb ihnen ihre Schuld und nehme mich in Gnaden auf. Amen.«

Daß seine Leiden mindestens so schrecklich waren wie

die der übrigen Männer, geht aus einem Bericht Beomonts, des einen der Freigelassenen, hervor, der ihn am Morgen seiner Hinrichtung besuchte und »ihn in einer Kammer sitzend fand, ganz für sich in einem erbärmlichen Zustande, die Wunden seiner Marter verbunden«. Er drückte schwach Beomonts Hand und flehte ihn an, wenn er je wieder England erreiche, solle er nach seinem Bruder Billingsley suchen und ihn seiner Unschuld versichern, »von der Ihr selbst«, fügte er hinzu, »nur zu wohl wisset«.

Als der Tag anbrach, hallten Trommelschlag und der schwere Tritt von Soldaten durch die Stadt und kündigten den Gefangenen ihre nahende Hinrichtung an. Die Trommeln lockten alle herbei, die bei dem bevorstehenden Blutvergießen zuschauen wollten. Hinrichtungen in Ambon waren festliche Ereignisse; Fahnen und Girlanden wurden aufgehängt, Musikkapellen spielten, und große Menschenmengen »drängeten sich, den Triumph der Hollander über die Englander zu sehen«. Die Gefangenen wurden unterdes zum letzten Mal in der großen Halle versammelt. An der Tür standen die »Entledigten und Begnadigten«, jene glücklichen zwei, die man auf Befehl des Gouverneurs freigelassen hatte. Diesen Männern sagten die Verurteilten nun zum letztenmal Lebewohl und trugen ihnen feierlich auf, sie sollten »ihren Freunden in England kund und zu wissen tun ... daß sie nicht als Verräter gestorben, vielmehr als so viele Unschuldige, blos gemordet von den Hollandern, welchen sie Gott bäten, ihr Blutdürsten zu vergeben und ihren eigenen Seelen barmherzig zu sein«.

Während ihrer letzten Minuten in der Halle wurden die Japaner hereingeführt und an der gegenüberliegenden Wand in einer Reihe aufgestellt. Beide Gruppen hegten Groll gegeneinander, weil jede der anderen die Schuld an ihrem schlimmen Los gab. »›Oh, ihr Engländer‹, sprach einer der Japaner im Tone der Verzweiflung, ›wo hätten wir jemals in unserem Leben mit Euch gespeiset, mit Euch geredt oder (soweit uns erinnerlich) Euch gesehen?‹ Die Engländer erwiderten: ›Warum dann habt Ihr uns Schuld gegeben?‹« Erst in diesem Augenblick ging ihnen allen das Ausmaß der holländischen Irreführung auf, und »die armen Menschen, da sie erkenneten, wie sie glauben gemachet, einer hab den andern beschuldiget, noch eh sie's getan, wiesen sich wohl denn ihre gemarterten Leiber und sprachen: ›So ein Stein solchermaßen versenget wird, würd er nicht seine Natur wandeln? Wieviel mehr wir, die wir aus Fleisch und Blut?‹«

Die Männer umarmten sodann einander, ehe sie in einen Hof geführt wurden, wo ihnen ein Beamter von einem Laufgang herab das Urteil verlas. Hier kamen sie wieder mit Towerson zusammen, dessen Wunden und Verletzungen so entzündet waren, daß er kaum gehen konnte. Von fünf Kompanien Soldaten eskortiert, wurden sie dann in feierlichem Zug zur Hinrichtungsstätte geführt, in einer langen und traurigen Prozession, die sich durch Massen johlender Zuschauer wand, ehe sie am Bestimmungsort anlangte.

Als die Verurteilten Aug in Aug mit ihrem Henker standen, zog Samuel Coulson aus seiner Tasche ein kurzes Gebet, das in einer trotzigen Unschuldsbeteuerung endete. Als er es gesprochen hatte, warf er den Zettel in die Luft und sah zu, wie er hoch hinaufflatterte, ehe ihn ein Soldat erwischte und dem Gouverneur brachte.

Einer nach dem anderen traten die Männer zum Richtblock. Ehe der Henker seine blutige Arbeit verrichtete, bekräftigte jeder von ihnen mit klarer Stimme noch einmal, die Verbrechen, deren er beschuldigt wurde, nicht begangen zu haben. »Und also litten sie einer nach dem andern in großer Heiterkeit den tödlichen Streich.«

Nur Towerson wurde gesondert behandelt. Als dem Anführer des kleinen englischen Kontingents ward ihm die

Auszeichnung eines kleinen Stücks schwarzen Samtes zuteil, das an den Block geheftet wurde, bevor man ihm dem Kopf abschlug. In einer Kostenrechnung, die später der Englisch-Ostindischen Kompanie zugestellt wurde, tauchte der Preis für diesen Stoff mit der Begründung auf, er sei allzu blutbesudelt gewesen, um noch brauchbar zu sein.

Falls van Speult wegen seiner brutalen Rechtsübung von Gewissensbissen geplagt wurde, stand Gott persönlich bereit, ihm seine Skrupel zu bestätigen. »Im Augenblicke der Hinrichtung verdunckelte sich der Himmel gar sehr, und es erhub sich ein heftiges Winden und Stürmen, also daß zwei hollandische Schiffe, so im Hafen vor Anker lagen, sich losrissen.« Es sollte noch schlimmer kommen: Binnen zwei Wochen nach der Hinrichtung »geschahe eine große Kranckheit auf dem Eiland, so niemals gesehen noch erhöret, also daß die Leut schrien, es wär eine Pestilenz, welche das unschuldig Blut der Engländer über sie gebracht«. Als die Epidemie schließlich abklang, war ein Viertel der Inselbevölkerung tot. Die überlebenden Engländer zogen Trost aus diesen Vorfällen und erinnerten sich an die Worte, die Emanuel Thomson vor seinem Tod gesprochen hatte, daß er »nicht zweiffele, Gott werde ein Zeichen ihrer Unschuld schicken«.

Die kleine englische Gemeinschaft in Batavia erfuhr erst von diesen Vorgängen, als zwei bleiche Engländer einem im Hafen eingetroffenen Schiff entstiegen. Als man wissen wollte, warum sie sich in einem so jämmerlichen Zustand befanden, berichteten sie von dem Massaker in Ambon und fanden kein Ende. Die Engländer waren entsetzt über das, was sie zu hören bekamen, und schickten sogleich einen Protest an den neuen holländischen Generalgouverneur, Pieter de Carpentier; sie beschwerten sich über van Speults »dreist Verfahren«, in dessen Verlauf er »Ihrer Majestet Untertanen gefangengesetzet, gemartert und blutig hingerichtet« sowie »ihr Hab und Gut konfisziret« habe, »derhalben der König gekräncket und entehret und die englische Nation empöret«.

Carpentier nahm den Protest kühl und mit gespielter Gleichgültigkeit entgegen, aber die Briefe, die er nach Holland schrieb, zeigen, daß er sich über die gravierenden Konsequenzen der Vorgänge im klaren war. Auch wenn er überzeugt davon war, daß Towerson und seine Männer tatsächlich eine Verschwörung angezettelt hatten, verurteilte er doch mit allem Nachdruck die Methoden, die der Fiskal angewandt hatte. »Er nennete sich einen Juristen und ward für einen solchen von der Kompanie in Sold genommen«, schrieb Carpentier, doch hätte er »in der Sach mehr Urteilskraft beweisen müssen«. Carpentier fuhr fort: »Wir meinen, auf die Strenge des Rechtes hätt holländische Milde ein weniges mäßigend einwircken sollen (mit Rücksicht auf eine Nation, so uns benachbart), zumalen sofern dies geschehen konnt ohn Schaden für den Staat und die Würde der Rechtsprechung, wie nach unserer Ansicht geschehen hätt können«.

Als die Nachricht von dem Massaker in London eintraf, ging ein Aufschrei der Entrüstung durch das Land. König Jakob weigerte sich, sie zu glauben, und erklärte, sie sei zu abscheulich. Als er aber die Geschichte aus dem Mund der Überlebenden vernahm, war er tief schockiert; obwohl er sich gewöhnlich mit Gefühlsäußerungen zurückhielt, soll er angesichts des Schicksals von Towerson und seinen Gefährten Tränen vergossen haben. Die Lords des Kronrats weinten ebenfalls, als sie von den Folterungen Kenntnis bekamen, während die Kaufleute von der Ostindischen Kompanie stumm vor Entsetzen waren. Merkwürdiger war die Reaktion der englischen Öffentlichkeit: Sie schwelgte in einer Stimmung, die einem Ausbruch kollektiver Trauer sehr nahe kam. Überall im Land erschienen Broschüren und Flugblätter, in denen die Folterungen in allen Einzelheiten geschildert wurden; in Städten und Dörfern wurde über das schreckliche Geschehnis eifrig diskutiert. Um die holländische Kirche in Lothbury sammelte sich ein Volkshaufen und beschimpfte die Kirchgänger auf ihrem Weg zum Gottesdienst. »Heuchler, Mörder«, brüllten sie, »Ambon kostet Euch das Himmelreich.« Mehr als fünfzig Jahre später verwendete der Dichter John Dryden die Fakten des Massakers, um antiholländische Gefühle anzuheizen; er schrieb ein Trauerspiel mit dem Titel *Amboyna, or The Cruelties of the Dutch to the English Merchants* (Ambon oder: Wie grausam die Holländer mit den englischen Kaufleuten verfuhren).

In den Wintermonaten nahm die Empörung immer weiter zu, und die Direktoren der Ostindischen Kompanie versäumten nicht, den öffentlichen Zorn nach Möglichkeit anzustacheln. Sie beauftragten den Künstler Richard Greenbury, ein großes Gemälde in Öl anzufertigen, das die Todesqualen von Towerson und seinen Gefährten zeigte, wie auch van Speult und den Fiskal, die sich an ihrem blutigen Triumph ergötzten. Greenbury übertraf sich offenbar selbst und malte ein grausliches Bild, auf dem er die Folterungen »lebhaft, ausladend und kunstreich« darstellte. Das Gemälde sollte in der Zentrale der Kompanie ausgestellt werden, »zum immerwährenden Gedächtnis an die Grausamkeit und Treulosigkeit der Holländer«; die Öffentlichkeit war eingeladen, zu kommen und es sich anzuschauen. Es war aber derart geeignet, Haß gegen die Holländer zu schüren, daß die Regierung die Direktoren anwies, es erst nach dem Fastnachtsdienstag der Öffentlichkeit zugänglich zu machen; man befürchtete allgemeine Ausschreitungen gegen die große holländische Volksgruppe, die in London lebte.

Greenbury selbst war begeistert darüber, wie gut das Bild ankam, und forderte von den Direktoren hundert

Pfund Sterling. Er erlebte allerdings eine Enttäuschung, denn die Direktoren ließen ihn wissen, jemand habe »angeboten, es für dreißig Pfund in Bronze zu schneiden, welches weit mehr Arbeit und Kunstfertigkeit erheischet, als es auf Leinwand zu malen«. Schließlich einigte man sich auf ein Honorar von vierzig Pfund.

Angesichts der zunehmenden antiholländischen Proteste in London wuchs das Gefühl, daß etwas unternommen werden mußte. »Ich für mein Teil«, schrieb eine Person von Stand an Sir Dudley Carleton, den englischen Gesandten in Den Haag, »würd, so denn niemand sich Besseres wüßt, das erste Schiff aus Ostindien festsetzen und auf den Doverklippen sämtliche hängen, so in dieser Sache schuldig oder teilhafftig befunden, eh ich mit ihnen wortgemein würd: denn es lässet sich nicht anders verfahren mit solchem Schlag Menschen, so weder das Gesetz noch Gerechtigkeit achtet, noch irgend billig oder menschlich gesinnt ist, vielmehr Gewinn zu seinem Gotte macht.«

Die Generalstaaten waren über die Nachwehen des Massakers in Ambon außerordentlich besorgt und unzufrieden mit dem offiziellen Bericht, den die Direktoren der Holländisch-Ostindischen Kompanie vorlegten. In dem Bericht wurde nicht etwa geleugnet, daß van Speult die Folter angewandt hatte; seine Methoden wurden im Gegenteil durch das Argument gerechtfertigt, daß »die Wassermarter weit annehmlicher und weniger gefahrlich denn andere Foltern ist, dieweil die Pein des Wassers nichts bewircket als ein Bedrängnis und Beängsten des Odems und seiner Schöpfung«. Der Bericht wimmelte von Ungereimtheiten und enthielt nichts, was die Engländer ernsthaft belastet hätte. Nachdem die Generalstaaten über ihn beraten hatten, riefen sie van Speult nach Holland zurück, um ihn für seine Brutalität zur Rechenschaft zu ziehen. Er starb allerdings, ehe er Amsterdam erreichte. Andere der Beteiligten schafften es bis Holland; das Sondergericht, das man zur Prüfung des Falles eingesetzt hatte, beriet monatelang, um dann zu erklären, es sehe keinen Grund, die Beschuldigten für etwas zu bestrafen, was sie in der Überzeugung getan hätten, zum Wohle ihres Landes zu handeln.

Die Direktoren der Englisch-Ostindischen Kompanie protestierten und teilten dem König mit, sie seien gezwungen, den Handel mit den Gewürzinseln aufzugeben, wenn nicht »die Holländer wahrhafftigen Ersatz für Schäden leisten, Gerechtigkeit an jenen üben, welche mit solch großer Wut und Willkür die Engländer gemartert und zu Tode gebracht haben, und für die Zukunft Sicherheit gewähren«. Der König folgte ihrem Rat und setzte einen Ausschuß ein, dem die angesehensten Staatsdiener angehörten und der alles Beweismaterial zu dem Fall untersuchen sollte, das nach England gelangt war. Dieser Ausschuß kam zu dem Ergebnis, das Massaker habe nicht in irgendeiner Verschwörung seinen Grund, sondern in dem Plan der Holländer, die Engländer dauerhaft von den Gewürzinseln zu vertreiben. Sie empfahlen dem Großadmiral, eine Flotte auszuschicken, die in der Einfahrt zum Ärmelkanal patrouillieren, alle nach Ostindien fahrenden und von dort kommenden Schiffe der Holländisch-Ostindischen Kompanie aufbringen und in England so lange festhalten solle, bis eine angemessene Entschädigung geleistet werde. Wie diese Entschädigung auszusehen habe, war nie strittig. Es gab nur einen Weg für die Holländer, das Massaker von Ambon zu sühnen, und der bestand in der Rückgabe der kleinen Insel Run.

KAPITEL ZWÖLF

Handelseins

Etwa fünfzehn Jahre nach dem Massaker von Ambon traf ein holländischer Überläufer mit beunruhigenden Neuigkeiten in London ein. Er informierte die Direktoren der Ostindischen Kompanie darüber, daß er kürzlich Run besucht und zu seiner Überraschung festgestellt habe, daß sämtliche Muskatnußbäume auf der Insel gefällt worden seien. Wo vormals grüner Wald den Bergrücken Runs bedeckt habe, sei jetzt nichts mehr als nackte Erde.

Die Nachricht versetzte der immer grundloseren Hoffnung Englands, in der Region wieder Fuß zu fassen, einen weiteren Schlag. Die Londoner Kaufleute brauchten nur einen flüchtigen Blick auf den Globus zu werfen, um die Trostlosigkeit der Situation in aller Deutlichkeit zu erkennen. Die Bandainseln unterstanden inzwischen vollständig holländischer Herrschaft: Mit Festungen übersät und von ständigen Garnisonen bewacht, waren sie vermutlich ein für allemal verloren. Auch Ambon befand sich unbestreitbar in holländischer Hand. Die Holländer hatten die Insel zu ihrer regionalen Operationsbasis erkoren; die zerklüftete Küste wurde von einer Kette eindrucksvoller Forts geschützt. Ähnliches ließ sich auch von den nördlich gelegenen Inseln Ternate und Tidore sagen, die langsam, aber sicher Bestandteil der holländischen Einflußsphäre geworden waren.

Die schrumpfende Schar von Engländern, die in Coens neuer Hauptstadt Batavia ausharrte, hatte noch augenfälligeren Grund zum Pessimismus. Allmonatlich sah man Faktoren ankommen, die ihre Außenposten aufgegeben hatten, hagere, verhärmte Männer, die sich im Kampf um die Aufrechterhaltung ihrer Geschäfte aufrieben, bis Zahlungsunfähigkeit oder die Ränke der Holländer sie zur Flucht zwangen. Selbst so entfernt liegende Niederlassungen wie Siam, Patani auf Borneo und Firando in Japan, an die sich hochfliegende Hoffnungen geknüpft hatten, konnten sich nicht halten. Eine nach der anderen mußte aufgegeben werden; nichts blieb von ihnen zurück als verfallende Lagerhäuser und ein lädiertes Ansehen. Einzig den Orten, die verstreut entlang der indischen Küste lagen, gelang es, eine Art von Handelstätigkeit aufrechtzuerhalten; aber selbst diese Orte sollte bald schon eine verheerende und völlig unerwartete Hungersnot in die Knie zwingen.

Die entsetzlichen Neuigkeiten aus Ambon hatten die kleine englische Gemeinschaft, die noch in Batavia lebte, mit Furcht und Schrecken erfüllt. Von den Holländern und den Einheimischen gleichermaßen verachtet, lebten sie in der Stadt nur mit Duldung Pieter de Carpentiers, des neuen Generalgouverneurs, den ihr Wohlergehen wenig kümmerte. Über ihre Proteste wegen des Massakers in Ambon ging er hinweg und versetzte sie damit noch mehr in Unruhe; umgeben von Feinden und ohne erkennbare Fluchtmöglichkeiten, befanden sie sich in einer denkbar prekären Situation. Falls Carpentier vorhatte, es den Schlächtern von Ambon gleichzutun, waren sie ihm hilflos ausgeliefert.

Bei einer Zusammenkunft entschieden die englischen Faktoren, Späher auszuschicken, die im Meer nach einer passenden Insel suchen sollten, auf der sich ein neuer zentraler Stützpunkt errichten ließe; gleichzeitig schrieb der von der Kompanie eingesetzte Präsident nach London und bat die Direktoren, »uns von dem unerträglichen Joche der holländischen Nation zu befreien«. Der Brief blieb zwar unbeantwortet, die Kundschafter aber kehrten bald schon mit guten Neuigkeiten zurück. Nachdem sie an der Südküste von Sumatra entlanggesegelt waren, stießen sie zufällig auf die flache Insel Lagundi, die, wie sie zuversichtlich erklärten, ihren Bedürfnissen bis ins kleinste entsprach.

Warum sie auf diesen trostlosen Ort verfielen, ist unklar, denn er hatte ein außerordentlich ungesundes Klima und verfügte über keine Frischwasserquelle. Im Oktober 1624 nahmen die in Batavia verbliebenen Engländer Reißaus vor »dem treulos Volk« und machten sich mit einem Seufzer der Erleichterung geradewegs auf nach Lagundi. Die Fahne wurde gehißt, die Vorräte wurden an Land gebracht, und Lagundi bekam den neuen Namen Prince-Charles-Insel.

Kaum hatten die Engländer sich auf der Insel niedergelassen, ließ das Glück sie erneut im Stich. Viele von den Männern fielen tropischen Fiebern und der Ruhr zum Opfer; die deprimierten Überlebenden verbrachten ebensoviel Zeit mit dem Ausheben von Gräbern wie mit dem Bau ihres Lagerhauses. Nach nur wenigen Monaten kam man wieder zusammen, und die Überlebenden beschlossen, nach Batavia zurückzukehren. Das war gar nicht so leicht. Da sie nicht mehr genug Leute hatten, um ein Schiff zu bemannen, mußten sie einen holländischen Kapitän bitten, sie in den Hafen von Batavia zurückzubringen. Sie wurden mit Hohngelächter empfangen und bezogen »eine unbarmherzig Tracht Prügel auf dem Marktplatz«.

Die Nachrichten, die in dieser beschwerlichen Zeit aus London eintrafen, boten wenig Anlaß zum Optimismus. Auch wenn König Jakob entschlossen war, für die abscheulichen Verbrechen in Ambon Vergeltung zu üben, sollten doch über drei Jahre vergehen, ehe es gelang, eine Flotte holländischer Schiffe auf dem Weg nach Ostindien im Ärmelkanal abzufangen und nach Portsmouth zu schleppen. Da war König Jakob bereits gestorben, und es blieb seinem Nachfolger König Karl I. überlassen, die Forderung nach Reparationen weiterzuverfolgen. Die Direktoren sahen endlich eine reelle Chance, eine Entschädigung zu erhalten, aber kaum hatten sie ihre Klageschrift fertiggestellt, da erfuhren sie, daß der König aus unerklärlichen Gründen die Schiffe freigegeben hatte. Er rechtfertigte sein merkwürdiges Verhalten damit, daß die Holländer versprochen hätten, eine Verhandlungsdelegation nach England zu schicken, aber nur wenige schenkten dieser Erklärung Glauben, und Gerüchte über Schmiergelder an den König nährten nur die Überzeugung, man habe sich heimlich geeinigt. Einem Bericht zufolge waren dem König durch den holländischen Kapitän 30 000 Pfund übergeben worden; in einem anderen hieß es, er habe drei Tonnen Gold erhalten. Die Holländer selbst heizten die Gerüchteküche noch an, indem sie prahlten, sie hätten die Juwelen des Königs bei dessen Pfandleiher eingelöst.

Für die Kompanie brach die dunkelste Stunde ihrer Geschichte an. Die Zahl der Schiffe, die in den Fernen Osten segelten, sank um fast zwei Drittel, und da der Handel praktisch zum Erliegen kam, fiel der Wert des Warenbestands um mehr als zwanzig Prozent. In den ertragreichen Jahren hatten die Einleger mehr als 200 000 Pfund pro Jahr eingesetzt; jetzt konnte sich der Büttel der Kompanie glücklich schätzen, wenn er ein Viertel dieser Summe zusammenbrachte. Noch besorgniserregender war die Nachricht, daß die Schulden eskalierten und außer Kontrolle zu geraten drohten: Als die Rechnungsprüfer im Frühjahr 1629 ihre Bücher durchsahen, stellten sie entsetzt fest, daß die Kompanie mit mehr als 300 000 Pfund im Minus stand.

Eine Reihe von Versammlungen wurden einberufen, um die prekäre Finanzlage der Kompanie zu erörtern; zähneknirschend beschloß man, die allgemeinen Unkosten und Betriebsausgaben drastisch zu senken. Als erste bekamen die achtzehn Londoner Angestellten die Sparpolitik zu spüren. Eine Liste von ihren Gehältern und Ausgaben wurden angefertigt, nebst Vorschlägen, wie sich Geld einsparen ließ. Einige sollten entlassen werden, den ineffektiv Arbeitenden kürzte man den Lohn, während andere mit empfindlich niedrigeren Bezügen weiterbeschäftigt wurden. Der erste auf der Liste war Mr. Tyne, der Buchhalter, dessen Gehalt von hundert Pfund auf das »frühere Maß« von achtzig Pfund herabgesetzt wurde. Zur Entschuldigung ihrer Maßnahme führten die Direktoren an, es kämen so wenige Schiffe aus Indien, daß kaum noch Buchhaltung anfalle. Mr. Handson, der Rechnungsprüfer, war das nächste Opfer, aber als er erfuhr, daß er an der Reihe war, zog er einen ehrenvollen Abgang vor, trat großzügig von seinem Posten zurück und ersparte der Kompanie hundert Pfund jährlich. Mr. Ducy, einem Holzvermesser, ging es nicht weniger an den Kragen: Sein Jahresgehalt von fünfzig Pfund wurde gestrichen, und er sollte künftig einen Tageslohn erhalten. Andere mußten feststellen, daß sie nicht mehr gebraucht wurden: Richard Mountney wurde mitgeteilt, sein Gehalt sei »gekündigt«, da seine Dienste nicht mehr benötigt würden.

Solche geringfügigen Eingriffe waren Schönheitspflästerchen und konnten den Niedergang der Kompanie nicht aufhalten. Weiteren Gehaltskürzungen folgte die Einstellung der Schiffsbautätigkeit und 1643 dann der Zwangsverkauf der Schiffswerft in Deptford. »Wir wünscheten etwan«, schrieben die Direktoren an ihre arg gebeutelten Faktoren, »daß wir das Ansehn unsrer Nation in selbigen Landstrichen [des Fernen Ostens] bewahreten und uns Genüge täten ... [aber] dies alles müssen wir auf uns nehmen und stille erdulden, bis daß wir diese finstern Zeiten uns und unsren Bewandtnissen freundlicher gesinnet finden.«

All die »finsteren Zeiten« hindurch klammerten sich die Direktoren an die Hoffnung, eines Tages wieder in den Besitz von Run zu gelangen. In den Jahren 1632 und auch

1633 schickten sie Briefe an ihre Kaufleute in Bantam mit der Anweisung, die Insel wieder zu besetzen; im folgenden Jahr schickten sie tatsächlich ein Schiff zu den Bandainseln, das aber wegen des verfrühten Monsunbeginns gezwungen war, nach Bantam zurückzukehren. Im Jahre 1636 segelte ein unternehmenslustiger englischer Kaufmann auf eigene Faust nach Bandanaira, um die Rückgabe von Run zu verlangen. Der hämische holländische Kommandant empfing ihn mit der Erklärung, er brauche nur hinüberzurudern und die Insel zu besichtigen, so werde er ihre Rückgabe etwas weniger eifrig fordern. Die Holländer, denen das anhaltende englische Interesse an der Insel zunehmend Sorgen bereitete, hatten »alles darangesetzt, das Eiland in seinem Werte zu mindern oder gar darum zu bringen«. Ein Beobachter sah mit Verblüffung, wie die Holländer »die Bauwerck niederreißen und verunzieren [und] die Muskatnußbäume verpflanzen, indem sie selbige mit den Wurzeln ausreuten und sie auf ihre eignen Eilande Neira und Poloway [Ai] schaffen ... und endlich auf ein Mittel sinnen, das Eiland volklos zu machen und es also zurücklassen, daß die Engländer keinen Nutzen von ihm hätten«.

Der Holländer, der diese Neuigkeit nach England brachte, war von der Holländisch-Ostindischen Kompanie entlassen worden und suchte nach einer Gelegenheit, sich dafür zu rächen. Er bot an, gegen ein kleines Honorar die Entschädigungsforderungen des Königs zu betreiben, und wurde zu diesem Zweck nach Holland geschickt, um dort Hand in Hand mit dem englischen Gesandten tätig zu werden. Die beiden waren mit einem Berg von Beweismaterial über holländische Untaten bewaffnet, unter anderem auch mit einem langen Untersuchungsbericht zu dem »barbarisch Gebaren des Gouverneurs von Banda, welchselbiger die Bewohner brennet und martert, sie ihres Goldes, Silbers, Geschmeides und ihrer Habe beraubet und die Muskatennußbäum und andres Gewürze zerstöret«. Sie hatten Unterlagen mit einer Aufzählung der hundertfünfzig Engländer, die während der vorangegangenen zwei Jahrzehnte umgebracht worden waren, und einer weiteren Liste der achthundert Personen, die in die Sklaverei verkauft worden waren.

Die Verhandlungen, die nun folgten, füllen viele Seiten in den Akten der Ostindischen Kompanie und bilden eine einzige lange Litanei, in der sich Anklagen, Beschwerden und unerbittliches Feilschen mischen. Bei der Erörterung der Entschädigungsfrage hatte die englische Verhandlungsdelegation ziemlich großen Entscheidungsspielraum; die Grundforderung aber war, daß Run mit Muskatnußbäumen neu bepflanzt und an England zurückgegeben werden müsse. Darüber hinaus verlangten die Direktoren eine einmalige Entschädigungszahlung von 200 000 Pfund für erlittene Verluste an Menschenleben und Sachwerten. Im Laufe der folgenden Monate sank diese Summe immer weiter; aber nach wie vor weigerten sich die Holländer, auch nur einen einzigen Gulden zu zahlen.

Das Unglück wollte es, daß in den vielen Jahren, in denen verhandelt wurde, die Bandainseln so fruchtbar waren wie nie zuvor und Muskatnüsse und Muskatnußblüten in einer bislang unbekannten Menge hervorbrachten. In dem Zeitraum zwischen 1633 und 1638, für den wir über Angaben verfügen, wurden Muskatnüsse und Muskatnußblüten mit einem Gesamtgewicht von mehr als vier Millionen Pfund nach Holland ausgeführt. Das war natürlich nur die amtlich registrierte Menge. Viele holländische Siedler auf den Inseln häuften private Vermögen an, indem sie heimlich an einheimische Kaufleute und Händler Muskatnüsse verkauften. Das hatten die holländischen Behörden zwar streng verboten, aber die zerklüfteten Küsten der Bandainseln ließen sich praktisch nicht überwachen, und die Siedler hatten geringe Schwierigkeiten, Käufer für ihre Gewürze zu finden.

Für die Ergiebigkeit der Muskatnußpflanzungen war zu einem nicht geringen Teil Coens Strategie verantwortlich, die Inseln ihrer einheimischen Bevölkerung zu berauben und diese durch Holländer zu ersetzen. Ehe er Ostindien verließ, hatte er verkündet, die Ostindische Kompanie nehme Anträge auf Landzuteilungen im Banda-Archipel entgegen. Dafür, daß sie gegen Angriffe von außen verteidigt wurden und Sklaven für die Bewirtschaftung der Plantagen erhielten, mußten sich die Anwärter dazu verpflichten, sich dauerhaft auf den Inseln niederzulassen und Gewürze nur für die Kompanie zu erzeugen. Viele »freie Bürger«, die in Batavia lebten – Männer, die nach Auslaufen ihrer Verträge im Osten geblieben waren –, erwiesen sich als nur zu bereit, Coens Angebot aufzugreifen, und bald schon strömten die Bewerbungen herein. Die Bandainseln teilte man in kleine Güter auf, wählte achtundsechzig Männer für deren Bewirtschaftung aus, und die Bandanesen, die es auf den Inseln noch gab, zwang man, den Siedlern beizubringen, wie man mit Muskatnußbäumen umging.

Der Erfolg und der Reichtum stieg den meisten Pächtern zu Kopf; sobald sie die Sklaven beschafft hatten, die sie für die Bewirtschaftung ihrer Plantage brauchten, versanken sie in zügelloser Trunksucht. Coen selbst klagte, die meisten Siedler seien » gar sehr ungeschickt für die Gründung von Kolonien [und] etliche schlimmer als Tiere«. Damit hatte er recht: Sie waren im allgemeinen faul und aufsässig, und es bedurfte harten Durchgreifens, um sie in Schach zu halten. Einem Tagebuch, das ein Angestellter der Kompanie führte, ist zu entnehmen, daß der Betreffende in einem Zeitraum von fünf Jahren Zeuge folgender Hinrichtungen wurde: zwei Personen bei lebendigem Leibe verbrannt, einer aufs Rad geflochten, neun gehängt, neun geköpft, drei erdrosselt und einer »arkebusiert« – das heißt, der Verurteilte wurde mit der bei den Holländern beliebten Luntenschloßmuskete in Stücke geschossen.

Die Holländer beherrschten nun den Banda-Archipel so vollständig, daß die englischen Direktoren an der Rückgewinnung von Run zu verzweifeln begannen, zumal der Ausbruch des englischen Bürgerkrieges alle Hoffnungen zunichte machte, bald eine Flotte in den Fernen Osten schicken zu können. »Wir besorgen, was wir in diesen beschwerlichen Zeiten zu wercken imstand«, schrieben sie, »da aller Handel und Umtrieb im Konigreich durch unser unselig Scheidung im eigen Haus gänzlich niedergeworfen.« Immer wieder aufflammende Kämpfe, der Zusammenbruch der Verkehrsverbindungen, drückende Steuerlast und die zunehmenden Gefahren auf See führten dazu, daß der Handel völlig zum Erliegen kam; die Direktoren jammerten: »Wie allhie der Handel gar schlecht und das Gelt gar rar, also ist's um ganz Europa wenig besser bestellet und gehet alls drunter und drüber.«

Im Winter 1656 war die Kompanie so gut wie am Ende. Mehr als vier Jahrzehnte lang hatten ihre Kaufleute sich bemüht, mit den Holländern Schritt zu halten, hatten immer heruntergekommenere Schiffe zu den Gewürzinseln entsandt und sich an ihren im ständigen Niedergang begriffenen Handel geklammert. Jetzt war es damit aus: Die großen Flotten, die einst majestätisch die Themse hinabglitten, waren zu einer fernen Erinnerung verblaßt. Die Schiffswerft in Deptford hatte man verkauft, die Lagerhäuser standen leer, und die Angestellten hatten kaum genug zum Leben und bezogen Lohn nur dann, wenn sich – was selten genug geschah – ein Indienfahrer nach England zurückzuschleppen vermochte.

Die der Kompanie in Übersee verbliebenen Vermögenswerte waren nicht der Rede wert. Die Faktoren, die noch in

Bantam lebten, hatten den Handel praktisch eingestellt; ihr einziger Erfolg in dieser düsteren Zeit – der Einkauf einer bescheidenen Schiffsladung Pfeffer – wurde sogleich wieder zunichte gemacht, als die Holländer das Schiff kaperten und im schadenfrohen Triumph nach Batavia schleppten. An der Nordwestküste Indiens hatte die Handelsniederlassung in Surat der Kompanie eine Zeitlang beachtliche Gewinne eingetragen. Aber ihr setzten Seeräuber arg zu, und ein noch schlimmerer Schlag traf sie, als die große Hungersnot von 1630 einen Großteil der Bevölkerung der Stadt dahinraffte. »Dorten war's wie leer von Leut«, schrieb einer der Faktoren, die in Surat lebten, »die mehrsten wärn davon, die andern hin.« Seine anschauliche Schilderung der Krise machte den Direktoren unmißverständlich klar, daß es Jahre dauern würde, bis ihre Handelsniederlassung in Surat sich wieder erholt hätte. »Nicht minder jammerte mich zu gewahrn, wie arme Leut in den Misthaufen und gar im Koth des Viehes wühleten, um was zu finden, so sie essen könnten ... unsren Nasen fehlete es nimmer am Leichenstanck, [denn] sie zerren sie jeglichen Alters und Geschlechts splitternackicht an den Füß hinaus und lassen sie dorten lan, also daß der Weg halb versperret.« Surat war zu einer Geisterstadt geworden, und als die Faktoren sich schließlich aus ihrem Anwesen heraustrauten, »möchten wir kaum eine lebend Person zu erschauen, allwo zuvor Tausende gewest. Weiber sahe man ihre Brut rösten [und] Männern, wo des Wegs daherkamen, ward aufgelauret, auf daß man sie verzehrete«.

Auch die anderen Faktoreien in Indien hatte die Hungersnot zugrunde gerichtet. Eine kurze Zeit lang gab die in den Anfängen steckende Faktorei in Madras Anlaß zur Hoffnung; kaum ragten die Festungsanlagen von Fort St. George über dem Strand empor, strömten auch schon einheimische Handwerker zu Hunderten herbei, angelockt durch die Nachfrage nach gewebtem und bemaltem Kattun. Nach vierzehn Jahren relativen Wohlstands aber machte die Hungersnot der einheimischen Bevölkerung praktisch den Garaus und dezimierte die kleine englische Garnison. Gerade einmal zehn Soldaten und zwei Faktoren blieben am Leben, und selbst deren Unterhalt erwies sich für die Kompanie als zu teuer. Die Direktoren verkündeten öffentlich, drei Schiffe würden in Kürze in den Osten entsandt, um die Niederlassung abzuwickeln.

Am 14. Januar 1657 kam das Aus. Der Gouverneur der Ostindischen Kompanie, William Cockayne, berief eine Generalversammlung aller *Merchant Adventurers* ein, die noch Geld in die Kompanie investiert hatten. Einer finster blickenden Zuhörerschaft erklärte er, die Geldtruhen seien leer und Aussicht auf eine Erholung des Unternehmens gebe es nicht mehr. Jedes Mittel habe man ausprobiert, jede Hoffnung sei erloschen. Der Lord Protector, Oliver Cromwell, sei um Hilfe ersucht worden, habe aber jegliche Unterstützung der Kompanie unter Hinweis darauf abgelehnt, daß er zu viele dringende »Staatsgeschäfte« habe. Als Cockayne die ungeheuren Ausmaße der Krise detailliert darlegte, dämmerte es den Kaufleuten, daß dies tatsächlich das Ende war. Die Kompanie war nicht mehr zahlungsfähig, die Bilanzen stimmten nicht mehr. Als die Sonne an diesem frostigen Winterabend unterging, warfen die *Adventurers* das Handtuch und meldeten Konkurs an.

»Beschlossen wird, einen Verkauf der Insel [Run], Zölle, Häuser und sonstigen Titel in Ostindien anzuberaumen.« So las man im Protokoll dieser historischen letzten Versammlung. Der geschätzte Wert belief sich auf nur 14 000 Pfund – der niedrige Preis erklärte sich daraus, daß die Vermögenswerte zum größten Teil nur auf dem Papier existierten. Für diese Summe erhielt der Käufer den Besitzanspruch auf Run, die Faktoreien in Bantam, Surat und Madras sowie einen abgelegenen Zollposten in Persien. Zum Schluß der Verhandlungen beauftragten die Kaufleute einen Büttel, Aushänge mit der Ankündigung des bevorstehenden Verkaufs in der Börse anzuschlagen.

Als sich an diesem düsteren Abend die Türen hinter den *Merchant Adventurers* schlossen, herrschte unter ihnen ein Gefühl lähmenden Entsetzens. Dies war nun also das Ende, die Todesstunde einer Kompanie, die eine solch glorreiche Bahn gen Osten eingeschlagen hatte. In den Anfangsjahren hatte sich alles so hoffnungsvoll angelassen. Die wegweisenden Expeditionen von Sir James Lancaster, das unbezwingliche Middleton-Trio, der tüchtige William Hawkins – alle hatten ihr Leben riskiert, um nach Ostindien zu gelangen, und einige waren mit unerhörten Mengen von Gewürzen zurückgekehrt. Damals erfüllte Muskatnußduft die Docks am Themseufer, und die Flußmündung wimmelte von Ostindienfahrern. Der König höchstpersönlich hatte die Expeditionen verabschiedet, und jubelnde Menschenmengen hatten sie bei der Heimkehr begrüßt.

Jetzt, über ein halbes Jahrhundert später, war es an der Zeit, die Verlustrechnung für das gescheiterte Unternehmen aufzumachen. Zahlreiche Schiffe waren in dem großen Wettrennen um die Gewürze untergegangen; Hunderte, vielleicht sogar Tausende von Männern hatten ihr Leben dabei verloren. Umsonst hatten die Opfer von Ambon ihr gräßliches Ende gefunden; umsonst hatte Nathaniel Courthope bei der heroischen Verteidigung von Run sein Leben hingegeben. Ebendiese Insel, die nach solch gewaltigem Kampf verlorengegangen war, stand nun für einen Angebotspreis zum Verkauf, der niedriger lag als die Kosten für ein kleines Schiff. Auf diesen Schluß der Geschichte konnte niemand stolz sein.

Normalerweise hätte die Sache damit ihr Bewenden gehabt, der Todeskampf einer Kompanie und ihres Traums wäre zu Ende gewesen. Aber auch wenn die *Merchant Adventurers* in London noch nichts davon ahnten – niemand sollte Gelegenheit erhalten, auf die verbliebenen Vermögenswerte im Osten ein Gebot abzugeben. Denn kaum hatten sie den Verkauf angekündigt, fanden sie sich auch schon zu einem Treffen mit Cromwells Staatsrat befohlen, einer Zusammenkunft, bei der es um nichts anderes ging als um die Zukunft der Ostindischen Kompanie.

Oliver Cromwell und seinen Staatsrat erfüllte die Nachricht von der Börse mit echter Sorge. Zu lange hatten sie sich geweigert, den Argumenten der Kompanie Gehör zu schenken – ihren Vorhaltungen, daß der Handel mit Ostindien zum Scheitern verurteilt war, wenn er nicht als geregeltes, auf Aktienkapital gestütztes System betrieben wurde, das heißt als ein System, das keinen Raum für Störungen durch freibeuterische Initiativen ließ. Nun, da ihm die Notlage der Kompanie klar wurde, lud der Staatsrat die Kaufleute ein, ihren Standpunkt vorzutragen, und zog sich dann zurück, um über seine Stellungnahme zu diskutieren.

Der Staatsrat trat am folgenden Morgen wieder zusammen und erklärte ohne Zögern, daß ihn die Argumente der Kaufleute umgestimmt hätten. Zwölf Tage danach schloß sich Cromwell der Haltung des Staatsrats an und entriß damit die Kompanie dem Todesrachen des Konkurses. Eine neue Charta wurde ausgearbeitet, vom Parlament gebilligt und am 19. Oktober 1657 vom Großsiegelbewahrer in Kraft gesetzt. Mit einem Federstrich war die Ostindische Kompanie als moderne, dauerhafte Unternehmung in Form einer Aktiengesellschaft wiedergeboren. Am selben Tag noch wurde von den jubelnden Direktoren eine Versammlung einberufen und in der Börse eine neue Zeichnungsliste ausgehängt. Die Londoner Kaufmannschaft reagierte mit schrankenloser Begeisterung; binnen eines Monats kamen Einlagen in Höhe von sage und schreibe 786 000 Pfund zusammen. Der Handel mit dem Osten konnte wieder beginnen.

Es waren aber nicht die Gewürzinseln, zu denen die Kaufleute ihre Schiffe entsandten. In den kargen und verzweiflungsvollen Jahren hatte einzig und allein der indische Subkontinent die Ostindische Gesellschaft am Leben erhalten, dank eines bescheidenen Handels zwischen Surat und Persien und eines noch bescheideneren Handels zwischen Indien und London. Auch wenn die Kompanie nach wie vor »Pfefferschoten, weißen Pfeffer, weißen Puderzucker, konservierte Muskatnüsse sowie Ingwermyrabolanen [eine pflaumenähnliche Frucht], Bezoarsteine [und] Arzneien aller Art« einführte, bildeten doch die Gewürze nicht länger das Rückgrat des Handels. An ihre Stelle waren Seidenstoffe und Salpeter getreten; letztere Chemikalie, die Indien in reicher Menge lieferte, war ein wesentlicher Bestandteil des Schwarzpulvers.

Während die Faktoreien auf den Gewürzinseln verfielen, entstanden entlang der Küste Indiens neue, und als Surat offiziell Bantam in der Rolle des zentralen Stützpunkts im Osten ersetzte, war jedermann klar, daß sich die Perspektive ein für allemal verschoben hatte. »Sehet also«, schrieb Sir Thomas Mun im Jahre 1667, »die wahrhafftige Beschaffenheit und Schätzung des fremdländischen Handels, so die große Einkunft des Königes ist, der Ruhm des Königreichs, das edle Amt des Kaufmannes, die Schule unserer Gewerke, die Stillung unseres Bedürfens, Beschäftigung für unsere Armen, unserer Ländereien Veredelung, die Zuchtstätte unserer Seeleute, die Schutzmauer unseres Königreichs, die Quelle unseres Schatzes, die Stütze unserer Kriege, der Schrecken unserer Feinde.«

Sein Triumphgeschrei unterschied sich markant vom Lamento früherer Tage und sollte in dem Maße, in dem die Kompanie aufblühte, noch lauter werden. Unter der segensreichen Regierung von König Karl II. wurden den Direktoren noch weitergehende Rechte eingeräumt: Sie konnten Gebiete erwerben, Krieg erklären, Truppen ins Feld führen und zivil- und strafrechtliche Gewalt ausüben. Als die Direktoren 1689 beschlossen, in Indien eine lokale Verwaltung einzuführen, wurde offenkundig, wie unwiderruflich die Kompanie sich wandelte. Ihr Argument, eine gute Verwaltung werde höhere Gewinne zur Folge haben, beschlossen sie mit den Worten: »Solcherart müssen wir eine Nation in Indien werden.« Damit war die Geschichte der Ostindischen Kompanie praktisch in eine Geschichte Britisch-Indiens übergegangen.

Die glückliche Wendung, die das Schicksal der Kompanie genommen hatte, war schon erstaunlich und unerwartet genug; dennoch hielt die Geschichte eine sogar noch außerordentlichere Pointe bereit. In den vergilbenden Akten der Ostindischen Kompanie finden sich eine Handvoll Dokumente, die niemand kennt und liest, Dokumente, die zeigen, daß die Insel Run – die einst Nathaniel Courthope mit so viel Mut verteidigte – einen weit größeren Profit einbringen sollte, als sich das irgend jemand je hätte vorstellen können.

Die Kompanie hatte niemals die Hoffnung aufgegeben, Run, »ihr alt und rechtmäßig Erbe«, zurückzubekommen. Es wurden immer wieder Versammlungen abgehalten, um zu diskutieren, wie sich das bewerkstelligen ließe. Aber mochten sie auch davon träumen, Flotten und Truppen auszuschicken, sie hatten weder das nötige Geld noch das erforderliche Potential für eine Rückeroberung der Insel.

Nachdem aber 1652 zwischen England und Holland Krieg ausgebrochen war, änderte sich die Situation grundlegend. Im April 1654 beendete ein Friedensvertrag die Kampfhandlungen, der sogenannte Vertrag von Westminster, der vorsah, alle wechselseitigen Entschädigungsansprüche – mochten sie selbst jahrzehntealt sein – endlich zu regeln. Beide Parteien bekamen drei Monate Zeit, sich auf die Verhandlungen vorzubereiten. Wie nicht anders zu erwarten, verlangten die Engländer die sofortige Rückgabe von Run, verstiegen sich aber außerdem noch dazu, die Insel Bandalontar zu fordern. Hinzu kamen finanzielle Schadenersatzansprüche für entgangene Einkünfte und jahrzehntelang angehäufte Zinsen, so daß sich die Summe auf schier unglaubliche 2 695 990 Pfund belief. Sollten sie geglaubt haben, sich damit in eine starke Verhandlungsposition gebracht zu haben, erwartete sie eine herbe Enttäuschung. Die Holländer erklärten, ihr Handel habe durch die Engländer argen Schaden erlitten, und konterten mit einer Gegenforderung von fast drei Millionen Pfund.

Die mit der Prüfung der Ansprüche Beauftragten waren klug genug, sie kurzerhand beiseite zu setzen und ihre Zeit mit der Sichtung des Beweismaterials zu verbringen. Ihre Befunde waren eindeutig und fielen zugunsten der Engländer aus: Run sollte unverzüglich zurückgegeben und außerdem sollten 85 000 Pfund Schadenersatz gezahlt werden, wozu noch 4000 Pfund für die Familien der Opfer von Ambon kamen. Zur allgemeinen Überraschung akzeptierten beide Seiten das Ergebnis, und der Vertrag von Westminster wurde demgemäß unterzeichnet. Fast fünfzig Jahre des Hasses, des Blutvergießens und der gegenseitigen Feindseligkeiten waren, auf dem Papier zumindest, »getilget und im Vergessen versencket«.

In London begrüßten die auf ihren leeren Kassen sitzenden Direktoren der Ostindischen Kompanie die Vereinbarung mit einem müden Lächeln. Der Zustand ihrer Finanzen und die ständigen Rechtshändel mit den Holländern ließen wenig Hoffnung, daß man bald praktische Konsequenzen ziehen könnte; erst nachdem Cromwell das Unerwartete getan und die Kompanie gerettet hatte – mehr als drei Jahre nach Unterzeichnung des Vertrages –, war die Londoner Kaufmannschaft in der Lage, die Entsendung einer Expedition nach Run in Betracht zu ziehen.

Ein Brief, den sie von Jeremy Sambrooke, einem Angestellten der Kompanie, erhielten, bot ihnen Anlaß zur Zuversicht. Sambrooke war kürzlich nach Run gesegelt und versicherte seinen Vorgesetzten, sobald die Engländer sich »auf Pollaroone gesetzet, weerden sie die Inder [und] Bewohner der Eilande, so nahebei liegen, willens finden, daß sie kummen, Wohnung nemen, pflanzen und mit ihnen handeln«. Er fügte hinzu, die Eingeborenen seien »dieser Nation solchermaßen zugetan, daß sie gewißlich um Kleider etc. tauschen und Gewürz dafür hingeben, bis daß sich das Eiland in seinem vormaligen Zustande wieder eingericht, als wie dermaleinst, da Frieden regirete«.

Sambrooke berichtete auch, die Muskatnußhaine gediehen wieder, und die Kompanie könne mit einer jährlichen Gewürzernte von mehr als einer Drittelmillion Pfund Gewicht rechnen. Als die Direktoren das erfuhren, setzten sie sofort einen Sonderausschuß für Pulo Run ein, der auf seiner Eröffnungssitzung »beschloß, sechzig Mann von vielerlei Profession hinzusenden, daß sie auf selbiger Insel blieben, und solleten englischen, schottischen oder irischen Stammes sein«. Zu diesen Männern sollten »sieben Zimmerleut, sieben Maurer und Hausbauer, sieben Gärtner, vier Grobschmied und Waffenschmied, vier Böttcher und zween Spengler« zählen, außerdem »zwanzig Jungmannen von vierzehn Jahr und mehr, dazu zehn junge Bauren«. Run sollte Englands Musterkolonie im Osten werden. Im Winter 1658 wurde Kapitän John Dutton zum Ersten Gouverneur von Run ernannt; dieser Posten sollte ihm ein stattliches Jahressalär von 200 Pfund einbringen, wozu noch weitere 100 Pfund für Spesen kamen sowie das Recht, sein geliebtes Eheweib mitzunehmen. Er erhielt die Anweisung, von der Insel Besitz zu ergreifen und »selbiges mit Trommeln und Trumpetten kundzutun«; im übrigen sollte er unterwegs die Atlantikinsel Sankt Helena anlaufen und auch sie für die Kompanie in Besitz nehmen. Unglücklicherweise dauerte es so lange, bis die Siedler für Run gefunden waren, daß zu der Zeit, da Dutton in See stach, England und Holland bereits wieder am Rande eines Krieges standen. Da sich Dutton Sorgen um die Sicherheit seines Schiffes machte, beschloß er, auf Sankt Helena zu bleiben, bis ihn weitere Instruktionen erreichten. Und so erhielt im Mai 1659 diese strategisch günstig gelegene Insel ihre ersten Bewohner, die an der Nordküste die kleine Siedlung Jamestown erbauten.

Ein ganzes Jahr sollte vergehen, ehe die Ostindische Kompanie die Situation für hinlänglich sicher hielt, um eine andere Flotte nach Run zu entsenden. Diesmal rüsteten sie vier Troßschiffe unter dem Kommando von John Hunter aus und rekrutierten weitere dreizehn Kolonisten für die Insel, von denen jeder zwölf Pfund Jahresgehalt bekommen sollte, außer George Smallwood, der seinem Namen Ehre machte und seiner »kleinwüchsig Gestalt halber« nur zehn Pfund zugesagt bekam.

Der Zweck der Reise war klar: »Der König [hat] unter dem Großsiegel Englands dem Gouverneur und der Kompanie oder denen, so sie aussenden, Gewalt gegeben, das Eiland von Roone zu empfahen, zu besitzen, zu bestellen und zu bewehren.« Die Insel sollte dauerhaft besiedelt werden, und die Kolonisten verpflichteten sich, »im Besitze obgenannten Eilands zu verharren«.

Die Schiffe segelten zuerst nach Sankt Helena, wo sie den ungeduldig wartenden Kapitän Dutton nebst Gattin abholten, und dann auf direktem Wege weiter nach Batavia, wo das Ehepaar um eine Audienz beim holländischen Generalgouverneur ersuchte. Der Generalgouverneur war anfangs höchst entgegenkommend und beeilte sich, seine Gäste davon in Kenntnis zu setzen, daß seine Vorgesetzten in Amsterdam ihn »wahrhafftig geheißen, kommandiret und gemahnet« hätten, die Insel in Übereinstimmung mit dem Vertrag von Westminster zu übergeben. Da sei nur noch eine kleine Formalie zu erledigen, ehe er ihre Weiterfahrt genehmigen könne. Er verlangte einen Brief »Seiner Majestait von Großbritannien« in des Königs eigener Handschrift, der bestätige, daß Dutton ein echter Angestellter der Ostindischen Kompanie sei. Dieses Verlangen kam überraschend für den Kapitän: Er besaß kein solches Beglaubigungsschreiben, und als er dem Generalgouverneur dies mitteilte, erntete er eisige Blicke. Der Generalgouverneur fing nun an, den Engländer zu beschimpfen, und erklärte, er höre mit äußerstem Mißvergnügen, daß der König den Holländern erneut Scherereien mache und »etliche alt Gebresten und Streite, als da vorzeiten vorgefallen und längstens beigeleget, abermalen auftut und entzündt«. Kurz, er beabsichtige, den Engländern die für die Fahrt nach Run nötige Erlaubnis zu verweigern.

Dutton war verblüfft über diesen jähen Gesinnungswandel und beschloß, unverzüglich seine Fahrt zu den Bandainseln fortzusetzen. Er hoffte, den dortigen Gouverneur bewegen zu können, ihn die Insel besiedeln zu lassen; für den Fall, daß es ihm nicht gelang, faßte er eine gewaltsame Einnahme der Insel ins Auge. Aber auch hier erwartete ihn eine Enttäuschung. Bei seiner Ankunft empfing ihn der holländische Gouverneur ungehalten und »verweigert halsstarrig, ihm das Eiland hinzugeben«; er fügte hinzu, jeder Angriff gegen Run werde mit Gewehr- und Geschützfeuer beantwortet.

Dutton war nicht überrascht; er hatte längst vermutet, daß die holländische Kompanie die Engländer die ganze Zeit über genarrt hatte und »niemalen wahrhafftig gemeinet hätt, das Eiland hinzugeben, welchselbiges, da es viel Jahre von ihnen verwahret, das profitabelst Blut in ihres Handels Adern gewesen«. Er stand vor der Alternative, nach Batavia zurückzukehren und sich mit den holländischen Behörden herumzustreiten, oder aber die Insel zu stürmen. Die Unterlagen über seine Mission sind zwar nicht mehr vorhanden, aber er scheint letzteres geplant zu haben, bis er feststellen mußte, daß sich sein Vize, John Hunter, kategorisch weigerte, an solch einem Vorhaben teilzunehmen. Da seine Mannschaft ihm die Gefolgschaft verweigerte, blieb Dutton wenig anderes übrig, als an die Direktoren in London zu schreiben und sie über den trostlosen Stand der Dinge zu informieren. Der Brief veranlaßte die Direktoren zu einer strengen Rüge an Hunters Adresse; seine Feigheit nehme sich vor dem Hintergrund der heldenhaften Verteidigung der Insel durch Courthope vierzig Jahre zuvor höchst unvorteilhaft aus. »Uns düncket«, schrieben sie, »daß unser Agent [Hunter], so er denn Haupt und Herz eines Mannes sein eigen genennet ... so hätt er etwan vollbracht, was des englischen Namens wert, und wär nicht also ehrlos retourniret, zu unsrer großen sonderlichen Einbuß und zur gemeiniglichen Schmach der Nation.« Erneut verzweifelten die Direktoren daran, ihre geliebte Insel je wieder zurückzuerlangen, und machten sich daran, zusammenzuzählen, was das Debakel sie gekostet hatte; die Verluste bezifferten sie diesmal auf »über vier Millionen«.

Nach all dem Tauziehen und Krawall wirkt es wie eine Ironie der Geschichte, daß es weder London noch Amsterdam mitbekamen, als die Insel zu guter Letzt doch wieder klammheimlich an die Engländer zurückfiel. Am 23. März 1665 fuhren zwei englische Schiffe in den kleinen Hafen der Insel ein, nahmen Kontakt zu den wenigen holländischen Händlern auf, die dort ansässig waren, und verlangten die

Übergabe Runs. Man einigte sich, die Holländer packten ihre Siebensachen, und zwei Tage später segelten sie nach Bandanaira, während die Engländer ihre Schiffe entluden. »Was dies alles angehet«, heißt es in einer Aktennotiz, »so hat die Kompanie keine gewisse Kunde, dieweil ihre Briefe in der Royal Oak verloren.«

Wie sich erwies, war Runs Befreiung nur von kurzer Dauer. Kaum traf die Nachricht vom Ausbruch neuerlicher Feindseligkeiten zwischen England und Holland in Ostindien ein, da entsandten die Holländer ein Schiff nach Run und eroberten die Insel zurück. Um die Engländer ein für allemal von jedem Landungsversuch abzuschrecken, »ward auf dem Eiland große Verwüstung und Verderbnis angerichtet«. Die Muskatnußhaine wurden abermals abgeholzt und die Vegetation bis auf den Boden niedergebrannt. Run war zu einer kahlen, ungastlichen Felseninsel geworden.

Die gewalttätige Vorgehensweise der Holländer konnte zwar den maßvollen König Karl II. nicht aus der Ruhe bringen, seinen ungestümen Sohn Jakob, Herzog von York, brachte sie hingegen in Rage. Die Neuigkeiten, die von Ostindien nach England drangen, trieben ihn an, aktiv zu werden; als Chef der einflußreichen Königlich-Afrikanischen Gesellschaft war er entschlossen, die Unbill zu rächen. »Der Handel der Welt ist zu gering für uns beide«, verkündete er mit imperialer Geste, »derhalben muß einer weichen.« Bereits im Jahre 1663 hatte Jakob vier Schiffe ausgesandt, die an der afrikanischen Küste hinuntersegeln und den holländischen Handelsposten von Kap Corso an der Goldküste einnehmen mußten. Beflügelt durch seinen Erfolg, schickte er nun seine Schiffe über den Atlantik mit dem Befehl, das von den Holländern besiedelte Gebiet von Neuholland zu besetzen. Um diese dreiste Aggression zu rechtfertigen, wurde sie als Antwort auf das »unmenschlich Beginnen« in Ambon vier Jahrzehnte zuvor ausgegeben: »Es ist an der Zeit, sie des Vermögens zu entsetzen, gleich Unheyl allhie zu stiften«, erklärte die königliche Kommission.

Mit Manhattan hatte sich Jakob ein bequemes Angriffsziel ausgesucht. Die Hauptverteidigungsanlage der Insel, Fort Amsterdam, war ein altersschwaches Bollwerk, dessen Mauern sich in einem Zustand weit fortgeschrittenen Verfalls befanden. Die Kasernen und die Kirche bestanden aus Holz und waren brandgefährdet, während entlang der Außenmauern Holzhäuser standen. Der Gouverneur der Stadt, Peter Stuyvesant, litt außerdem unter einem Mangel an Waffen. Die vierundzwanzig Geschütze standen rostig und unbrauchbar herum, während das vorhandende Schwarzpulver alt und feucht war. »So ich am Morgen [zu schießen] beginn, ist nach Mittag alles vertan«, erklärte der Hauptkanonier.

Die Engländer genossen den zusätzlichen Vorteil, daß ihre Flotte beträchtlich kampfkräftiger aussah, als sie tatsächlich war. Stuyvesant, der von Fort Amsterdam aus den Hudson überblickte, sah vier Schiffe mit insgesamt hundert Geschützen. Nur eines der Schiffe, die *Guinea*, war aber tatsächlich ein Kriegsschiff. Bei den anderen handelte es sich um marode Handelsschiffe, die vor dem Auslaufen aus Portsmouth in aller Eile umgerüstet worden waren. Auch die angegebene Mannschaftsstärke war massiv übertrieben. Man hatte Stuyvesant erzählt, an Bord der Schiffe befänden sich insgesamt achthundert Mann; in Wahrheit waren es weniger als die Hälfte.

Der Gouverneur war dennoch unbeeindruckt und schwor, kämpfend unterzugehen. Das Selbstvertrauen seiner Männer hatten indes Geschichten von den kriegerischen englischen Soldaten untergraben; niemand in Neuamsterdam hatte den Schneid, Widerstand zu leisten. Als die Engländer eine ehrenhafte Kapitulation anboten, mußte Stuyvesant widerstrebend einwilligen. Am Montag, dem 8. September

1664, gab er durch seine Unterschrift den holländischen Anspruch auf Manhattan preis; zwei Stunden später verließ seine kleine Truppe ihr Fort »mit Waffen, klingendem Spiel und fliegenden Fahnen«.

Die Nachricht von der Übergabe der Stadt entzückte König Karl II. »Gewißlich ist Euch zu Ohren kommen, daß wir Neuamsterdam genommen«, schrieb er an seine Schwester in Frankreich. »Es ist ein Ort von großem Gewichte ... Er ist unser und heißet itzt New York.« Die Begeisterung des Königs teilten die Holländer nicht; sie protestierten aufs schärfste und machten geltend, die Engländer hätten die Insel ohne »gar selbst den Schatten eines Rechts auf Erden« an sich gerissen. König Karl ging achselzuckend über den Protest hinweg; schließlich hätten die Holländer eine ebensolche Aggression begangen, als sie Run eroberten, eine Insel, auf die sie noch weniger Anspruch erheben könnten als auf Manhattan.

Da keine Lösung des Konflikts in Sicht war, schlitterten die beiden Länder in einen weiteren Krieg und trugen ihren Streit über zwei Jahre lang auf hoher See aus, ohne daß eine Seite die Oberhand über die andere zu gewinnen vermochte. Ein kleiner Trost bestand für die Engländer darin, daß sie zwei reichbeladene holländische Ostindienfahrer aufbrachten – lukrative Prisen, randvoll mit Muskatnuß, Muskatblüten und anderen kostbaren Waren. Ihre Fracht war so wertvoll, daß Samuel Pepys eigens die Themse hinabfuhr, um die Prise zu besichtigen. »Der gewaltigste Reichtum, so je ein Mensch zu sehen bekommen, lieget da zuhauf«, schrieb er. »Pfeffer füllet jeden Spalt, man tritt darauf; und in Gewürznelken und Muskatennüssen schritt ich bis zu den Knien, ganze Räum voll. Und Seide in Ballen und Kästen von Kupferblech, deren einen ich geöffnet sahe ... ein so herrlicher Anblick, als ich jemalen gesehen.«

Da der Krieg sich unentschieden hinschleppte, kamen die Parteien im März 1667 überein, sich in Breda zu treffen und ihre Streitigkeiten zu erörtern. Die englischen Forderungen waren vorhersehbar: Wiedergutmachung für holländische Gewaltakte und die Rückgabe von Run. Die holländischen Ansprüche waren ebensowenig überraschend: Entschädigung für englische Piratenstücke und die Rückgabe von Neuamsterdam. Auch wenn die englische Verhandlungsdelegation hinsichtlich der Gestaltung der Gespräche weitgehend freie Hand erhielt, war sie doch in der Frage von Run strikt gebunden. Sie sollte »den Gesandten dartun, daß der widerrechtliche Besitz von Pulo Run zu den Säulen zählet, auf welchen die gar gewaltigen Gewinne und die Kraft der Holländer in den Indien ruhet, daß er aber der englischen Nation über die Maßen zuwider«. Die Antwort, die sie darauf erhielten, kannten sie nur zu gut: »Neuholland muß wieder unser werden.« Als die Verhandlungen ins Stocken gerieten und ein Abbruch drohte, zogen die Friedensunterhändler die Notbremse und schlugen die einzige verbleibende Lösung vor: Die Holländer sollten Run und die Engländer dafür Manhattan behalten dürfen.

Noch zögerten die Engländer und fürchteten, ihren größten Aktivposten preiszugeben. Sie beratschlagten tagelang, konnten aber zu keiner Entscheidung gelangen; schließlich schrieben sie nach London und baten um Instruktionen. Am Morgen des 18. April 1667 traf ein Schreiben mit einem simplen Bescheid ein: »Wir stimmen zu.« Zu guter Letzt war man sich handelseinig geworden.

Der Vertrag von Breda, der daraufhin geschlossen wurde, war das Werk höchster diplomatischer Finesse und erwähnte keine der Inseln, die so viel Blut gekostet hatten, mit Namen. Dennoch war für jeden, der Augen hatte zu sehen, der Austausch deutlich erkennbar, festgehalten in Artikel 3: »Beide Seiten werden hinfort, mit uneingeschränktem Recht auf Souveränität, Eigentum und Besitz, sämtliche Länder, Inseln, Städte, Festungen, Plätze und Kolonien innehaben ... die sie während dieses Krieges oder zu irgendeiner früheren Zeit der anderen Seite abgenommen und vorenthalten haben.«

Während die Tinte unter dem Vertrag trocknete, dürfte schwerlich einer der Beteiligten geahnt haben, daß hier eines der folgenreichsten Dokumente in der Menschheitsgeschichte unterzeichnet wurde. Mit dem Austausch einer winzigen Insel im Ostindischen Archipel gegen eine viel größere an der amerikanischen Ostküste hatten England und Holland den Grundstein für New York gelegt. Bis zum Jahre 1667 war Manhattan ein kleines Handelszentrum mit einer Einwohnerschaft von weniger als tausend Personen. Jetzt begann für die Insel eine neue und gedeihlichere Periode ihrer Geschichte: Sie erlebte einen unaufhaltsamen Aufstieg, bis der Name New York rund um den Erdball einen sagenhaften Ruhm genoß. Zur Zeit des Unabhängigkeitskrieges war die Siedlung bereits die größte Stadt Nordamerikas und drängte sich als neue Hauptstadt des Landes auf.

Daß England und Holland sich schließlich handelseinig wurden, war zu einem nicht geringen Teil dem Mut des einfachen Händlers Nathaniel Courthope geschuldet, dessen Trotz und heldenhafter Widerstand siebenundvierzig Jahre zuvor eine unaufhaltsame Kette von Ereignissen ausgelöst hatte. Die Tapferkeit, mit der er Run verteidigt und die Stellung gegen eine Streitmacht gehalten hatte, die vielhundertmal stärker war als seine, die Opferbereitschaft, mit der er die Fahne seines Landes hochgehalten hatte – dies wurde für die Ostindische Kompanie zum Fanal. Und doch waren Courthopes Beweggründe einfach: Vaterlandsliebe, Pflichtbewußtsein und die unbeirrbare Überzeugung, recht zu handeln. Er wußte von Anfang an, daß er für seine Ideale sterben würde; tatsächlich sah er »täglich und stündlich« seinem bitteren Ende entgegen. Als man ihm eine letzte Gelegenheit gab, zu kapitulieren und Run zu übergeben, hatte er mit emphatischer Ablehnung reagiert: »Tät ich das, beging ich Verrat an meinem König und Vaterland.« Für Courthope, einen Handelsmann, gab es Dinge, die zu kostbar waren, um sie zu kaufen und zu verkaufen.

Fast vier Jahrhunderte nach seinem Tod findet sich Courthope an den Rand der Geschichte gedrängt, von Engländern und Amerikanern gleichermaßen vergessen. Kein Standbild von ihm schmückt die Straßen Manhattans, keine Gedenktafel erinnert in Westminster Abbey an seine Leistungen. Und doch sollte die Tatsache, daß er auf Run die Stellung behauptete, den Lauf der Geschichte am anderen Ende der Welt ändern; mochte sein Tod England die Muskatnuß geraubt haben, das Land erhielt dafür den größten Apfel – den »Big Apple«, wie New York liebevoll genannt wird.

Epilog

Um Mitternacht am 9. August 1810 konnte man beobachten, wie ein kleiner Trupp Engländer Waffen in ein winziges Boot lud, das vor Bandalontar vertäut lag. Die Männer trugen keine Fackeln oder Laternen und arbeiteten in äußerster Stille, weil ihre Mission völlig geheim war. Befehligt von einem unerschütterlichen, tatkräftigen Anführer namens Kapitän Cole, hatten sie die Aufgabe, die holländische Festung auf Bandanaira zu stürmen und den Gouverneur zur Kapitulation zu zwingen. Danach sollten sie den Archipel in ihre Gewalt bringen.

Die Holländer wußten nichts von der Anwesenheit der Engländer auf den Bandainseln, denn Kapitän Cole hatte seine Männer bis lange nach Einbruch der Dunkelheit versteckt gehalten. Da sie weder mit Verrat noch mit einem Angriff rechneten, lag die ganze Garnison von Fort Belgica im Schlaf, und sogar die nächtlichen Wachen hatten sich, da sie es leid waren, auf den Mauern zu patrouillieren, ins Innere zurückgezogen. Unentdeckt zogen Cole und seine Männer ihr Boot auf den steinigen Strand von Bandanaira, nahmen die Geschützstellung und Schanze des Forts, ohne auf Widerstand zu stoßen, und fingen an, die steinverkleideten Wälle von Fort Belgica hinaufzuklettern. Als die Holländer endlich Alarm schlugen, waren die Engländer praktisch schon im Besitz des Forts; nach ein paar kurzen Geplänkeln kapitulierten die holländischen Truppen. Dann richtete Cole die gewaltige Feuerkraft der Bastion auf Fort Nassau, die zweite Festung der Insel, und schickte eine Kugel nach der anderen gegen deren Mauern, bis sie in Trüm-

Herkömmliche Muskatnußernte. Die Engländer versetzten der bandanesischen Wirtschaft im 19. Jahrhundert den Todesstoß, als sie Hunderte von Muskatnußschößlingen ausgruben und nach Ceylon, Pinang und Singapur verpflanzten.

mer stürzten. Auch hier kapitulierten die Holländer, und ohne einen einzigen Mann verloren zu haben, war Cole Herr über die Bandainseln.

Der englische Befehlshaber rechtfertigte sein Vorgehen mit dem Argument, Napoleon könne die Gewürzinseln als Ausgangsbasis für einen Feldzug gegen Indien nutzen. Diese Gefahr war denkbar gering; dennoch blieb Coles Streitmacht auf den Bandainseln, bis sie 1817 plötzlich abzog und der verblüfften Bevölkerung zur Erklärung ihres Abzugs mitteilte, ein Holland ohne seine ostindischen Besitzungen sei in Europa ein zu schwacher Bundesgenosse.

Auch wenn Coles Aktion in der Geschichte der Bandainseln wenig mehr als eine Marginalie darstellt, hatte sie doch für die Zukunft der Inseln verheerende Konsequenzen. Bevor sie abzogen, gruben die Engländer Hunderte von Muskatnußschößlingen nebst etlichen Tonnen des einzigartigen Erdreichs aus und legten Pflanzungen in Ceylon, Pinang, Bencoolen und Singapur an. Es dauerte nur wenige Jahrzehnte, da übertraf die Produktion dieser rasch wachsenden Plantagen die Ernte der Bandainseln bei weitem.

Tatsächlich hatte der Niedergang des Archipels schon viele Jahre früher eingesetzt. Auch wenn die Inseln eine Zeitlang sagenhafte Gewinne abgeworfen hatten, erwiesen sich die holländischen Siedler doch als hoffnungslos initiativlos und korrupt und ließen ihre schlechtgeführten Besitzungen vor die Hunde gehen. Noch größeren Schaden richtete der Vulkan Gunung Api an, der im 17. Jahrhundert eine seiner heftigsten und unberechenbarsten Phasen mit nicht weniger als fünf großen Ausbrüchen erlebte, denen jeweils verheerende Erdbeben und Flutwellen folgten. Im Jahre 1629 wurde die Stadt Naira praktisch ins Meer hinausgespült, während im Winter 1691 der Vulkan Schwefel und Lava in Richtung der Gouverneursresidenz ausspie und fünf Jahre tiefen Elends einläutete. Im 18. Jahrhundert zeigte sich die Natur kaum weniger zerstörerisch. Im Jahre 1778 richtete die vereinte Gewalt eines Vulkanausbruches und eines Erdbebens, gefolgt von einem Wirbelsturm und einer ungeheuren Flutwelle, die Muskatnußhaine der Bandainseln praktisch zugrunde. Jeder zweite Baum wurde entwurzelt, und die Muskatnußernte sank auf einen Bruchteil der früheren Niveaus ab.

Auch wenn sich die Nachkommen der einstigen holländischen Siedler beharrlich an ihr Land klammerten, bedeuteten die überseeischen Plantagen der Engländer doch den Anfang vom Ende der Gewürzerzeugung auf den Bandainseln. Da die Nachfrage nach Muskatnuß in Europa kontinuierlich sank, stürzte auch die große Holländisch-Ostindische Kompanie bald schon von einer Finanzkrise in die andere; als die Buchprüfer in den neunziger Jahren des 18. Jahrhunderts Bilanz zogen, stellten sie fest, daß die Kompanie einen überwältigenden Schuldenberg von zwölf Millionen Gulden angehäuft hatte. Bald danach war es aus mit dem Monpol, und die Kompanie verzog sich still und heimlich in die Geschichtsbücher.

Trotz des wirtschaftlichen Niederganges hatten nur wenige der Alteingesessenen auf den Bandainseln Lust, nach Holland zurückzukehren – in ein Land, das die meisten von ihnen nie auch nur zu Gesicht bekommen hatten. Statt dessen zogen sie es vor, die beträchtlichen ererbten Vermögen zu genießen, über die viele von ihnen noch verfügten. Gegen Ende des 19. Jahrhunderts erlebten die Inseln eine Art vergoldeten Lebensabend: Große Geldsummen wurden für aufwendige Herrensitze am Meer verschwendet, die allesamt bestückt waren mit den erlesensten Antiquitäten und Kristallerzeugnissen, mit Marmor und Glas. Jeden Abend warfen sich die Bürger von Banda in Schale und schlenderten die Promenade auf und ab, während eine Militärkapelle schwungvolle Weisen schmetterte.

Als im Winter 1860 der holländische Generalgouverneur zu Besuch kam, wurde er mit so viel Pomp und Prachtentfaltung empfangen, daß er fast zu dem Glauben hätte verführt werden können, die Inseln seien so reich wie eh und je. Sein Triumphzug durch die Stadt Bandanaira wurde von einer Gruppe Kostümierter angeführt, die tanzten und musizierten; die einzige Straße des Orts ertrank in einem Meer aus Fahnen, Blumen und Girlanden.

Nicht weniger Abwechslung als der offizielle Besuch Seiner Exzellenz bot die regelmäßige Ankunft des Postdampfers, der Naturforscher und reiche Europäer auf die Inseln brachte, die auf der Suche nach Exotik waren. Wie ihre zahlreichen Aufzeichnungen und Tagebücher belegen, waren sie allesamt begeistert von der Szenerie dieses tropischen Archipels. »Eine Fahrt von zwei Nächten und einem Tag brachte uns [von Ambon] nach Banda«, schrieb der Naturforscher Henry Forbes. »Als wir vor dem Frühstück an Deck kamen, dampften wir gerade in langsamer Fahrt durch eine enge, gewundene Einfahrt zwischen dicht belaubten Felsen ... es war der schönste Flecken, den wir bis jetzt besucht hatten. Während der Dampfer am Pier vertäut wurde, lag vor unseren Augen die Stadt als eine Ansammlung weißer Häuser ... [und] von einem droben gelegenen Plateau sah eine Festung auf uns herab, über der das Scharlach der holländischen Fahne im Wind flatterte.«

Auch wenn die Leichtlebigkeit und berauschende Extravaganz der Fin-de-siècle-Zeit auf den Bandainseln die Illusion von Wohlstand und Gedeihen erzeugte, wurden viele der jüngeren Generation des stagnierenden gesellschaftlichen Lebens und des Mangels an Perspektiven doch bald müde, setzten sich nach Holland ab und überließen die Inseln ihrem Schicksal. Weil die holländischen Aufwendungen für die Bandainseln die öffentlichen Einnahmen von dort immer mehr überstiegen, wurden die Inseln zu einer

Im letzten Jahrzehnt des 19. Jahrhunderts erlebten die Inseln eine Art vergoldeten Lebensabend, als die Bewohner ihre ererbten Vermögen aufzehrten. Die Jungen allerdings waren das stagnierende gesellschaftliche Leben und den Mangel an Perspektiven bald leid und setzten sich nach Holland ab.

immer größeren finanziellen Belastung; es dauerte nicht lange, da zog man den Gouverneur ab, und die Inseln versanken in einem provinziellen Dornröschenschlaf, der nur noch selten durch den Besuch eines holländischen Staatsvertreters gestört wurde. Ein paar kurze Augenblicke gab es, in denen die Welt daran erinnert wurde, daß die Bandainseln noch existierten. In den dreißiger Jahren des 20. Jahrhunderts verbrachten zwei bekannte Antikolonialisten, Mohammed Hatti, der spätere Vizepräsident Indonesiens, und Sutan Sjahrir, der später Premierminister war, sechs Jahre im Exil auf Bandanaira; 1944 bombardierten die Japaner den Archipel und besetzten ihn anschließend. Auch wenn die Japaner mit den Inseln wenig anzufangen wußten, abgesehen davon, daß sie ihnen als Anlaufstelle für ihre

Schiffe dienten, hatte die Besetzung doch eine üble Folge für die Inseln: Da es mit der Lebensmittelversorgung haperte, waren die Bewohner gezwungen, viele der verbliebenen Muskatnußbäume abzuholzen und das Land für den Anbau von Gemüse zu nutzen.

Der Zweite Weltkrieg endete tragisch für die Bandainseln. Ein amerikanischer Bomber, der an einem Angriff gegen japanische Militärstützpunkte in der Region teilnahm, tauchte im Frühjahr 1945 am Himmel über Bandanaira auf, um die Schiffe zu zerstören, die im Hafen lagen. Eine verirrte Bombe schlug direkt in der Stadt ein und explodierte genau über einer Hochzeitsgesellschaft; mehr als hundert Gäste kamen um.

Heute sind die Bandainseln erneut vergessen – ein Archipel, der so klein und unbedeutend ist, daß er auf Karten von der Region selten auftaucht. Die Inselgruppe ist kaum zugänglicher als zu Nathaniel Courthopes Zeiten, und man braucht Geduld und ein gerüttelt Maß an Glück, um hinzugelangen. Im Sommer 1997 wurde das antiquierte, vierzehnsitzige Flugzeug Marke Cessna, das zwischen Ambon und Bandanaira für eine Flugverbindung sorgte, auf der Landebahn von den Monsunwinden umgestürzt und zertrümmert. Jetzt lassen sich die Bandainseln nur noch mit der Fähre *Rinjani* erreichen, auf einer achtstündigen Fahrt durch die kabbeligen Gewässer, die Ambon von Bandanaira trennen.

Bandanaira bleibt die »Hauptstadt« der Bandainseln mit ein paar Geschäften, einem Fischmarkt, zwei Straßen und zwei Autos. Bei einem Gang durch die Stadt entdeckt man eine holländische Kirche (die Zeiger ihrer Turmuhr stehen auf 5.03 Uhr, der exakten Zeit der japanischen Invasion), eine Reihe verfallender Villen und die ehemalige Residenz des holländischen Gouverneurs, die heute leer und verlassen daliegt, während ihre barocken Kronleuchter allmählich ihre Kristallpartikel in der Gegend verstreuen. Die einzige andere »Sehenswürdigkeit« ist das fünfeckige Fort Belgica, das auf einem steilen Fels über dem Hafen thront – und allem standgehalten hat, außer den Geschossen des Vulkans und den unerschrockenen Truppen von Kapitän Cole. Die Burg ist kürzlich einer dringend nötigen Renovierung unterzogen worden, wobei die Restauratoren allerdings des Guten zuviel getan und Mauern verputzt und Türen eingebaut haben. Die Gespenster, die bis vor kurzem noch angeblich die Schutzwehren unsicher machten, waren gezwungen, ihre Zuflucht zu anderen Burgen im Archipel zu nehmen – zu efeuüberwucherten Ruinen, wo man in versandeten Verliesen noch Musketenmunition ausbuddeln kann.

Anders als die Gruppe der zentralen Inseln – die durch Praus oder Eingeborenenkanus miteinander verkehren – läßt sich das draußen gelegene Run nur mit einem zweimotorigen Rennboot erreichen. Auch so bleibt die Fahrt riskant, besonders wenn der Monsun einen Sturm entfacht und riesige Wellenberge durch die fünfzehn Kilometer breite Wasserstraße schickt, die Bandanaira von Run trennt. Während unser Boot, der Natur trotzend, mit Getöse durch diese Gewässer rast, trägt uns der Wind allmählich einen zarten Duft zu – den süßen, aromatischen Wohlgeruch von Muskatnußblüten.

Wir landen an der Nordküste der Insel – an der gleichen Stelle, an der vor 381 Jahren Nathaniel Courthope landete; die steilen Klippen der Insel bieten hier Schutz vor den Monsunwinden. Ein paar Fischer beäugen die Neuankömmlinge, während ihre Frauen Kokosmilch für uns holen; ansonsten aber regt sich nichts. Die kleine, aus Holzhäusern bestehende Siedlung ist ein verschlafener Ort; ein Dörfchen mit gefegten Gassen, adretten Gärten und schattigen Veranden, die von Blumentöpfen gesäumt sind.

Niemand hier hat eine Ahnung von der außergewöhnlichen Geschichte der Insel, obwohl die Leute ständig Münzen und Musketenkugeln in ihren Gemüsegärtchen finden. Und sie wissen auch nicht, daß ihre Heimat – die gerade einmal drei Kilometer lang und einen Dreiviertelkilometer breit ist – einst als angemessenes Tauschobjekt für eine völlig andere Insel – Manhattan – auf der anderen Seite des Erdballs galt.

Erzählt man ihnen aber, wie übel das Schicksal ihnen mitgespielt hat, beeindruckt sie das keineswegs; sie sind restlos damit zufrieden, ihre Tage auf diesem unbekannten und unberührten Atoll beschließen zu können. Denn auch wenn ihre Fernseher ihnen Wiederholungen der Fernsehserien *Cagney and Lacey* und *Starsky and Hutch* ins Haus bringen und ein Bild von Amerika auf den Bildschirm zaubern, sind sie doch überzeugt davon, daß der Blick aus ihrem Fenster unendlich viel eindrucksvoller ist als die glitzernde Silhouette Manhattans.

Denn dort droben auf den Felsen, hoch über der spiegelnden See, hat erneut der schlanke Muskatnußbaum Wurzeln geschlagen und erfüllt die Luft mit seinem schwülen, berauschenden Duft.

Bibliographie

Muskatnuß und Musketen. Europas Wettlauf nach Ostindien stützt sich weitgehend auf originale Logbücher, Tagebücher und Briefe. Ein flüchtiger Blick auf diese Bibliographie genügt, um zu sehen, wieviel der Verfasser Samuel Purchas schuldet, der die Aufzeichnungen der Abenteurer der Ostindischen Kompanie sammelte und in sein monumentales *Purchas His Pilgrimes* aufnahm. Die Ausgabe von 1625 ist heute eine Rarität, und selbst der zwanzigbändige Reprintdruck von 1905 findet sich nur in Spezialbibliotheken.

Die Hakluyt Society ist die andere Quelle für Originalschriften, aber die meisten dieser Bände sind ebenfalls schon lange vergriffen. Man findet sie in den Sammlungen des Oriental and India Office der British Library, zusammen mit vielen Originalmanuskripten.

Wer sich noch weiter in Briefe vertiefen möchte, die von Faktoren aus Übersee geschrieben wurden, oder wer die offiziellen Akten der Kompanie einsehen will, muß sich an die Archive der Ostindischen Kompanie und die Colonial State Papers halten – wobei er sich im klaren sein muß, daß ihn fünfundvierzig Bände erwarten. Eine Liste der einschlägigen Publikationen findet man unten.

Die beiden Standardwerke über die Holländisch-Ostindische Kompanie sind K. J. Johan de Jonges dreizehnbändiges *De Opkomst*, eine Sammlung von Logbüchern, in altem Niederländisch abgefaßt, und *Oud en Nieuw Oost-Indien* von François Valentijn. Die näheren Angaben findet man unten.

Logbücher und Tagebücher aus der Zeit

Borough, Stephen, in Hakluyts *The Principall Navigations*, 1599.

Chancellor, Richard, in Hakluyts *The Principall Navigations*, 1599.

Courthope, Nathaniel, in *Purchas His Pilgrimes* (Bd. 1).

Davis, J., *Voyages and Works of*, Hakluyt Society, 1880.
Dermer, Thomas, in *Purchas His Pilgrimes*; siehe auch I. N. Phelps Stokes, *The Iconography of Manhattan Island*, 1922.
Downton, Nicholas, *Voyage to the East Indies*, hrsg. von Sir William Foster, Hakluyt Society, 1939; siehe auch *Purchas His Pilgrimes* (Bd. 1).
Drake, Sir Francis, *The World Encompassed by Drake*, Hakluyt Society, 1854; siehe auch *New Light on Drake*, hrsg. von Z. Nuttall, Hakluyt Society, 1914.
Finch, William, in *Purchas His Pilgrimes* (Bd. 1).
Fitch, Ralph, in *Purchas His Pilgrimes* (Bd. 2).
Fitz-Herbert, Sir Humphrey, in *Purchas His Pilgrimes* (Bd. 1).
Floris, P. W., *His Voyage to the East Indies in the Globe*, hrsg. von W. H. Moreland, Hakluyt Society, 1934; siehe auch *Purchas His Pilgrimes* (Bd. 1).
Hakluyt, R., *The Principall Navigations*, 1599.
Hawkins, William, in *The Hawkins Voyages During the Reigns of Henry VIII, Queen Elizabeth, and James I*, hrsg. von C. Markham, Hakluyt Society, 1878. (Dies ist das Schiffstagebuch, das jener William Hawkins führte, der mit Edward Fenton segelte.)
Hawkins, William, in *Purchas His Pilgrimes* (Bd. 1). (Dies ist jener William Hawkins, der in Indien lebte.)
Hayes, Robert, in *Purchas His Pilgrimes* (Bd. 1).
Hudson, Henry, *Henry Hudson the Navigator*, Hakluyt Society, 1860. Siehe auch *Purchas His Pilgrimes* (Bd. 3).
Jourdain, John, *The Journal of*, hrsg. von W. Foster, Hakluyt Society, 1905.
Keeling, William, in *Purchas His Pilgrimes* (Bd. 1).
Lancaster, Sir James, *Voyages of Lancaster to the East Indies*, Hakluyt Society, 1877.
Michelborne, Sir Edward, in *Purchas His Pilgrimes* (Bd. 1).
Middleton, David, in *Purchas His Pilgrimes* (Bd. 1).
Middleton, Sir Henry, *Voyage to Bantam and the Maluco Islands*, Hakluyt Society, 1855; *Voyage to the Moluccas, 1604–6*, hrsg. von Sir William Foster, Hakluyt Society, 1943.
Roe, Sir Thomas, *Embassy to the Great Moghul* (2 Bde.), Hakluyt Society, 1899.

Saris, John, *Voyage to Japan, 1613*, Hakluyt Society, 1900; siehe auch *Purchas His Pilgrimes* (Bd. 1).
Willoughby, Sir Hugh, in Hakluyts *The Principall Navigations*, 1599.

Briefe und Staatsakten

Calendar of State Papers: Colonial (Bd. 1–9), hrsg. von W. Noel Sainsbury, 1860–93.
Chalmers, George, *A Collection of Treaties between Great Britain and Other Powers*, 1770.
Collections of the New York Historical Society (Bd. 1), 1841.
Ostindische Kompanie, *Calendar of the Court Minutes of the East India Company, 1640–79* (11 Bde.), hrsg. von Ethel B. Sainsbury, 1907–38.
Ostindische Kompanie, *The Dawn of British Trade to the East Indies ..., 1599–1603*, hrsg. von Henry Stevens und George Birdwood, 1886.
Ostindische Kompanie, *The English Factories in India, 1618–1669* (13 Bde.), hrsg. von William Foster, 1906–27.
Ostindische Kompanie, *Letters Received from its Servants in the East* (6 Bde.), hrsg. von F. C. Danvers und William Foster, 1896–1902.
Ostindische Kompanie, *Register of Letters etc. of the Governor and Company of Merchants of London trading into the East Indies, 1600–1619*, hrsg. von George Birdwood und William Foster, 1892.
Ostindische Kompanie, *Selected Seventeenth Century Works*, 1968.
Ostindische Kompanie, *A True Relation of the Unjust, Cruel and Barbarous Proceedings against the English at Amboyna, 1624. The Answer unto the Dutch Pamphlet made in Defence of the Unjust and Barbarous Proceeding against the English at Amboyna, 1624. A Remonstrance of the Directors of the Netherlands and the Reply of the English East India Company, 1624.*
A General Collection of Treatys, etc. (4 Bde.), 1732.

Borde, A., *Fyrst Boke of Introduction to Knowledge*. Ausgabe der Early English Texts Society von 1870, hrsg. von F. J. Furnivall; enthält Bordes *Dyetary of Helth*.

Chaudhuri, K. N., *The English East India Company 1600–40*, 1965.

Crawford, John, *A Descriptive Dictionary of the Indian Islands and Adjacent Countries*, 1856.

Danvers, F., *Dutch Activities in the East*, 1945.

Dodwell, H. H. (Hrsg.), *Cambridge History of India*, Bd. 4, 1929.

Elyot, Sir Thomas, *The Castel of Helth*, 1541.

Flick, Alexander (Hrsg.), *History of the State of New York* (10 Bde.), 1933.

Foster, W., *England's Quest of Eastern Trade*, 1933.

Foster, W., *John Company*, 1926.

Gerard, J., *Gerard's Herbal*, 1636.

Hanna, Willard A., *Indonesian Banda*, 1978.

Hart, Henry, *Sea Road to the Indies*, 1950.

Jonge, Johan K. J. de, *De Opkomst van het Nederlandsch Gezag in Oost Indie* (13 Bde.), 1862–88.

Keay, J., *The Honourable Company*, 1991.

Khan, Shafaat Ahmad, *The East India Trade in the Seventeenth Century*, 1923.

Loon, Hendrik van, *Dutch Navigators*, 1916.

Masselman, George, *The Cradle of Colonialism*, 1963.

Murphy, Henry C., *Henry Hudson in Holland*, 1909.

Parry, J. W., *The Story of Spices and Spices Described*, 1969.

Penrose, Boies, *Travel and Discovery in the Renaissance*, 1952.

Phelps Stokes, I. N., *The Iconography of Manhattan Island*, 1922.

Pinkerton, J., *A General Collection of the Best and Most Interesting Voyages*, 1812.

Powys, Llewelyn, *Henry Hudson*, 1927.

Rink, Oliver, *Holland on the Hudson: An Economic and Social History*, 1986.

Rosengarten, F., *The Book of Spices*, 1969.

St John, Horace, *The Indian Archipelago* (2 Bde.), 1853.

Valentijn, François, *Oud en Nieuw Oost-Indien* (5 Bde. in 8 Büchern), 1724–6.
Van der Zee, Henri und Barbara, *A Sweet and Alien Land: The Story of Dutch New York*, 1978.
Van Rensselaer, Schuyler, *History of the City of New York in the Seventeenth Century*, 1909.
Venner, Tobias, *Via Recta ad Vitam Longam*, 1637.
Vlekke, Bernard, *The Story of the Dutch East Indies*, 1946.
Willson, Beckles, *Ledger and Sword*, 1903.
Wilson, F. P., *The Plague in Shakespeare's London*, 1927.
Wright, Arnold, *Early English Adventurers in the East*, 1917.

Danksagung

Die handgeschriebenen Tagebücher der Abenteurer von Stand, die in diesem Buch als handelnde Personen auftreten, sind für das ungeübte Auge praktisch nicht zu entziffern. Entsprechend groß ist meine Dankesschuld gegenüber der Handvoll – lange verstorbener – Gelehrter viktorianischer Prägung, die diese umfangreichen Manuskripte in Druckform brachten. George Birdwood, Sir William Foster und Henry Stevens haben das vorliegende Buch überhaupt erst ermöglicht, und das gilt auch für W. Noel Sainsbury und seine unermüdliche Tochter Ethel, die zusammen mehr als fünftausend Seiten Niederschriften aus der Zeit Jakobs I. herausgaben und mit einem Register versahen – und zwar ohne Hilfe von Computern.

Dank auch an Des Alwi auf Bandanaira für seine Gastfreundschaft, seine begeisterte Mitwirkung und sein zweimotoriges Boot, das ich benutzen konnte, an Monsignor Andreas Sol von der St.-Francis-Xavier-Kathedrale in Ambon (Amboina) dafür, dass er mir freien Zutritt zu seiner umfangreichen Bibliothek gewährte, und an James Lapian vom Indonesiendienst der BBC.

In London gebührt mein Dank Marjolein van der Valk, die für mich unverständliche holländische Chroniken in verständliches Englisch übertrug, desgleichen den Mitarbeitern der London Library und der Oriental and India Office Collections der British Libary, schließlich Frank Barrett, Wendy Driver, Maggie Noach und Roland Philipps.

Zu besonderem Dank verpflichtet bin ich Paul Whyles und Simon Heptinstall, die beide zahlreiche Fassungen meines Manuskripts lasen und dringend nötige Änderungen anregten.

Schließlich möchte ich meiner Frau Alexandra danken, die mich mit ihrer Geduld, ihrer Zuwendung und ihrem fröhlichen Wesen stets inspirieren wird.

Register

GILES MILTON

Muskatnuß und Musketen

EUROPAS WETTLAUF NACH OSTINDIEN

Aus dem Englischen von Ulrich Enderwitz

Paul Zsolnay Verlag

Die Originalausgabe erschien erstmals 1999
unter dem Titel *Nathaniel's Nutmeg.*
How One Man's Courage Changed the Course of History
bei Hodder & Stoughton in London.

1 2 3 4 5 05 04 03 02 01

ISBN 3-552-05151-1

Satz: Satz für Satz. Barbara Reischmann, Leutkirch
Druck und Bindung: Franz Spiegel Buch GmbH, Ulm
Printed in Germany